O. Brathuhn

Lehrbuch der praktischen Markscheidekunst:

Mit 234 Abbildungen im Text

O. Brathuhn

Lehrbuch der praktischen Markscheidekunst:
Mit 234 Abbildungen im Text

ISBN/EAN: 9783337757380

Hergestellt in Europa, USA, Kanada, Australien, Japan

Cover: Foto ©Thomas Meinert / pixelio.de

Weitere Bücher finden Sie auf **www.hansebooks.com**

LEHRBUCH

DER PRAKTISCHEN

MARKSCHEIDEKUNST.

VON

O. BRATHUHN,

OBERBERGAMTSMARKSCHEIDER UND DOCENT FÜR MARKSCHEIDEN AN DER
KÖNIGLICHEN BERGAKADEMIE ZU KLAUSTHAL.

MIT 234 ABBILDUNGEN IM TEXT.

LEIPZIG,
VERLAG VON VEIT & COMP.
1884.

Das Recht der Herausgabe von Übersetzungen vorbehalten.

Druck von Metzger & Wittig in Leipzig.

Vorwort.

Etwa bis zu Anfang der vierziger Jahre waren die wenigen Apparate, welche die Markscheider anwendeten, so einfacher Natur, daß die Beschreibung und eine Anleitung zur Handhabung derselben leicht in einem in sich abgeschlossenen Buche gegeben werden konnte.

Seitdem aber der Bergbau an Umfang bedeutend zugenommen hat und in immer größere Tiefen hinabdringt, ferner das Eisen beim Grubenausbau und der Förderung immer mehr Verwendung findet, sind die Ansprüche, welche an die Leistungen der Markscheider gestellt werden müssen, so gestiegen, daß gegenwärtig ein Markscheider außer seinem Spezialfach die gesamte niedere Vermessungskunde und Geodäsie beherrschen muß.

Ein Buch, welches alles für den Markscheider Wissenswerte enthalten sollte, würde demnach die genannten Gebiete mit zu umfassen haben und zu einem Werke über Vermessungskunde anschwellen, welches nur das Markscheiden ausführlicher behandelte, als dies in den vorhandenen Büchern von BAUERNFEIND, HUNÄUS, HARTNER u. s. w. geschehen ist.

Für ein solches umfangreiches Werk ist kein Bedürfnis vorhanden, wohl aber scheint es zeitgemäß zu sein, das Kapitel der praktischen Markscheidekunst gewissermaßen als Ergänzung zu den Werken über Vermessungskunde zu behandeln und die in den einzelnen Büchern und Zeitschriften zerstreute Litteratur der Markscheidekunst in einem Buche kurz zusammenzufassen.

In diesem Sinne ist das vorliegende Werk geschrieben worden, wobei jedoch aus naheliegenden Gründen einzelne Kapitel, namentlich über das Luftblasenniveau und über den Theodolit ausführlicher besprochen worden sind, als ein nacktes Ergänzungswerk einer Vermessungskunde erfordern würde.

Die Behandlung des Stoffes ist unter Voraussetzung derjenigen mathematischen Kenntnisse durchgeführt worden, welche die zur Zeit im preußischen Staate gültigen Vorschriften über Prüfung der Markscheider verlangen.

Aus einem Lehrbuche allein, und wenn es alle Fälle erschöpfend behandelte, ist das Markscheiden nicht zu erlernen. Das anregende und ergänzende Wort des Lehrers unter Vorzeigung der Instrumente muß hinzukommen. Namentlich aber wird die selbständige Anwendung aller Meßinstrumente in den verschiedenartigen Grubenräumen für den lernenden Markscheider immer das Wichtigste bleiben.

Klausthal, im Juni 1884.

Der Verfasser.

Inhalt.

Erstes Kapitel.
Einige Sätze aus der mathematischen Geographie.

	Seite
Horizont. Zenith. Nadir. Äquator. Meridian. Kulmination. Tagebogen und Nachtbogen (§ 1)	1
Koordinatensysteme zur Bestimmung der Lage eines Punktes auf der Himmelskugel. Höhe und Azimut. Deklination und Rektaszension (§ 2)	3
Koordinatensystem zur Bestimmung der Lage eines Punktes auf der Erdoberfläche. Geographische Länge und Breite (§§ 3 u. 4)	6
Zeiteinteilung. Ekliptik. Sternentag. Sonnentag. Mittlerer Sonnentag. Zeitgleichung (§ 5)	7
Präzession und Nutation (§ 6)	10
Bestimmung des Meridians (§ 7)	11
Meridiankonvergenz (§ 8)	15
Magnetnadel. Deklination. Variation. Störungen (§§ 9 u. 10)	16
Erklärung der der Markscheidekunst eigentümlichen Ausdrücke (§ 11)	19

Zweites Kapitel.
Die bei dem praktischen Markscheiden gebräuchlichen Instrumente, deren Prüfung und Anwendung.

Mittel zum Längenmessen (§ 12)	21
In der Grube. Meterkette (§ 12)	21
Meßstäbe aus Holz und Eisen. Genauigkeit der Messungen (§ 13)	22
Das Meßband aus Stahl (§ 14)	24
Über Tage. Meßstäbe. Basismessung. Meßband (§§ 15 u. 16)	26

Drittes Kapitel.
Der Gradbogen.

Beschreibung und Prüfung desselben (§ 17)	28
Die richtige Aufhängestelle für den Gradbogen an einer gespannten Schnur (§ 18)	31
Andere Formen des Gradbogens. Der KÄSTNERsche Gradbogen. Der SCHNEIDERsche Hängebogen. Das BORCHERSsche Hängeniveau (§ 19)	34

Viertes Kapitel.
Der Kompaß.

Geschichtliches (§ 20)	36
Die Kompaßbüchse. Einteilung des Kompasses (§ 21)	39
Prüfung des Kompasses. Exzentrizität. Empfindlichkeit der Nadel (§ 22)	42
Das Hängezeug. Beschreibung und Erfordernisse desselben (§ 23)	45
Prüfung des Hängezeuges (§§ 24—26)	47
Andere Konstruktionen des Hängezeuges (§ 27)	53
Der Kompaß in der Zulegeplatte (§ 28)	55
Setzkompaß. Taschenkompaß. Steigerhängezeug (§ 29)	55
Der Kompaß als Feldmeßinstrument (§ 30)	56
Winkeltrommel und Winkelspiegel (§ 31)	59

Fünftes Kapitel.
Hilfsapparate zur Verwendung des Kompasses in Gegenwart von Eisen.

Allgemeine Theorie (§§ 32 u. 33) 61
Kreuzschnüre (§ 34) 62
Braunsdorfsches Hängezeug (§ 35) 63
Reicheltsches und Lehmannsches Kompaßstäbchen (§ 36) . . . 65
Penkerts zentrierbarer Hängekompaß (§ 37) 67
Fuhrmannsches Hängezeug (§ 38) 68
Schneiders Zwillingshängezeug (§ 39) 70
Der Kompaß als Feldmeßinstrument. Verschärfte Ablesemethode (§ 40) . . 70
Bestimmung von Normalstunden. Genauigkeit derartiger Messungen (§ 41) . . 71

Sechstes Kapitel.
Das Nivellieren und die hierzu erforderlichen Instrumente.

Allgemeines (§ 42) 73
Die von den Markscheidern benutzten Konstruktionen des Luftblasenniveaus (§ 43) . . 74
Die einzelnen Teile eines Nivellierinstrumentes. Der Fuß. Der Dreifuß. Horizontalstellung mit dessen Hilfe (§ 44) 76
Das Kugelgelenk (§ 45) 78
Das Fernrohr. Allgemeines. Verschiedene Okulare (§ 46) 79
Die Röhrenlibelle. Anfertigung und Empfindlichkeit derselben (§ 47) . . 82
Prüfung und Berichtigung der Nivellierinstrumente mit zerlegbaren Teilen. Prüfung der Libelle (§ 48) 84
Das Zusammenfallen der optischen und geometrischen Achse des Fernrohrs. Die senkrechte Stellung der geometrischen Achse zur Drehachse (§ 49) . . 84
Prüfung der Nivellierinstrumente mit fest verbundenen Teilen (§ 50) . . 85
Prüfung der Instrumente mit Reversionslibelle (§ 51) 86
Allgemeines über Justieren der Nivellierinstrumente (§ 52) 87
Nivellierlatten (§ 53) 87
Grubennivellierlatten. Schmidtsche Latte (§ 54) 89
Zielvorrichtung von Borchers (§ 55) 90
Methoden des Nivellierens (§ 56) 92
Einfluß von der Krümmung der Erdoberfläche und von der Refraktion (§ 57) . . 93
Nivellieren aus den Endpunkten (§ 58) 93
Zusammengesetztes Nivellement. Formulare. Bezeichnung der einzelnen Formularspalten (§§ 59 u. 60) 94
Aufstellung des Nivellierinstrumentes in der Grube. Stativ. Arm. Kawerausche Spreize (§ 61) 98
Genauigkeit geometrischer Nivellements (§ 62) 100
Bemerkungen zum Nivellieren in der Grube (§ 63) 102
Abwägestäbe. Hängelibelle (§ 64) 102
Spiegel ruhig stehender Gewässer (§ 65) 104
Apparat von Luigi Aita (§ 66) 104
Das trigonometrische Höhenmessen mittels des Setzniveaus und der Latte (§ 67) 104
mittels des Theodoliten (§ 68) 107
Das mittelbare Messen von Schächten (§ 69) 109
Das unmittelbare Messen von Schächten (§ 70) 110
Das Maßgestänge von Borchers (§ 71) 112

Siebentes Kapitel.
Der Theodolit.

Allgemeines (§ 72) 114
Normaltheodolit für den Markscheider. Beschreibung desselben. Der Fuß. Stellschrauben. Hauptkreis (§ 73) 114
Alhidade mit den Nonien. Lupen. Blenden (§ 74) 117
Fernrohrträger (§ 75) 118
Das zentrische Fernrohr. Fadenkreuz. Vorrichtung zum geometrischen Nivellieren. Das exzentrische Fernrohr (§ 76) 118
Der Höhenkreis. Fester und abnehmbarer. Die Reiterlibelle (§§ 77 u. 78) . 120
Der Theodolit von 10 cm Durchmesser und der Breithauptsche Taschentheodolit (§ 79) 122
Prüfung und Berichtigung des Theodoliten. Prüfung der Libelle (§ 80) . . 123

Inhalt.

	Seite
Prüfung d. Standes d. Drehachse zur optischen Achse. Das umlegbare Fernrohr (§ 81)	124
Dieselbe Prüfung bei nicht umlegbarem Fernrohr (§ 82)	124
Das Fadenkreuz des Theodolitfernrohres (§ 83)	125
Prüfung der richtigen Bewegung des Okulars im Fernrohre (§ 84)	125
Prüfung der rechtwinkeligen Stellung der Drehachse des Fernrohres zur Alhidaden- und Limbusachse (§ 85)	126
Dieselbe Prüfung für Theodoliten ohne Reiterlibelle (§ 86)	127
Prüfung des Höhenkreises auf den Indexfehler (§ 87)	129
Prüfung des Fernrohres bezüglich der Einrichtung zum geometrischen Nivellement. Aufsatzlibelle. Reversionslibelle (§ 88)	129
Übereinstimmung der Angaben des Höhenkreises u. des horizontalen Fernrohres (§ 89)	131
Die Nonien (§ 90)	132
Das Messen von Horizontalwinkeln mit dem zentrischen Theodoliten (§ 91)	133
Das Repetieren der Winkel (§ 92)	134
Das Messen von Horizontalwinkeln mit dem exzentrischen Theodoliten (§ 93)	135
Das Messen von Vertikalwinkeln mit dem zentrischen und dem exzentrischen Fernrohr (§§ 94 u. 95)	136
Das Aufstellen und Zentrieren der Theodoliten. Über Tage. Signale. Heliotrop (§ 96)	137
In der Grube. Fixieren der Winkelpunkte. Stativ. Arme. Spreizen (§ 97)	139
Zentriervorrichtung für Stative von CHRISMAR (§ 98)	141
Andere Zentrierapparate (§ 99)	143
Zentriervorrichtungen für eiserne Arme und Spreizen (§§ 100 u. 101)	144
Fixieren der Winkelpunkte durch Untersätze. WEISBACHscher Teller. Zapfensignale (§ 102)	145
Die JUNGEsche Aufstellung (§ 103)	147
Verbesserung dieser Aufstellung (§ 104)	149
Der EICHHOFF-OSTERLANDsche Patenttheodolit (§ 105)	150
Die Freiberger Aufstellung (§ 106)	150
Signale in der Grube für horizontale Strecken (§ 107)	152
Signale für Messungen in tonnlägigen Schichten. Signale von BORCHERS (§ 108)	154
Phototrop von CHOULANT (§ 109)	155
Das VIERTELsche Signal (§ 110)	156
Beurteilung der verschiedenen Meßverfahren mit dem Theodoliten (§ 111)	158
Das Messen mit dem Theodoliten in tonnlägigen Schächten (§ 112)	160

Achtes Kapitel.
Die Ausführung von Markscheiderzügen.

	Seite
Allgemeines (§ 113)	163
Das Dreiecksnetz. Anschlußmessungen an dasselbe (§ 114)	164
Wahl des Instrumentes für jeden Grubenzug (§§ 115 u. 116)	166
Vorbereitungen zu einem Zuge mit dem Hängezeuge (§ 117)	167
Die Orientierungslinie (§ 118)	168
Beschreibung eines Zuges mit dem Hängezeuge. Markscheiderzeichen (§ 119)	169
Aufnahme der Grubenräume durch Nebenmaße (§ 120)	171
Aufnahme vom Streichen und Fallen der Schichten (§ 121)	172
Das Hängen der Stunde (§ 122)	173
Grubenzug mit dem Theodoliten (§ 123)	173
Die Markscheiderlampen (§ 124)	175
Formular für Reinschriften der Grubentaschenbücher (§ 125)	177
Das Berechnen von Sohlen und Seigerteufen (§ 126)	179
Das Zulegen mit dem Kompaß (§ 127)	180
Die Fehler der Kompaßzulage (§ 128)	182
Elektrische Erscheinungen am Kompaß (§ 129)	183
Zulegen mit dem Transporteur. Stundenscheibe. Voll- u. Halbkreistransporteur (§ 130)	183
Zulegen mit Zirkel und Maßstab. Nach berechneten Tangenten und Sehnen (§ 131)	185
Allgemeines über Koordinaten. Rechtwinkelige Koordinaten. Ableitung der Azimute. Koordinatenumwandlung. Polarkoordinaten (§ 132)	186
Berechnung von Koordinaten (§ 133)	192
Zulege nach berechneten Koordinaten (§ 134)	194
Das Feldmessen mit dem Kompaß (§ 135)	195
Die Durchschlagszüge und ihre Berechnung. Angabe der Durchschlagsrichtungen (§§ 136 u. 137)	197

Neuntes Kapitel.
Die Anfertigung von Grubenrissen.

	Seite
Grundriß, Seigerriß, Profile, Plattenrisse, Rollrisse (§ 138)	203
Spezialrisse. Generalrisse etc. (§ 139)	204
Die Fundamentalrisse (§ 140)	205
Die Anfertigung des Grubenbildes (§ 141)	206
Anfertigung von Seigerrissen und Profilen (§ 142)	208
Das Kopieren der Risse (§ 143)	209

Zehntes Kapitel.
Die Fehlerverteilungen bei markscheiderischen Grubenmessungen.

Allgemeines (§ 144)	211
Mechanische Ausgleichung von Kompaßzügen (§ 145)	214
Die Ausgleichung durch Rechnung eines einzelnen offenen Polygonzuges nach Gauss. Erstes Verfahren (§ 146)	216
Zweites, drittes und viertes Verfahren (§ 147)	218
Fünftes und sechstes Verfahren (§ 148)	219
Siebentes, achtes und neuntes Verfahren (§ 149)	221
Ausgleichung im geschlossenen Polygon nach Gauss (§ 150)	222
Dasselbe nach dem Verfahren von v. Miller-Hauenfels (§ 151)	225
Ausgleichung eines Grubenzuges, der mehrere geschlossene Polygone enthält, nach Gauss (§ 152)	227
Dasselbe nach dem Verfahren von v. Miller-Hauenfels (§ 153)	232

Elftes Kapitel.
Die Anschluß- und Orientierungsmessungen.

Literatur (§ 154)	236
Allgemeines. Erster Fall (§ 155)	237
Verbindung von Gruben- und Tagezug durch zwei Schächte (§ 156)	237
Das Hängen und Anvisieren von Loten (§ 157)	239
Das Schmidtsche Verfahren (§ 158)	241
Verbindung durch zwei tonnlägige Schächte (§ 159)	243
Messung eines tonnlägigen Schachtes mittels des Kompasses (§ 160)	243
Die Verbindung durch einen seigeren Schacht. Methode durch Lotung. Anschlußdreieck (§ 161)	244
Doppeltes Anschlußdreieck (§ 162)	247
Resultate solcher Messungen (§ 163)	248
Anderweitige Lotmethoden. Das Lotungsinstrument von Nagel. Beschreibung und Anwendung (§ 164)	249
Die Orientierung mittels des Magneten. Allgemeines (§ 165)	253
Die Deklinatorien (§ 166)	255
Der Magnetstab mit Skala und Linse (§§ 167 u. 168)	255
Der Magnetstab mit Spiegel (§ 169)	260
Der Magnettheodolit (§ 170)	263
Das Messen eines Streichwinkels mittels des Magnettheodoliten (§ 171)	263
Das transportable Magnetometer nach Borchers (§ 172)	266
Das Messen eines Streichwinkels. Erste Methode. Zahlenbeispiel (§ 173)	268
Zweite Methode. Zahlenbeispiel (§ 174)	274
Allgemeines über das transportable Magnetometer (§ 175)	277
Parallelität der Magnetlinien (§ 176)	278
Die Verbindung ist nur durch einen tonnlägigen Schacht im magnetischen Gebirge gegeben (§ 177)	279

Zwölftes Kapitel.
Anwendung eines kräftigen Magneten zur Ermittelung der Durchschlagsrichtung zweier Gegenörter.

Die hierzu erforderlichen Instrumente (§ 178)	279
Beschreibung des Verfahrens (§§ 179, 180 u. 181)	281
Sachregister	286
Berichtigungen	288

Einleitung.

Die Markscheidekunst ist ein Teil der allgemeinen Vermessungskunde und beschäftigt sich mit der Ausmessung und der rißlichen Darstellung der unterirdischen Grubenräume.

Der Name kommt her von „Mark" = Grenze und „scheiden" = feststellen und bestimmen des Scheidenden, d. h. hier der scheidenden Grenze. Die Grenzebene zweier aneinanderstoßenden Grubenfelder heißt Markscheide. Diese über Tage durch Lochsteine bezeichneten Grenzen auch in der Grube festzustellen war in den Anfängen des Bergbaues bei den damals sehr kleinen Grubenfeldern eine wichtige und häufig vorkommende Arbeit des danach benannten Markscheiders.

Man spricht von älterer und neuerer Markscheidekunst und versteht unter der älteren die ausschließliche Anwendung von Kompaß und Gradbogen und unter der neuen die Benutzung von Luftblasenniveau und Theodolit. Die Unterscheidung hat jetzt keinen Sinn mehr, da der Markscheider sowohl die älteren als auch die neueren Meßwerkzeuge besitzen und je nach den vorliegenden Verhältnissen die einen oder die anderen anwenden wird.

Erstes Kapitel.
Einige Sätze aus der mathematischen Geographie.

Der Erdkörper kann für die meisten Zwecke der Markscheidekunst § 1. als vollkommene Kugel betrachtet werden. Bei geodätischen Arbeiten allein ist die sphäroidische Gestalt zu berücksichtigen.

Der Himmel erscheint uns wie eine ungeheure Hohlkugel, in deren Mitte sich die Erde befindet.

Von der Himmelshohlkugel übersehen wir nur eine Hälfte auf einmal, und diejenige Ebene, welche die sichtbare Hälfte von der unsichtbaren scheidet, heißt der **wahre Horizont**.

Die Ebene des Horizontes geht durch den Mittelpunkt der Erde und ist parallel der Tangentialebene im Standpunkte des Beobachters. Letztere Ebene nennt man den scheinbaren oder falschen Horizont. Beide Horizonte haben den Abstand eines Erdhalbmessers. Bei den ungeheuren Entfernungen der Himmelskörper ist dieser Abstand aber so verschwindend klein, daß man bei den folgenden astronomischen Betrachtungen die beiden Ebenen als zusammenfallend annehmen kann.

In Fig. 1 sei $SZNZ'$ das Himmelsgewölbe und M der Standpunkt auf der als Punkt erscheinenden Erde. Die schraffierte Ebene ist der Horizont.

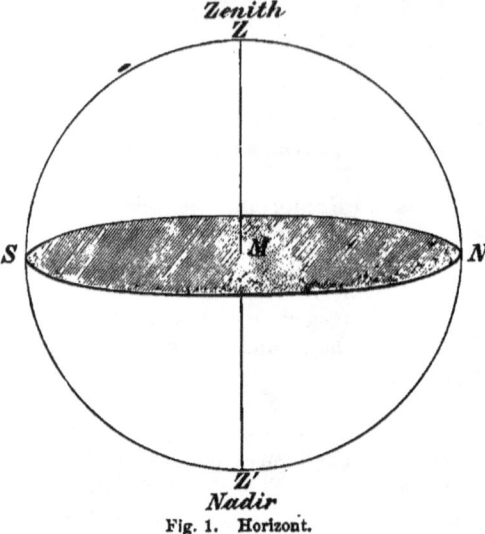

Fig. 1. Horizont.

Verlängert man ein in M auf SN errichtetes Perpendikel nach beiden Seiten, so wird das Himmelsgewölbe in Z und Z' getroffen.

Den Punkt Z nennen wir den Scheitelpunkt oder das Zenith und den Punkt Z' den Fußpunkt oder das Nadir.

Die Sterne, mit Ausnahme der wenigen Planeten und Kometen, haben zwar eine unveränderliche Stellung gegeneinander, scheinen sich aber sämtlich um eine feste Achse in konzentrischen Kreisen zu drehen, welche den Namen Weltachse führt.

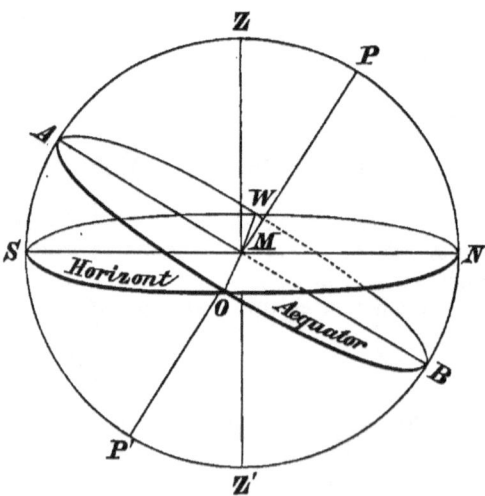

Fig. 2. Weltachse.

Die Punkte P und P', Fig. 2, in welchen die Weltachse das Himmelsgewölbe trifft, sind die Pole des Himmels.

Einige Sätze aus der mathematischen Geographie.

Die Weltachse macht mit dem Horizont je nach dem Standpunkt des Beobachters auf der Erde einen verschiedenen Winkel.

Am Äquator ist dieser Winkel gleich Null und wächst nach den Polen zu. Der Winkel heißt die **Polhöhe des Ortes.**

Eine rechtwinkelig auf die Weltachse im Erdmittelpunkte M gelegte Ebene $AOBW$ ist der **Himmelsäquator**, mit welchem Namen nicht bloß die Ebene, sondern die Kreislinie bezeichnet wird, in welcher die Äquatorebene das Himmelsgewölbe schneidet. Der Äquator teilt die Himmelskugel in eine nördliche und eine südliche Hemisphäre.

Denkt man sich durch den Nordpol, durch das Zenith und den Standpunkt M eine Ebene gelegt, so ist dies die **Meridianebene.** Die Linie SMN, in welcher diese Ebene den Horizont schneidet, ist die **Meridianlinie** und der größte Kreis $PNBP'SA$ der **Meridiankreis.**

Der Meridian oder die Mittagslinie trifft das Himmelsgewölbe in N, dem Nord- und in S, dem Südpunkte. O und W sind der Ost- und Westpunkt des Himmels.

Die scheinbare Drehung der Himmelskugel findet in der Richtung von Osten nach Westen statt. Die Gestirne steigen auf der Ostseite auf, erreichen im Meridian ihre höchste Stellung und gehen auf der Westseite wieder nieder.

Steht ein Stern gerade im Meridian des Standpunktes, so sagt man, er kulminiert und zwar hat jeder Stern zwei: eine **obere** und eine **untere Kulmination.**

Solche Sterne, die so nahe bei dem Pole stehen, daß sie für einen bestimmten Beobachtungsort nicht mehr untergehen, heißen **Circumpolarsterne.**

Von diesen sind beide Kulminationen sichtbar, die übrigen Sterne beschreiben Bahnen, von denen ein Teil über, ein Teil unter dem Horizonte liegt.

Der erstere heißt der **Tagebogen**, der andere der **Nachtbogen.**

Für die Sterne, welche auf dem Himmelsäquator liegen, ist der Tagebogen dem Nachtbogen gleich, für die nördlich vom Äquator stehenden Sterne ist in unseren Breiten der Tagebogen und für die südlich vom Äquator stehenden der Nachtbogen der größte.

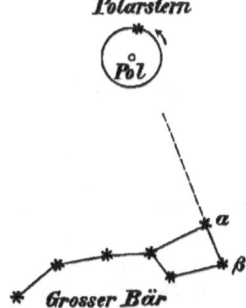

Fig. 3. Orientierung am gestirnten Himmel.

§ 2.

Um sich am gestirnten Himmel zu orientieren, geht man gewöhnlich vom Sternbilde des großen Bären aus (Fig. 3). Verlängert man nämlich die Verbindungslinie der Sterne α und β um das $5\frac{1}{2}$fache, so trifft sie nahezu den ersten Stern im Schwanze des kleinen Bären, welcher jetzt der nächste helle Stern in der Nähe des Nordpoles ist. Er heißt der **Polarstern.**

Um die Stellung eines Gestirnes am Himmel mit mathematischer Genauigkeit anzugeben, bedarf man eines passend gewählten Koordinatensystems aus größten Kreisen der Himmelskugel.

Zwei Systeme sind vorwiegend im Gebrauch.

I. **Höhe und Azimut.** — Denkt man sich in Fig. 4, in welcher die bisherigen Bezeichnungen beibehalten worden sind, durch M, Z und den Stern E eine Ebene gelegt, so entsteht ein größter Kreis, welcher rechtwinkelig auf dem Horizonte steht und **Höhen-** oder **Vertikalkreis** genannt wird.

Der Bogen EH heißt die **Höhe** des Sternes, der Bogen EZ die **Zenithdistanz** des Sternes.

Höhe und Zenithdistanz ergänzen sich zu 90 Grad.

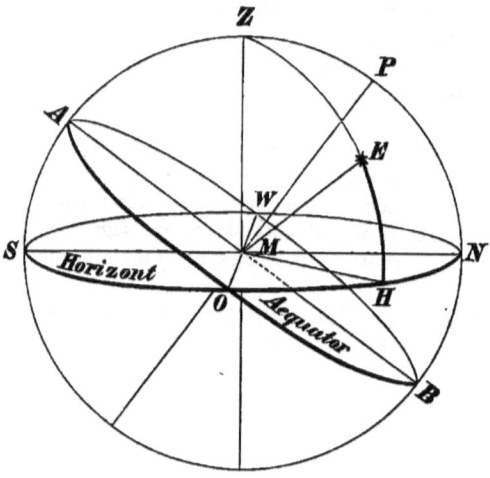

Fig. 4. Höhe und Azimut.

Der Bogen NH vom Nordpunkte des Horizontes bis zum Punkte H, wo der Höhenkreis des Sternes E den Horizont trifft, heißt das **Azimut** des Sternes.

Anm. Die Astronomen zählen das Azimut vom Südpunkte aus über West. In der Vermessungskunde zählt man die Azimute von Nord über Ost, Süd und West bis 360 Grad.

Durch Höhe und Azimut eines Sternes ist die Stellung desselben aber nur für einen Zeitmoment gegeben, da infolge der scheinbaren täglichen Bewegung des Himmelsgewölbes sich sowohl die Höhe als auch das Azimut eines Gestirnes jeden Augenblick ändert.

II. **Deklination, Rektaszension und Stundenwinkel.** — Alle durch die Weltachse gelegten größten Kreise heißen **Deklinations-** oder **Stundenkreise** und stehen senkrecht auf dem Äquator.

Legt man durch den Stern E (Fig. 5) einen solchen Kreis, so nennt man den Bogen EC die **Deklination** oder **Abweichung** des Sternes.

Die Deklination ist eine nördliche oder südliche, je nachdem der Stern auf der nördlichen oder südlichen Hemisphäre liegt.

Der Bogen PE heißt die **Poldistanz** des Sternes E.

Poldistanz und Deklination ergänzen sich zu 90 Grad.

Der sphärische Winkel EPN, welchen der Deklinationskreis mit dem Meridian macht, wird der **Stundenwinkel** des Sternes E genannt.

Der Stundenwinkel wird durch den Bogen BC auf dem Äquator

gemessen und giebt in Zeitmaß verwandelt an, wie viel Zeit seit der letzten Kulmination des Sternes E verflossen ist. (15 Grad = 1 Stunde.)

Durch Deklination und Stundenwinkel ist die Lage eines Gestirnes am Himmel auch nur für einen Moment bestimmt, da zwar die Deklination eine konstante Größe ist, der Stundenwinkel sich aber fortwährend ändert.

Zur Vermeidung dieses Übelstandes hat man zum Anfangspunkt der Zählung auf dem Äquator einen bestimmten Punkt, den Frühlingspunkt, gewählt.

In diesem Punkte, der übrigens durch keinen Stern bezeichnet ist, schneidet die Sonnenbahn im März den Äquator.

Der in der Richtung von Süd nach Ost u. s. w. auf dem Äquator gezählte Winkel vom Frühlingspunkte bis zu dem Punkte, in welchem der Stundenkreis eines Sternes den Äquator trifft, wird die **gerade Aufsteigung oder Rektaszension** genannt.

Durch **Deklination und Rektaszension** ist die Stelle eines Sternes am Himmel vollkommen bestimmt, wenn dieselben auch bei sämtlichen Sternen einer bekannten regelmäßigen Änderung unterworfen sind (siehe § 6).

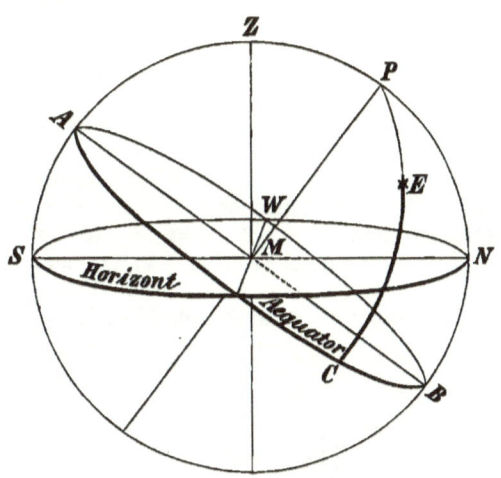

Fig. 5. Deklination, Rektaszension und Stundenwinkel.

Die mathematische Figur der Erde ist ein Rotationsellipsoid, dessen §3. kleine Achse die Rotationsachse der Erde ist und dessen große Achse der Durchmesser des Äquatorkreises ist. Nach BESSEL ist die große Achse = 6377397 m (log = 6,8046435), die kleine Achse = 6356079 m (log. = 6,8031893). Unter der mathematischen Oberfläche der Erde versteht man diejenige, welche der Oberfläche des im Gleichgewichte befindlichen Meeres möglichst nahe kommt.

Wird eine Meridianebene durch die Erdachse gelegt, so entsteht auf der Oberfläche der Erde eine Ellipse, während eine senkrecht zur Achse gelegte Ebene einen vollkommenen Kreis erzeugt.

Die Lage eines Ortes auf der Erdoberfläche wird durch die geographische Länge und Breite bestimmt.

Die geographische Breite eines Ortes C (Fig. 6) ist der auf seinem Meridian gemessene Bogen CB von dem Orte bis zum Erdäquator. Man unterscheidet südliche und nördliche Breite, je nachdem der Ort auf der nördlichen oder südlichen Halbkugel liegt.

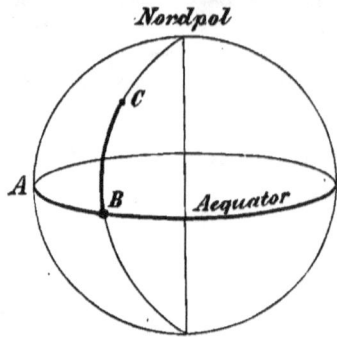

Fig. 6. Geographische Länge und Breite.

Die geographische Länge eines Ortes C ist der auf dem Äquator gezählte Winkel oder Bogen AB, welcher zwischen dem Meridian des Ortes und irgend einem bestimmten als Ausgangspunkt der Zählung gewählten Meridian liegt.

Man zählt entweder von diesem Meridian in einer Richtung bis 360 Grad oder nach beiden Seiten bis 180 Grad und unterscheidet östliche und westliche Länge.

Der Ausgangspunkt der Zählung ist vielfach der Meridian, welcher nach der Insel Ferro benannt ist und die Erde in eine östliche und eine westliche Halbkugel teilt. Die Engländer zählen von dem Meridian von Greenwich, die Franzosen vom Pariser Meridian ab. In der neuesten Zeit werden Bestrebungen rege, einen einheitlichen internationalen Anfangsmeridian einzuführen.

4. **Bestimmung der geographischen Breite und Länge eines Ortes.** — Die geographische Breite eines Ortes ist gleich seiner Polhöhe.

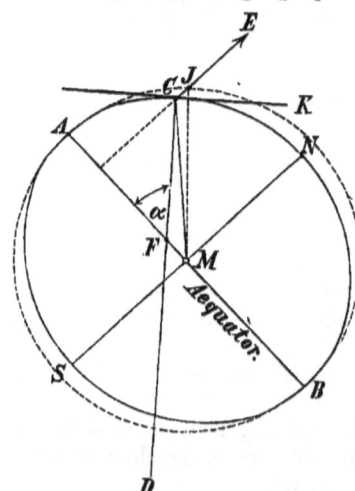

Fig. 7. Gestalt der Erde und Bestimmung der geographischen Breite.

Durch den Standpunkt C auf dem Erdsphäroid sei eine Tangentialebene CK gelegt. Errichtet man auf derselben das Perpendikel CD, so ist dies die Lotlinie, welche den Äquator nicht im Erdmittelpunkte, sondern im Punkte F schneidet. Der Winkel CFA ist die geographische Breite $= \alpha$.

Richtet man im Standpunkte C ein mit einem Höhenkreis versehenes Fernrohr auf den Himmelspol, so wird dasselbe wegen der unendlichen Entfernung des Poles mit der Erdachse parallel laufen und den Winkel ECK messen, welcher gleich der Polhöhe ist. Derselbe ist aber, da die Schenkel beider senkrecht aufeinander stehen, gleich dem Winkel α, der geographischen Breite.

Verbindet man C mit dem Mittelpunkte M der Erde, so nennt man die Linie CM den geocentrischen Radius und den Winkel CMA die geocentrische Breite. Der Winkel AMJ, dessen Konstruktion aus Figur 7 zu ersehen ist, nennt man die reduzierte Breite.

Aus dem geocentrischen Radius und der geocentrischen Breite berechnet sich der Radius der Parallelkreise. Für die Bestimmung der elliptischen Bogen auf der Erdoberfläche sind ferner die Krümmungsradien zu berechnen, d. h. die Radien derjenigen Kreise, welche in bestimmten Punkten des elliptischen Bogen diesem am nächsten kommen.

Hierüber siehe GAUSS, Trigonom. und polygonom. Rechnungen. Zweiter Teil. Seite 33, sowie die dortigen Tafeln der Erddimensionen.

Der Himmelspol ist nicht durch einen Stern bezeichnet. Man hilft sich dadurch, daß man einen Circumpolarstern in seiner oberen und in seiner unteren Kulmination S und S' anvisiert und aus beiden Höhenwinkeln SMN und $S'MN$ das Mittel PMN nimmt (Fig. 8).

Die Bestimmung der geographischen Länge erfolgt durch Bestimmung des Zeitraumes, um welchen die Kulmination eines und desselben Sternes an dem einen Orte später eintritt, als am anderen. Diesen Zeitunterschied hat man in Bogenmaß zu verwandeln (360 Grad = 24 Stunden, 1 Stunde = 15 Grad).

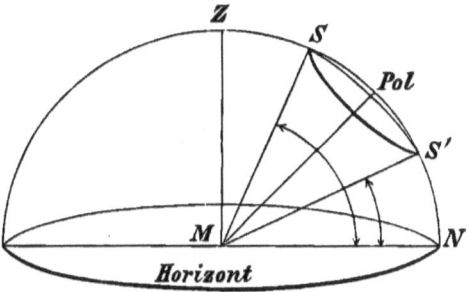

Fig. 8. Bestimmung der Polhöhe.

Das Messen der Zeit geschieht durch gute Uhren: Chronometer oder registrierende Uhren mit Benutzung eines Telegraphen.

Unter der sphärischen Entfernung zweier Orte auf der Erde versteht man die in Graden oder Längenmaß ausgedrückte Länge des Bogens eines größten Kreises, welcher durch diese beiden Punkte gelegt ist.

Die sphärische Entfernung läßt sich aus den gegebenen geographischen Längen und Breiten der beiden Örter berechnen.

Streng genommen gehört der Bogen, welcher die beiden Orte verbindet, nicht einem Kreise, sondern einer Ellipse an, was bei genauen Berechnungen zu berücksichtigen ist. Siehe GAUSS Seite 323.

Die Zeiteinteilung. — Die Erde dreht sich in bestimmten Zeiträumen einmal um die eigene Achse und vollendet ebenfalls in einem größeren Zeitabschnitte einen Umlauf um die Sonne. § 5.

Bei dem Umlauf um die Sonne bewegt sich die Erdachse derartig, daß der Neigungswinkel derselben gegen die Bahnebene von rund 66° 32′ im wesentlichen unverändert bleibt.

Erstes Kapitel.

Infolge dieser Neigung der Erdachse verändert die Sonne ihre Stellung fortwährend am Himmel. Am 21. März steht sie im Äquator, darauf wird ihre Deklination eine nördliche, die am 22. Juni ihr Maximum erreicht. Im weiteren Verlaufe nimmt die Deklination ab und am 22. September steht die Sonne wieder im Äquator, um auf die südliche Halbkugel überzutreten. Am 22. Dezember erreicht die Sonne die größte südliche Deklination und nähert sich von nun an wieder dem Äquator.

Alle diese Punkte liegen in einem größten Kreise, die Ekliptik genannt, deren Ebene mit dem Äquator einen Winkel von 23° 28′ macht. Dieser Winkel heißt die Schiefe der Ekliptik.

Die Punkte, in welchem die Sonne ihre größte Deklination erreicht, heißen die Punkte der Sonnenwende oder Solstitialpunkte (Sommersolstitium und Wintersolstitium). Die Punkte, in welchem die Sonne den Äquator durchschneidet, heißen Äquinoktialpunkte (Frühlings- und Herbstäquinoktium).

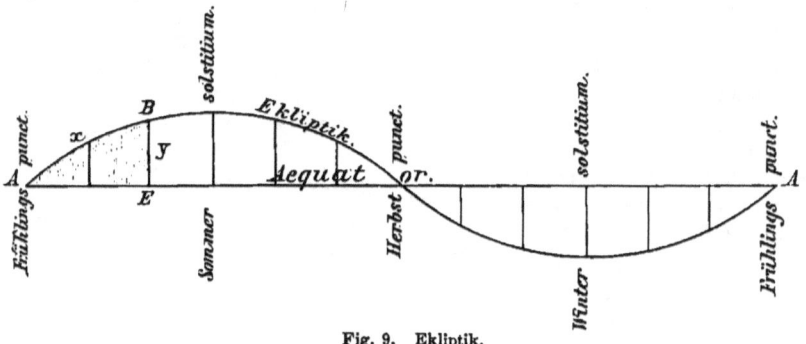

Fig. 9. Ekliptik.

Die Ekliptik kann zur Ortsbestimmung auf der Himmelskugel ebenso dienen wie der Himmelsäquator: Denkt man sich durch irgend einen Stern und den Pol der Ekliptik einen größten Kreis gelegt, so heißt das Bogenstück zwischen dem Stern und der Ekliptik die Breite, und der auf der Ekliptik vom Frühlingspunkte an nach Osten bis zu dem Punkte, in welchem der durch den Stern und den Pol der Ekliptik gelegte größte Kreis die Ekliptik schneidet, gezählte Bogen die Länge des Sternes.

Da sich die Sonne auf der Ekliptik nach Osten hin fortbewegt, so nimmt ihre Länge von Tag zu Tag zu, bis sie zur Zeit des Frühlingsäquinoktiums wieder in dem Punkte anlangt, von welchem aus die Länge gezählt wird, nämlich im Frühlingspunkte.

Denkt man sich den Äquator mit der Ekliptik von der Kugel abgewickelt und auf eine Ebene projiziert, so entsteht die Figur 9.

In dem schraffierten sphärischen Dreiecke ABE ist AB gleich der Länge (x), BE gleich der dieser Länge entsprechenden Deklination der Sonne (y) und der Winkel A ist gleich der Schiefe der Ekliptik.

Es ist $\sin y = \sin x \cdot \sin 23° 28'$.

Ist $x = 0$ oder $360°$ so ist $y = 0$, die Sonne steht im Frühlingspunkte.
„ $x = 90°$ „ „ $y = + 23° 28'$, „ „ „ „ Sommersolstitialpunkte.
„ $x = 180°$ „ „ $y = 0$, „ „ „ „ Herbstpunkte.
„ $x = 270°$ „ „ $y = - 23° 28'$, „ „ „ „ Wintersolstitialpunkte.

Die Zeit, welche die Sonne braucht, um die ganze Ekliptik zu durchlaufen, nennen wir das Jahr. Das Jahr hat 365 Tage, auf diese 365 Tage kommen aber 366 Sternentage, da die Sonne während dieser Zeit gerade einmal in entgegengesetzter Richtung um den Himmel gegangen ist.

Das Verhältnis des Sonnentages zum Sternentage ist also $\frac{366}{365} = 1{,}00274$.

Während nun ein Sterntag dem anderen vollkommen gleich ist, haben die Sonnentage keineswegs eine gleiche Dauer. Wenn nämlich alle Sonnentage gleich sein sollten, so müßte die Änderung in der Rektaszension der Sonne von einem Tage zum andern das ganze Jahr hindurch vollkommen gleich bleiben.

Dies ist aber nicht der Fall und zwar wirken hier zwei Ursachen zusammen.

1. **Die Ekliptik liegt nicht mit dem Himmelsäquator parallel.**

Auch bei gleichförmiger Geschwindigkeit der Sonne würde demselben Wegstücke nicht an allen Punkten der Ekliptik eine gleiche Änderung der Rektaszension entsprechen.

Während zur Zeit der Sonnenwende, wo die Ekliptik fast mit dem Äquator parallel läuft (siehe Figur 9), ein von der Sonne durchlaufenes Wegstück der Änderung in der Rektaszension fast gleich ist, wird diese Änderung viel geringer sein zur Zeit der Äquinoktien, wo die Sonnenbahn einen Winkel von $23° 28'$ mit dem Äquator bildet.

2. **Die Sonne bewegt sich auch in der Ekliptik nicht mit gleichförmiger Geschwindigkeit,** sie schreitet zur Zeit unseres Winters schneller fort als während des Sommers. Vom 21. März bis zum 22. September sind 186 Tage, vom 22. September bis 21. März nur 179 Tage.

Da im bürgerlichen Leben sich alle Zeiteinteilung nach der Sonne richten muß, aber Uhren, welche genau die unregelmäßige Dauer der Sonnentage richtig angeben, nicht herstellbar sind, so hat man sich so geholfen, daß man einen **mittleren Sonnentag** von stets gleichbleibender Länge eingeführt hat. Denkt man sich die Dauer eines gewöhnlichen Jahres von 365 Tagen in 365 vollkommen gleiche Teile geteilt, so ist ein solcher Teil der mittlere Sonnentag.

Die wahren Sonnentage sind nun bald etwas länger, bald etwas kürzer als der mittlere, der wahre Mittag ist also bald etwas vor dem mittleren voraus, bald bleibt er gegen denselben zurück. Im Februar fällt der wahre Mittag rund 15 Minuten nach dem mittleren und im November 16 Minuten früher; zur Zeit der Sonnenwenden stimmen mittlere und wahre Zeit überein. Der Zeitunterschied zwischen dem mittleren und wahren Mittag wird die **Zeitgleichung** genannt.

Eine Zeitbestimmung heißt nichts weiter, als den Gang einer Uhr durch astronomische Beobachtungen zu kontrollieren.

Man beobachtet zu diesem Zwecke die Kulmination der Sonne und vergleicht, ob der wahre Mittag in richtigem, der Zeitgleichung entsprechenden Abstande von dem mittleren Mittag, den die Uhr anzeigen soll, eintritt.

Die Kulmination der Sonne kann man durch ein im Meridian aufgestelltes Fernrohr beobachten oder, was für markscheiderische Zwecke genügt, mittels eines in einer Zimmerwand angebrachten Gnomons. Der Meridian wird dann durch einen weißen Zwirnsfaden bezeichnet, welcher in zweckmäßiger Weise auf dem Boden des Zimmers ausgespannt ist.

§ 6. **Präzession und Nutation.** Bis jetzt haben wir den Himmelspol als einen festen unverrückbaren Punkt angenommen, was er in der That nicht ist.

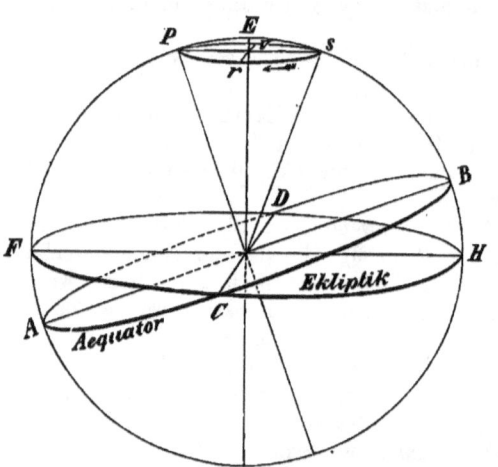

Fig. 10. Präzession des Frühlingspunktes.

In Fig. 10 sei FH die Ekliptik, E der Pol derselben und AB der Äquator mit seinem Pol P. Während nun die Schiefe der Ekliptik im wesentlichen unverändert bleibt, bewegt sich die Erdachse derartig, daß der Pol P einen Kreis $Pvsr$ um den Pol E der Ekliptik als Mittelpunkt und die Achse selbst einen Kegelmantel beschreibt.

Durch diese Bewegung der Erdachse wird die Lage der Schnittlinie CD der Ekliptik und des Äquators fortwährend verändert und der Frühlingspunkt schreitet dadurch auf der Ekliptik vor (jährlich 50″).

Man nennt dieses Vorschreiten die Präzession des Frühlingspunktes. Der Pol P durchläuft in einem Zeitraume von ca. 26000 Jahren einmal einen Vollkreis.

Auf die Größen der Rektaszension und der Deklination wirkt die Präzession regelmäßig ändernd ein.

Die Nutation. Der Verlauf der Präzession ist nicht ganz gleichmäßig, da der Pol sich nicht in einem mathematischen Kreise, sondern in einer wellenförmigen Kurve bewegt.

Man erklärt sich die Art der Bewegung dadurch, daß man annimmt, der Pol bewege sich auf einer kleinen Ellipse, deren Mittelpunkt sich mit gleichförmiger Geschwindigkeit um den Pol E im Kreise dreht (Fig. 11).

Die große Achse dieser kleinen Ellipse beträgt 9,6″ und die kleine 8″. Mit dieser Bewegung ist eine geringe wiederkehrende Veränderung in der Neigung der Erdachse verbunden; man nennt diesen Vorgang deshalb Nutation der Erdachse.

Die Neigung der Erdachse unterliegt noch einer säkularen Veränderung, deren Natur noch nicht hinreichend ergründet ist.

Bestimmung des Meridians. — Das älteste, schon im Altertume hierzu angewandte Mittel ist der Gnomon.

Stellt man in den Mittelpunkt einer Anzahl konzentrischer Kreise einen senkrechten spitzen Stab, so wird bei Sonnenschein derselbe einen Schatten werfen und die Spitze des Schattens vom Vormittag bis Abend die konzentrischen Kreise in den Punkten a, b, c, d, d', c', b', a' treffen (Fig. 12).

Halbiert man die Bogen aa', bb', cc', dd' und verbindet die Halbierungspunkte mit dem Mittelpunkte der Kreise, so erhält man den Meridian.

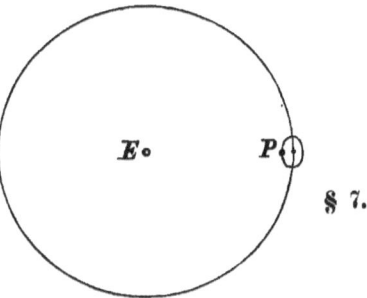

Fig. 11. Nutation der Erdachse.

§ 7.

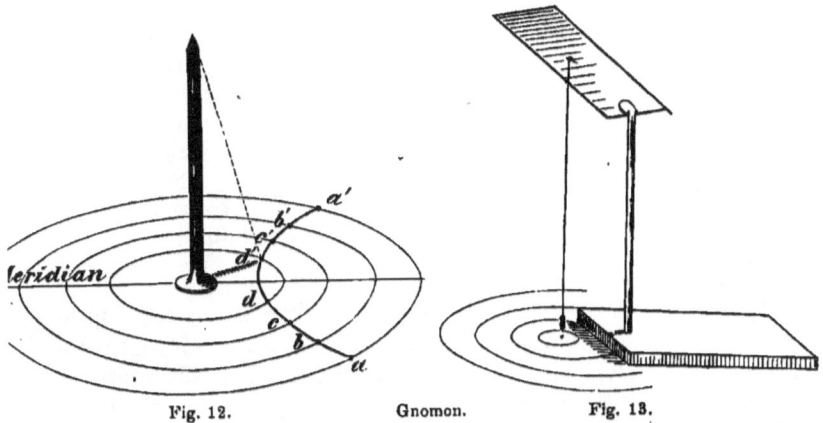

Fig. 12.   Gnomon.   Fig. 13.

Eine Verbesserung des Gnomons wird erreicht, wenn man an der Spitze des Stabes eine Metallplatte (Fig. 13) anbringt, welche mit einer kleinen Öffnung versehen ist, und den Gnomon so aufstellt, daß die Öffnung senkrecht über dem Mittelpunkte der konzentrischen Kreise liegt.

In dem Schatten der Platte erscheint dann ein heller Fleck, dessen Mittelpunkt mit hinreichender Schärfe gefunden werden kann.

Derartige Gnomone hat man im großen Maßstabe ausgeführt, indem man in die Decke hoher Gebäude durchbohrte Metallplatten angebracht hat, z. B. in der Kuppel des Domes zu Florenz (1467).

Jetzt sind diese Vorrichtungen zum Zweck der Meridianbestimmung nicht mehr in Gebrauch.

Man ermittelt den Meridian mit Hilfe des Theodoliten und zwar entweder durch Beobachtung korrespondierender Sternenhöhen oder durch Beobachtung des größten Azimutes von hierzu geeigneten Circumpolarsternen.

1. **Bestimmung des Meridians nach korrespondierenden Sternenhöhen.**

Die Fixsterne beschreiben mit gleichmäßiger Geschwindigkeit konzentrische Kreise um den Pol. Steht das Gestirn am höchsten über dem Horizont oder (bei Circumpolarsternen) am tiefsten, so befindet es sich im Meridian.

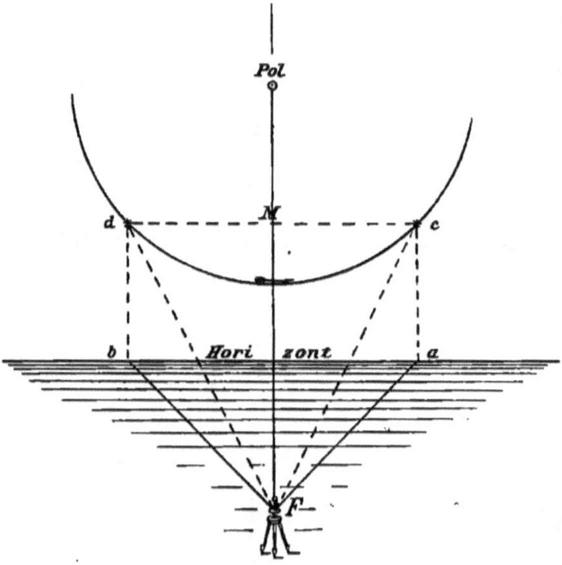

In gleichen Zeitabschnitten vor und nach der Kulmination wird nun der Stern gleich hoch über dem Horizonte des Ortes stehen und bei gleichen Höhen über dem Horizonte auch gleichen Abstand vom Meridian haben.

Wenn $Md = Mc$, so ist $bd = ac$ und umgekehrt. Richtet man das Fernrohr eines Theodoliten in F, dessen Nonien auf Null gestellt sind, auf einen Stern in d und bei unveränderter Höhenstellung nach der Kulmination auf denselben Stern in c, so wird man den auf den Horizont projizierten Winkel $dFc = bFa$ am Nonius ablesen können. Halbiert man diesen Winkel und stellt das Fernrohr in die Richtung der Halbierungslinie, so befindet sich dasselbe in der Ebene des Meridians, der nunmehr durch zwei Steine festgelegt werden kann.

Fig. 14. Meridianbestimmung nach korrespondierenden Sternenhöhen.

In der Praxis wird die Meridianrichtung von einem Punkte A (Fig. 15) am zweckmäßigsten dadurch fixiert, daß der Winkel bestimmt wird, welchen eine fixierte Linie mit dem Meridian einschließt. Dieser Winkel wird das **Azimut oder der Azimutalwinkel** der Linie genannt.

Zu diesem Zwecke muß man das Fernrohr mit den auf Null gestellten Nonien zunächst auf Punkt C (Fig. 15) richten, sodann den Stern vor und nach der Kulmination anvisieren und jedesmal den Winkel ablesen. Das arithmetische Mittel giebt dann das Azimut von AC.

Man wird sich übrigens nicht bloß auf eine Doppelbeobachtung des Sternes beschränken, sondern denselben vor der Kulmination in verschiedenen Höhenlagen des Fernrohrs anvisieren, am Höhenkreise und am Limbus ablesen, sodann in umgekehrter Ordnung nach und nach den Höhenkreis auf dieselben Höhenwinkel einstellen und die zugehörigen Horizontalwinkel notieren. Aus allen Werten der Horizontalwinkel wird das Mittel genommen.

Um dem Höhenkreis bei der Anvisierung nach der Kulmination sicher und schnell die erforderliche Lage geben zu können, wird man den Nullpunkt des Nonius bei den Beobachtungen vor der Kulmination der Bewegung des Sternes voraus auf einen Teilstrich des Höhenkreises einstellen und nur mit Hilfe der Feinstellung am Hauptkreis und später an der Alhidade den Stern in das Fadenkreuz bringen.

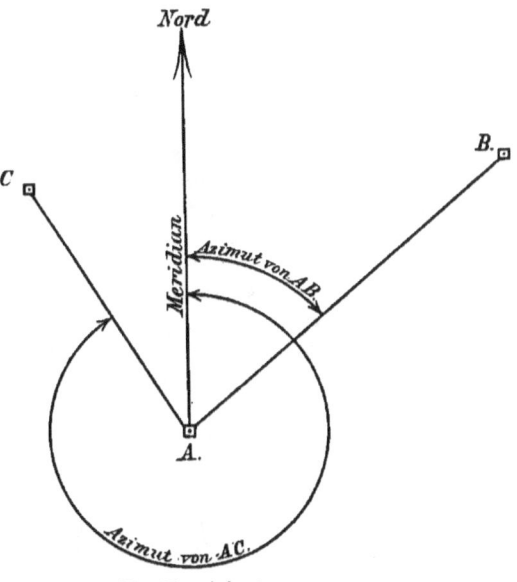

Fig. 15. Azimut.

Nimmt man zu der Bestimmung des Meridians Fixsterne, so sind die gefundenen Resultate ohne weiteres zu gebrauchen.

Bei Benutzung der Sonne geben wegen Veränderlichkeit ihrer Deklination nur die Beobachtungen um die Zeit der längsten oder kürzesten Tage brauchbare Werte. Am fehlerhaftesten wird das Ergebnis zur Zeit der Tag- und Nachtgleichen. Bei der Sonne trifft nämlich der oben vorausgeschickte Satz, daß zu gleichen Höhen auch gleiche Abstände des Gestirnes vor und nach der Kulmination gehören, nicht zu. Es bedarf die Beobachtung einer Verbesserung, welche nach der Formel $A = \frac{a+b}{2} + \frac{\frac{1}{2}(d-d')}{\cos \varphi \sin t}$ berechnet wird.

Hierin sind:

a u. b = die vor- und nachmittägigen Beobachtungen,
d u. d' = die vor- und nachmittägige Deklination der Sonne,
s u. s' = der „ „ „ Stundenwinkel der Sonne,
$\frac{s+s'}{2} = t$
φ = die geographische Breite.

Das Anvisieren der Sonne muß derartig geschehen, daß der Horizontalfaden den unteren oder oberen, und der Vertikalfaden einen seitlichen Rand der Sonne berührt (Fig. 16) und zwar ist der senkrechte Faden, wenn er vormittags auf den linken Sonnenrand gerichtet war, nachmittags auf den rechten Rand zu stellen oder umgekehrt.

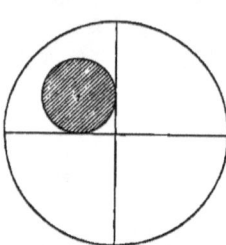

Fig. 16. Anvisieren der Sonne.

Die Bestimmung des Meridians mittels der Sonne ist für den Markscheider nicht zu empfehlen, weil astronomische Jahrbücher zur Entnahme der Deklination der Sonne, sowie die Mittel zu den erforderlichen Zeitbestimmungen nicht immer zu Gebote stehen. Außerdem läßt sich das Fadenkreuz mit größerer Schärfe auf einen Stern als auf die Sonne einstellen.

2. **Bestimmung des Meridians nach dem östlichsten oder westlichsten Azimute von Sternen.**

Zu dieser Bestimmungsweise können nur solche Circumpolarsterne benutzt werden, deren Poldistanz kleiner ist als die Zenithdistanz des Poles.

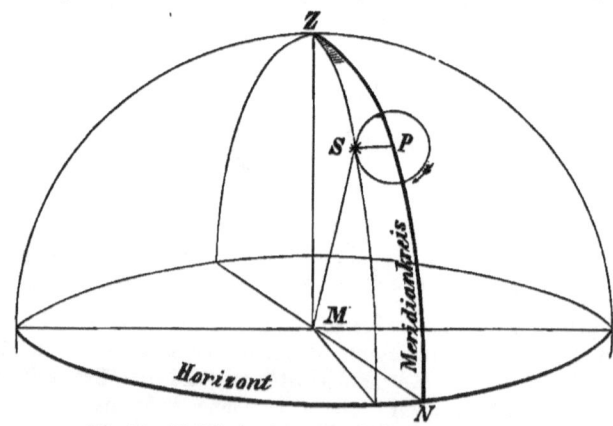

Fig. 17. Meridianbestimmung mittels des Polarsternes.

Man richtet das mit einem Okularprisma versehene Fernrohr des Theodoliten auf einen solchen Stern, wenn er sich in seinem östlichsten oder westlichsten Azimute befindet, d. h. in dem Punkte, in welchem der durch das Zenith Z und den Standpunkt M gelegte größte Kreis die Bahn des Sternes berührt (Fig. 17). Dreht man das Fernrohr um den Winkel SZP, so befindet es sich in der Richtung des Meridians. Der Winkel SZP des bei S rechtwinkeligen Dreiecks läßt sich aus $PZ = 90°$ — Polhöhe und PS = Poldistanz des Sternes = $90°$ — Deklination nach der Formel $\sin SZP = \dfrac{\sin PS}{\sin PZ}$ berechnen.

Aus den astronomischen Jahrbüchern ist die ungefähre Zeit, wenn ein Stern in der brauchbaren Stellung sich befindet, zu ersehen, und der genaue Zeitpunkt hierfür ergiebt sich aus der Beobachtung des Sternes selbst, da derselbe einige Minuten vorher und nachher den vertikalen Faden nicht verläßt.

Gewöhnlich benutzt man bei dieser Bestimmungsweise den Polarstern und nennt sie deshalb kurz: die Meridianbestimmung mittels des Polarsternes.

Man kann das Azimut eines beliebigen Sternes auch aus einer einzigen Höhenbeobachtung desselben berechnen, wenn die Polhöhe des Beobachtungsortes und die Deklination des Sternes bekannt sind.

In Fig. 18 ist ein Vertikalkreis ZEH und ein Stundenkreis PEC durch den Stern E gelegt und in dem dadurch entstandenen sphärischen Dreiecke ZPE ist $ZE = 90°$ weniger der beobachteten Höhe EH, $ZP = 90°$ weniger der Polhöhe und $PE = 90°$ weniger der Deklination des Sternes. Aus den bekannten drei Seiten berechnet man den Azimutalwinkel Z des Sternes und erfährt dadurch, um wie viel das auf den Stern E gestellte Fernrohr gedreht werden muß, um in die Richtung des Meridians zu gelangen.

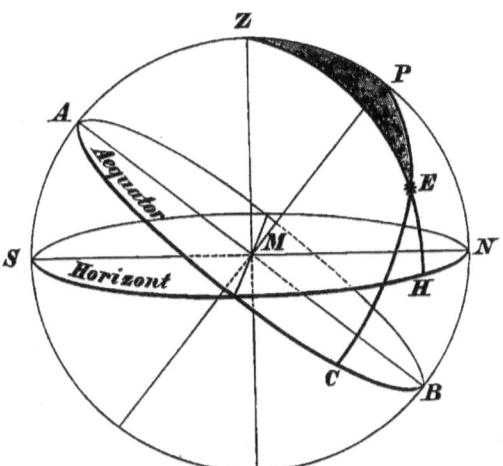

Fig. 18. Meridianbestimmung aus der Höhenbeobachtung eines Sternes.

Zu dieser Meridian-Bestimmung sind sehr feine Instrumente erforderlich, welche selten im Besitze von Markscheidern sind.

Die Meridiankonvergenz. — Die Meridianlinien aller Orte auf dem Äquator laufen parallel mit der Erdachse. § 8.

Die Meridiane von verschiedenen Orten auf gleichen Parallelkreisen konvergieren in dem Sinne, daß sie alle die Weltachse und zwar in einem Punkte schneiden.

Aus dem Längenunterschiede der beiden Orte, in Sekunden ausgedrückt $= l''$, und der geographischen Breite φ läßt sich bei nicht zu großen Entfernungen der Konvergenzwinkel nach der Formel $C'' = l'' \sin \varphi$ berechnen.

Ist der Längenunterschied L in Metern gegeben, so erhält man den Konvergenzwinkel in Sekunden aus der Formel $C'' = \dfrac{L}{r} \operatorname{tg} \varphi \cdot 206265$.

In Fig. 19 sind A und B die beiden Orte, deren Meridiankonvergenz

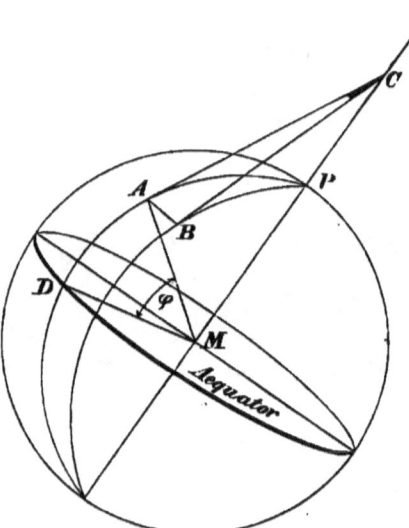

Fig. 19. Meridiankonvergenz.

bestimmt werden soll, $AB = L$, $AM =$ Erdradius r, $\angle AMD$ die geographische Breite φ und C der Punkt auf der Weltachse, in welchem die Meridianlinien A und B sich treffen.

Nimmt man das Dreieck ABC bei A rechtwinkelig an, so ist $\operatorname{tg} C = \dfrac{L}{AC}$ und da $AC = \dfrac{r}{\operatorname{tg} \varphi}$ $= \dfrac{L}{r} \operatorname{tg} \varphi$. C ist ein kleiner Winkel, man kann daher setzen $C'' = \dfrac{L}{r} \operatorname{tg} \varphi \, 206265$.

In der geographischen Breite Klausthals von $51^\circ\, 48'\, 30''$ beträgt die Meridiankonvergenz zweier Orte, deren Längenunterschied 1000 Meter oder 52,202 Bogensekunden groß ist, $= 41{,}12$ Sekunden.

§ 9. Die Magnetnadel.

— Ein unentbehrliches Hilfsmittel bei den markscheiderischen Arbeiten ist die Magnetnadel. Eine frei schwebende, in ihrem Schwerpunkte unterstützte Magnetnadel stellt sich stets in eine bestimmte Linie, welche im wesentlichen von Süd nach Nord gerichtet ist.

Diese Linie nennt man die **Magnetlinie** oder den **magnetischen Meridian**.

Die Lage der Magnetlinie ist veränderlich, und diese Veränderungen werden gegen den unveränderlichen astronomischen örtlichen Meridian gemessen und angegeben.

Der Winkel, welchen die Magnetlinie mit dem örtlichen Meridian macht, heißt die **Deklination**.

Einige Sätze aus der mathematischen Geographie.

Dieselbe ist jetzt in unserer Gegend eine westliche und beträgt im Januar 1884 für Klausthal 12° 48′ 46″, nimmt aber im Jahre durchschnittlich 7 Minuten ab und wird, wenn der weitere Verlauf den bis zum Jahre 1652 zurückreichenden Beobachtungen (siehe Borchers, praktische Markscheidekunst, Seite 168) entsprechend ist, ungefähr in der Mitte des nächsten Jahrhunderts mit dem astronomischen Meridian zusammenfallen. Die Deklination wird später eine östliche werden, in dieser Richtung ein Maximum erreichen, dann wieder umkehren bis zu einem westlichen Maximum und das Spiel von neuem beginnen.

Die Zeit zwischen einem östlichen und einem westlichen Maximum ist noch nicht genau festgestellt. Man darf es vorläufig auf 260 Jahre annehmen.

Außer dieser säkularen erleidet die Deklination auch noch eine tägliche Veränderung, welche Variation genannt wird.

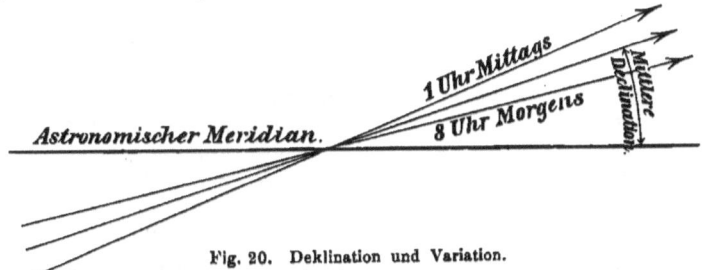

Fig. 20. Deklination und Variation.

Die Magnetnadel zeigt nämlich etwa um 8 Uhr morgens den größten östlichen Stand, also die kleinste Deklination, kurz nach 1 Uhr die größte. Dann nimmt die Deklination wieder ab bis etwa 10 Uhr abends, bleibt bis 4 Uhr morgens nahezu konstant und kehrt zu ihrem Minimum um 8 Uhr morgens zurück.

Die Größe der Variation wechselt mit den Jahreszeiten. Im allgemeinen ist sie in den Wintermonaten am kleinsten, in den Sommermonaten am größten, wie aus nachstehenden Monatsmitteln zu ersehen ist, welche aus Beobachtungen am Magnetometer in Klausthal abgeleitet wurden.

	1878.	1879.	1880.	1881.	1882.
Januar	2′ 38″	3′ 12″	3′ 29″	4′ 20″	4′ 31″
Februar	4′ 22″	4′ 31″	5′ 14″	5′ 26″	7′ 53″
März	7′ 14″	7′ 53″	7′ 17″	8′ 38″	10′ 1″
April	10′ 5″	9′ 49″	10′ 57″	9′ 49″	11′ 47″
Mai	8′ 17″	9′ 13″	10′ 41″	9′ 49″	11′ 20″
Juni	9′ 45″	10′ 4″	10′ 36″	11′ 41″	10′ 2″
Juli	9′ 5″	9′ 2″	9′ 37″	11′ 25″	9′ 48″
August	9′ 3″	9′ 51″	8′ 43″	11′ 51″	10′ 46″
September	8′ 16″	8′ 33″	9′ 33″	11′ 3″	10′ 53″
Oktober	4′ 57″	7′ 49″	9′ 4″	9′ 34″	8′ 37″
November	3′ 18″	3′ 37″	5′ 8″	5′ 35″	6′ 39″
Dezember	2′ 54″	2′ 36″	4′ 14″	3′ 37″	4′ 29″

Die Variation, als Ganzes betrachtet, ist auch periodischen Änderungen unterworfen. In einem Zeitabschnitte von $11\frac{1}{4}$ Jahren durchläuft dieselbe ein Maximum und ein Minimum. Neuere Beobachtungen haben nachgewiesen, daß das periodische Wechseln in der Häufigkeit der Sonnenflecke der Zeit nach vollständig mit dem Ab- und Zunehmen der Variation zusammenfällt.

Aus obigen Monatsmitteln ist zu ersehen, daß jetzt (1884) die Variation einem Maximum zuschreitet.

Durch Untersuchungen des magnetischen Vereins von GAUSS und WEBER ist festgestellt worden, daß der Verlauf der Variation auf demselben magnetischen Meridiane, d. h. auf einer Linie, welche Orte (z. B. Mailand, Göttingen, Upsala) von gleicher Deklination verbindet, bis ins einzelne derselbe ist, nur die Intensität der Variation nimmt vom Äquator nach Norden bez. nach Süden zu ab.

Der Verlauf der Variation, abgesehen vom Deklinationswinkel, ändert sich übrigens in unseren Gegenden nach Osten oder Westen zu wenig. So zeigen z. B. die graphischen Darstellungen des magnetischen Vereins in den Variationskurven von Göttingen und Breslau keinen wesentlichen Unterschied.

Ferner ist durch gleichzeitige Beobachtung über und unter Tage (Oberharz und Přibram) bewiesen, daß auch in den größten vom Bergbau erreichten Teufen die Variation in gleicher Weise wie über Tage verläuft (siehe BORCHERS § 51).

Außer den genannten mehr regelmäßigen Änderungen ist der Gang der Magnetnadel noch plötzlichen Störungen von mehr oder weniger Bedeutung unterworfen, deren Verbreitungskreis bald klein, bald groß ist. Dieselben treten zu manchen Zeiten viel kräftiger und häufiger auf. Manchmal, jedoch selten, erreichen solche Störungen eine solche Stärke, daß sie den Erdmagnetismus für einen oder zwei Tage total verändern. Derartige Störungen nennt man magnetische Stürme.

Die Ursachen der Störungen sind bis jetzt noch nicht ermittelt. Bekannt ist nur, daß namentlich die Erscheinung des Nordlichtes, sowie auch Erdbeben damit im Zusammenhang stehen. Atmosphärische Gewitter haben keinen Einfluß.

Zur Beobachtung der Deklination und ihrer Veränderung dienen dem Markscheider die Orientierungslinien, Magnettheodoliten und Magnetometer, von denen später die Rede sein wird.

§ 10. Die Deklination ist nicht an allen Orten der Erde gleich. Verbindet man auf einer Karte diejenigen Punkte der Erdoberfläche miteinander, welche eine gleiche Deklination haben, durch Kurven (Isogonen), so entsteht eine sogenannte Deklinationskarte. Es sind viele solcher Karten konstruiert worden, die erste 1701 von HALLEY; die letzte von LAMONT 1854. Alle diese Karten weichen voneinander ab und beweisen, daß diese Kurven nicht konstant bleiben, sondern Veränderungen unterworfen sind.

Die LAMONTsche Deklinationskarte von 1854 giebt Fig. 21 in verkleinertem Maßstabe wieder. Die Deklinationen der Orte auf den einzelnen Kurven unterscheiden sich um einen Grad von Osten nach Westen zunehmend, wie durch die Bezifferung der Kurven von einer mit Null bezeichneten ausgehend angedeutet ist.

Diese Kurven sind für die Gegenwart nicht mehr als vollständig gültig anzusehen, aber im wesentlichen ist für Deutschland das Verhältnis dasselbe geblieben. **Nach Westen nimmt die Deklination zu, nach Osten ab.**

Diese Zu- und Abnahme ist aber nicht regelmäßig, wie auch der Verlauf dieser Isogonen auf Karten in sehr großem Maßstabe sich wahrscheinlich nicht so einfach darstellen würde, wie ihn das kleine Kärtchen zeigt.

Anderseits hat die Zu- und Abnahme der Deklination innerhalb der Entfernungen, welche Messungen mit der Bussole und mit dem Kompaß gewöhnlich erreichen, keinen merklichen Einfluß auf die Parallelität der Magnetnadel (vergleiche § 176).

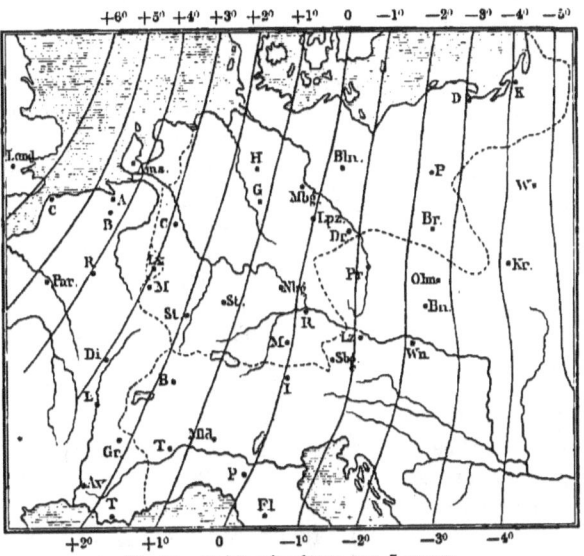

Fig. 21. Deklinationskarte von LAMONT.

Erklärung der wichtigsten der Markscheidekunst eigentümlichen Ausdrücke. — Die Markscheidekunst hängt eng mit dem Bergbau zusammen und hat viele Ausdrücke von da entnommen. § 11.

Ein Perpendikel auf der Horizontalebene heißt eine seigere Linie oder Seigerlinie. Eine gerade Linie in der Horizontalebene heißt eine söhlige Linie, Sohle, Ebensohle; und eine gegen den Horizont geneigte eine flache oder tonnlägige (donlägige) Linie.

Eine flache Linie wird eine fallende oder steigende genannt, je nachdem der Beobachter am oberen oder unteren Endpunkte steht.

20 ERSTES KAPITEL. EINIGE SÄTZE AUS DER MATHEMAT. GEOGRAPHIE.

Der Neigungswinkel einer Linie oder einer Ebene wird **Fallwinkel, Tonnlagewinkel** oder auch kurz das **Fallen**, die **Tonnlage** genannt.

Wird in Fig. 22 von dem Punkte a der flachen Linie ab die Seigerlinie ac gezogen und b mit c verbunden, so nennt der Markscheider

c den **Seiger- oder Lotpunkt** von a (die Projektion von a).

bc die **Sohle** der flachen Linie ab (Projektion von ab) und

ac die **Seigerteufe** des Punktes a (die Projizierende).

Seigerteufe und Sohle können aus der Länge und dem Fallen der flachen Linie berechnet werden.

$ac = ab \sin \alpha.$

$bc = ab \cos \alpha.$

Die Richtung einer Linie nennt der Markscheider das **Streichen** und versteht im engeren Sinne darunter den Winkel, welchen die Linie mit dem **magnetischen Meridian** einschließt.

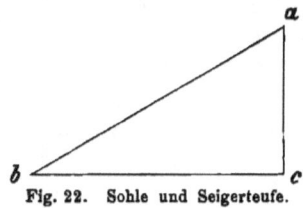

Fig. 22. Sohle und Seigerteufe.

Dieser Winkel wird nach der Einteilung des Kompasses kurz „**Stunde**" genannt. Man sagt: Diese Linie hat das Streichen Stunde 4, oder sie streicht in Stunde 4.

Unter dem **reduzierten Streichen** einer Linie versteht der Markscheider den Winkel, welchen die Linie mit dem **astronomischen Meridian** macht. Zugleich ist aber auch hierfür die Bezeichnung **Azimut** und **Azimutalwinkel** gebräuchlich.

Die **Koordinaten** werden im Markscheiden häufig **Längen** und **Breiten** genannt und zwar die Abcisse = Breite, die Ordinate = Länge.

Immer mehr außer Gebrauch kommen die Ausdrücke **Streichsinus** (Sinus des Streichens) für Ordinate oder Länge und **Streichcosinus** für Abcisse oder Breite. Diese veralteten Bezeichnungen werden nur angewendet, wenn der magnetische Meridian die Abcissenlinie ist.

Die Thätigkeit des Markscheiders in der Grube wird mit **ziehen, verziehen** und **abziehen** bezeichnet. Daraus ist das Wort **Markscheiderzug** oder kurz **Zug** abgeleitet. Das zu Papier bringen (Kartieren) des Zuges heißt **Zulegen**. Man unterscheidet **Tagezug** und **Grubenzug**. Die Wiederholung eines Zuges zur Prüfung desselben nennt man **Gegenzug** oder **Währzug**.

Unter **Markscheiderzeug** oder **Schinnzeug** versteht man Hängekompaß, Gradbogen, Schnur mit Stäben oder Kette.

Zweites Kapitel.
Die beim Markscheiden gebräuchlichen Instrumente, deren Prüfung und Anwendung.

Mittel zum Längenmessen. § 12.

A. Unter Tage.

Die Meterkette, auch Meterschnur genannt, ist eine leichte Kette, deren Glieder von 0,5 oder 0,25 m Länge aus dünnem geglühten Messingdraht bestehen und durch zweckmäßige, ebenfalls aus Messing gefertigte Wirbel und Ringe verbunden sind. Die Länge der Kette beträgt 10—12 m.

Fig. 23. Meterschnur.

Der Anfangspunkt der Zählung liegt in der inneren Peripherie des Hakens am Anfang der Schnur und endigt für jede der Unterabteilungen in der dem Anfange abgewandten Seite der inneren Peripherie des betreffenden Ringes.

Die Kette wird auf eine Rolle gewickelt aufbewahrt und beim Gebrauch durch zwei Pfriemen (Fig. 24) ausgespannt, von denen einer durch den Anfangshaken, der andere durch einen der Gliederringe gesteckt wird. Nimmt bei fortschreitender Messung der zweite Pfriemen den Haken auf, so muß derselbe um die Pfriemendicke vorwärtsgesteckt werden.

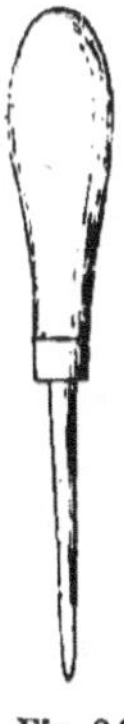

Die Pfriemen sind aus starken, etwa 10 cm langen zugespitzten Stahl- oder Messingdrahtstücken angefertigt.

Die Vorzüge dieser Kette bestehen darin, 1. daß dieselbe ein geringeres Gewicht hat, 2. daß die Länge ohne weiteres abgelesen werden kann, 3. daß die passende Stelle für das Aufhängen des Gradbogens sich leicht finden läßt und 4. daß die Fußpunkte der Seitenordinaten zur Aufnahme der Grubenräume leicht zu bestimmen sind. Namentlich der letztere Vorzug hat dieser Kette beim Gangbergbau des Harzes Eingang verschafft.

Fig. 24. Pfriemen.

Als Nachteil ist anzuführen, daß die Meterschnur durch den Gebrauch dem Ausdehnen sehr ausgesetzt ist. Sie ist deshalb jedesmal vor dem Gebrauch nachzusehen und zu berichtigen und während des Messens nicht zu stark anzuspannen. Es gehören sehr geübte Gehilfen dazu.

Bei längeren Messungen sind stets mehrere Exemplare mitzuführen.

Zweites Kapitel.

§ 13. **Meßstäbe aus Holz oder Eisen.** — Die ersteren sind zwei Meter lange prismatische Stäbe von ca. 3,5 cm Breite und 2 cm Dicke aus trockenem astfreien Tannenholz, welche an ihren Enden durch messingene oder eiserne Schuhe vor schneller Abnutzung und durch Tränken mit Öl vor Feuchtigkeit geschützt sind. Die Endflächen der Schuhe müssen stets rechtwinkelig zur Achse des Stabes und die Kanten derselben dürfen nicht abgestumpft sein. Sollte bei längerem Gebrauch eine Abstumpfung sich herausstellen, so sind die Schuhe zu erneuern.

Mehr zu empfehlen ist ein 4 m langer Stahldraht von 5—6 mm Stärke, welcher zur Hälfte in einen hölzernen, etwas kürzeren Stab so eingelassen ist, daß beide Enden des Drahtes ca. 10 cm über die Unterlage hervorragen.

Wo das Einführen eines solchen langen Stabes in die Schächte unbequem ist, da wird man Stücke des später zu beschreibenden Maßgestänges benutzen (§ 70).

Das Messen mittels dieser Stäbe erfolgt an ausgespannten Schnüren. Hierzu dient eine 2—3 mm starke, möglichst gleichmäßig gearbeitete Hanfschnur, welche auf eine Kurbel gewickelt aufbewahrt wird.

Fig. 25. Eiserner Meßstab.

Das Ausspannen der Schnur geschieht mittels der oben genannten Pfriemen oder ähnlich geformter Schrauben.

Die Messung wird auf folgende Weise ausgeführt:

Die Winkelpunkte werden bei Theodolitmessungen meist in der Streckenfirste fixiert, außerdem auch durch Untersätze, welche an starken Spreizen oder Armen befestigt sind. Im letzteren Falle haben diese Untersätze eine Vorrichtung zum Befestigen der Schnur im Winkelpunkte.

Sind die Punkte in der Firste fixiert, so werden unter zwei auf einander folgenden Punkten Spreizen geschlagen, auf ihnen die Seigerpunkte bezeichnet und die Schnur so fest um die etwas rückwärts gesteckten Pfriemen geschlungen, daß ein Zurückspringen vermieden wird.

Oft werden die Spreizen nicht unmittelbar unter den Winkelpunkten angebracht, sondern außerhalb der zu messenden Linie, aber nahe bei den Endpunkten. Aus a und b werden Lote herabgelassen, welche an der ausgespannten Schnur den Anfangs- und Endpunkt der Stationslinie bezeichnen, ohne an der Schnur anzuliegen (Fig. 26).

Den hölzernen oder eisernen Meßstab legt man nun mit dem einen Ende an den Anfangspunkt und bezeichnet das andere Ende durch eine Schlinge von weißem Zwirn, den man vorher mit den Lippen etwas anfeuchtet. An den so bezeichneten Endpunkt legt man den Meßstab von neuem an und fährt in dieser Weise fort. Das etwa überschießende Stück wird mit einem kleineren Meßstabe ermittelt.

Ist die Entfernung von a nach b sehr groß, so mißt man die Linie in einzelnen Abteilungen. Zu diesem Zwecke schlägt man in Abständen von 20 m Spreizen und befestigt auf ihnen in der Richtung ab Pfriemen zum Anschlingen der Schnur. Die Neigung der einzelnen Schnüre wird durch den Gradbogen abgenommen (Fig. 26).

Eine gleiche Genauigkeit bei geringem Zeitaufwande läßt sich erreichen, wenn man an Stelle der Zwirnsfadenschleife vor das Ende des Meßstabes den einen Daumennagel fest an die Schnur preßt, sodann vorsichtig den zweiten Daumennagel mit entgegengesetzt gerichtetem Rücken an die Stelle des ersteren setzt und hiergegen das Ende des inzwischen von dem Gehilfen wieder angelegten Maßstabes anschiebt. Hierzu gehören zwei geübte und gewissenhafte Gehilfen mit kräftigen und nicht zu sehr gekrümmten Daumennageln.

Fig. 26. Längenmessen in der Grube.

Bei Messungen von geringerer Wichtigkeit, z. B. mit dem Hängekompaß, genügt es auch, wenn die Daumennagel nicht gewechselt werden, vielmehr der zweite Gehilfe sogleich seinen Daumen an den des ersteren setzt, festkneift und den hölzernen Meßstab, welchen er inzwischen durch die hohle Hand des vorderen Gehilfen durchgeschoben hat, wieder anlegt.

Das Messen mit zwei Stäben, welche abwechselnd voreinander gesetzt werden, giebt ebenfalls gute Resultate. Will man aber den Vorteil gewinnen, welcher bekanntlich aus der Anwendung langer Meßstäbe erwächst, so sind zur Bedienung eines jeden Stabes zwei Mann, im ganzen also vier Mann zum Messen erforderlich. Dieses zahlreiche Personal ist aus mehreren Gründen bei Grubenmessungen unbequem. Bei der Anwendung kürzerer Stäbe, welche ein Mann bedienen kann, vermehren sich die Fehlerquellen.

Professor F. LORBER in Leoben hat über die Genauigkeit der Längenmessungen über Tage nach verschiedenen Methoden und mit verschiedenen Instrumenten zahlreiche höchst interessante Versuche angestellt und aus ihnen das Gesetz des mittleren Fehlers entwickelt (berg- u. hüttenm. Jahrbuch der Bergakademieen zu Leoben, Přibram u. Schemnitz, Band 25 u. 26). Er hat den Nachweis geliefert, daß bei Längenmessungen die zufälligen Fehler dem theoretischen Fehlerfortpflanzungsgesetze folgen, wonach der mittlere Fehler einer Länge mit der Quadratwurzel aus der Länge zunimmt und folgende Zahlenwerte gefunden:

Für Messungen mit	im günstigen Terrain.	im ungünstigen
2 Stück 4 m Latten längs gespannter Schnur	$m = 0{,}000535 \sqrt{L}$	$0{,}000535 \sqrt{L}$
2 Stück 4 m Latten ohne Schnur .	$m = 0{,}000927 \sqrt{L}$	$0{,}0041 \sqrt{L}$
Stahlmeßband	$m = 0{,}00216 \sqrt{L}$	$0{,}0095 \sqrt{L}$
Drehlatte	$m = 0{,}00212 \sqrt{L}$	$0{,}0095 \sqrt{L}$
Meßkette	$m = 0{,}00800 \sqrt{L}$	$0{,}0130 \sqrt{L}$

Die Messungen mittels Latten längs der gespannten Schnur, welche uns hier zunächst allein interessieren, übertreffen die anderen weit an Genauigkeit. Der Mittelfehler beträgt auf 1000 m = 17 mm.

Die von BORCHERS in seiner Markscheidekunst Seite 91 und 112 gegebenen Resultate, sowie zahlreiche in jüngster Zeit unter meiner Leitung ausgeführte Längenmessungen an der Schnur mit einem 4 m langen eisernen Meßstabe haben ergeben, daß der von LORBER gefundene Koeffizient 0,000535 eher zu groß als zu klein ist.

§ 14. **Das Meßband aus Stahl.** — In neuerer Zeit sind Meßbänder aus Stahl fast allgemein in Gebrauch gekommen. Ein 12 mm breiter und 0,2 mm dünner Streifen aus Gußstahl von verschiedener Länge (20—40 m) ist in Dezimeter mittels feiner eingeschlagener Löcher eingeteilt. Die ganzen Meter sind durch eingelassene Messingzeichen und daneben eingeätzte Zahlen kenntlich gemacht. An beiden Enden sind in Gelenk und Kurbel drehbare Ringe befestigt, von deren innerer Peripherie die Zählung beginnt.

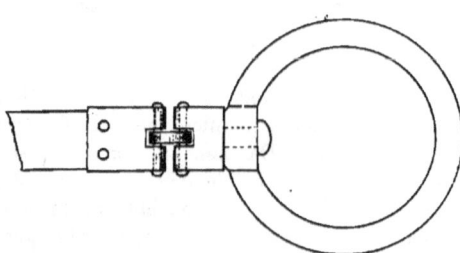

Fig. 27. Meßband aus Stahl.

Diese Stahlmeßbänder sind äußerst dauerhaft, dehnen sich zwar beim Gebrauch, aber längen sich nicht dauernd aus und bieten namentlich in söhligen Grubenstrecken, wo ihre ganze Länge ausgenutzt werden kann, große Vorteile.

Bei dem Gebrauch ist das Band möglichst gleichmäßig anzuspannen, da die Länge desselben sich mit der Stärke der Anspannung ändert.

Im Jahrbuch für das Berg- und Hüttenwesen für 1883 erwähnt der Prof. Schmidt in dem Aufsatz „Triangulierung im Freiberger Revier", daß ein Stahlband von den genannten Dimensionen und 30 m Länge sich bei einer Spannung von 7 kg um 3,4 mm und bei 14 kg Spannung um 7,5 mm ausdehnte.

In söhligen Strecken und bei gutem Tragewerk ist die Anwendung des Meßbandes am einfachsten, wenn die Winkelpunkte auf die Streckensohle herabgelotet werden.

Ist kein gutes Tragewerk vorhanden, oder ist die Grubenstrecke geneigt, so wird die Länge gemessen unter Zuhilfenahme von Spreizen, deren Abstand nicht zu groß (10—12 m) genommen werden darf, da sonst die eintretende Senkung der Bandmitte einen merklichen Messungsfehler herbeiführen würde.

In der Richtung der zu messenden Linie schlägt man in die Spreizen starke Nägel, an welche die Ringe des Bandes angehängt werden und mißt von Nagel zu Nagel.

Zur Ermittelung der Neigung mittels des Gradbogens sind außerdem Schnüre zu ziehen.

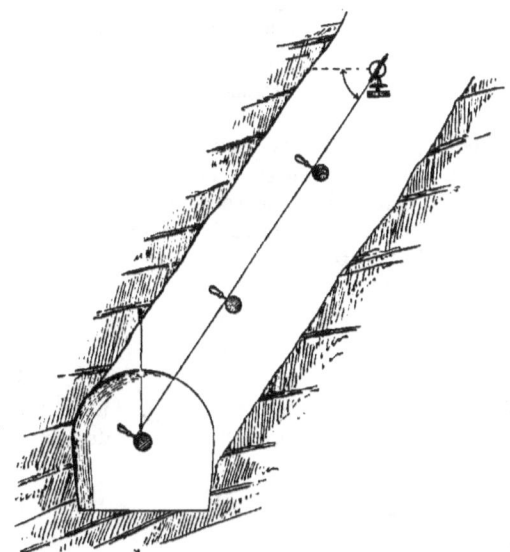

Fig. 28. Messen geneigter Visierlinien.

Werden die Neigungen der Stationslinien am Höhenkreise des Theodoliten ermittelt, so wird nach Wegnahme des Theodoliten die Visierlinie direkt gemessen oder es müssen an den Untersätzen des Theodoliten und der Signale Vorrichtungen vorhanden sein, welche gestatten, die Länge in einer der Visierlinie parallel laufenden Linie zu messen (Fig. 28). Vergl. § 68.

Die zwischen Anfangs- und Endpunkt geschlagenen Hilfsspreizen müssen in diesem Falle auch bezüglich ihrer Höhenlage der Richtung der Visierlinie genügen.

Sind beim Messen mit dem Stahlbande weite Abstände der Hilfsspreizen nicht zu vermeiden, so ist die Mitte des Bandes entweder auf andere Weise zweckmäßig zu unterstützen oder das Resultat um eine Größe zu verbessern, welche aus der Durchbiegung h des Bandes und aus dessen Bogenlänge $ab = l$ nach der Formel $\frac{8h^2}{3l}$ berechnet werden kann (Fig. 29).

Bei ca. 30 m Länge zeigt nach SCHMIDT sich bei 14 kg Anspannung, welche ein kräftiger Gehilfe mit beiden Händen hervorzubringen vermag, eine Durchbiegung von 16 cm, die einem Meßfehler von 2,3 mm entspricht.

Das Meßband muß nach jedesmaligem Gebrauch trocken gerieben werden zur Verhinderung des Rostens.

Der Preis des Meßbandes ist je nach der Länge, der Ausstattung und der Aufbewahrungsweise verschieden. Ein Band von 20 m Länge auf ein eisernes Kreuz gewickelt kostet ca. 17 Mark, ein ebensolches von 30 m ca. 22 Mark. Ein Band von 33 m Länge mit Messinggehäuse kostet 50 Mark.

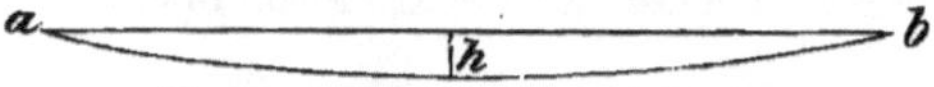

Fig. 29. Durchbiegen des Meßbandes.

Außer den vorstehend genannten Längenmeßapparaten sind hie und da Ketten von 10 oder 20 cm langen aus starkem Messingdraht gefertigten Gliedern in Gebrauch, welche nur geringwertige Ergebnisse liefern können.

Das Längenmessen in stark geneigten Grubenräumen ist mit besonderen Schwierigkeiten verbunden. Man wechselt entweder mit nahezu söhligen und mit vertikalen Linien ab (siehe § 71, Fig. 126) oder man ermittelt den Höhenabstand der beiden Endpunkte (die Seigerteufe der flachen Linie) und berechnet hieraus und aus dem Neigungswinkel die Sohle (siehe § 112) oder man wendet Latte mit Setzniveau an (siehe § 67).

B. Über Tage.

§ 15. Zu den Längenermittelungen über Tage, welche sehr genaue Resultate ergeben sollen, gehört das Messen einer Basis oder von Polygonseiten, die zur Festlegung wichtiger Punkte dienen.

Dreiecksnetze zu rein markscheiderischen Zwecken werden immer eine nur geringe Ausdehnung haben, es kann deswegen beim Messen der Basis von der kostspieligen Anlage einer horizontalen Unterlage zum Auflegen der Meßlatten abgesehen und die Längenmessung in gleicher Weise wie in der Grube an der Schnur mit 4 m langen Stahlstäben ausgeführt werden.

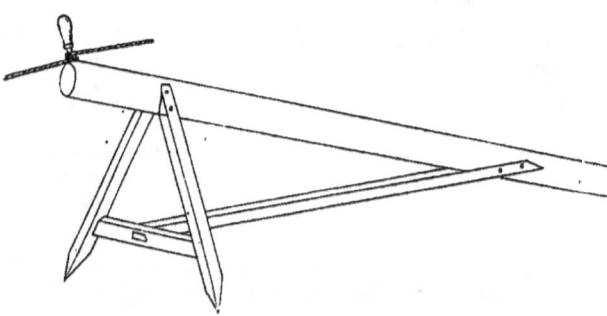

Fig. 30. Markscheiderbock.

Das Verfahren unterscheidet sich von dem in der Grube nur dadurch, daß man statt der Spreizen starke Pfähle und sogenannte Markscheiderböcke (Fig. 30) anwendet. Das Verfahren ist aus Fig. 31 zu ersehen.

In Preußen ist übrigens in fast allen bergbautreibenden Gegenden das Dreiecksnetz der Landesvermessung bis zu den Dreiecken IV. Ordnung durchgeführt, der Markscheider wird deshalb in den meisten Fällen seine Messungen direkt anschließen können und dem Messen einer eigenen Basis überhoben sein, wenn nicht starke Bewaldung und ungünstige Oberflächenverhältnisse, wie auf dem Oberharze, die Benutzung der meist auf Berggipfeln angebrachten Dreieckspunkte erschweren.

Ich bin mehrmals gezwungen worden, kleinere Dreiecksnetze mit selbstständiger Basis einzuschalten, welche stets event. mittelst Polygonmessung an zwei Dreieckspunkte der Landesvermessung angeschlossen wurden. Immer habe ich mit dem obigen Verfahren der Basismessung gute Resultate erhalten.

In dem schon erwähnten Aufsatze des Jahrbuches für Berg- und Hüttenwesen im Königreiche Sachsen beschreibt Professor SCHMIDT die

Fig. 31. Basismessung.

Messung einer 568 m langen Basis mittels des bei den Markscheidern üblichen Stahlmeßbandes und kommt unter Beobachtung und Berücksichtigung aller Fehlerquellen zu einem sehr guten Resultate.

Bei den sonstigen Längenmessungen über Tage wendet der Markscheider dieselben Apparate an wie der Landmesser. Die früher allgemein übliche Kette aus eisernen Gliedern ist in neuerer Zeit vollständig verdrängt von dem Stahlmeßbande, welches 20 mm breit, 0,4 mm dick und 20 m lang ist, im übrigen aber dem in der Grube gebräuchlichen gleicht. Die Zählung beginnt in der Mitte der Schlußringe. Durch dieselben werden beim Gebrauche aus Eichenholz gefertigte Stäbe, sogenannte Kettenstäbe gesteckt, deren Durchmesser der Ringöffnung genau entsprechen und welche an ihren oberen Enden kleine Dosenlibellen und am unteren Ende eiserne Spitzen mit eisernem Querriegel zum Auflegen der Bandringe haben.

§ 16.

Das Verfahren beim Messen ist folgendes: Die Endpunkte der zu messenden Linie sind durch Lochpflöcke oder Steine bezeichnet.

Nachdem die Kettenstäbe durch die Schlußringe geschoben sind, setzt der erste Gehilfe die Spitze seines Kettenstabes in das Loch des Aufangspunktes und bringt den vom zweiten Gehilfen geführten Kettenstab in die Richtung der zu messenden Linie ein. Zu diesem Zwecke ist der Endpunkt der Linie durch einen runden Stab (Bake, Piketpfahl) bezeichnet. Hierauf wird das Band straff gezogen, wobei die beiden Gehilfen mittels der Dosenlibellen den senkrechten Stand der Kettenstäbe kontrolieren. Der Endpunkt der Bandlänge wird vom zweiten Gehilfen durch ein eisernes Zählstäbchen bezeichnet, welches der erste Gehilfe an sich nimmt, sobald er bei fortschreitender Messung die Spitze seines Kettenstabes an die Stelle des Zählstäbchens setzt.

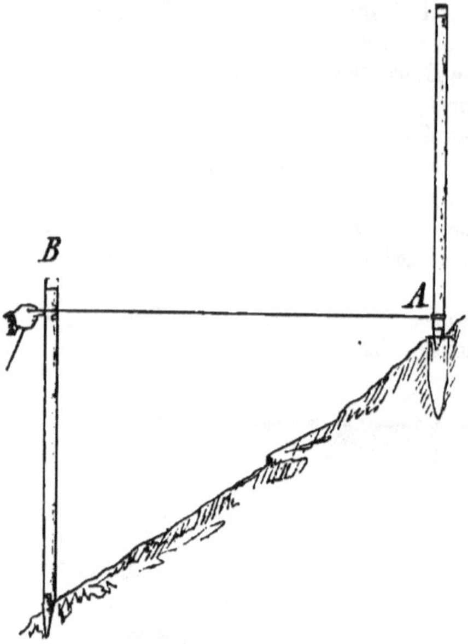

Ist die Bodenoberfläche nicht vollständig horizontal, so ist am tieferen Punkte der Ring des Bandes an dem Kettenstabe nach dem Augenmaße so weit hoch zu schieben, bis das Band eine horizontale Lage einnimmt. (Fig. 32).

Bei sehr steilen Hängen reichen die Kettenstäbe zur Benutzung der ganzen Bandlänge nicht aus, man muß in diesem Falle den zweiten Kettenstab B aus dem Ringe nehmen und denselben so in der zu messenden Linie aufstellen, daß die Entfernung AB mittels des Bandes gemessen werden kann. Den ersten Ring des Bandes streift man sodann vom Kettenstab A

Fig. 32. Längenmessung an steilem Gehänge.

ab, steckt ihn auf den Stab B, setzt den Stab A in zweckmäßiger Entfernung in die Linie und verfährt wie vorher.

Drittes Kapitel.
Der Gradbogen.

§ 17.   Der Gradbogen (Fig. 33) ist dazu bestimmt, an einer ausgespannten Schnur aufgehängt zu werden, um hierdurch deren Neigung gegen den Horizont zu ermitteln. Er besteht aus einem mit Haken versehenen Halbkreise von nicht zu dickem, federhart geschlagenen Messingblech, aus dessen Mittelpunkte ein Lot an einem schwarzen Frauenhaar befestigt herabhängt. Das Haar liegt an der Gradteilung des Bogens an und ermöglicht das Bestimmen des Neigungswinkels.

Die verstellbaren Haken sind nach entgegengesetzten Seiten geöffnet und mit Schlitzen versehen, in welche bei steilen Schnüren Vorstecker geschoben werden können, um das Abspringen der Haken zu verhüten.

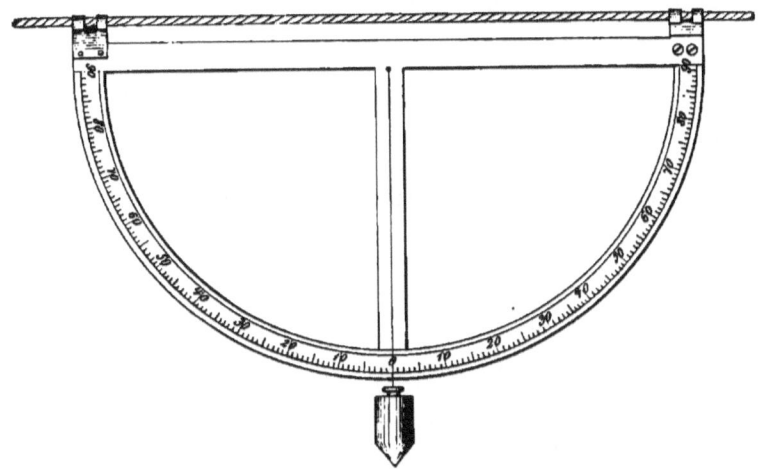

Fig. 33. Der Gradbogen.

Ist in Fig. 34 a der Neigungswinkel der geneigten Schnur, so wird der Bogen $c'd'$ am angehängten Gradbogen den Winkel dec messen. Winkel dec = $\measuredangle\ ead = \measuredangle\ a$, da die Schenkel beider auf einander senkrecht stehen.

Die Teilung des Bogens beginnt in der Mitte und geht nach beiden Seiten bis zu 90°. Dadurch ist es möglich, den Neigungswinkel steigender und fallender Schnüre ohne weiteres abzulesen.

Die Einteilung des Gradbogens ist auf $1/4$ oder $1/5$ Grade durchgeführt. Die kleineren Unterabteilungen schätzt man mit dem Auge.

Die Prüfung des Gradbogens hat sich, wenn man die Richtigkeit der Teilung und die centrische Lage vom Aufhängepunkte des Lotes voraussetzt, auf folgendes zu richten:

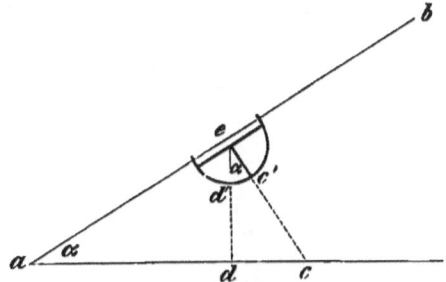

Fig. 34. Messen des Neigungswinkels mittels des Gradbogens.

1. Ob die Linie durch die Teilungspunkte 90°—90° genau parallel ist mit der Linie, welche man sich durch die beiden Haken gelegt denkt.

2. Ob der Gradbogen vollkommen senkrecht hängt.

Um den Gradbogen auf das erste Erfordernis zu prüfen, hänge man denselben an eine horizontal ausgespannte Schnur, wobei das Lot auf Null einspielt. Darauf hänge man an derselben Stelle den Graddogen um und sehe zu, ob auch in dieser Lage der Nullpunkt von dem Lote gezeigt wird. Ist dies der Fall, so ist der Gradbogen von diesem Fehler frei. Sollten aber sich Unstimmigkeiten herausstellen, so verschiebe man entweder einen der Haken je nach Bedarf, wozu die Öffnungen für die Klemmschräubchen oval hergestellt worden sind, oder man bestimme den Fehler und bringe ihn bei jeder Beobachtung in Rechnung. Endlich kann man den Gradbogen auch an jeder Schnur umhängen und aus beiden Ablesungen das Mittel nehmen.

Fällt die Ebene des aufgehängten Gradbogens nicht mit der Vertikalen zusammen, so ist dieser Fehler bei horizontalen Schnüren ohne Einfluß, derselbe wird aber mit zunehmendem Neigungswinkel der Schnur bemerkbar und zwar wird man den Neigungswinkel zu klein ablesen.

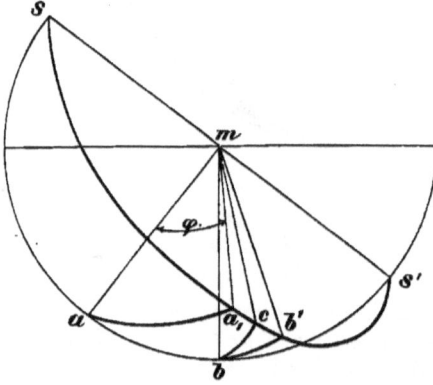

Fig. 35. Ablesefehler am nicht senkrecht hängenden Gradbogen.

In Fig. 35 ist
SS' die Schnurlinie,
SaS' die vertikale Ebene des Gradbogenlimbus,
a der Nullpunkt der Teilung,
$\angle amb$ der Neigungswinkel der Schnur
$\angle ama' = \varphi$ der Neigungswinkel der Ebene, des größten Kreises $Sa'S'$ gegen die Vertikale (fehlerhafte Stellung des Gradbogens),
a' ebenfalls Nullpunkt der Teilung,
$\angle a'mb' = \angle amb$ der Neigungswinkel der Schnur,
bc ist ein Teil des größten Kreises, dessen Ebene senkrecht auf der Vertikalebene SaS' und zugleich auf der Horizontalebene steht. In dieser Ebene wird das beobachtende Auge die Lotlinie mb auf den schief hängenden Gradbogen projizieren und daran die falsche Neigung $a'c$ ablesen.

In dem sphärischen Dreieck Sbc ist
$Sc = 90^0 + a'c$,
$\angle Sbc = 90^0$,
$\angle bSc = \angle ama' = \varphi$,
$Sb = 90^0 + ab$,
$\cos \varphi = \text{tg}\,(90^0 + ab)\, \cotg\,(90^0 + a'c)$,
$\cos \varphi = (-\cotg\, ab)\,(-\text{tg}\, a'c)$,
$\cos \varphi \, \text{tg}\, ab = \text{tg}\, a'c$.

Setzt man in dieser Formel $\varphi = 3^0$ und den Neigungswinkel nach einander gleich 0^0, 10^0, 20^0, 30^0, 40^0, 45^0, 50^0, 60^0, 70^0, 80^0 und 90^0, so sind die Ablesefehler beziehungsweise 0, 50″, 1′ 30″, 2′ 3″, 2′ 20″, 2′ 22″, 2′ 20″, 2′ 3″, 1′ 30″, 50″ und ∞ (unbestimmt).

Mit zunehmendem Neigungswinkel der Schnur wächst der Ablesefehler, erreicht sein Maximum bei 45° Neigung und nimmt dann wieder in gleichem Verhältnis ab.

Aus obigen Zahlen geht hervor, daß der Winkel φ in die Augen fallend sein muß, wenn der Fehler die Ablesegrenze am Gradbogen überschreiten soll. Abweichungen der Gradbogenebene aus der Vertikalen von 3° wird man aber schon an dem Verhalten des Lothaares mit bloßem Auge erkennen.

Bei sehr großen Neigungswinkeln, wo der Schwerpunkt durch die Haken nicht genügend in seiner Lage festgehalten wird, tritt leicht ein Schwanken des Winkels φ ein, dessen Wachsen dann ein Zunehmen des Ablesefehlers mit sich bringt.

Der besprochene Fehler wird durch vorsichtiges Biegen der Haken beseitigt.

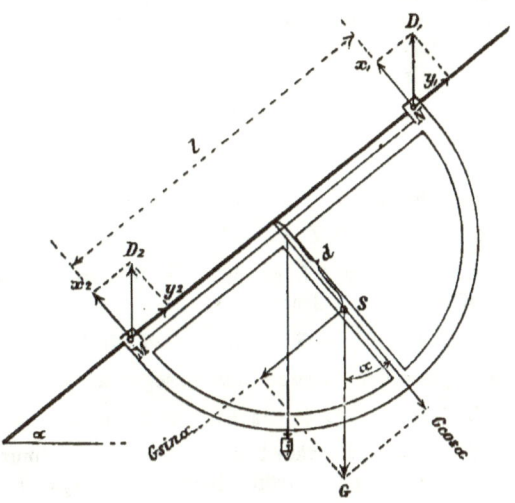

Fig. 36. Ungleicher Druck der Gradbogenhaken auf die geneigte Schnur.

Die gespannte Schnur bildet eine Kettenlinie. Der Neigungswinkel dieser Linie ist an verschiedenen Punkten verschieden, eine Stelle muß es aber geben, wo die Schnur der Verbindungslinie der beiden Endpunkte parallel läuft und da würde der Gradbogen zur Ermittelung der richtigen Neigung aufzuhängen sein. § 18.

Sieht man von dem Gewichte des Gradbogens ab, so würde der richtige Aufhängepunkt nur wenig von dem Schnurmittel nach dem unteren Ende zu abweichen.

Das Gewicht des Gradbogens verändert aber die Neigung der Schnur, weil sich dasselbe nicht gleichmäßig auf beide Haken verteilt, wie aus nachstehender Betrachtung hervorgeht:

Es bezeichnen in Fig. 36:
G das Gewicht des Gradbogens mit Lot,
S den Schwerpunkt,

d die Entfernung der Schnurlinie von S,
l den Abstand beider Haken voneinander,
α den Neigungswinkel der Schnur gegen den Horizont.

Man zerlege G, sowie die beiden unbekannten Drücke $D_1 D_2$ in den Aufhängepunkten in je zwei Komponenten: **parallel und senkrecht zur Schnurlinie**, dann gilt nach Grundsätzen der Mechanik für die gleichgerichteten Kräfte:

1. $x_1 + x_2 = G \cos \alpha$,   2. $y_1 + y_2 = G \sin \alpha$.

Ferner müssen, wenn Gleichgewicht statthaben soll, für irgend einen angenommenen Punkt die statischen Momente der Kräfte sich ebenfalls gegeneinander aufheben:

Für M als Drehpunkt haben $x_2 \, y_2 \, y_1$ kein Moment, es bleibt demnach

3. $x_1 l = G \cos \alpha . \frac{l}{2} + G \sin \alpha . d$, dagegen für N als Drehpunkt

4. $x_2 l = G \cos \alpha . \frac{l}{2} - G \sin \alpha . d$.

Demnach ist der Überdruck auf die Schnur am **oberen** Haken

5. $x_1 - x_2 = 2 \, G \sin \alpha \frac{d}{l}$.

Nach Gleichung 4 folgt, daß $x_2 = 0$, also der **untere** Haken gar nicht mehr auf die Schnur drückt, für

6. $G \sin \alpha \frac{d}{l} = G \cos \alpha \frac{1}{2}$, also für $\tang \alpha = \frac{l}{2d}$

Es springt der **untere** Haken sogar ab für

7. $G \sin \alpha \frac{d}{l} > G \cos \alpha . \frac{1}{2}$, also für $\tang \alpha > \frac{l}{2d}$.

Sollten demnach selbst bei steigender Schnur die Drücke in den beiden Haken dieselbe Größe haben, also $x_2 = x_1$ sein, so müßte nach Gleichung 5. $d = 0$ sein, d. h. der Schwerpunkt S des Gradbogens einschließlich Lot in der Schnurlinie liegen (siehe SCHNEIDERS Hängebogen § 19).

Die Stelle der ausgespannten geneigten Schnur, an welcher der Gradbogen angehängt werden muß, um den richtigen Neigungswinkel zu geben, ist durch Versuche von FLORIAN, Markscheider zu Bleiberg in Kärnten, Professor JUNGE in Freiberg (Berg- u. Hüttenm. Z. 1862, Seite 57) und Bergrat BORCHERS (ebendaselbst 1863, Seite 213) zu ermitteln versucht.

Aus den FLORIANschen Versuchen leitet Professor VON MILLER-HAUENFELS folgende Regel ab:

„Man hänge den Gradbogen näher gegen das höhere Ende der Schnur und zwar vom Mittel des letzteren um ein solches Maß entfernt, welches man erhält, wenn man die Schnurlänge bei einer Tonnlage bis etwa 15° für jeden Grad derselben mit 0,004 und für größere Winkel mit 0,003 multipliziert."

Bei 12 m langer Schnur und 20 Grad Neigung würde z. B. der Gradbogen bei 6,72, von unterem Ende ab gerechnet, aufzuhängen sein.

Junge rät, den Gradbogen etwas über der Mitte etwa bei 0,58 der Schnurlänge, vom unteren Ende ab gerechnet, anzuhängen.

Borchers hat nicht den Aufhängepunkt des Gradbogens für den richtigen Neigungswinkel zu ermitteln gesucht, sondern aus wiederholt ausgeführten Versuchen eine Tabelle aufgestellt, wonach man die Winkel, welche man beim Anhängen des Gradbogens in der Mitte der Schnur erhalten hat, verbessern kann.

Letzteres Verfahren erscheint als das praktischste, da es leichter ist, die Mitte der Schnur zu finden, als durch eine immerhin einige Zeit raubende Rechnung erst den Punkt zu ermitteln, wo der Gradbogen angehängt werden soll. Dagegen ist aber nicht zu vergessen, daß eine solche Tabelle nur für eine Schnur von bestimmter Beschaffenheit und Länge und für einen Gradbogen von gewissem Gewichte Gültigkeit hat.

Die nachstehenden Winkelwerte sind von Borchers durch Versuche festgestellt und zwar gilt die erste Reihe für die am Harz gebräuchliche Meterkette aus feinem Messingdraht von 10 m Länge und die zweite Reihe für straff gespannte Hanfschnüre von ebenfalls 10 m Länge.

Der benutzte Gradbogen hatte ein Gewicht von 70,6 Gramm.

Die Verbesserungen sind für Winkel von fünf zu fünf Grad beobachtet und zeigen an, um wie viel die Winkel in der Mitte der Schnur zu klein erhalten wurden.

	5°	10°	15°	20°	25°	30°	35°	40°	45°
I.	2′ 5″	3′ 4″	5′ 5″	6′ 17″	7′ 28″	8′ 38″	9′ 38″	10′ 40″	11′ 39″
II.	1′ 35″	2′ 42″	3′ 44″	4′ 40″	5′ 30″	6′ 10″	6′ 38″	7′ 20″	7′ 38″

	50°	55°	60°	65°	70°	75°	80°	85°	90°
I.	12′ 33″	13′ 28″	14′ 22″	15′ 13″	16′ 2″	16′ 55″	17′ 40″	18′ 25″	19′ 5″
II.	8′ 10″	8′ 32″	8′ 55″	9′ 15″	9′ 34″	9′ 52″	10′ 12″	10′ 30″	10′ 45″

Die schon erwähnten Versuche von Professor Junge haben außerdem ergeben, daß man den richtigen Neigungswinkel **nicht** erhält, wenn man den Gradbogen sowohl an dem oberen als am unteren Ende der Schnur anhängt und aus den an diesen Stellen abgelesenen Neigungswinkeln das Mittel nimmt. Das so gefundene arithmetische Mittel ist nicht unerheblich kleiner, als der wahre Neigungswinkel der Schnur.

Der Gradbogen ist nach alledem kein besonders leistungsfähiges Instrument und man wird dasselbe zu wichtigen Seigerteufenermittelungen nicht benutzen. Jedoch wird dasselbe für den Markscheider unentbehrlich bleiben, sobald es sich um die Bestimmung der Neigungswinkel behufs Berechnung der Sohlen handelt.

Bei geringen Neigungen der Schnur wird bezüglich des Aufhängepunktes die Beachtung der Jungeschen Regel vollständig genügen, aber da mit wachsendem Neigungswinkel die Beobachtungsfehler am Gradbogen die Richtigkeit der daraus berechneten Sohle in immer höherem Maße beeinflussen, so ist in diesem Falle nicht bloß die Beobachtung selbst zu verschärfen, sondern auch die Aufhängestelle an der Schnur mit Sorgfalt zu suchen.

Am besten geht man bei größeren Neigungswinkeln zur Benutzung der BORCHERschen Tabellen über.

§ 19. Von den Versuchen, dem Gradbogen eine andere Form zu geben, ist zuerst der ungefähr im Jahre 1775 vom Hofrat KÄSTNER konstruierte Gradbogen zu nennen.

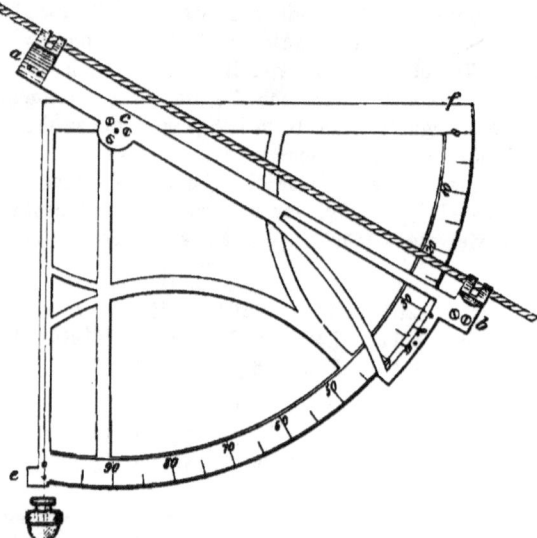

Fig. 37. Gradbogen von KÄSTNER.

Die Schiene ab mit den beiden Haken ist um die Achse c drehbar, an welcher der Quadrant ef ebenfalls drehbar befestigt ist. Liegt die Schiene auf der Schnur, so dreht man den Quadranten so lange, bis das Lot im Nullpunkte bei e einspielt.

Am Nonius, welcher an der Schiene bei b sitzt, kann nun der Winkel abgelesen werden. Die Teilung geht von f nach e.

Dieser Gradbogen ist sehr wenig in Gebrauch gekommen.

Ferner ist zu erwähnen, der neue Hängebogen von SCHNEIDER (Österr. Zeitschr. für Berg- und Hüttenwesen 1877, Seite 367).

SCHNEIDER will den Fehler des alten Gradbogens: die ungleiche Belastung der einzelnen Haken durch die Konstruktion seines Hängebogens dadurch vermeiden, daß er den Schwerpunkt in die Schnurlinie verlegt. Statt eines Halbkreises nimmt er einen Vollkreis und statt des Lotes eine Alhidade mit Röhrenlibelle.

Das Instrument ist aus Aluminiumblech gefertigt und wiegt daher trotz seines Umfanges und Beiwerkes nur 85 Gramm. Der zarte Apparat verbiegt sich aber leicht und hängt sich nicht immer von selbst vertikal. Auch dieses Instrument hat keine große Verbreitung zu erwarten.

In der Berg- und hüttenm. Zeit. 1882, Seite 245 beschreibt BORCHERS einen Apparat, welcher die unmittelbare Beobachtung der richtigen Neigungswinkel gespannter Schnüre gestattet. Dieser Apparat, von BORCHERS

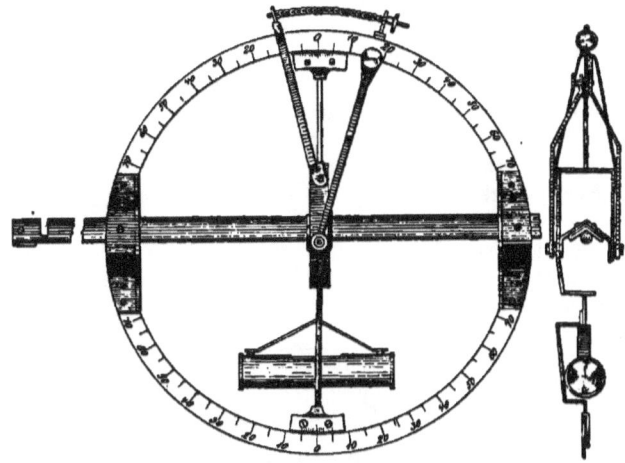

Fig. 38. Hängebogen von SCHNEIDER.

Hängeniveau genannt, ist ein Gradbogen, welcher statt des Lotes eine um den Mittelpunkt drehbare Alhidade besitzt, die mit Nonius und Fein-

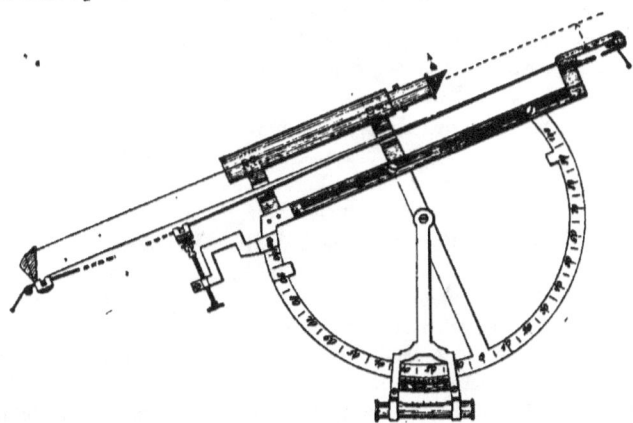

Fig. 39. Hängeniveau von BORCHERS.

stellung versehen ist und mittels einer darauf befestigten Röhrenlibelle senkrecht gestellt werden kann.

An dem Hängeniveau, welches nur an einem Endpunkte der ausgespannten Schnur aufgehängt werden kann, ist ein kleines Fernrohr so befestigt, daß seine optische Achse mit der Linie 90—90 parallel ist. Mittels eines kleinen Reitersignals und einer Hebungsschraube wird die Achse des Fernrohres und mithin auch die Linie von 90—90 genau parallel der Verbindungslinie der beiden Aufhängepunkte der Schnur gestellt.

Nivellements mit dem Hängeniveau geben denen mittels des Luftblasenniveau und der Latte ausgeführten an Genauigkeit nichts nach.

Dasselbe vermag da, wo der gewöhnliche Gradbogen unsicher wird, nämlich bei der Bestimmung des Neigungswinkels stark ansteigender Schnüre ausgezeichnete Dienste zu leisten, wird aber trotzdem wegen seiner Kostspieligkeit, die durch die seltene Anwendung erhöht wird, keine allgemeine Verbreitung finden.

BORCHERS hat den Apparat übrigens nur zu einem bestimmten Zwecke konstruiert, wie in der angezogenen Zeitschrift ausdrücklich hervorgehoben wird.

Viertes Kapitel.
Der Kompaß.

§ 20. Bis zum ersten Drittel dieses Jahrhunderts war der Kompaß das wichtigste Instrument des Markscheiders, und die Entwickelung der ganzen Markscheidekunst hängt eng mit der Vervollkommnung des Kompasses zusammen.

Einem gewissen FLAVIO GIOJA (1302—1320) wird gewöhnlich das Verdienst zugeschrieben, zuerst einen nadelförmigen Magnet in eine Büchse eingeschlossen zu haben.

Die Anwendung des Kompasses zum Vermessen in der Grube erwähnt zuerst AGRICOLA im fünften Kapitel seines 1556 erschienenen Buches „De re metallica". Der in diesem Werke beschriebene Setzkompaß von der ältesten Konstruktion ist sehr primitiver Natur.

Das Neudorfer Bergwerk im anhaltischen Harze besitzt noch einen solchen alten Setzkompaß, welcher die Jahreszahl 1541 trägt. Eine hölzerne 2 cm dicke Scheibe (Fig. 40) von 16,5 cm Durchmesser, in deren Mitte zentrisch eingelassen eine kleine messingene Kompaßbüchse von 5,5 cm. Durchmesser sich befindet, ist in eine kreisförmige Vertiefung einer hölzernen Büchse eingesetzt, welche oben durch einen Deckel verschlossen werden kann und in deren Boden ein Loch, wahrscheinlich zur Aufnahme eines Aufsteckzapfens, gebohrt ist. Der Kompaß hat nur eine Nord-Südlinie, und um seinen etwas erhöhten Rand ist eine Doppelregel drehbar. Die hölzerne Scheibe hat mehrere ringförmige Vertiefungen, welche mit verschieden gefärbtem Wachs ausgefüllt sind. Beim Gebrauch wurde das Instrument so aufgestellt, daß die Nadel nach Norden zeigte, die Regel nach dem Augenmaß in die Richtung der Schnur gebracht und diese durch Striche oder Punkte auf einem der Wachsringe bezeichnet. Die Zulage erfolgte von dem Schachtpunkte oder dem Stollenmundloche ausgehend auf der Tagesoberfläche im natürlichen Maßstabe. Die ersten Vermessungen hatten nur den Zweck, nachzuweisen, wie die unterirdischen Baue gegen die Grubenfeldesgrenze (Markscheide) standen.

Später ist die einfache messingene Regel mit Haken oder Löchern zum Einhängen einer Schnur und die Scheibe neben den wächsernen Ringen auch noch mit einer Kreisteilung am Rande versehen worden, wie auch schon AGRICOLA angiebt.

Die abgelesenen Winkel wurden im Taschenbuche notiert und die Zulage auf dem Papiere gemacht.

Der aus AGRICOLA zu ersehende Standpunkt der Markscheidekunst blieb lange Jahre derselbe, bis dieselbe mit der Erfindung des Hängekompasses durch BALTHASAR RÖSSLER, der 1673 als Bergmeister zu Altenberg in Sachsen starb, einen neuen Aufschwung nahm.

Im Jahre 1686 erschien das erste bedeutende Buch über die Geometria subterranea von NICOLAUS VOIGTEL, worin der RÖSSLERsche Hängekompaß, das sogenannte Kreuzhängezeug, zuerst abgebildet und beschrieben ist (Fig. 41).

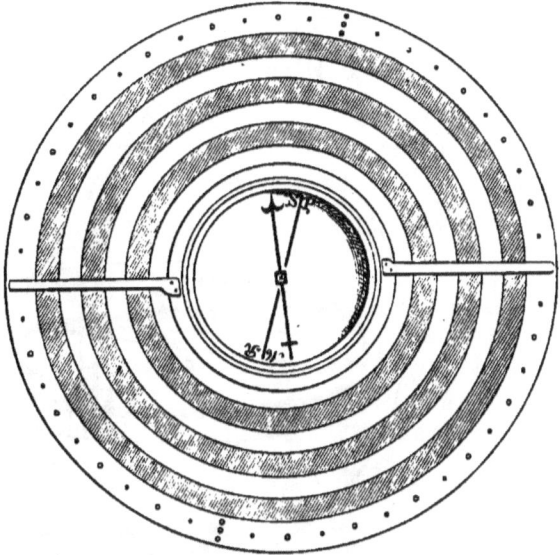

Fig. 40. Alter Setzkompaß.

Ein breiter Messingring A, der Hängering, ist mit zwei Haken zum Aufhängen versehen und mit einem zweiten dünneren Ringe B dem Kompaßringe fest verbunden, dessen Ebene um 90 Grad verdreht ist gegen die des Hängeringes. Zwei gegenüberliegende und um 90 Grad von der Hängeringebene entfernte Löcher EE im Kompaßringe dienen zur Aufnahme der an der Kompaßbüchse C befestigten Zapfen. Außerdem sind an der Kompaßbüchse noch zwei Spitzen DD angebracht, welche beim Drehen der Büchse an dem Hängeringe anliegen.

Die nächsten Werke von Bedeutung über Markscheidekunst: 1) die lateinisch verfaßten Institutiones geometriae subterraneae von J. F. WEIDLER.

Wittenberg, 1726; 2) Gründlicher Unterricht vom Bergbau nach Anleitung der Markscheidekunst von A. BEYER. Altenburg, 1749; 3) Anleitung zur Markscheidekunst vom Oberberghauptmann v. OPPEL. Dresden, 1749, brachten bezüglich der Kompaßkonstruktion nichts Neues, wenn sie auch in anderer Beziehung, namentlich durch Einführung des Zulegens nach Streichsinus und Streichcosinus, die Markscheidekunst auf eine höhere Stufe hoben.

Im Jahre 1785 erschien eine zweite Auflage des BEYERschen Buches, bearbeitet von LEMPE, in welchem zum erstenmale die jetzt gebräuchliche

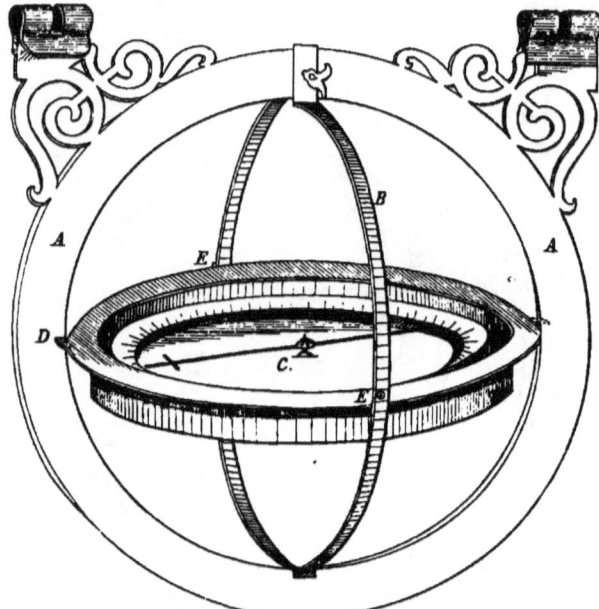

Fig. 41. Kreuzhängezeug nach RÖSSLER.

Form des Hängezeuges abgebildet ist und der Mechanikus SCHUBERT in Freiberg als der Verfertiger genannt wird.

In dem drei Jahre vorher erschienenen Buche von LEMPE, Anleitung zur Markscheidekunst 1782, findet sich wenigstens die neue Form noch nicht.

Anm. Der Vollständigkeit wegen mögen hier die anderen über Markscheidekunst geschriebenen Bücher angeführt worden.

Lehrbuch der Markscheidekunst von D. F. HECHT. Freiberg, 1829.
Anleitung zur Markscheidekunst von J. N. LANG v. HANSTADT. Pest, 1835.
Anfangsgründe der Markscheidekunst mit den wichtigsten Sätzen der ebenen Trigonometrie von KORZUBA. Weimar, 1848.
Die neue Markscheidekunst von J. WEISSBACH. Braunschweig, 1851.
Lehrbuch der Markscheidekunst von A. H. BEER. Prag, 1856.

Höhere Markscheidekunst von MILLER-HAUENFELS. Wien, 1868.
Die praktische Markscheidekunst mit Theodolit und Luftblasenniveau von BORCHERS. Hannover, 1870.
Abriß der Markscheidekunst von CHOULANT. Freiberg, 1873.
Lehrbuch der Markscheidekunst und praktischen Geometrie von A. LIEBENAM. Leipzig, 1876.

Die Kompaßbüchse. — Der jetzt beim Markscheiden in Anwendung kommende Kompaß besteht aus einer messingenen Büchse A von 7—10 cm äußern Durchmesser, welche auf dem innern matt versilberten Teile des Randes dem Stundenringe B eine Teilung in Stunden oder Grade trägt (Fig. 42). Im Mittelpunkte der Büchse ist senkrecht zur ebenfalls versilberten Bodenplatte ein stählerner in eine feine Spitze auslaufender Stift eingeschraubt, § 21.

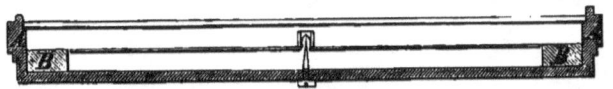

Fig. 42. Kompaßbüchse.

auf welchem eine Magnetnadel so ruht, daß ihre Spitzen in gleicher Höhe des Stundenringes schwingen können. Die Nadel ist aus dünnem Federstahl gefertigt, hat vorwiegend nebenstehende rhombische Gestalt und ist magnetisch, das heißt: die eine Spitze, welche zum besseren Erkennen blau angelaufen und mit einem Querstrich versehen ist, wendet sich bei ungehinderter Bewegung stets nach Norden.

Die Magnetnadel trägt über einer Durchbohrung ein messingenes Hütchen, welches mit einem konisch ausgehöhlten Stein oder Stahlstück zur Aufnahme des Stiftes ausgefüttert ist.

Die Büchse ist mit einem Glasdeckel, den ein eingesprengter Ring festhält, verschlossen und außerdem mit einer Vorrichtung versehen, mittels welcher man die Nadel vom Stift abheben und gegen den Glasdeckel drücken kann (Arretierung).

Die Vorrichtung besteht meistens in einem durch einen Schieber in Wirkung zu bringendes Hebelwerk oder in einer Schraube, welche durch die Bodenplatte oder durch den Glasdeckel geführt ist (Fig. 44). Berg- und hüttenm. Zeit. 1860, Seite 2, und 1875, Seite 113.

Der Kreis des bergmännischen Kompasses ist meistens in Stunden, seltener in Grade eingeteilt.

Fig. 43. Magnetnadel.

Die 24 Stunden des Kompasses werden nicht von 1 bis 24 durchgezählt, sondern zweimal von 1 bis 12. Die Bezifferung beginnt jedesmal an dem an den Enden mit Nord und Süd bezeichneten Durchmesser (der zwölften Stundenlinie) und zählt dem sonstigen Gebrauche entgegen von rechts nach links. An der sogenannten sechsten Stunden- oder Ost-Westlinie, d. i. an dem Durchmesser des Stundenkreises, welcher die Stunden 6 miteinander verbindet, sind die Weltgegenden Ost und West vertauscht. Der Grund für diese Vertauschung und die widersinnige Bezifferung ist leicht einzusehen. In Fig. 45 denke man sich zunächst den Mittelpunkt des Kompasses so auf den Punkt a der Linie ab aufgestellt, daß die zwölfte Stundenlinie mit der Richtung der frei schwingenden Magnetnadel zusammenfällt.

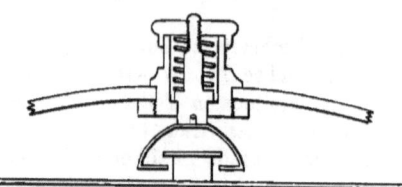

Fig. 44. Arretierungsvorrichtung am Glasdeckel.

Will man nun das Streichen der Linie ab messen, so bringt man die 12. Stundenlinie in die Vertikalebene der Linie ab, indem man den Kompaß um den Punkt a dreht. Die frei schwingende Nadel nimmt aber an der Drehung der 12. Stundenlinie nicht teil, sondern bleibt vermöge ihrer magnetischen Kraft unverändert im magnetischen Meridian stehen. Der Winkel bac, welchen die ostwärts (von links nach rechts) gedrehte Nord-Südlinie, bez. die Linie ab nunmehr mit dem magnetischen Meridian einschließt, wird durch den Bogen bc gemessen, den die Nadelspitze im umgekehrten Sinne, also westwärts (von rechts nach links) bei der Drehung der 12. Stundenlinie um a durchlaufen hat. Um sogleich den richtigen Winkel und die richtige Weltgegend an der Nadelspitze ablesen zu können, ist die Teilung in der Richtung von rechts nach links beziffert und sind die Weltgegenden Ost und West verwechselt.

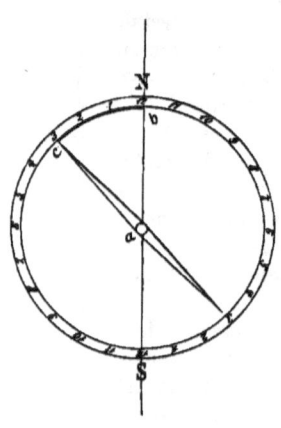

Fig. 45.

Sollte eine Uhr mit feststehendem Zeiger und sich von links nach rechts drehendem Zifferblatte die richtige Stunde angeben, so müßten die Stundennummern auch von rechts nach links, statt, wie sonst üblich, von links nach rechts zählen.

Auf Kompassen mit größerem Durchmesser sind die Stunden in 16 Teile, auf solchen mit kleinerem Durchmesser in 8 Teile geteilt. Die weiteren Unterabteilungen schätzt man mit dem Auge.

Man unterscheidet verschiedene Ablesungen:

1) Stunden und Achtelstunden mit 16 Unterabteilungen (Sechszehntelachtel),

2) Stunden, Sechszehntelstunden mit 8 oder 12 Unterabteilungen.

Die zuerst genannte Abteilung ist die gebräuchlichste und soll in diesem Buche angewendet werden.

DER KOMPASS.

Einen Streichwinkel nach dieser Ablesung würde man z. B. schreiben: W. 5. 6. 4, d. h. West. 5 Stunden 6 Achtel und 4 Sechszehntelachtel.

Eine veraltete Bezeichnungsweise hat Stunden, Achtel und Viertelachtel; die Unterabteilungen werden durch $\overline{r}$ (reichlich minus) r (reichlich) oder s (einmal scharf) und ss (zweimal scharf) bezeichnet. Es würde demnach gleichbedeutend sein:

Stunde	Achtel	Sechszehntel Achtel		
1.	1.	1	= 1. 1. 0 $\overline{r}$.	
1.	1.	2	= 1. 1. 0 r	oder 0 s.
1.	1.	3	= 1. 1. 0 ss.	
1.	1.	4	= 1. 1. $^1/_4$.	
1.	1.	5	= 1. 1. $^1/_4$ $\overline{r}$.	
1.	1.	6	. = 1. 1. $^1/_4$ r	oder $^1/_4$ s.
1.	1.	7	= 1. 1. $^1/_4$ ss.	
1.	1.	8	= 1. 1. $^1/_2$ u. s. w.	

Bei kleinen Kompassen mit der 8 teiligen Stunde erfolgt die Ablesung nach Stunden, Achteln und Viertelachteln; die Unterabteilungen werden durch angehängte + oder — Zeichen gekennzeichnet.

$$\begin{array}{rcl} 1 \text{ Stunde} & = & 15^0 \\ ^1/_8 \quad „ & = & 1^0 \ 51' \ 30'' \\ \underline{^1/_8 \quad „} & = & 7' \ 1,8'' \\ 16 & & \end{array}$$

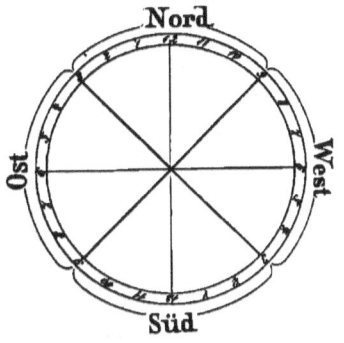

. Fig. 46.

Die Ablesegrenze für Kompasse von 6 cm Durchmesser ist ein Sechszehntelachtel = ca. 7 Minuten. Bei solchen mit etwas größerem Durchmesser kann man Bruchteile des Sechszehntelachtels abschätzen, die man entweder durch + und — oder durch Dezimalen ausdrückt.

Dem Streichwinkel einer Linie hat man die Weltgegend hinzuzusetzen. Auch hier sind zwei Bezeichnungsweisen üblich.

Nach der einen werden nur die Weltgegenden Ost und West gebraucht für die Streichwinkel im östlichen oder westlichen Halbkreis, nach der anderen alle vier Weltgegenden und zwar Ost bez. West für alle Streichwinkel zwischen den Stunden 3 und 9, dagegen Nord für den westlichen Streichwinkel von Stunde 9 bis 12 und für die östlichen von 0 bis 3, Süd für die östlichen Streichwinkel von Stunde 9 bis 12 und für die westlichen von 0 bis 3.

Es sind demnach gleichbedeutend
O. 1. 2. 7. = N. 1. 2. 7., W. 10. 0. 8. = N. 10. 0. 8.
O. 9. 7. 3. = S. 9. 7. 3., W. 2. 4. 1. = S. 2. 4. 1.

Diese veraltete und für die Umwandlung in Gradmaß unbequeme Stundeneinteilung wird leider immer noch beibehalten, obgleich die Stunden- und Gradeinteilung sich, wenn durchaus die Stunden beibehalten werden sollten, leicht verbinden ließe, wenn man jede Stunde statt in 16 in 15 Teile zerlegte und die Minuten dem Abschätzen überließe. Schon NICOLAUS VOIGTEL spricht sich in seinem im Jahre 1686 erschienenen Werke Seite 25 in diesem Sinne aus.

Die Gradeinteilung findet man jetzt nur bei Kompässen von größerem Durchmesser, wo die Teilung bis auf halbe Grade durchgeführt ist und durch Schätzung bis auf 5 Minuten abgelesen wird.

Die ebenfalls widersinnige Bezifferung der Grade geht entweder von $1°$ bis $360°$ oder zweimal von $1°$ bis $180°$. Im letzteren Falle müssen die Weltgegenden zu den Streichwinkeln gesetzt werden.

Der Stundenring ist fest mit dem Kranze des Kompaßnapfes verbunden, kann aber auch mit einer Vorrichtung zum Verstellen eingerichtet werden.

Österr. Zeitschr. für Berg- u. Hüttenw. 1878. Nr. 22.

§ 22. Soll ein Kompaß den Anforderungen des Markscheiders genügen, so hat er folgende Bedingungen zu erfüllen.

1) Er muß richtig eingeteilt sein.
2) Er soll keine zu großen Exzentrizitätsfehler besitzen.
3) Die Magnetnadel muß den erforderlichen Grad von Empfindlichkeit haben und in der Ebene des Stundenringes schwingen.

Zu dem ersten Erfordernis:

Bei der jetzigen Vollkommenheit der Teilmaschinen ist bei Instrumenten aus guten Werkstätten die Teilung immer als richtig vorauszusetzen.

Zu dem zweiten Erfordernis:

Nach v. MILLER-HAUENFELS kann man unterscheiden:

1) Die konstante Exzentrizität, wenn Stiftspitze und Nadelenden nicht in einer Vertikalebene liegen.
2) Die gesetzmäßig veränderliche Exzentrizität, wenn die Stiftspitze exzentrisch zum Stundenringe steht.
3) Die gesetzlose Exzentrizität, wenn der Aufhängepunkt der Nadel im Hütchen veränderlich ist

In den beiden ersten Fällen zeigt der Fehler sich dadurch, daß die Ablesungen an beiden Nadelspitzen nicht übereinstimmen. Bleibt dieser Unterschied derselbe, wenn man durch Drehen des Kompasses die Nadelspitzen durch den ganzen Stundenkreis führt, so ist die konstante Exzentrizität vorhanden; wechselt hierbei der Fehler und geht von einem Maximum allmählich zu einem Minimum über oder umgekehrt, so liegt die gesetzmäßig veränderliche Exzentrizität vor.

Die Abweichung vom wahren Streichwinkel ist am größten, wenn die

Nadel senkrecht steht auf der Verbindungslinie vom Kompaßmittelpunkt und Stift MM' (Fig. 47), dagegen gleich Null, wenn die Nadelrichtung in diese Verbindungslinie selbst fällt.

In beiden Fällen wird der Fehler ausgeschieden, wenn man an beiden Nadelspitzen abliest und aus beiden Ablesungen das Mittel nimmt.

Der Beweis für die Richtigkeit des Verfahrens beruht in dem planimetrischen Lehrsatze, daß ein exzentrischer Winkel gleich ist dem arith-

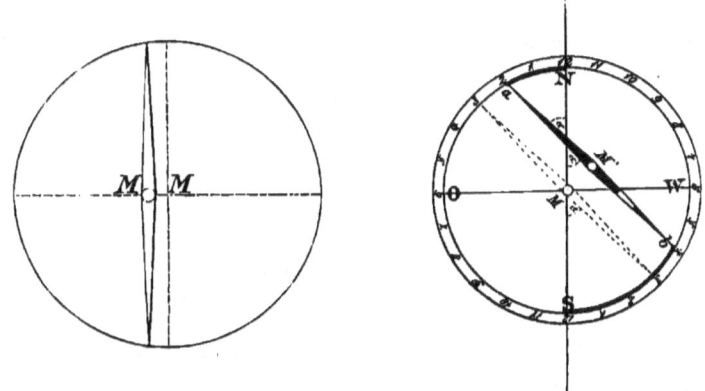

Fig. 47 und 48. Exzentrizitätsfehler des Kompasses.

metischen Mittel aus den beiden Centriwinkeln über den zwischen seinen Schenkeln liegenden Kreisbögen.

In Fig. 48 sei M der Kompaßmittelpunkt und M' der exzentrische Stand des Stiftes. Die freischwingende Nadel schließt mit der 12. Stundenlinie den Winkel α ein, zeigt aber mit der Nordspitze auf Stunde 2 und mit der Südspitze auf Stunde 4. Das Maß des Winkels α ist das Mittel aus den Bögen Sb und Na oder $= \dfrac{\text{Stunde 2} + \text{Stunde 4}}{2} =$ Stunde 3. Denselben Wert würde man an einer genau zentrisch spielenden Nadel (in der Figur punktiert) sogleich abgelesen haben.

Fig. 49. Gesetzlose Exzentrizität.

Zum Erkennen der gesetzlosen Exzentrizität übe man mit einem dünnen Abschnitzel eines Federkiels oder Fischbeins einen kleinen seitlichen Druck erst von der einen, dann von der anderen Seite des Hütchens aus (Fig. 49) und lese ab. Geben beide Streichwinkel eine merkliche Abweichung, so hat man es mit der gesetzlosen Exzentrizität zu thun.

Nadeln mit diesem Fehler sind unbrauchbar.

Zum dritten Erfordernis:

Die richtige Empfindlichkeit der Magnetnadel erkennt man daran, daß dieselbe selbst die kleinsten Schwingungen regelmäßig ausführt, in ihrer freien Bewegung also nicht gestört wird.

Zur Prüfung in dieser Hinsicht versetzt man eine in Ruhe befindliche Magnetnadel eines Kompasses in der Zulegeplatte durch Annähern eines Eisenteiles in Schwingungen, beobachtet letztere auf ihre Regelmäßigkeit und prüft namentlich, ob die Nadel genau den ersten Stand wieder einnimmt.

Die Empfindlichkeit der Nadel hängt ab:

    a. von der fehlerfreien Spitze, auf welcher sie schwingt,

    b. von der guten Beschaffenheit des aus Achat oder Stahl hergestellten Hütchens und

    c. von der magnetischen Kraft der Nadel.

Zeigt die Nadel sich träge, so wird die Ursache meistens in der fehlerhaften, abgenutzten oder stumpfen Spitze des Stiftes zu suchen sein. Verbessert wird dieselbe durch vorsichtiges Schleifen auf einem feinen Arkansasölsteine unter fortwährender Drehung des Stiftes und durch nachheriges Polieren auf feinem Schmirgelpapier. Zu diesem Zwecke muß der Stift herausgeschraubt und in einer Handhabe (Fig. 50) befestigt werden. Hat die Trägheit der Magnetnadel ihren Grund in der geringen magnetischen Kraft, so wird man ihr dieselbe mitteilen mittels des einfachen oder doppelten Striches.

Fig. 50.
Handhabe zum Schleifen des Kompaßstiftes.

Zu diesem Zwecke legt man die Nadel auf ein ebenes Brett, welches mit einer Vertiefung für das Hütchen versehen ist, und streicht mit einem Magneten entweder mehreremal von einem Ende bis zum anderen auf der Nadel entlang, wobei man ein Streichen nach der entgegengesetzten Richtung vermeiden muß, oder man setzt wiederholt das eine Ende des Magneten in der Mitte der Nadel auf und streicht nach dem einen Ende zu, dreht sodann den Magnetstab um und streicht das andere Ende der Nadel in entgegengesetzter Richtung. Hierbei muß der Südpol des Magnetstabes die Nordspitze der Nadel bestreichen; ferner ist ein Rückwärtsstreichen zu vermeiden und den Magnetstäben eine Neigung von ca. 30° zu geben. Hat man zwei Magnetstäbe zur Verfügung, so kann man die Nadel wiederholt mit beiden Stäben gleichzeitig von der Mitte nach den Enden streichen. Hierbei ist ebenfalls ein Rückwärtsstreichen zu vermeiden, und von den Magnetstäben ist der Südpol des einen und der Nordpol des anderen zu benutzen.

Sollte die Magnetnadel nicht in der Höhe des Stundenringes schwingen, so ist, wenn gestörtes Gleichgewicht der beiden Spitzen der Grund ist, dasselbe durch Unterkleben von Wachs wieder herzustellen oder, wenn der Stift nicht die richtige Höhe hat, derselbe durch einen passenden zu ersetzen.

Hebt das Schleifen des Stiftes und das Magnetisieren der Nadel die Trägheit derselben nicht auf, so ist der Fehler im Hütchen zu suchen und die Nadel ganz zu verwerfen.

Selbstverständlich darf die Kompaßbüchse außer Stift und Nadel keine Teile enthalten, welche ablenkend auf den Magneten wirken. Man nähert zu dieser Untersuchung die Kompaßbüchse, nachdem der Stift herausgeschraubt und nebst der Nadel entfernt worden ist, einer zweiten empfindlichen Kompaßnadel und beobachtet, ob dieselbe aus ihrer Ruhelage gebracht wird.

§ 23. Der Markscheider gebraucht den Kompaß in Verbindung mit dem Hängezeug als **Hängekompaß** und mit der Zulegeplatte als **Zulegeinstrument**; ferner mit oder ohne Zulegeplatte als **Feldmeßinstrument**.

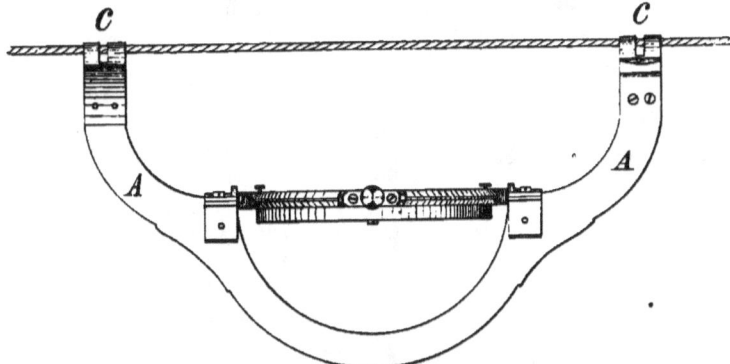

Fig. 51. Der Hängekompaß. Seitenansicht.

Das jetzt gebräuchliche Hängezeug besteht, wie das alte, aus **Hängering** A (Fig. 51) und **Kompaßring** (Fig. 53). Der Hängering ist aber

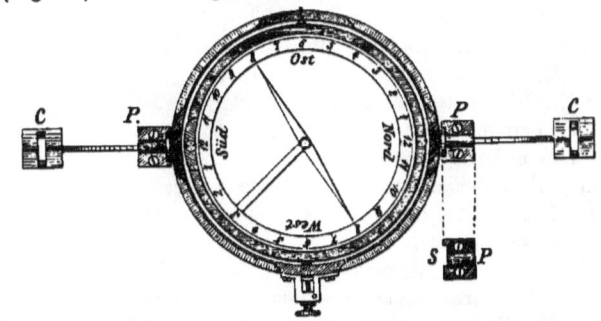

Fig. 52. Der Hängekompaß von oben gesehen.

nicht mehr geschlossen, sondern oben offen, und die bogenförmigen Ansätze geben durch ihre Form den daransitzenden Haken (Fig. 51) einen größeren Abstand als sie beim Kreuzhängezeug hatten. Die Haken sind genau so konstruiert wie die des Gradbogens.

Die Bezeichnung Hängering wird als nicht mehr zutreffend jetzt durch Hängebogen oder Hängebügel ersetzt.

Der Kompaßring (Fig. 53) ist mittels zweier Zapfen ZZ, welche in Pfannen PP (Fig. 52) des Hängebogens ruhen, mit letzterem verbunden. An diesen Zapfen ZZ sitzen zwei Aufschlageplättchen aa, welche dem Kompaßringe nur eine Drehung von 90^0 gestatten und die beiden Stellungen regulieren, welche der Kompaßring einnehmen soll. Die Pfannen und Pfannendeckel PP in Fig. 52 sind mit einem Ausschnitt S versehen zum Durchlassen der Aufschlageplatten.

In der Gebrauchsstellung soll der Kompaßring senkrecht zum Hängebügel stehen und um 90^0 gedreht soll seine Ebene mit der des Hängebügels zusammenfallen. In letzterer Stellung nimmt das Hängezeug den wenigsten Raum ein und wird so in einer besonderen Umschnalltasche aufbewahrt.

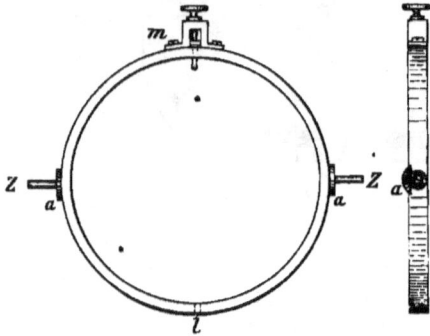

Fig. 53. Kompaßring.

Im Kompaßringe sind zwei um 90^0 von den Zapfen abstehende Löcher angebracht, von denen das eine l (Fig. 53) zur Aufnahme eines entsprechenden Zapfens der Kompaßbüchse bestimmt ist, während in dem anderen m durch eine Schraube ein Stift vor-und rückwärts geschoben werden kann, welche in das entsprechende Loch am Rande der Kompaßbüchse eingeführt wird.

In der Konstruktion des Hängezeuges liegt eine Anzahl von Fehlerquellen, welche am ausführlichsten Professor v. MILLER-HAUENFELS in seiner höheren Markscheidekunst behandelt hat.

Um aber die Betrachtungen über die Fehler des Hängezeuges zu vereinfachen, sollen hier dieselben auf wenige Hauptpunkte beschränkt werden.

Man kann beim Hängezeuge drei Ebenen unterscheiden, welche beim Gebrauch desselben genau bestimmte Stellungen unter sich, zur Vertikalebene und zur Horizntalebene einnehmen müssen, um gute Ergebnisse beim Messen zu erzielen.

1) Die Ebene des Hängebügels.

Sie soll mit der Vertikalebene zusammenfallen und zwar zugleich entweder mit der Vertikalen, welche durch die Schnurachse gelegt werden kann, oder doch mit einer, welche dieser parallel ist.

2) Die Ebene des Kompaßringes.
3) Die Ebene des Stundenringes.

Die beiden letzteren Ebenen sind um Achsen drehbar, welche sich rechtwinkelig kreuzen sollen.

Die Ebene des Kompaßringes soll beim Gebrauche senkrecht zur Vertikalebene des Hängebügels stehen und deren Drehachse gleichwie die 12. Stundenlinie des Stundenringes in dieser Vertikalebene liegen bez. sich bewegen.

Die Ebene und die Drehachse des Stundenringes sollen ferner beim Gebrauche eine horizontale Lage haben, also auf der Ebene des Hängebügels senkrecht stehen.

Die Drehachse des Stundenringes fällt sonach mit der 6. Stundenlinie zusammen oder doch in dieselbe Vertikalebene.

Bei Instrumenten aus guten Werkstätten kann man voraussetzen, daß die Ebene des an die Schnur gehängten Hängebügels mit einer Vertikalen zusammenfällt, ferner daß die Drehachse des Kompaßringes und die 12. Stundenlinie in der Ebene des Hängebügels sich befinden und senkrecht zur Drehachse des Stundenringes bez. zur 6. Stundenlinie stehen, oder doch daß durch etwa vorhandene Abweichungen in diesen Richtungen nur Fehler erzeugt werden, welche unter der Ablesegrenze liegen.

§ 24. Man wird demnach bei Prüfung des Hängezeuges sein Augenmerk nur darauf zu richten haben,

1) ob die Vertikalebene des Hängebügels mit der durch die Schnur gelegten Vertikalebene zusammenfällt oder einen Winkel mit ihr einschließt,

2) ob die Ebene des Kompaßringes beim Anlegen der Aufschlageplättchen senkrecht zur Ebene des Hängeringes steht und

3) ob die Ebene des Stundenringes eine horizontale Stellung einnimmt.

Selbstverständlich können alle drei Fehler gleichzeitig auftreten und wirken, aber aus oben schon ausgesprochenen Gründen soll jeder der Fälle unabhängig von den anderen besprochen werden.

1) Die Vertikalebene des Hängebügels schließt mit der Vertikalen durch die Schnur einen Winkel ein.

Fig. 54 stelle eine Kugel vor, deren Mittelpunkt M zugleich der Aufhängepunkt der Nadel eines Kompasses im Hängezeuge ist. $RNQS$ sei ein horizontaler größter Kreis, welcher der Ebene des Stundenringes entspricht, RZQ ein größter Kreis von einer Vertikalebene durch die Schnur und SZN ein größter Kreis von einer Vertikalebene durch den Hängebügel erzeugt. Beide sind um den Winkel φ gegen einander geneigt. Die Linie SN entspricht der Richtung der 12. Stundenlinie und die Linie RQ der der Schnur. OM steht senkrecht auf SN, entspricht also der Drehachse des Stundenringes oder der Ost-Westlinie; ferner steht CM senkrecht auf RQ.

Bei horizontaler Schnur wird demnach an der Nadelspitze ein Winkel abgelesen, welcher von dem gesuchten Streichen der Schnur um die Größe φ oder, was dasselbe bedeutet, um den Bogen $OC = NQ$ abweicht.

Wird die Schnur aus der horizontalen Lage in eine um den Winkel E geneigte $R_1 Q_1$ gebracht, so nimmt die Drehachse der Kompaßbüchse, also auch die 6. Stundenlinie des Stundenkreises OM, an der Bewegung derartig teil, daß die Linie OM einen Kegelmantel und der Punkt O einen Kugelkreis um C mit dem Halbmesser OC beschreibt. Bei der Neigung der Schnur $R_1 Q_1$ möge der Punkt O nach B gelangt sein.

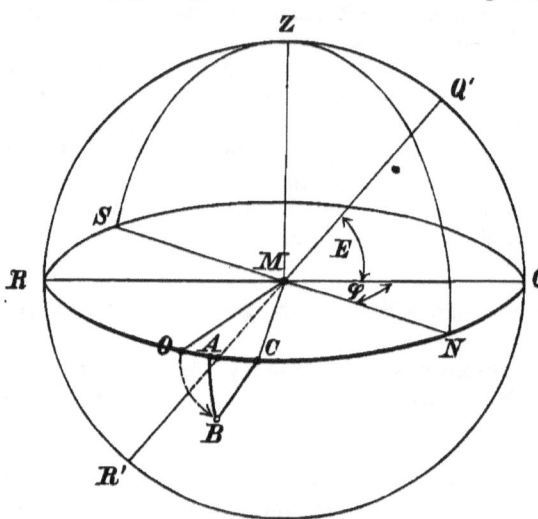

Fig. 54. Die Vertikalebenen des Hängebügels und der Schnur schließen einen Winkel ein.

Legt man durch B eine Vertikalebene, in welcher die Beobachtung der Nadelspitze immer erfolgen soll, so entsteht ein größter Kreis, zu dem der Bogen AB gehört. Legt man ferner auch durch die Punkte B u. C einen größten Kreis, so entsteht ein sphärisches rechtwinkeliges Dreieck, in welchem $BC = \varphi$, $\sphericalangle C = \sphericalangle E$ und die Seite AC den Winkel angiebt, um welchen die Projektion von BM auf die Horizontale von MC abweicht. Bei horizontaler Schnur ist diese Abweichung $= OC = \varphi$, bei der Neigung E der Schnur dagegen $= AC$, also kleiner.

Im Dreieck ABC ist
$$\operatorname{tg} AC = \cos E \operatorname{tg} \varphi.$$

Ist $\sphericalangle E = 0$, so ist AC am größten, nämlich φ.
Ist $\sphericalangle E = 90°$, so ist AC am kleinsten, nämlich 0.
Ist z. B. $\sphericalangle E = 45°$ und $\varphi = 3°$, so ist $AC = 2° \; 7' \; 20''$.

Der Fehler von 3° ist demnach bei der Neigung von 45° um 52′ 40″ kleiner geworden.

§ 25. 2) Die Ebene des Kompaßringes stehe bei dem Anlegen der Aufschlageplättchen nicht senkrecht zur Ebene des Hängebügels.

Fig. 55 stelle wiederum eine Kugel vor, deren Mittelpunkt M zugleich der Aufhängepunkt der Nadel sei. $NRZSQ$ ist ein größter Kreis in der

Vertikalebene und entspricht der Ebene des Hängebügels und der vorläufig noch horizontal gespannten Schnur; $NCAS$ ist ein größter Kreis in der Horizontalebene und ein größter Kreis, den man sich durch die Punkte NOS gelegt denken muß, entspricht der Ebene des Kompaßringes, der gegen die horizontale Ebene $NCAS$ um den Winkel $\varphi = AMO$ geneigt ist. NS entspricht der Achse des Kompaßringes und der 12. Stundenlinie, deren Lage bei der Drehung der Ebene des Kompaßringes um φ demnach keine Änderung erleidet; MO entspricht der 6. Stundenlinie, welche genau um den Winkel φ in der Vertikalebene MAZ geneigt ist.

Die Abweichung der Ebene des Kompaßringes aus der Horizontalebene hat bei horizontalen Schnüren nur den geringen später zu besprechenden Einfluß, welchen die Schiefe des Stundenringes überhaupt mit sich bringt.

Bei geneigten, nicht in der 12. Stundenlinie ausgespannten Schnüren vergrößert sich der Fehler. Am größten wird derselbe bei Schnüren, welche in Stunde 6 streichen.

Diesen Fall wollen wir zuerst für sich betrachten.

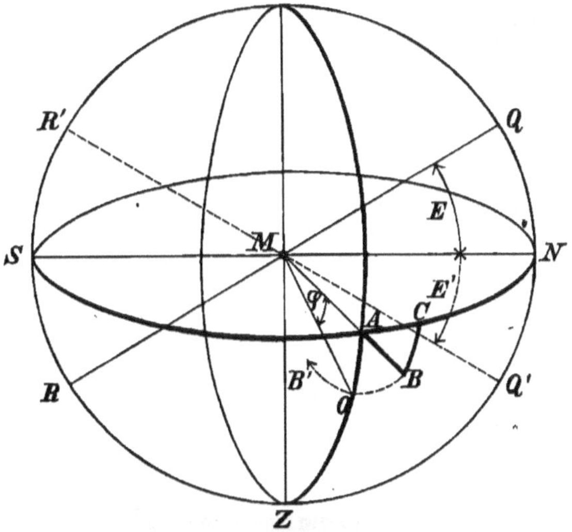

Fig. 55. Die Ebene des Kompaßringes steht nicht senkrecht zum Hängebügel.

Die horizontale Schnur ist zunächst der 12. Stundenlinie des Kompaßringes parallel. Wird die Schnur aber um den Winkel E geneigt, so ist sie der Linie RQ, welche mit der Linie SN den Winkel E einschließt, parallel. Der Einfachheit wegen kann man das Neigen der Schnur der Drehung der Linie RQ um den Punkt M gleichsetzen.

An dieser Bewegung der Linie RQ aus der Lage SN nimmt die Linie MO insofern teil, als sie einen Kegelmantel und der Punkt O um A einen Kugelkreis mit dem Radius AO beschreibt. Bei der Neigung der Schnur um $\angle E$ möge der Punkt O in B angekommen sein. Die Magnetnadel hat bei der Drehung die Stellung MA beibehalten, während die 6. Stundenlinie aus der Lage MO in die Lage MB übergegangen ist.

Legt man nun durch B eine senkrechte Ebene, so entsteht das sphärisch rechtwinkelige Dreieck ABC, in welchem $AB = \varphi$, der Winkel CAB

$= 90° - E$ und AC der Fehler ist, um den der Streichwinkel der Schnur falsch abgelesen wird.

$$\cos(90 - E) = \text{tg}\, AC \cot g\, \varphi \text{ oder}$$
$$\text{tg}\, AC = \sin E \text{tg}\, \varphi.$$

Wird $E = 0$, so wird auch der Fehler $AC = 0$.

Wird $E = 90°$, so wird der Fehler $AC = \varphi$, also gleich dem Neigungswinkel des Kompaßringes gegen die Horizontale.

Diese Formel gilt nur für den Einzelfall, wenn, wie angenommen war, die Schnur in der 6. Stundenlinie ausgespannt ist, bei anderen Richtungen wird der Fehler noch abhängen von der Größe des Streichwinkels L.

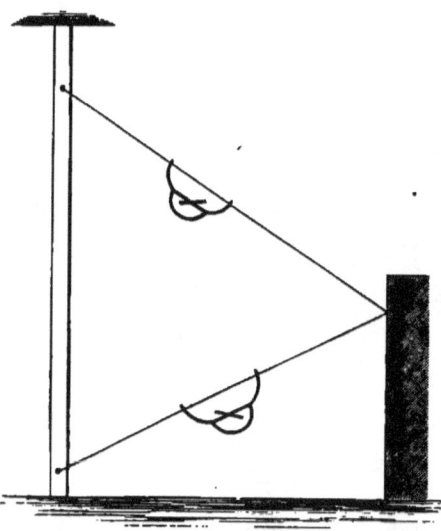

Fig. 56. Die Lattenprobe.

Ist das Streichen der senkrechten Ebene, in welcher die Schnur in verschiedenen Neigungen ausgespannt wird, $= 0$, d. h. = Stunde 12, so ist auch der Fehler $= 0$; ist das Streichen dieser Vertikalebene $= 90°$, d. i. = Stunde 6, so ist derselbe am größten.

Diese Abhängigkeit kann mit der trigonometrischen Funktion des Sinus ausgedrückt werden; darum ist allgemein

$$\text{tg}\, AC = \sin E \text{tg}\, \varphi \cdot \sin L.$$

Es sei $E = 45°$, $L = 45°$ = Stunde 3, $\varphi = 3°$, dann ist $AC = 1° 30' 4''$.

Die beiden unter 1 und 2 aufgeführten Prüfungen lassen sich auch in dem einen Satze zusammenfassen: Der Hängekompaß soll für sämtliche flache Linien, welche in einer und derselben Seigerebene liegen, dasselbe Streichen angeben.

Befestigt man also die Schnur an einem Punkte und führt das andere Ende derselben an einer etwas davon entfernten genau senkrecht geschlagenen Latte auf und ab, so soll bei jeder Neigung der Schnur derselbe Streichwinkel abgelesen werden. Diese sogenannte Lattenprobe ist zweimal auszuführen, einmal bei einem Streichen der Untersuchungsebene von Stunde 12, das anderemal bei dem von Stunde 6.

Will man den Kompaß auf das erste Erfordernis prüfen, so spannt man die Schnur in Stunde 12 aus, weil dann der unter 2 besprochene Fehler keinen Einfluß hat. Verändert sich der Streichwinkel beim Ansteigen und beim Fallen der Schnur gleichmäßig gegen den an der horizontalen

Schnur abgelesenen, so schließt die Vertikalebene des Hängebügels mit der Vertikalebene der Schnur einen Winkel ein.

Durch vorsichtiges Biegen des Hakenbügels wird sich meistens der selten auftretende Fehler beseitigen lassen.

Leistet der Hängekompaß dem ersten Erfordernis Genüge, so ist er auf das zweite zu prüfen. Aus der Fig. 55 ist zu ersehen, daß ein gleich großer Fehler aber nach der anderen Seite hin entsteht, wenn die Schnur um denselben Winkel E' nach unten geneigt wird, also SN nach $R'Q'$ und O nach B' übergeht. Daraus ergiebt sich eine einfachere und bequemere Prüfungsweise als mit der Lattenprobe, was von nicht zu unterschätzender Wichtigkeit ist, weil diese Probe vor jedem Gebrauch des Hängezeuges wiederholt werden muß.

Vermittelst eines einfachen Holzgestelles spannt man einen Messingdraht unter einem Winkel von ca. 70 Grad und giebt diesem Gestell einen solchen Stand, daß der Messingdraht nahezu in Stunde 6 streicht. Hieran hängt man den Kompaß, liest an beiden Spitzen ab und hängt den Kompaß um, d. h. den unteren Haken an die Stelle des oberen, den oberen an die Stelle des unteren.

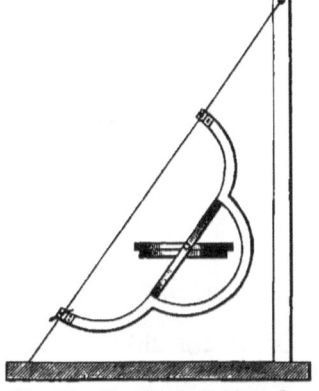

Fig. 57. Gestell zur Prüfung des Hängezeuges.

Giebt in der zweiten Lage die Ablesung an beiden Spitzen nicht wieder dasselbe arithmetische Mittel wie vorher, so ist der Kompaß mit dem besprochenen Fehler behaftet.

Wenn die Aufschlageplättchen nicht mit Justiervorrichtungen versehen sind, so wird durch Anziehen oder Lockern der Schrauben an den Pfannendeckeln der Fehler beseitigt.

Es läßt sich übrigens mit einem in dieser Richtung fehlerhaften Hängezeug doch richtig arbeiten. Man erhält nämlich den wahren Streichwinkel einer geneigten Schnur, wenn der Kompaß in beiden Lagen angehängt und aus beiden Ablesungen das Mittel genommen wird.

3) Die Ebene des Stundenringes steht schief. § 26.

In Fig. 58 ist AC ein Bogen des Horizontalkreises, AB ein Bogenstück des um $\sphericalangle \alpha$ schief stehenden Stundenringes. Ist MC der Stand der Magnetnadel, so wird man bei Projizierung der Nadel auf den schief stehenden Stundenring am Punkte B ablesen. Diese Ablesung wird um so viel falsch sein, als die Differenz von Bogen $AB - AC = \varphi - \psi$ beträgt. Nun ist

$$\operatorname{tg}(\varphi - \psi) = \frac{\operatorname{tg}\varphi - \operatorname{tg}\psi}{1 + \operatorname{tg}\varphi \operatorname{tg}\psi}.$$

In dem bei C rechtwinkeligen Dreieck ACB ist $\operatorname{tg}\psi = \operatorname{tg}\varphi \cos\alpha$.
Setzt man diesen Wert in obige Gleichung ein, so erhält man

$$\operatorname{tg}(\varphi - \psi) = \frac{\operatorname{tg}\varphi - \operatorname{tg}\varphi \cos\alpha}{1 + \operatorname{tg}^2\varphi \cos\alpha} = \frac{\operatorname{tg}\varphi (1 - \cos\alpha)}{1 + \operatorname{tg}^2\varphi \cos\alpha} = \frac{2\operatorname{tg}\varphi \cdot \sin^2\frac{\alpha}{2}}{1 + \operatorname{tg}^2\varphi \cos\alpha}.$$

Da α immer ein kleiner Winkel ist, so wird $\cos\alpha$ nahezu $= 1$ und kann als Faktor vernachlässigt werden. Dadurch wird der Zähler $= 1 + \operatorname{tg}^2\varphi$ oder $= \frac{1}{\cos^2\varphi}$. Diesen Wert, sowie für $\operatorname{tg}\varphi = \frac{\sin\varphi}{\cos\varphi}$ eingeführt, giebt

$$2 \sin\varphi \cos\varphi \sin^2\frac{\alpha}{2}$$

d. i. $= \sin 2\varphi \sin^2\frac{\alpha}{2}$.

Für $\varphi = 0$ ist der Ablesefehler $= 0$.

Für $\varphi = 90°$ ist der Ablesefehler ebenfalls $= 0$.

Wenn die Nadel in der Nord-Südlinie oder in der Ost-Westlinie steht, ist also der Fehler $= 0$.

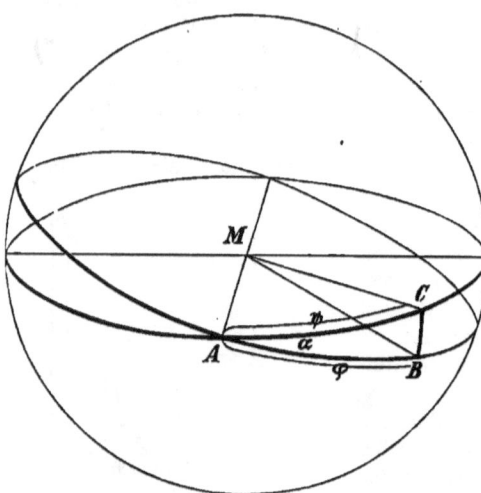

Fig. 58. Der Stundenring steht schief.

Bei Streichwinkeln zwischen beiden Richtungen ist der Fehler bemerkbar und zwar bei $45°$ am größten. Ist z. B. $\alpha = 3$ Grad, $\varphi = 45$ Grad, dann ist der Fehler $= 2'21''$. Er liegt aber noch unter der Ablesegrenze am Kompaß.

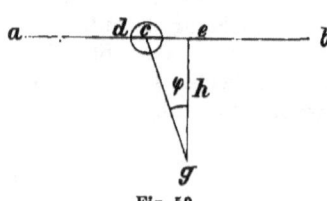

Fig. 59.

Auf die schiefe Stellung des Stundenringes wird meistens die Reibung an den Zapfen, um welche die Kompaßbüchse schwingt, von Einfluß sein.

Ist ab eine Horizontale, c der Mittelpunkt und $cd = r$ der Radius des Zapfens, g der Schwerpunkt der Kompaßbüchse und $eg = h$ der Abstand von ab, so stellt $\measuredangle dge = \varphi$ den größten sich hierbei ergebenden Fehlerwinkel vor. Ist f die Reibung als Gewicht ausgedrückt und q das Gewicht der Kompaßbüchse, so muß die Gleichung erfüllt werden:

$$rf = ce \cdot q, \quad ce \text{ ist aber } = h \operatorname{tg}\varphi.$$

Diesen Wert eingesetzt, giebt $rf = q \cdot h \cdot \operatorname{tg}\varphi$ und $\operatorname{tg}\varphi = \frac{rf}{q \cdot h}$.

Aus dieser Formel folgt, daß die Zapfen dünn und gut geölt sein und nahe an dem oberen Rande der Kompaßbüchse liegen müssen, ferner daß der Boden der letzteren gegen die übrigen Teile nicht zu leicht sein darf, damit der Schwerpunkt möglichst tief gezogen wird.

Am zweckmäßigsten wird der Schiefe des Stundenringes vorgebeugt durch eine Dosenlibelle, welche, um obiger Formel zu genügen, unter dem durchbrochen anzufertigenden Boden der Kompaßbüchse angebracht werden müßte.

Andere Konstruktionen des Hängezeuges. — Eine neue Konstruktion des Hängezeuges von OSTERLAND wird in der Berg- u. Hüttenm. Zeitung. 1860, S. 2 von Prof. JUNGE beschrieben. (Fig. 60.) § 27.

Fig. 60. Hängezeug von OSTERLAND.

An dem Kompaßringe sind in den Endpunkten eines Durchmessers zwei in Gelenken bewegliche Hängearme angebracht. Die Bewegung, welche nur senkrecht zum Kompaßring ausgeführt werden kann, ist durch Aufschlageplatten beschränkt. Liegen die oberen Aufschläge an dem Kompaßringe an, so ist das Hängezeug zum Aufhängen an die Schnur geeignet, liegen dagegen die unteren Aufschläge an, so erscheint das Instrument mehr in die Länge gestreckt und kann bequem in eine Markscheidertasche gesteckt werden, welche die gewöhnliche Größe nicht überschreitet.

Um den Schwerpunkt mehr nach unten zu verlegen, wird die Hemmung der Nadel durch die Bodenplatte der Kompaßbüchse mit einer verhältnismäßig großen Schraube bewirkt.

Da Hängearme und Kompaßring nahezu starr verbunden sind, so ist eine Fehlerquelle des üblichen Hängezeuges mit umlegbaren Kompaßring weggefallen. Es kommt jedoch viel darauf an, daß das ganze Hängezeug mit Kompaß genau im Gleichgewicht gebaut ist, namentlich wegen des hoch liegenden Schwerpunktes.

54 VIERTES KAPITEL.

JUNGE giebt an, daß von allen Hängezeugen das OSTERLANDsche die Prüfung des Umhängens an steiler Schnur am besten bestand.

Die österr. Zeitschr. f. Berg- u. Hüttenw. 1878, Nr. 13 enthält einen Vorschlag zur Konstruktion eines neuen Hängekompasses von PLAMINECK.

Das Hängezeug besteht in einem gespaltenen Pendel, welches mittels einer daran befestigten Schiene (in der Figur 61 nur im Querschnitt zu sehen) mit dachförmigen Enden so auf die Schnur gesetzt werden kann, daß an jeder Seite der Schnur eine Hälfte des Pendels hängt.

Die Schiene ist in Zapfen drehbar, so daß bei jeder Neigung der Schnur das Pendel sich senkrecht stellen kann. Nach oben endigt dasselbe in einer Hülse, welche zur Aufnahme eines an dem Kompaß befestigten Zapfens dient.

In der Berg- u. Hüttenm. Zeit. 1875, Nr. 16 ist ein unpraktisches und eigentümliches Hängezeug beschrieben.

Ein viereckiger Rahmen aus Messing ist an der oberen Seite mit Haken zum Aufhängen an die Schnur, an der entgegengesetzten Seite mit einem linealartigen Ansatze versehen. An der oberen Schiene ist der Gradbogen befestigt, etwas unter der Mitte zwischen den Seitenstücken des Rahmens der Kompaßring in Zapfen beweglich angebracht. Es werden Gradbogen und Kompaß zugleich angehängt und der Rahmen kann zum Zulegen benutzt werden.

In Nr. 50 der Öst. Zeitschrift f. Berg- u. Hüttenw. 1881, Seite 463 ist ein äußerst komplizierter Apparat: Markscheids-Tachygraphometer

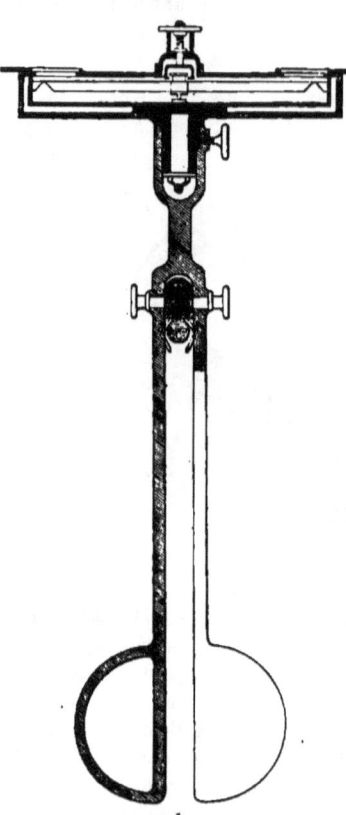

Fig. 61. Hängebussole von PLAMINECK.

von G. BOSCHITZ beschrieben, von dem der Verfasser sagt:

„Ich habe mir die Aufgabe gestellt, ein Instrument zu schaffen, welches nebst Bestimmung der Seigerhöhe und Ebensohle auch jene der Koordinaten der einzelnen Vermessungspunkte, also von Streichensinus und Streichencosinus direkt ermöglicht, sowie die sofortige graphische Darstellung der Aufnahme (Kartierung) vollführt. Gleichzeitig war ich bemüht, in besonderer Berücksichtigung des Markscheidewesens, dem

Instrumente Größe und Gestalt zu geben, welche dasselbe auch zu Grubenaufnahmen möglichst praktisch machen sollen."

Eine Beschreibung läßt sich, ohne das Instrument zur Hand zu haben, nicht in wenigen Worten geben, sie ist deshalb hier weggelassen, namentlich da der außergewöhnlich verwickelte Bau des neuen Markscheiderinstrumentes demselben keine große Verbreitung verspricht.

Der Kompaß in der Zulegeplatte. — Die Zulegeplatte (Fig. 62) ist § 28. ein Rechteck von Messing mit einem Ring in der Mitte zur Aufnahme der Kompaßbüchse, die mittels einer Druckschraube in jeder beliebigen Stellung in diesem Ringe festgeklemmt werden kann.

Fällt das in der Nord-Südlinie an der äußeren Seite der Kompaßbüchse angebrachte Zeichen mit dem feinen Striche auf der oberen Kante des Ringes zusammen, so soll die Nord-Südlinie des Kompasses mit der langen Seitenkante parallel laufen.

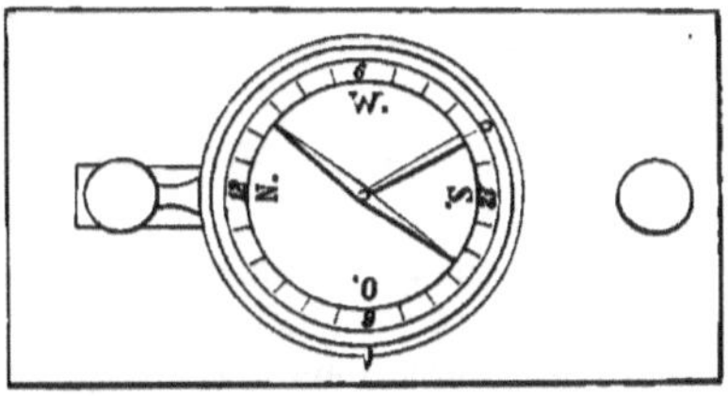

Die Zulegeplatte ist darauf zu prüfen:

1) ob die beiden langen Seiten vollkommen gerade Linien bilden und
2) ob beide Linien parallel sind.

Auf das erste Erfordernis werden die Kanten wie jedes Lineal geprüft:

Fig. 62. Kompaß mit Zulegeplatte.

Man zieht längs der zu prüfenden Kante von einem Ende bis zum anderen eine scharfe Linie, legt dann die Kante an die andere Seite der Linie und sieht nach, ob eine vollständige Deckung von Kante und Linie herbeigeführt wird.

Zur Prüfung der zweiten Eigenschaft zieht man an beiden Seiten der Platte feine Linien, dreht sodann die Platte um und legt sie wieder zwischen die gezogenen Linien. In dieser Lage muß eine Deckung der Kanten und Linien stattfinden.

Auch durch unmittelbares Abmessen des Abstandes der beiden langen Seiten mittels des Zirkels oder eingeschlagener Stifte kann der Parallelismus geprüft werden.

Ergeben sich hierbei Unstimmigkeiten, so muß die Platte vom Mechanikus berichtigt werden.

Ein Kompaß von kleinerem Durchmesser, welcher fest mit einer § 29. kleinen Zulegeplatte verbunden ist, wird Setzkompaß oder Taschenkompaß genannt.

Der Stundenkreis dieses Kompasses ist in $1/8$ Stunden geteilt und auf dem Rande der Bodenplatte ist eine gradbogenartige Einteilung in 2 mal 90 Grade angebracht.

Um den Stift ist ein kleines Pendel beweglich, welches beim Aufsetzen der langen Plattenkante den Neigungswinkel einer geneigten Linie angiebt. Die 12. Stundenlinie und die Linie 90 — 90 auf der Bodenplatte fallen zusammen und sind mit der Längskante der Platte genau parallel.

Dieser Setzkompaß wird auf eine sehr einfache Weise zum Hängekompaß umgewandelt.

Zwei halbkreisförmige Bogen A und B (Fig. 63) aus Messing sind durch eine Schraube so mit einander verbunden, daß beide sich um dieselbe Achse drehen und der Bogen B im Falle des Nichtgebrauches in dem Schlitze des Bogens A Platz findet. Beim Gebrauche wird der Setzkompaß an den mit den Löchern m und n versehenen Enden des Bogens B befestigt und mittels der am Bogen A angebrachten Haken an die Schnur gehängt. Die 12. Stundenlinie des Kompasses soll in dieser Verbindung in die Ebene der beiden Bogen fallen.

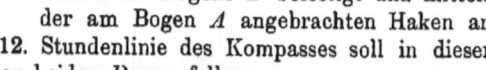

Fig. 63. Das sogenannte Steigerhängezeug.

Dieses einfache Hängezeug genügt zwar in Bezug auf Genauigkeit nur geringen Anforderungen, ist aber bei den Grubenbetriebsbeamten sehr verbreitet und unter dem Namen „Steigerhängezeug" bekannt.

Schließlich ist noch der eigentliche Taschenkompaß zu erwähnen, der äußerlich einer Uhr gleicht.

§ 30. Der Kompaß als Feldmeßinstrument.

— Der Markscheider kommt in die Lage, den Kompaß auch über Tage anzuwenden, und da das Hängezeug nur bei gutem und ruhigem Wetter zu benutzen ist, so hat man die Kompaßbüchse in geeigneter Weise mit einem Fuß zum Befestigen auf Stativen, ferner mit Dioptern oder mit einem Fernrohre versehen und so zum Feldmeßinstrument gemacht.

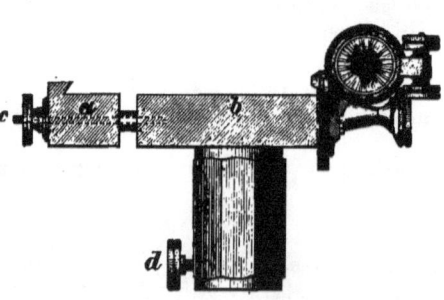

Fig. 64 a. Einfaches Feldmeßinstrument.

Die älteste Konstruktion besteht in einer gespaltenen Holzplatte, deren an Führzapfen gleitenden Teile a und b mittels einer Schraube c gelöst und zusammengepreßt werden können (Fig. 64a). Von den hervorstehenden Kanten der beiden Teile wird die Zulegeplatte mit dem Kompaß festgehalten

An der Seite dieser Holzplatte ist das Fernrohr und an der unteren Fläche eine Steckhülse angebracht (Fig. 64b), welche auf den Zapfen einer Nuß-

Fig. 64b. Einfaches Feldmeßinstrument.

vorrichtung (Kugelgelenk, siehe § 102, Fig. 151) mittels der Preßschraube d (Fig. 64a) befestigt werden.

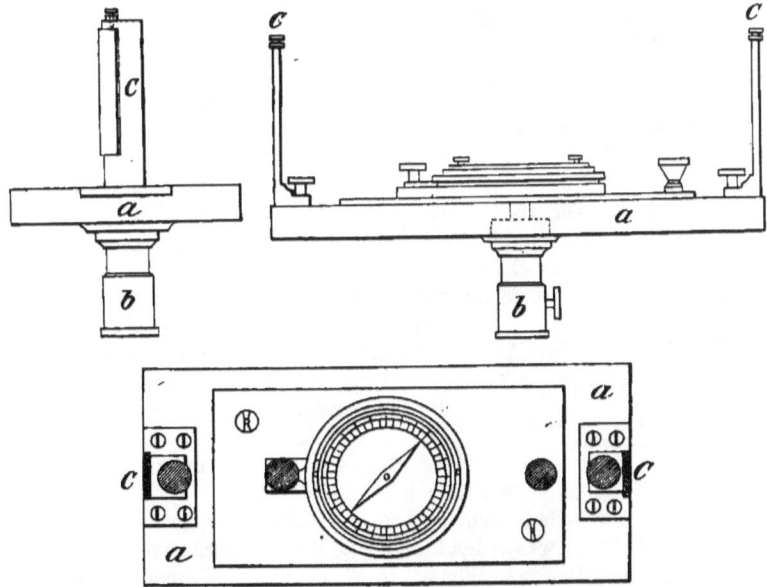

Fig. 65a, b u. c. Visierkompaß.

Weder das Fernrohr noch der Kompaß ist bei dieser Konstruktion zentrisch über dem Drehpunkte des Instrumentes angebracht. Dasselbe eignet sich daher nur zu einfachen Feldmeßarbeiten, aber nicht zu den im vierten Kapitel speziell im § 40 beschriebenen Markscheiderarbeiten.

Hierzu verwendbar sind nur solche Instrumente, deren Kompaß vollkommen zentrisch angebracht ist und dessen Visierlinie die verlängerte Drehachse schneidet.

Ein solches Instrument mit Dioptern ist in der ministeriellen Zeitung für Berg-, Hütten- und Salinenwesen, Band IX, beschrieben. (Fig. 65 a. b. c.) Die Zulegeplatte wird mittels Schrauben auf einer Holzplatte a derartig befestigt, daß der Mittelpunkt des Stundenringes zentrisch zur Drehachse des Instrumentes oder, was hier dasselbe ist, zur Achse der an der unteren Seite der Holzplatte angebrachten Steckhülse b ist.

Die Visierlinie der Diopter cc, deren Spalt verstellbar ist, geht durch den Mittelpunkt des Kompasses. Das Instrument ist nur in verhältnismäßig ebenem Terrain und nicht für zu große Entfernungen zu gebrauchen.

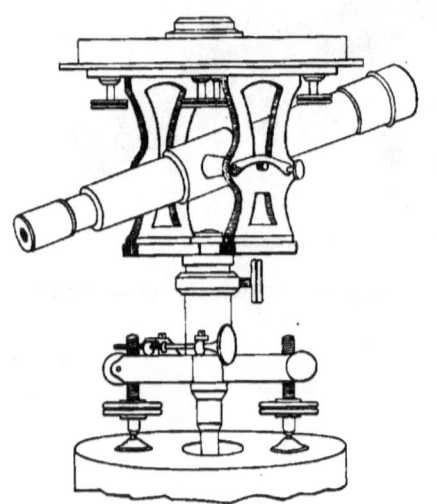

Fig. 66. Kompaß als Feldmeßinstrument (Bussole).

Das in der Berg- u. Hüttenm. Zeit. 1869, Seite 344 beschriebene Feldmeßinstrument von Ey ist ebenfalls mit Dioptern (Loch und Fadenkreuz) versehen. Dieselben befinden sich an einem mit Höhenkreis versehenem Bügel und gestatten ein Ablesen der Höhenwinkel.

Die zentrischen Kompaß-Feldmeßinstrumente mit Fernrohr sind in den verschiedensten Konstruktionen vorhanden. Fig. 66 zeigt eine auch ohne Beschreibung verständliche Konstruktion, wie die mechanischen Institute von Breithaupt, Fennel etc. sie anfertigen.

Fig. 67. Durchschnitt einer Dosenlibelle.

Sämtliche vorgenannten Instrumente werden mittels einer Dosenlibelle horizontal gestellt.

Eine solche Libelle besteht aus einem runden Messinggehäuse (Fig. 67), welches oben luft- und wasserdicht mit einem starken, nach innen kugelförmig ausgeschliffenen Glase verschlossen und in der Bodenplatte mit einer kleinen Öffnung versehen ist, die mit einer Schraube verschlossen werden kann. Durch die Öffnung wird der innere Raum des Gehäuses mit Hilfe eines kleinen Trichters bis auf einen als Luftblase erscheinenden kleinen Raum mit Weingeist ausgefüllt. Auf der Oberfläche des Glases ist ein Kreis eingeätzt und die Dosenlibelle ist so justiert, daß ihre Unterlage horizontal ist, wenn die Luftblase zentrisch zu jenem Kreise steht. Das Deckelglas ist meist nach einem Radius von nahezu zwei Meter ausgeschliffen, was einer Empfindlichkeit von ca. zwei Minuten auf 1 Millimeter Ausschlag gleichkommt.

§ 31. Mit allen Feldmeßarbeiten ist das Fällen und Errichten von Perpendikeln häufig verbunden. Die hierzu benutzten Instrumente sind die **Winkeltrommel (Winkelkopf)** und der **Winkelspiegel**. Die Einrichtung der Winkeltrommel ist aus Fig. 68 ersichtlich.

Durch gegenüberliegende Spalten und Löcher sind in der Richtung verschiedener Durchmesser Visierlinien gegeben, welche sich unter 90° oder 45° schneiden.

Zum Gebrauch wird die Trommel mittels einer Hülse auf einen Stock gesteckt und mit Hilfe einer Dosenlibelle senkrecht aufgestellt. Behufs Errichtung eines Perpendikels auf einer Linie bringt man einen der Durchmesser in diese Linie und steckt die Richtung des darauf senkrechten Durchmessers, indem man durch die entsprechenden Spalten visiert, durch Pfähle ab.

Das zweite Instrument ist der Winkelspiegel, von dem Fig. 69 einen Querschnitt von oben gesehen giebt.

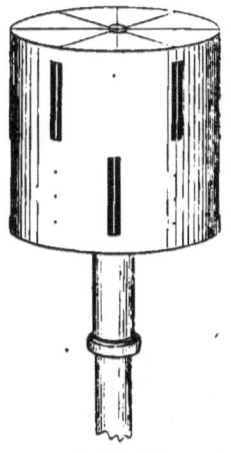

Fig. 68. Die Winkeltrommel.

An den Seitenflächen ab und dc eines in der Figur schwarz gezeichneten Messinggehäuses $abcd$ sind zwei Spiegel e und i angebracht, von denen der eine fest sitzt, der andere mittels eines Schräubchens v so lange gedreht werden kann, bis beide Spiegel genau 45° gegeneinander geneigt sind. Das Messinggehäuse ist nach der Seite ad offen und oben und unten mit Deckplatten geschlossen, in welche ein Griff eingeschraubt werden kann. Die Spiegel e und i nehmen nur die halbe Höhe der Seitenflächen ein, die andere Hälfte derselben ist durchbrochen, so daß z. B., wenn PS_1 die Richtung angiebt, in welcher das Auge eines Menschen blickt, dasselbe zugleich in den Spiegel i und über denselben hinaus durch die Öffnung der Seitenfläche dc sehen kann.

Fällt vom Signal S ein Lichtstrahl auf den Punkt m des Spiegels e, so wird dieser Strahl in der Richtung mn auf den zweiten Spiegel i und von diesem wieder in der Richtung nP zurückgeworfen. Das in letzterer

Linie befindliche Auge sieht im Spiegel i das Bild des Signals S und über den Spiegel hinweg durch die Öffnung der Seitenfläche dc blickend zugleich ein Signal S_1, welches in der Richtung Pn aufgestellt ist.

Wenn die Spiegel genau 45° gegeneinander geneigt sind, so ist der Winkel SPS_1 ein rechter.

Beweis. Da $rm \perp mw$ und $on \perp nw$, so muß $\measuredangle ron = \measuredangle mwn = 45°$ sein. Als Außenwinkel ist $\measuredangle ron = \alpha + \beta$ und aus gleichem Grunde ist $\measuredangle SPS_1 = 2\alpha + 2\beta$, folglich ist $\measuredangle SPS_1 = 2 \measuredangle ron = 90$ Grad.

Der Gebrauch des Winkelspiegels ergiebt sich aus den vorstehenden Entwickelungen von selbst.

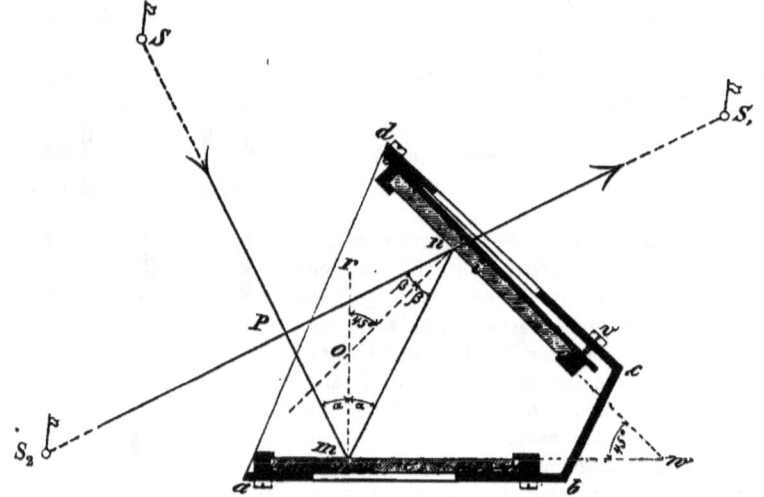

Fig. 69. Der Winkelspiegel.

Um ein Perpendikel auf der Linie PS_1 im Punkte P zu errichten, hält man den Winkelspiegel mittels des Handgriffes über den Punkt P, so daß die offene Seite nach der Richtung gekehrt ist, wohin das Perpendikel errichtet werden soll. Der Markscheider blickt in der Richtung PS_1 und läßt das Signal S so lange verstellen, bis dessen Bild im Spiegel i genau in der Richtung PS_1 erscheint.

Zur Prüfung wiederholt man das Verfahren in umgekehrter Stellung, indem das Auge in der Linie S_1P nach dem Signal S_2 blickt und der Winkelspiegel wieder über den Punkt P in die zweckmäßige Stellung gebracht wird. Fällt das auf diese Weise von neuem aufgestellte Signal ebenfalls in die Linie PS, so ist der Winkelspiegel richtig, andernfalls muß der eine Spiegel mittels des Schräubchens v etwas verstellt werden.

Ist dagegen vom gegebenen Punkte S ein Perpendikel auf die Linie PS_1 zu fällen, also der Punkt P zu suchen, so schreitet man in der Linie

PS_1 so lange auf und ab, bis vermittelst des in richtiger Stellung gehaltenen Winkelspiegels die Bilder von S und S_1 in bekannter Weise mit dem der Linie PS_1 entlang laufenden Blick gesehen werden.

In gebirgiger Gegend wird man der Winkeltrommel, in der Ebene dem Winkelspiegel den Vorzug geben.

Fünftes Kapitel.
Hilfsapparate zur Verwendung des Kompasses in Gegenwart von Eisen.

Das Eisen, welches in der neueren Zeit beim Grubenausbau eine ausgedehnte Verwendung gefunden, hat nach und nach den Gebrauch des Kompasses eingeschränkt und den Theodolit mehr in Aufnahme gebracht. Die älteren Markscheider wollten aber den liebgewonnenen handlichen Kompaß nicht ohne weiteres aufgeben und daher begegnen wir schon früh Vorschlägen, welche nach einem gewissen Verfahren die Benutzung des Kompasses auch bei ablenkenden Einflüssen gestatten. § 32.

Diese Bestrebungen müssen einem praktischen Bedürfnisse entspringen, weil bis in die neueste Zeit immer wieder neue Konstruktionsvorschläge für den genannten Zweck auftauchen.

Keine der Konstruktionen wird dem Kompaß zu derselben Leistungsfähigkeit verhelfen, wie er sie in Abwesenheit von Eisen besitzt oder gar, wie sie schon ein kleiner Theodolit bietet, aber es kommen dem Markscheider häufig Arbeiten vor, bei denen nicht die äußerste Genauigkeit verlangt wird, jedoch grobe Fehler, welche durch die Ablenkung der Nadel entstehen, vermieden werden sollen.

Hierhin gehören namentlich die häufigen Nachtragsarbeiten in Kohlengruben, welche im Anschluß an Theodolitmessungen ausgeführt werden.

Ferner ist es nicht selten, dass nur in einer verhältnismäßig kurzen Strecke eines mit dem Kompaß auszuführenden Zuges Eisen vorhanden ist und zur Überwindung dieses Hindernisses die Anwendung des Theodoliten zu kostspielig sein würde.

In solchen und ähnlichen Fällen erscheint ein Hilfsapparat, welcher gestattet, den Kompaß auch in Gegenwart von Eisen zu benutzen, sehr angebracht.

Alle Konstruktionen solcher Hilfsapparate beruhen auf der Thatsache, daß die Ablenkung der Nadel dieselbe bleibt, wenn der Aufhängepunkt derselben seinen Ort in bezug auf die ablenkenden Gegenstände nicht verändert. § 33.

Das Verfahren wird an einem Beispiele am besten erläutert.

In dem Zuge $abcdef$ (Fig. 70) ist nur an den Schlußpunkten a und f keine Ablenkung der Magnetnadel vorhanden und es lassen sich nur die Streichwinkel $ab = O.\ 3.\ 5.\ 3$ und $ef = O.\ 3.\ 2.\ 15$ mit dem gewöhnlichen Hängezeuge richtig, oder, wie man sich kurz ausdrückt, eisenfrei ermitteln. Kann man den Kompaß über oder unter dem Punkte b so anbringen, daß ohne den Ort des Aufhängepunktes der Nadel zu verändern, das Streichen von ab und bc abgelesen werden kann, so wird man beide Streichwinkel zwar falsch — im vorliegenden Falle um 0. 0. 2. — aber den Winkel $abc = 11^h.\ 3.\ 14.$, welchen beide Schnüre einschließen, richtig erhalten und das richtige Streichen von $bc = O.\ 4.\ 1.\ 5.$ berechnen können.

Die Rechnung gestaltet sich am einfachsten, wenn man durch Subtraktion der kleinen Ablesung 3. 5. 5 von der größeren 4. 1. 7 den Außenwinkel 0. 4. 2 ermittelt und diesen zu dem Streichen der vorhergehenden Schnur $ab = O.\ 3.\ 5.\ 3$ addiert, in dem Falle, daß, wie hier, die Richtung von bc sich zur Rechten wendet und das Streichen von bc (4. 1. 7) größer als das von ab (3. 5. 3.) ist.

Im Punkte c verfährt man ebenso, nur wird hier der gefundene Unter-

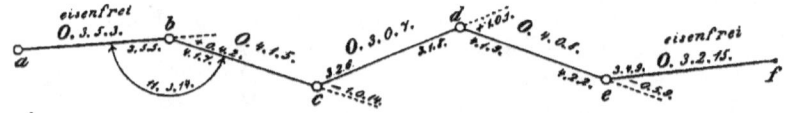

Fig. 70.

schied des Streichens von bc und $cd = 1.\ 0.\ 14$ von dem Winkel der vorhergehenden Schnur $O.\ 4.\ 1.\ 5$ abgezogen, weil sich die Schnur cd zur Linken wendet und das Streichen von cd (3. 2. 6) kleiner ist, als das von bc (4. 3. 4).

Wird bei dem Messen eines Außenwinkels die Nord-Südlinie überschritten, so müssen zu dem kleineren Winkel zwölf Stunden hinzuaddiert werden, z. B. das Streichen des rückwärts gelegenen Schenkels sei $= 11.\ 4.\ 3$, das des vorderen $= 1.\ 6.\ 9$, dann muß der letztere um zwölf Stunden vergrößert werden, und der Außenwinkel ist $13.\ 6.\ 9 - 11.\ 4.\ 3 = 2.\ 2.\ 6.$

Gelangt man schließlich an den Punkt e, so muß, wenn keine Fehler untergelaufen sind, das berechnete Streichen von ef mit dem eisenfrei abgenommenen übereinstimmen.

Selbstverständlich muß bei diesen Methoden an beiden Spitzen der Magnetnadel abgelesen und das arithmetische Mittel beider Werte in Rechnung gezogen werden. In das Formular zu § 126 ist ein kleines Beispiel dieser Methode eingetragen.

§ 34.   Das einfachste, älteste, aber auch zugleich unvollkommenste Verfahren ist das mit Hilfe der Kreuzschnüre, welches im Jahrgang 1844 der Berg-

und Hüttenmännischen Zeitung, Seite 278, von Rittinger beschrieben worden ist.

Die Schnüre werden in der aus Fig. 71 zu ersehenden Weise gespannt und an den Kreuzungspunkten durch Fäden verbunden. Der Kompaß wird nach einander an beide Schnüre so gehängt, daß der Stift immer senkrecht unter dem Kreuzungspunkte sich befindet. Das Verfahren ist

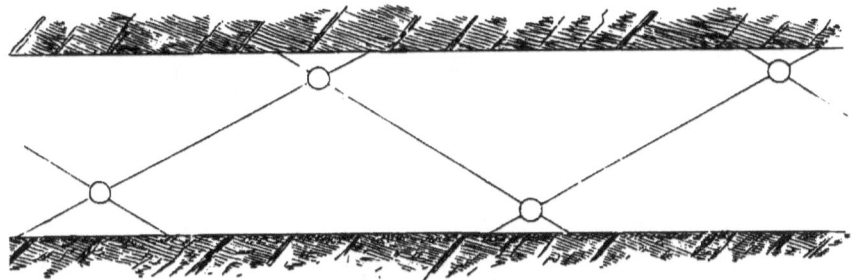

Fig. 71. Kreuzschnüre.

nach einer Notiz in demselben Jahrgange dieser Zeitschrift auf Seite 569 schon lange vor der Veröffentlichung in Gebrauch gewesen. Es giebt sehr ungenaue Resultate.

§ 35. Im Jahre 1834 konstruierte der damalige Bergamtsassessor Braunsdorf in Freiberg ein Hängezeug, welches im Jahre 1846 von dem Mechanikus Lindig[1] in Dresden, dem ein solches Instrument nach Angaben anzufertigen aufgegeben war, zum ersten Male in der „Deutschen Gewerbezeitung" beschrieben wurde. Die Beschreibung ist im Bergwerksfreund Band X (1846), Nr. 46 abgedruckt. In Nr. 27 desselben Bandes findet sich ein Aufsatz: „Über die mit dem Lindigschen Markscheiderinstrumente gemachten Erfahrungen nebst den daran vorgenommenen Abänderungen" und schließlich hat der Erfinder Braunsdorf in Nr. 40 der „Berg- und Hüttenm. Zeit." vom Jahre 1846 das Instrument nochmals beschrieben und durch Zeichnungen erläutert.

Das Hängezeug (Fig. 72a. b. c.) besteht aus einer Stange a, an welcher zwei Haken bb befestigt sind, die zum Aufhängen des Instrumentes an die Schnur dienen. Das eine Ende der Stange a läuft gabelförmig in zwei Arme cc aus, welche mit Zapfen dd versehen sind, deren Achse durch die Mitte der Schnur gerichtet ist, an welcher die Haken bb hängen. An den Zapfen dd bewegt sich der lange Hängering l.

---

[1] Nach diesem Mechanikus wird unrichtiger Weise das ganze Verfahren das Lindigsche genannt. Die Benennung nach dem Erfinder „Braunsdorf" würde zutreffender sein.

64 FÜNFTES KAPITEL.

Beim Gebrauche ist eine wesentliche Bedingung, daß die Achsenlinie der Zapfen *dd* des angehängten Instrumentes durch den Kreuzpunkt der Schnüre geht, weil dann auch der Mittelpunkt des Kompasses sich ebenfalls genau unter diesem Kreuzpunkte befindet. Diese Bedingung läßt

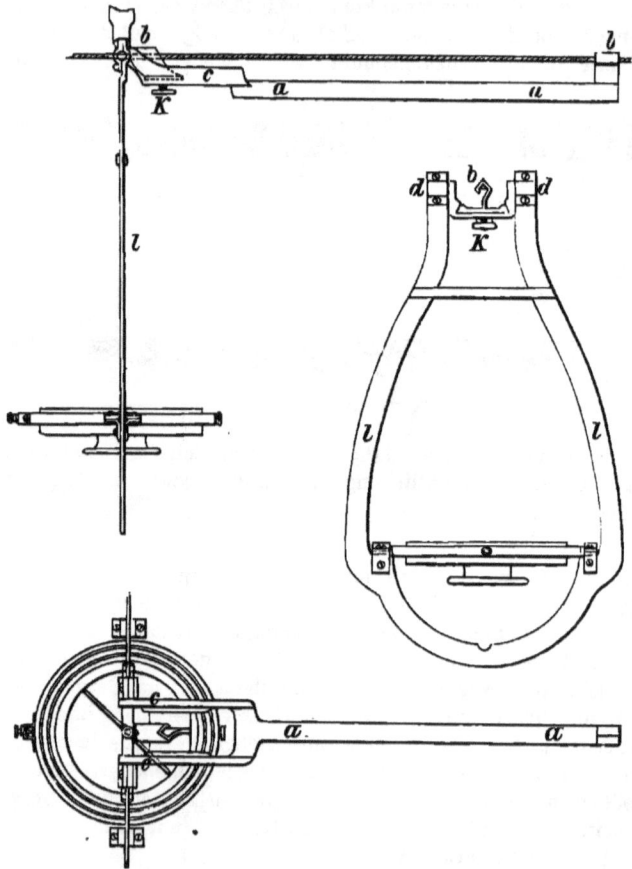

Fig. 72a, b u. c. Das BRAUNSDORFsche Hängezeug.

sich leicht erfüllen, wenn der eine Haken *b* beweglich, sowie mit einer Klemmschraube *k* versehen ist und wenn zur Fixierung der Schnurendpunkte geeignete Schrauben verwendet werden.

Zur Erleichterung des Ablesens ist das Kompaßgehänge so abgeändert worden, daß von den Zapfen *dd* zunächst zwei Arme von ca. 15 cm Länge hängen, die unten eine runde, fest verbundene Scheibe *gh* tragen. Eine gleiche Scheibe ik ist oben an dem bisherigen Hängeringe angebracht. Beide Scheiben sind genau zentrisch durchbohrt, können zentrisch aufeinandergelegt und durch Mutter und Schraube aneinandergepreßt werden. Durch diese Vorrichtung ist es möglich, dem unteren Bügel jede beliebige Stellung zu geben und stets, ohne von demselben verhindert zu werden, die Nadelspitzen genau zu beobachten.

Außerdem gewährt diese Vorrichtung den Vorteil, den Winkel mehrmals bei verschiedener Stellung des Stundenkreises zu messen.

§ 36.

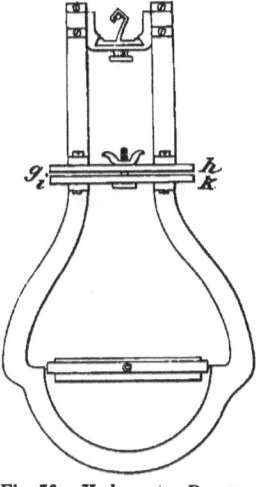

Ein anderer, sehr einfacher Apparat ist das Kompaßstäbchen, welches vom Markscheider REICHELT zu Schwarzenberg erfunden und in Nr. 47 und 48 der Berg- und Hüttenm. Zeit. vom Jahre 1856 beschrieben worden ist. 17 Jahre später hat der Markscheider LEHMANN in Klausthal ein ganz ähnliches Instrument konstruiert und in derselben Zeitung 1873, Nr. 16, beschrieben.

Fig. 73. Verbessertes BRAUNSDORFsches Hängezeug.

Das REICHELTsche Kompaßstäbchen besteht aus einem Messingstab a von ca. 40 cm Länge mit zwei verschiebbaren Haken c und d und mit zwei Haltern e und f, zwischen denen eine Darmsaite zum Anhängen des Kompasses eingespannt ist. Von dem einen verschiebbaren Haken d hängt ein feines Lot herab, mit dessen Hilfe der Kompaßstift stets genau unter

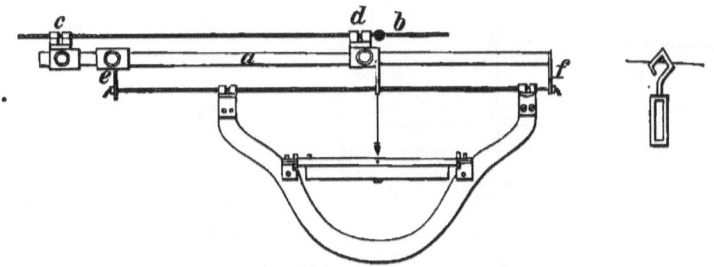

Fig. 74a u. b. Das Kompaßstäbchen von REICHELT.

den Kreuzpunkt b der Schnüre gebracht werden kann. Dies geschieht dadurch, daß nach Lüftung der Preßschraube an dem verschiebbaren, fest an den Schraubenpunkt b angehaltenen Haken d das Stäbchen samt dem angehängten Kompasse bis zum Einspielen des Lotes auf das Zentrum des Stundenringes vor- oder rückwärts geschoben wird.

Die Verschiebbarkeit der Haken ist wegen der verschiedenen Neigung der einzelnen Schnüre notwendig. Je mehr geneigt eine solche ist, um so mehr wird der Haken c dem Haken d genähert und das Stäbchen

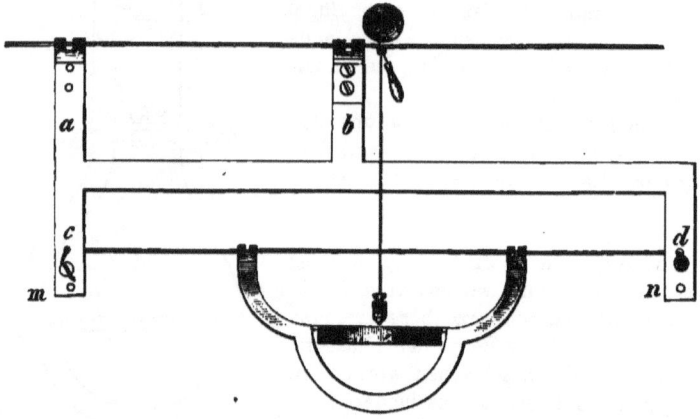

Fig. 75. Das LEHMANNsche Kompaßstäbchen.

über b hinausgeschoben werden müssen, so daß der hinausragende Arm des Stäbchens zu lang wird und den Haken von der Schnur abzuheben bestrebt ist. Durch Vorstecker, welche durch die Hakenschlitze geschoben werden, muß das Abspringen verhindert werden.

Die Form und die Anwendung des LEHMANNschen Kompaßstäbchens ist aus Fig. 75 zu ersehen. An einem 38 cm langen Lineale sind nach oben zwei Haken a und b befestigt und nach unten zwei Ansatzstücke c und d, zwischen denen eine Schnur zum Anhängen des Kompasses ausgespannt ist. Die Löcher m und n dienen zum Einhängen von Gewichten.

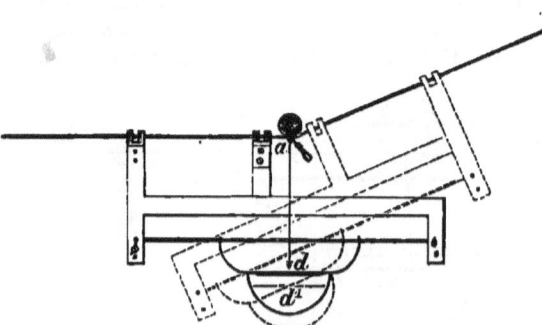

Fig. 76. Das Kompaßstäbchen an Schnüren mit verschiedener Neigung.

Sowohl das REICHELTsche als das LEHMANNsche Instrument leiden an dem Übelstande, daß sie nur bei ganz oder doch nahezu horizontalen Schnüren mit Erfolg zu benutzen sind, weil bei verschieden geneigten

Schnüren der Fig. 76 der Abstand ad bez. ad' des Kompaßstiftes d und d' vom Schraubenpunkt a in beiden Lagen des Kompaßstäbchens niemals gleich sein wird. Damit wird aber die Hauptbedingung des ganzen Verfahrens erschüttert, da der Ort der Magnetnadel sich gegenüber den ablenkenden Gegenständen verändert.

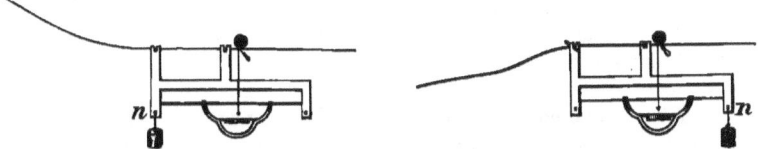

Fig. 77a u. b. Aufhängen des Lehmannschen Kompaßstäbchen an geneigten Schnüren.

Bei sehr steilen Schnüren wird sich sogar das Lehmannsche Instrument, weil die Haken nicht verschiebbar sind, gar nicht unter den Kreuzpunkt der Schnüre bringen lassen.

Lehmann schlägt daher vor, die geneigten Schnüre sehr schlaff zu spannen, so dass unter Zuhilfenahme eines Gewichtes, das nach Bedürfnis in das Loch m oder n der Ansatzstücke eingehängt wird, die horizontale Lage des kurzen, zum Anhängen nötigen Stückes der geneigten Schnur nahezu hergestellt werden kann (Fig. 77a u. b).

Bei fallenden Schnüren ist der eine Haken des Stäbchens durch einen Vorstecker zu befestigen.

Dies Verfahren wird sich bei stark fallenden Schnüren nicht anwenden lassen.

Ein Lehmannsches Kompaßstäbchen kostet ca. 15 Mark.

Dem Kompaßstäbchen am nächsten steht der im übrigen weit vollkommenere, nach Angaben des Markscheiders Penkert zu Rossberg bei Beuthen von Ott & Coradi in Kempten konstruierte zentrierbare Hängekompaß, welcher in Nr. 2 der Berg- und Hüttenm. Zeit. vom Jahre 1880 wie folgt beschrieben ist.

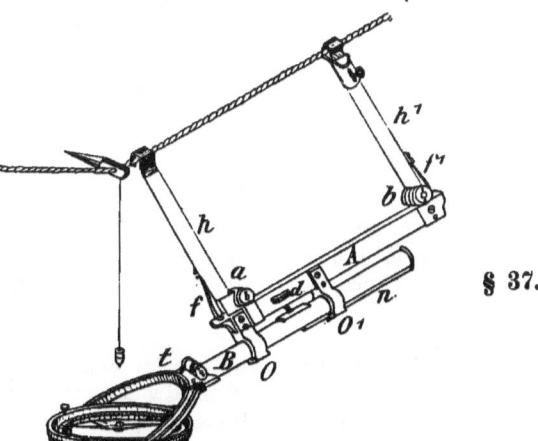

Fig. 78. Zentrierbarer Hängekompaß von Penkert.

§ 37.

An dem hohlen vierkantigen Stabe A sind mittelst dauerhafter Gelenke a und b zwei Arme aus runden Messingröhren h und h' angebracht, welche in ihrer rechtwinkeligen Lage durch Federn f und f' festgehalten werden. Diese Arme sind oben mit Haken zur Aufnahme der Schnur versehen. Der halbkreisförmige Kompaßträger t ist mit einem runden Messingrohre B verbunden, das sich ca 15 cm in den Ringen O, O' aus- und einschieben läßt, wodurch die Zentrierung des Kompasses bewirkt werden kann. Die Schraube d dient zur Feststellung des Rohres in den verschiedenen Stellungen, die Führungsschiene n verhindert eine seitliche Drehung desselben.

Um zu verhüten, dass der Haken des Armes h' durch das Gewicht des Kompasses von der Schnur abgehoben wird und, um das Anbringen eines lästigen Gegengewichtes zu umgehen, ist am Arm h' ein Schieber angebracht, welcher gestattet, den Haken sicher auf der Schnur zu befestigen.

Die Arme h und h' lassen sich parallel zu A übereinander legen, ebenso der Kompaßträger um 180° und das Rohr um 90°, so daß der ganze Apparat flach in einer Tasche liegen kann. Der Hängekompaß läßt sich zentrieren bis zu 45° und an eisenfreien Stellen wie das gewöhnliche Hängezeug anwenden.

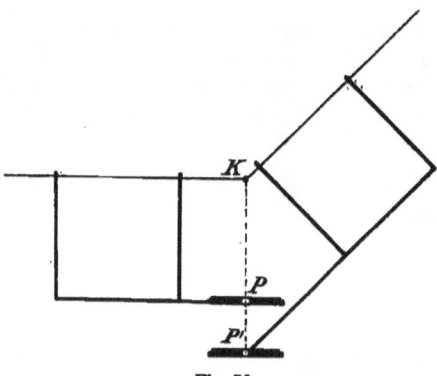

Fig. 79.

Derselbe leidet aber an denselben Unvollkommenheiten, wie das Kompaßstäbchen. Stoßen z. B. eine horizontale und eine geneigte Schnur zusammen, so wird der Aufhängepunkt der Nadel P bez. P' wohl zentrisch, aber in verschiedener Tiefe unter dem Kreuzpunkte der Schnüre K zu liegen kommen, wie die schematische Skizze in Fig. 79 veranschaulicht.

§ 38. Der von dem Markscheider FUHRMANN zu Hörde konstruierte und in Nr. 37 der Berg- und Hüttenm. Zeitung vom Jahre 1879 beschriebene Apparat wendet den Hängekompaß in Verbindung mit einer Visiervorrichtung an (Fig. 80 $a\,b\,c$).

Das Wesentlichste dieses Instrumentes ist ein Messingstab aa von einer Länge, die zum Anhängen von Kompaß und Gradbogen genügt, welcher an den Enden mit Haken zum Einhängen der Schnur, sowie mit zwei Dioptern bb versehen und in der Mitte mit einem Kugelgelenk c fest verbunden ist. Die Kugel des Gelenkes bildet die Verbindung des Diopterlineals mit der Vorrichtung zur Befestigung des ganzen Apparates an Zimmerung oder Spreizen und kann mittels eines beweglichen Keiles d, der auf eine Deckplatte wirkt, in jeder Lage festgeklemmt werden.

Die Vorrichtung zum Befestigen des Apparates ist entweder ein besonderer Arm, der mit einem Klemmringe eine Spreize umfaßt, oder ein Pfriemen (Fig. 80b u. c).

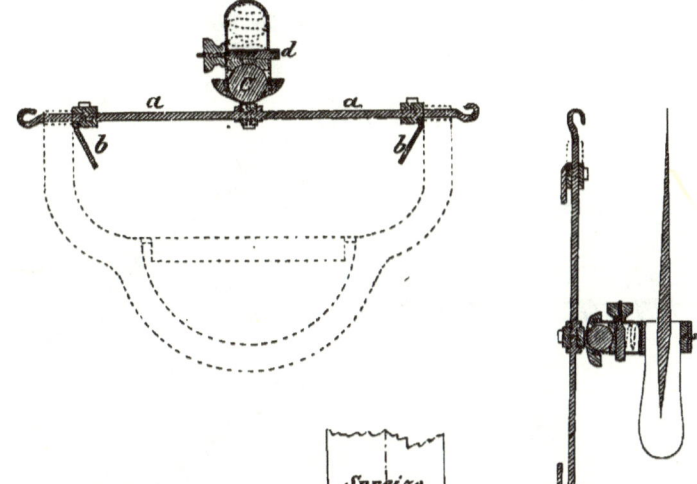

Fig. 80a. b. c. Das Hängezeug von FUHRMANN.

Als Signale dienen Lampen, welche an Signalköpfen aufgehängt werden, die in ihren Dimensionen den vorher erwähnten Vorrichtungen entsprechen müssen.

Auch dieser Apparat darf an demselben Punkte nur bei gleicher Neigung des Diopterlineals angewendet werden, weil eine Drehung des letzteren eine Ortsveränderung des Aufhängepunktes der Magnetnadel zur Folge hat.

Dieser Bedingung kann mit Hilfe der Diopter auch da genügt werden, wo zwei sehr verschieden geneigte Visuren ab und ac zusammenstoßen (Fig. 81). Die Richtung ac wird durch ein Lot bezeichnet und dasselbe mit der bei der vorherigen Visur benutzten Neigung des Lineals anvisiert.

Von den Vorteilen dieses Apparates, welche der Erfinder anführt, sind folgende hervorzuheben:

1) Der Apparat beansprucht einen bescheidenen Raum, kann am Stoße, an einem Stempel u. s. w. angebracht werden und einen Wagenzug vorbeilassen, wobei die Arbeit ungestört weitergeht.

2) Das Schnur- oder Kettenspannen ist beim Winkelmessen ganz vermieden, da die Längen, wie bei jedem anderen Visierapparat, selbständig gemessen werden.

3) Die Nadel des Kompasses und das Lot des Gradbogens kommen schneller in Ruhe, als bei Benutzung der Schnur. Der Apparat ist paten-

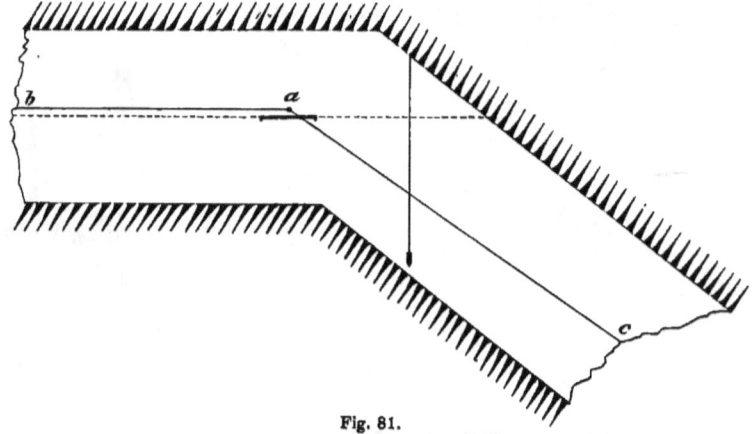

Fig. 81.

tiert (D. R.-P. Nr. 3245) und wird vom Mechanikus DANKERS in Dortmund einschließlich der Signalköpfe und des Kastens zum Aufbewahren zu 212 Mark geliefert.

§ 39. An dieser Stelle ist auch das Zwillingshängezeug von KRAFT u. SCHNEIDER zu erwähnen, obgleich ein Kompaß mit Magnetnadel nicht damit verbunden ist. Dieses Instrument ist in der Österr. Zeitschr. f. Berg- und Hüttenw. 1875, S. 471, und in Nr. 48 der Berg- und Hüttenm. Zeit. vom Jahre 1876 beschrieben, worauf hier lediglich verwiesen wird.

Es ist ein komplizierter, umständlich zu handhabender und noch dazu teurer Apparat, dessen Konstruktion viele Fehlerquellen enthält. Er wird sich schwerlich in der Praxis einbürgern.

§ 40. Endlich hat man den Kompaß als Feldmeßinstrument (siehe § 30) zum Messen über eisernen Schienen verwendet und damit das Messen mit dem Kompaß in Gegenwart von Eisen, namentlich wenn das in Band IX der Zeitschrift für Berg-, Hütten- und Salinenwesen beschriebene verschärfte Beobachten der Streichwinkel hinzutritt, wohl auf die Stufe der höchsten Leistungsfähigkeit gebracht. Dafür erfordert aber das Verfahren mindestens eben so viel, wenn nicht mehr Mühe und Zeitaufwand, wie das Messen mit dem Theodoliten, also mit einem Instrumente, welches doch weitaus genauere Ergebnisse liefert.

Der Kompaß ist bei den hierzu benutzten Feldmeßinstrumenten selbstverständlich zentrisch zur Drehachse desselben angebracht und auch die Visierlinie liegt in der Vertikalebene dieser Achse.

Das Aufstellen des Instrumentes, die Einrichtung der Signale ist ähnlich wie bei dem Theodoliten und wird an dieser Stelle beschrieben werden.

Das verschärfte Beobachten der Streichwinkel wird dadurch erreicht, daß der Polygonwinkel mehrere Mal gemessen wird und zwar stets mit etwas verdrehter Kompaßbüchse oder, wenn der Kompaß diese Vorrichtung besitzt, mit etwas verdrehtem Stundenring. Dadurch erhält man andere Zahlen zur Ermittelung des Winkels und durch das Mittel aus sämtlichen Beobachtungen einen Winkelwert, der die Ablesegrenze der einmaligen Beobachtung übertrifft, z. B.:

$$\left.\begin{array}{l}\text{rückwärts } 4.\ 1.\ \ 3\\ \text{vorwärts } 5.\ 6.\ \ 7\end{array}\right\}+1.\ 5.\ 4\\ \left.\begin{array}{l}\text{rückwärts } 6.\ 2.\ \ 5\\ \text{vorwärts } 7.\ 7.\ 10\end{array}\right\}+1.\ 5.\ 5\\ \left.\begin{array}{l}\text{rückwärts } 1.\ 2.\ \ 7\\ \text{vorwärts } 2.\ 7.\ 11\end{array}\right\}+1.\ 5.\ 4\right\}+1.\ 5.\ 4{,}3.$$

§ 41. Bei der Anwendung der vorstehend beschriebenen Kompaßinstrumente ist es notwendig, in nicht allzu langen Zwischenräumen sogenannte eisenfreie Schnüre einzuschalten, um durch Vergleichung des berechneten und beobachteten Streichens solcher Schnüre den Zug auf seine Richtigkeit prüfen, bez. berichtigen zu können. Das Verfahren der Berichtigung ist einfach.

Man leitet in bekannter Weise von einer eisenfreien Schnur — auch Normalstunde genannt — ausgehend die Streichwinkel der sich daran anschließenden Schnüre ab, bis man bei der zweiten Normalstunde ankommt. Stimmt das abgeleitete Streichen derselben nicht mit dem unmittelbar beobachteten, so ist die Winkelmessung zu wiederholen, bis die Differenz verschwindet oder doch so klein wird, daß man sie auf die Winkel zwischen der ersten und zweiten Normalstunde verteilen darf.

Das nächste Stück zwischen der zweiten und dritten eisenfreien Schnur behandelt man in gleicher Weise, indem man von der zweiten beobachteten Normalstunde ausgeht.

72   Fünftes Kapitel. Hilfsapparate zur Verw. des Kompasses etc.

Bei Bestimmung des Streichens solcher Normalstunden ist mit besonderer Vorsicht zu Werke zu gehen. Es ist zunächst zu prüfen, ob in der That keine die Magnetnadel ablenkenden Gegenstände vorhanden sind. Hiervon überzeugt man sich, wenn der Kompaß an verschiedenen Stellen einer gespannten Schnur immer denselben Streichwinkel angiebt.

Das Streichen der Normalstunde wird nicht bloß aus einer Beobachtung entnommen, sondern man verfährt folgendermaßen:

Die Endpunkte einer solchen Linie ab (Fig. 82) werden auf Spreizen verlegt, welche senkrecht zur Schnurrichtung geschlagen sind, und man mißt dann von dem einen Punkte b zu beiden Seiten gleiche Abstände $bc = bc'$, $bd = bd'$ ab und steckt in die Punkte c, c', d, d' Pfriemen oder Schrauben.

Von a spannt man die Schnüre nach sämtlichen Punkten, wobei die Vorsicht gebraucht wird, die Schnüre ac und ac' bez. ad und ad' so um die Pfriemen zu schlingen, daß sich die jedesmal entsprechenden entweder an den inneren oder äußeren Rand des Pfriemens anlegen.

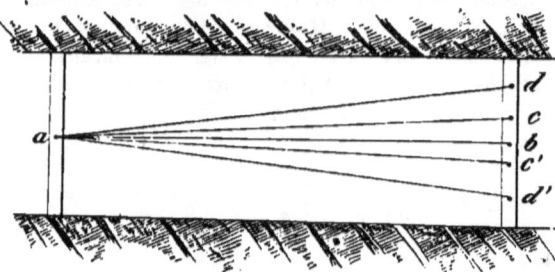

Fig. 82. Bestimmung einer Normalstunde.

Aus dem Mittel des Streichens sämtlicher Schnüre erhält man einen genaueren Wert des Streichwinkels, als die einfache Beobachtung ergeben würde.

Die Bestimmung dieser Normalstunden muß, um die schädlichen Einflüsse der Variation auszuscheiden, möglichst schnell hinter einander geschehen und zwar zu einer Zeit, wo der Stand der Magnetnadel sich wenig ändert, also des Nachmittags oder während der Nacht.

Wir werden später (§ 166 ff.) vollkommnere Methoden der Orientierungsmessungen kennen lernen, bei denen durch gleichzeitige Beobachtung eines Magnetometers der Einfluß der Variation beseitigt wird, welche jedoch bei den in Rede stehenden einfachen Messungen mit dem Kompaß nicht angebracht sind.

Zur Beurteilung der Genauigkeit von solchen Zügen im Vergleich mit anderen Messungen hat Professor von Miller-Hauenfels den zu befürchtenden Endfehler berechnet von Messungen ein und desselben Zuges nach verschiedenen Methoden und mit verschiedenen Instrumenten, und folgende Werte gefunden:

1) Bei Anwendung des Kompasses nach den besten der obigen Methoden mit zwei Normalstunden am Anfang und Ende des Zuges nach Verteilung der gefundenen Differenz . . . . . 0,41 der Längeneinheit

2) bei derselben Methode mit nur einer Normalstunde . . . . 0,50 der Längeneinheit
3) bei Gebrauch eines Theodoliten von 20″ mittlerem Fehler . . . . 0,04 „ „
4) bei Gebrauch des gewöhnlichen Hängezeuges . . . . 0,08 „ „

Die Genauigkeiten würden sich also verhalten, den Wert des Theodolitzuges gleich 1 gesetzt, wie:
10 : 12,5 : 1 : 2.

Leider liegen mir nur wenige Resultate in Zahlen von derartigen Zügen vor, welche auf ihre Richtigkeit nach erfolgtem Durchschlag oder auf andere Weise durch unmittelbare Messungen geprüft werden konnten. Diese wenigen Resultate sind bezüglich ihrer Genauigkeit so schwankend, daß für den einmal ausgeführten Zug mit nur zwei Normalstunden im Durchschnitt die sehr ungünstige Verhältniszahl 10 berechtigt sein dürfte.

Wenn trotzdem namentlich mit der zuletzt erwähnten, nach meinem Vater benannten Methode des verschärften Ablesens beachtenswerte Resultate bei markscheiderischen Angaben auf große Entfernungen erzielt worden sind, so ist diese Thatsache auf Rechnung der häufigen Wiederholungen des Zuges und der vielen eingeschalteten Normalstunden zu setzen.

Sechstes Kapitel.
Das Nivellieren und die hierzu erforderlichen Instrumente.

Unter Höhenmessen oder Nivellieren versteht man die Ermittelung des senkrechten Abstandes zweier oder mehrerer Punkte von einer bestimmten Horizontalebene. § 42.

Man unterscheidet trigonometrisches, geometrisches und physikalisches Höhenmessen.

Die trigonometrische Höhenbestimmung erfordert Längen- und Winkelmessungen. Als Beispiel mag der einfachste Fall dienen. Zur Ermittelung des Höhenunterschiedes der Punkte A und $B = BC$ wird der Winkel BAC und eine der beiden Linien AB oder AC gemessen. Der gesuchte Höhenabstand BC wird durch trigonometrische Rechnung aus den beiden gemessenen Größen gefunden.

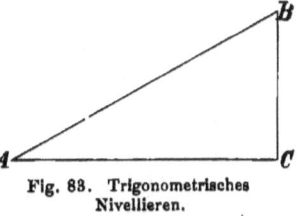

Fig. 83. Trigonometrisches Nivellieren.

Bei dem geometrischen Nivellieren wird eine horizontale Linie oder Ebene konstruiert und der Abstand der beiden Punkte A und B von dieser

Horizontalen durch Aufstellen senkrechter Latten direkt gemessen. Die Differenz der beiden gemessenen Abstände ist der Höhenunterschied der beiden Punkte.

Fig. 84. Geometrisches Nivellieren.

Das physikalische Höhenmessen gründet sich auf die Veränderlichkeit des Luftdruckes in verschiedenen Höhen. Das wichtigste hierher gehörige Instrument ist das Barometer.

Für die Markscheidekunst ist nur das geometrische und das trigonometrische Nivellieren von Wichtigkeit und von diesen beiden, wie überhaupt in der Meßkunde, das erstere.

§ 43. Zur Ausführung von geometrischen Nivellements benutzt der Markscheider fast ausschließlich das **Luftblasenniveau**.

Ein solches Nivellierinstrument besteht aus drei Hauptteilen, aus dem **Fuß** mit den Fernrohrträgern, dem **Fernrohr** und aus der **Röhrenlibelle**.

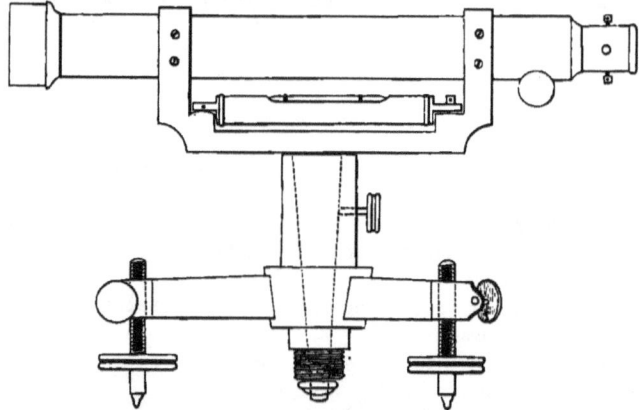

Fig. 85. Nivellierinstrument mit fest verbundenen Teilen.

Diese drei Hauptteile können durch Schrauben fest verbunden sein (Fig. 85), oder nur lose durch Schließen mit Vorsteckern (Fig. 86).

Im letzteren Falle ist das Fernrohr umlegbar und drehbar in seinen Lagern und die Röhrenlibelle zum Umsetzen eingerichtet. Das in den Lagern drehbare Fernrohr ist auch zuweilen fest mit der Libelle verbunden. Letztere ist dann eine sogenannte Reversionslibelle mit zwei Skalen an verschiedenen Seiten (Fig. 87).

Alle drei Konstruktionen werden von den Markscheidern gebraucht. Instrumente der ersteren Konstruktion haben den für den Gebrauch

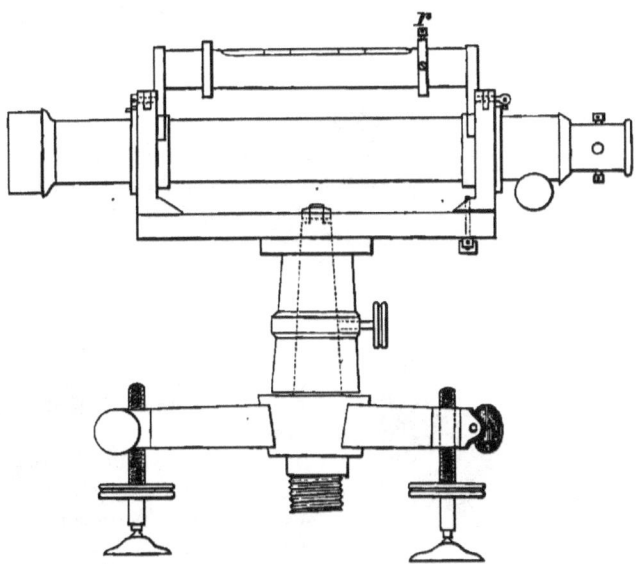

Fig. 86. Nivellierinstrument mit zerlegbaren Teilen.

in der Grube wichtigen Vorteil der größeren Stabilität, die der zweiten und dritten lassen sich leichter prüfen und berichtigen.

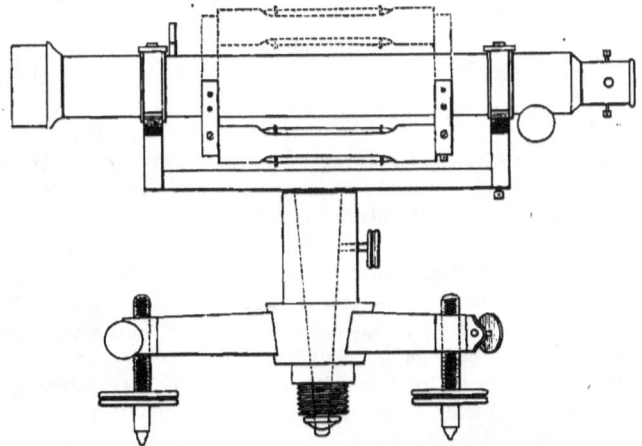

Fig. 87. Nivellierinstrument mit Reversionslibelle.

§ 44. **Die einzelnen Teile des Nivellierinstrumentes.** — Der Fuß. Der Fuß der Nivellierinstrumente gleicht dem des Theodoliten und der Bussole und dient zum Befestigen des Instrumentes auf einer Unterlage (Stativ, Arm, Spreize) und zum Horizontalstellen desselben.

Die gewöhnliche Form ist die des Dreifußes, seltener wird das Kugelgelenk angewendet.

Fig. 88 stellt einen Dreifuß dar.

Von einem Mittelstück M gehen drei Arme aus, in deren Enden die Stellschrauben ABC in Gewinden sich drehen. Diese Stellschrauben, deren Mittelpunkte ein gleichseitiges Dreieck bilden, endigen unten entweder in Stahlspitzen, oder in kleinen Kugeln, welche in entsprechenden Aushöhlungen von messingenen Unterlageplatten sich drehen können. Zur Regulierung des leichten oder schweren Ganges der Stellschrauben sind die kleinen Preßschrauben a, b, c angebracht.

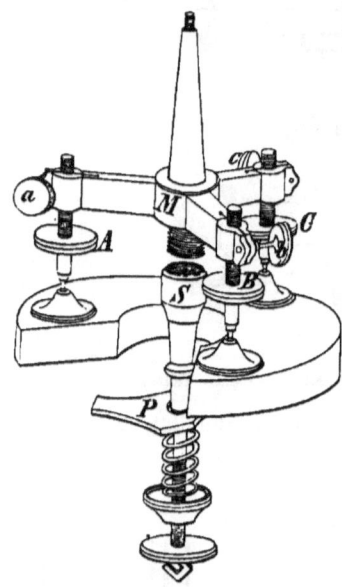

Fig. 88. Der Dreifuß.

Das Mittelstück M ist unten mit einem Schraubengewinde versehen, an welches die Zentralschraube S angeschraubt werden kann, deren Platte P mittels Schraube und Spiralfeder gegen die Unterlage gepreßt wird. Beim Nivellierinstrument kann statt der Zentralschraube auch ein sogenannter Federhaken angewendet werden, welcher in einen am Mittelstück angebrachten Haken eingreift.

Die vertikale, konische Drehachse des Instrumentes ist aus Stahl gefertigt und entweder mit dem Mittelstück des Dreifußes fest verbunden und ragt dann aus dem oberen Teile desselben hervor oder mit der Schiene, welche die beiden Fernrohrlager trägt. In letzterem Falle ist das Mittelstück des Dreifußes ausgehöhlt zur Aufnahme der Achse.

Die zweite Befestigungsart der Achse findet sich stets bei den Nivellierinstrumenten, deren Teile fest verbunden sind (Fig. 86). Die anderen Konstruktionen der Nivellierinstrumente sind nicht an eine bestimmte Anordnung in dieser Beziehung gebunden.

Bei den letzteren Instrumenten ist einer der Fernrohrträger (Fig. 89) durch zwei angebrachte Zugschrauben ZZ und eine Druckschraube d zum Heben und Senken eingerichtet.

Um das Nivellierinstrument mit Hilfe des Dreifußes horizontal zu stellen, dreht man dasselbe so, daß die Libelle in der Vertikalebene eines Armes liegt und bewirkt durch Drehen der Stellschraube A dieses Armes ein Einspielen der Luftblase, sodann dreht man das Instrument um 90°, daß die Libelle der durch die beiden anderen Fußschrauben B und C gelegten Linie (Fig. 90) parallel ist und bringt durch gleichzeitiges Drehen beider Schrauben im entgegengesetzten Sinne die Luftblase wieder zum Einspielen. Dies Verfahren wiederholt man so lange, bis die Blase in allen Stellungen der Libelle dieselbe Lage beibehält.

Selbstverständlich kann man dasselbe Ziel erreichen, wenn man die Libelle erst in die Vertikalebene des ersten und dann des zweiten Armes bringt und in jeder Lage die entsprechende Schraube bis zum Einspielen der Luftblase wirken läßt. Die Schraube des dritten Armes kommt hierbei gar nicht in Thätigkeit. Die erstere Methode führt schneller zur horizontalen Stellung.

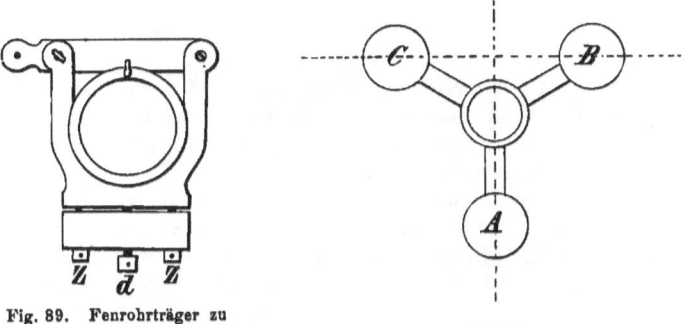

Fig. 89. Fenrohrträger zu Fig. 86.   Fig. 90.

Die horizontale Stellung des Instrumentes, welche bei jeder Aufstellung erstrebt wird, vollständig genau zu erreichen, ist oft langwierig, bei elastischem Sumpf- oder Moorboden gar nicht möglich, aber auch nicht nötig. Dieselbe braucht nur insoweit richtig zu sein, daß der Horizontalfaden hinreichend genau horizontal ist. Die scharfe Horizontalstellung ist eigentlich nur in dem Augenblick des Ablesens notwendig. Der den Markscheider begleitende Gehilfe ist deshalb darauf einzuüben, die Blase fortwährend zu beobachten, einen etwaigen Ausschlag zu verbessern und den Moment des richtigen Einspielens anzuzeigen.

Die Fernröhre größerer Instrumente haben eine Vertikalbewegung von einigen Graden, welche durch eine sehr feine Mikrometerschraube reguliert wird.

Gute Dienste leistet auch ein über der Libelle angebrachter Spiegel, welcher dem Beobachter gestattet, die Blase zu sehen, ohne seinen Stand vor dem Okulare zu verändern.

Ist die Fassung der Libelle mit einer bezifferten Skala versehen (vergl.

§ 47), so ist es möglich, den Stand der Blase für den Augenblick, in welchem vom Markscheider an der Latte abgelesen wird, genau zu bestimmen.

Ein geübter Gehilfe liest nämlich in dem Moment der Visur die Skalenteile ab, bis zu welchen die beiden Blasenenden an der Skala reichen. Aus diesen Beobachtungen kann der Ausschlag der Libelle in Skalenteilen leicht abgeleitet und aus dem Winkelwert eines Skalenteiles und der Länge der Visur die Größe berechnet werden, um welche die Ablesung an der Latte verbessert werden muß (vgl. § 62).

Die Operation des Einstellens der Luftblase ist zwar bei einiger Übung und Geschicklichkeit in kurzer Zeit zu beendigen, aber es läßt sich nicht leugnen, daß bei ausgedehnten Nivellements ein erheblicher Teil der Arbeitszeit zur Horizontalstellung verbraucht wird, und daß die häufige Wiederholung derselben Operation einen ermüdenden und abspannenden Einfluß ausübt.

Es sind deshalb Versuche gemacht worden, den Nivellierinstrumenten eine Einrichtung zu geben, welche das Fernrohr durch Einwirkung der Schwerkraft auf automatischem Wege annähernd horizontal stellt, etwa so weit, daß die Blase wenigstens im Einschnitt der Libellenfassung bleibt. Die feine Einstellung wird dann durch eine unentbehrliche Elevationsschraube des Fernrohres geregelt.

In der Zeitschrift für Instrumentenkunde, Jahrgang 1884, S. 54, sind die bisher üblichen Einrichtungen die **einfache Kugelaufhängung**, die **Cardanische Aufhängung** und eine neue **zusammengesetzte Kugelaufhängung** erläutert und beschrieben.

Das zu diesen Vorrichtungen notwendig gehörige schwere Pendelgewicht erscheint jedoch die Verwendung in der Grube sehr zu erschweren, so daß dieselben vorläufig als nicht zweckmäßig für die Markscheider bezeichnet werden müssen.

§ 45.

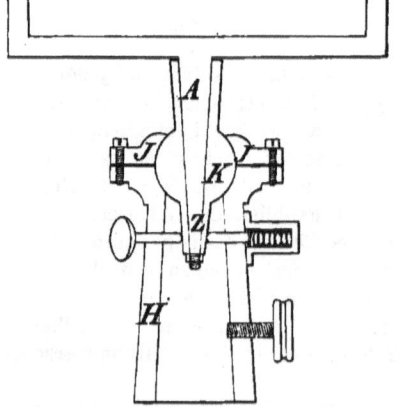

Fig. 91a. Das Kugelgelenk. Durchschnitt.

Das Kugelgelenk als Fussgestell. — Die Figuren 91 a. b. zeigen die Einrichtung eines solchen Kugelgelenkes.

Die Vertikalachse A des Nivellierinstrumentes, welche mit den Fernrohrträgern fest verbunden ist, steckt in einer Büchse mit der kugelförmigen Erweiterung K, die nach unten in den Zapfen Z ausläuft. Die

Kugel wird von geeigneten Pfannendeckeln JJ gehalten, welche mit der Aufsteckhülse II durch Schrauben fest verbunden sind.

Die Aufsteckhülse wird auf den Kopf eines Zapfenstatives entweder mittels eines Schraubengewindes oder nur durch eine Preßschraube befestigt.

Gegen den Zapfen Z wirken die beiden Schrauben D und E und die Spiralfeder C (Fig. 91 b).

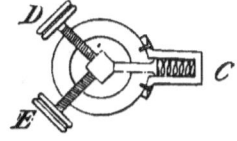

Fig. 91b. Das Kugelgelenk. Querschnitt.

Um mit Hilfe dieser Vorrichtung das Nivellierinstrument horizontal zu stellen, dreht man dasselbe so, daß die Libelle nach einander parallel den beiden Stellschrauben steht und bringt die Luftblase jedesmal zum Einspielen. Dies Verfahren wird bis zur völligen Horizontalstellung wiederholt.

Das Fernrohr. — Wie bei allen Meßinstrumenten, so wird auch bei dem Luftblasenniveau ein astronomisches Fernrohr verwendet, welches die Bilder verkehrt zeigt.   § 46.

Da die Theorie des Fernrohres als bekannt vorausgesetzt werden muß, so soll nur das Wichtigste davon hier aufgeführt werden.

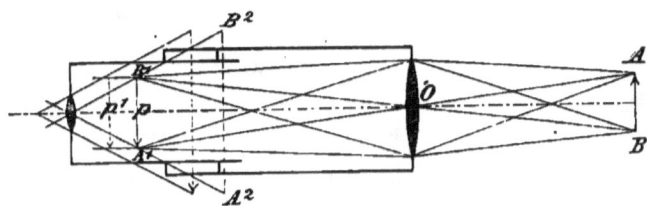

Fig. 92. Zur Theorie des Fernrohrs.

Das Bild eines sehr weit entfernten Gegenstandes AB erscheint in dem Brennpunkte p der Objektlinse O und zwar umgekehrt. Dieses verkehrte Bild $A_1 B_1$ wird durch das Okular, welches genau wie eine Lupe wirkt, vergrößert ($A_2 B_2$) und erscheint dem Auge deutlich, wenn es im Brennpunkte dieses Glases sich befindet.

Ist der Gegenstand AB nicht sehr weit vom Objektiv entfernt, so fällt das Bild $A'B'$ über den Brennpunkt p hinaus nach p'. Um dieses Bild durch das Okular deutlich zu sehen, ist letzteres so weit zu verschieben, bis das Bild wieder in dem Brennpunkte des Okulars sich befindet.

Zu dem Zwecke ist die Okularröhre bei Fernröhren an Meßinstrumenten mit einer Getriebevorrichtung versehen, um das Okular jedesmal in die richtige Stellung bringen zu können.

SECHSTES KAPITEL.

Dieses Verschieben der Okularröhre muß in der optischen Achse des Fernrohres erfolgen, weil sonst nicht unerhebliche Fehler beim Messen entstehen können. Wegen der Prüfung siehe § 84.

Die Objektivlinse soll möglichst achromatisch sein. Durch Verbindung zweier Linsen, einer Sammellinse a von Crownglas mit einer Zerstreuungslinse b von Flintglas wird ein hoher Grad von Achromatismus erreicht.

Das Okular heißt ein astronomisches, wenn es nur aus einer Convexlinse besteht oder aus zweien so zusammengesetzt ist, daß es die Bilder der Gegenstände verkehrt zeigt.

Die zweite Linse des astronomischen Okulars, welche von der ersten einen unveränderlichen Abstand hat und folglich mit dieser dem Objektiv genähert oder von ihm entfernt werden kann, heißt die Kollektivlinse, weil sie die auf sie fallenden Lichtkegel in kleinere Räume zusammendrängt.

Fig. 93. Achromatische Linse.

In dem Huyghenschen und in dem Ramsdenschen Okulare sind die eigentliche Okularlinse und die Kollektivlinse plankonvexe Linsen. Im ersteren wenden beide Linsen ihre konvexen Seiten dem Objektiv, in letzteren ihre konvexen Seiten sich selbst zu.

Fig. 94 ist eine schematische Skizze des Fernrohres mit Huyghenschem Okular. Die Kollektivlinse steht innerhalb der Brennweite des Ob-

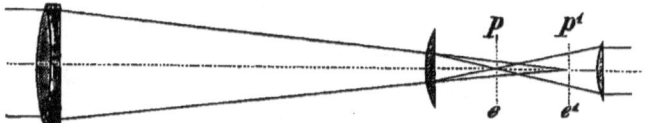

Fig. 94. Anordnung der Linsen im Huyghenschen Fernrohre.

jektivs, und das Bild eines vor dem Objektiv befindlichen Gegenstandes erzeugt sich zwischen den beiden Okularlinsen, aber nicht in der Brennebene $p'e'$ des Objektivs, sondern da die Strahlen durch die Kollektivlinse gebrochen werden, schon in pe.

Das Kellnersche oder orthoskopische Okular (Fig. 95) hat eine bikonvexe Sammellinse, dessen flachere Krümmung dem Objektiv zugewendet ist, und ein achromatisches Augenglas.

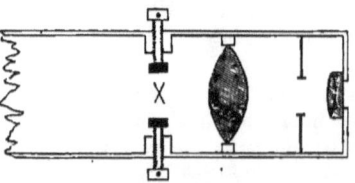

Fig. 95. Kellnersches Okular.

Zu Messungen ist das astronomische Fernrohr erst dann geeignet, wenn es ein Fadenkreuz, d. h. eine Vorrichtung besitzt, mit deren Hilfe dessen optische Achse auf einen bestimmten Punkt gerichtet werden kann.

Ein Fadenkreuz besteht aus zwei sich kreuzenden Fäden, welche entweder sehr zarte Spinnenfäden oder noch feinere Platinadrähte sind.

Man benutzt auch Glasplättchen, auf denen ein Kreuz eingerissen ist. Fig. 96 a. b zeigt die einfachste Einrichtung eines Fadenkreuzes. Bei einem HUYGHENschen Okular befindet sich das Fadenkreuz zwischen Kollektiv- und Okularlinse, bei dem RAMSDENschen und dem KELLNERschen hinter der Kollektivlinse.

Das Fadenkreuz muß mit dem optischen Bilde in einer Ebene liegen und sich zugleich im Brennpunkte des Okulars befinden. Ist dies der Fall, so wird dasselbe scharf und schwarz erscheinen und immer auf denselben Punkt des Bildes gerichtet bleiben, wenn man auch das Auge vor demselben etwas rechts und links bewegt.

Die richtige Stellung des Okulars wird durch das schon erwähnte Getriebe geregelt.

Ferner muß sowohl das Fadenkreuz als auch das Bild des Signales vollkommen klar und scharf erscheinen.

Wird dies nicht durch das Verstellen des Okulars erreicht, so ist das Fadenkreuz selbst etwas vorwärts oder rückwärts zu verschieben.

Zu dem Zwecke sind die Löcher oval, durch welche die Halte- oder Justierschrauben des Fadenkreuzes hervorragen.

Von den Fäden des Fadenkreuzes soll bei den Fernröhren der Nivellierinstrumente in der Gebrauchslage der eine horizontal, der andere vertikal stehen.

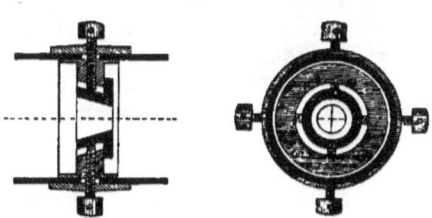

Fig. 96a und b. Fadenkreuz.

Bei den Nivellierinstrumenten ist die genau richtige Lage vornehmlich von dem Horizontalfaden zu verlangen.

Zur Prüfung läßt man durch horizontale Drehung des Fernrohrs einen scharf markierten Punkt durch das Gesichtsfeld gehen und überzeugt sich, ob jede Stelle des Horizontalfadens diesen Punkt deckt. Durch eine geringe Verdrehung des Okularkopfes läßt sich eine etwaige Abweichung verbessern. Zur größeren Sicherheit liest man immer an einer bestimmten Stelle des Horizontalfadens ab, die mit Hilfe des Vertikalfadens immer wieder leicht getroffen wird, wenn man z. B. letzteren mit einer Kante des Lattenbildes zusammenfallen läßt.

Die Vergrößerung der Fernröhre an Nivellierinstrumenten ist je nach dem Zweck und der Konstruktion verschieden. Für den Grubengebrauch genügt schon eine 15 malige Vergrößerung. Präzisionsinstrumente erhalten Fernröhre bis zu 45 facher Vergrößerung.

An den Fernröhren der Nivellierinstrumente mit lose zusammengefügten Teilen sind zwei genau gearbeitete Lagerringe von ganz gleichem Durchmesser angebracht, mit welchen das Rohr beim Gebrauch in den Lagern der Fernrohrträger aufliegt. An den Lagerringen sitzen etwas überragende Kränze, welche ein horizontales Verschieben des Fernrohres in den Lagern verhindern sollen. Die Kränze sind an einer oder an zwei gegenüberstehenden Stellen eingekerbt, um einen an der Röhrenlibelle sitzenden Stift aufzunehmen, wenn dieselbe auf die Lagerringe des Fernrohres gesetzt wird. Dieser Stift erhält nicht nur das Fernrohr und die Röhrenlibelle in der richtigen Gebrauchslage, sondern schützt auch in Verbindung mit einem darübergreifenden Schieber die Libelle vor dem Herabfallen.

§ 47. **Die Röhrenlibelle.** — Die Röhrenlibelle besteht aus einer an den Enden zugeschmolzenen, etwas gekrümmten, nicht ganz vollständig mit Weingeist oder Schwefeläther gefüllten Glasröhre. Den leer gebliebenen Raum nimmt Dampf von der in der Röhre befindlichen Flüssigkeit ein. Beim Anfertigen füllt man nämlich die Röhre vollständig mit der erwärmten Flüssigkeit und schmilzt sie zu. Nach dem Erkalten verliert die Flüssigkeit an Volumen, und es entsteht ein luftleerer Raum, in welchem sich Dampf der eingeschlossenen Flüssigkeit bildet. Diese Dampfblase oder, wie sie gewöhnlich genannt wird, Luftblase, ist bestrebt, stets den höchsten Punkt der Röhre einzunehmen.

Früher krümmte man, wie bei weniger feinen Libellen noch heute geschieht, cylindrische Glasröhren dadurch, daß man sie, mit ihren Enden unterstützt, so lange über glühende Kohlen legte, bis sie sich durch ihr eigenes Gewicht etwas bogen.

Jetzt werden dieselben tonnenförmig nach einem bestimmten Radius ausgeschliffen und auf der Seite, welche die gleichförmigste Krümmung zeigt, wird eine Skala von gleichen Teilen eingeritzt.

Reversionslibellen erhalten an zwei gegenüberstehenden Seiten je eine Skala.

Die Einteilung hat meistens den Nullpunkt in der Mitte des Röhrenbogens; steht die Mitte der Blase genau unter diesem Nullpunkte oder, was dasselbe ist, sind die Enden derselben gleich weit davon entfernt, so sagt man: die Blase spielt ein; weicht die Blase aus der Mitte, so sagt man kurz: die Blase schlägt aus.

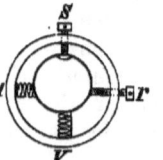

Fig. 97. Querschnitt einer Röhrenlibelle.

Die Größe eines Skalenteiles ist zwar willkürlich, weicht aber wenig oder gar nicht von einer Pariser Linie ab (= 2,256 mm).

Die fertige Röhre kommt in eine messingene Fassung, in welcher das eine Ende gelenkartig befestigt wird, während gegen das andere Ende die Schrauben r und s wirken, die im Verein mit den gegenüberstehenden Federn u und v die Stellung der Libelle in der Messingfassung regeln (Fig. 97).

Aufsatzlibellen für Nivellierinstrumente erhalten geeignet geformte, dem Durchmesser der Fernrohrlagerringe entsprechend abgerundete Füße.

Libellen von Präzisionsinstrumenten werden an der messingenen Fassung mit einer feinen Skala versehen, deren Bezifferung in einer Richtung vom Anfang bis zum Ende durchgeführt ist.

Um den Stand der Luftblase während der Arbeit beobachten zu können, ohne seinen Standpunkt vor dem Okular des Fernrohres zu verändern, hat man an Libellen einen um ein Gelenk beweglichen Spiegel angebracht, der in jeder Stellung durch eine Feder festgehalten wird.

Der Wert einer Libelle hängt von ihrer Empfindlichkeit ab.

Die Empfindlichkeit wird durch die Größe des Winkels ausgedrückt, um welchen eine Libelle geneigt werden muß, damit die Blase sich um einen Teilstrich weiter bewegt. Je kleiner dieser Winkel, um so größer ist die Empfindlichkeit.

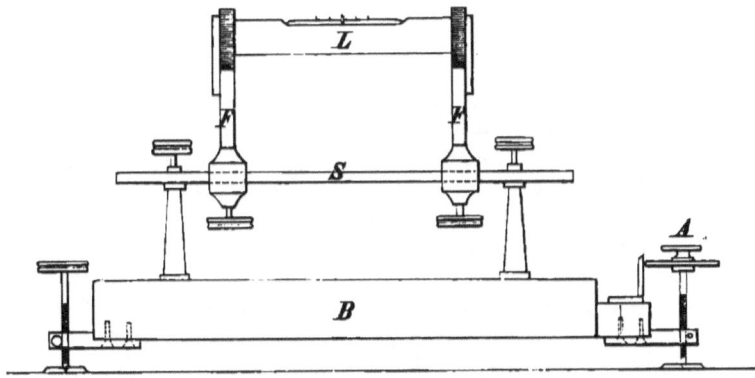

Fig. 98. Das Legebrett.

Diese Art und Weise der Bezeichnung hat nur Wert, wenn die Teile der Skala auf allen Libellen gleiche Längen haben.

Unabhängig von der Länge des Skalenteils ist die Angabe des Radius, nach welchem die Libelle ausgeschliffen ist.

Zur Ermittelung der Empfindlichkeit von Libellen dient das Legebrett (Fig. 98). Die Libelle L wird in die auf einer Schiene S verschiebbaren beiden Gabeln FF gelegt und die Schraube A, deren einmalige Umdrehung eine bestimmte Neigung des Brettes B hervorbringt, so lange gedreht, bis die Luftblase ihre Stellung genau um einen Teilstrich verändert hat. Der aus den Umdrehungen der Schraube A sich ergebende Winkel ist die Empfindlichkeit.

Das Verfahren wiederholt man, indem man die Stellung der Blase um verschiedene Teilstriche verändert, den jedesmaligen auf einen Teilstrich kommenden Winkel berechnet und aus allen Werten das Mittel nimmt.

Ist man nicht im Besitz einer solchen Vorrichtung, oder ist die Libelle fest mit dem Fernrohr verbunden, so stellt man das Nivellierinstrument in einer gemessenen Enfernung l von einer senkrecht stehenden eingeteilten Latte auf und liest in zwei Stellungen der Blase, die gerade um einen Teilstrich verschieden sind, an der Latte ab.

Die Differenz dieser beiden Ablesungen sei d, dann ist die Empfindlichkeit $\alpha = \frac{d}{l} \, 206\,265$ Sekunden.

Aus der wahren Länge des Skalenteils S und der Empfindlichkeit α ergiebt sich der Krümmungsradius der Libelle $r = \frac{S}{tg\,\alpha}$.

Die kleineren von den Markscheidern benutzten Instrumente haben Libellen von 15—20 Sekunden Empfindlichkeit, (bezw. von einem Radius = 31,02 —23,26 m) mit denen sich noch sehr zufriedenstellende Resultate erreichen lassen.

Bei Instrumenten zu Präzisionsnivellements steigt die Empfindlichkeit der Libelle bis zu 4 Sekunden ($r = 116,3$ m).

§ 48. Prüfung und Berichtigung der Nivellierinstrumente. — 1) Die Prüfung der Instrumente mit zerlegbaren Teilen.

Zuerst wird die Röhrenlibelle darauf geprüft, ob ihre Achse parallel der geometrischen Achse des Fernrohres ist in vertikalem und horizontalem Sinne.

Man stellt zu diesem Zwecke bei dem annähernd horizontal gestellten Nivellierinstrumente die Libelle über einen Arm des Dreifußes, bringt mit dessen Stellschraube die Blase zum genauen Einspielen und setzt dann die Libelle um. Verändert hiernach die Luftblase ihren Stand, so wird die Hälfte des Fehlers an der Stellschraube des betreffenden Dreifußarmes, die andere Hälfte mit Hülfe der Justierschraube r (Fig. 97 und 86) beseitigt. Das Verfahren wird bis zum genauen Stimmen wiederholt.

Das Schräubchen s wird gebraucht, wenn die Libellenachse im horizontalen Sinne nicht parallel ist mit der Fernrohrachse. Hiervon überzeugt man sich, wenn man die Libelle mit einspielender Luftblase etwas links und rechts auf den zu diesem Zwecke durch untergeschobene Holzstücke etwas frei gelegten Lagerringen des Fernrohres neigt. Verändert die Luftblase hierbei ihre Stellung, so ist der gewünschte Parallelismus nicht vorhanden, und die Schraube s muß in Thätigkeit gesetzt werden. Die richtige Stellung der Libelle in der Richtung der Schraube r ist vor jeder Arbeit, die in der Richtung der Schraube s nur in längeren Zwischenräumen zu prüfen.

§ 49. Die geometrische Achse der Lagerringe muß mit der optischen Achse des Fernrohres zusammenfallen.

Zur Prüfung dieses Erfordernisses richtet man das Fernrohr des fest aufgestellten Nivellierinstrumentes auf einen weit entfernten, gut beleuchteten Punkt und dreht das Fernrohr in den Lagern um seine Achse.

Entfernt sich das Fadenkreuz beim Drehen nicht von dem Punkte, so fallen beide Achsen zusammen; im andern Falle ist das Fadenkreuz mittels der Schräubchen zu verschieben, bis die Bedingung erfüllt ist.

Das Drehen der Schräubchen muß, ohne einen seitlichen Druck auf das Fernrohr auszuüben, ausgeführt werden können. Dies ist nur möglich, wenn der hervorstehende Kopf der Justierschräubchen durchlocht ist und das Drehen mittels eines durch das Loch gesteckten Stiftes erfolgt. Flache, mit einem Schlitz versehene Schrauben, welche mit einem Schraubenzieher gedreht werden müssen, sind an dieser Stelle unzweckmässig. Dasselbe gilt auch für den Theodoliten.

Gegen die Folgen eines etwa noch vorhandenen Fehlers in der Lage der optischen Achse kann man sich dadurch schützen, daß man jede Visur wiederholt, nachdem das Fernrohr in den Lagern um 180 Grad gedreht worden ist.

Ferner müssen die Lagerringe des Fernrohres gleichen Durchmesser besitzen und kreisrund sein.

Man läßt zur Prüfung des ersten Erfordernisses die Luftblase der berichtigten Libelle genau einspielen, hebt dann das Fernrohr mit der daraufsitzenden Libelle vorsichtig ab und legt es wieder so ein, daß die Lagerringe in bezug zu den Lagern verwechselt werden. Die Luftblase muß dann wieder einspielen, wenn ein gleicher Durchmesser der Ringe vorhanden ist. Hierbei ist guter Bau und feste Aufstellung, sowie gleiche Verteilung des Gewichtes bei empfindlicher Libelle vorausgesetzt.

Zur Prüfung der kreisrunden Form der Lagerringe schraubt man die Stifte an den Füßen der Libelle ab und beobachtet, ob beim Drehen des Fernrohres die Luftblase der auf dem Fernrohre sitzenden Libelle ihre Stellung beibehält.

Sind Fernrohr und Libelle gehörig berichtigt, so ist eine **senkrechte Stellung der Fernrohrträger gegen die vertikale Drehachse des ganzen Instrumentes** wünschenswert, so daß **die Libelle des horizontal gestellten Fernrohres nicht ausschlägt, wenn dasselbe um 180 Grad gedreht wird.**

Zeigt sich hierbei ein Ausschlag, so ist durch zweckmäßiges Heben oder Senken des mit Justiervorrichtung versehenen Fernrohrlagers der Fehler zu verbessern.

2) **Die Prüfung der Nivellierinstrumente mit fest verbundenen Teilen** ist auf andere Weise auszuführen. Man beginnt auch hier mit der Röhrenlibelle. § 50.

Man stellt das Nivellierinstrument möglichst horizontal auf und bringt die Luftblase genau zum Einspielen, während das Fernrohr über einem Arme des Dreifußes oder über einer der beiden Druckschrauben des Kugelgelenkes steht. Alsdann dreht man das Fernrohr um 180 Grad und sieht nach, ob die Blase ihren Ort verändert. Zeigt dieselbe einen Ausschlag, so verbessert man die eine Hälfte an der bekannten Justierschraube, die andere an der betreffenden Fußschraube.

Dieses Verfahren wiederholt man so lange, bis die Luftblase beim Drehen des Fernrohres ihren Ort nicht verändert.

Demnächst muß geprüft werden, ob die optische Achse des Fernrohres der Libellenachse parallel ist.

Man ermittelt zu diesem Zwecke den genauen Höhenunterschied zweier, 60—150 Meter je nach der Vergrößerung des Fernrohres von einander entfernten Punkte A und B (Fig. 99), stellt sodann das zu prüfende Instrument horizontal über dem Punkte A auf, mißt die Höhe der Fernrohrachse h und liest an der auf B aufgestellten Latte die Höhe h' ab. Giebt die Differenz $h-h'$ nicht den bekannten Höhenunterschied, so muß das Fadenkreuz in vertikaler Richtung verschoben werden. Man kann die Stelle der auf B stehenden Latte berechnen, welche das Fadenkreuz decken muß, und danach dasselbe stellen.

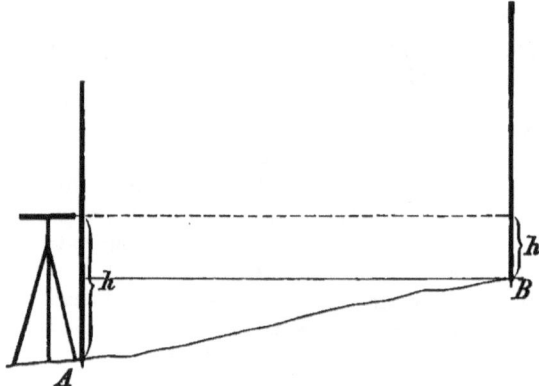

Fig. 99. Justieren des Nivellierinstrumentes mit fest verbundenen Teilen.

Das Verfahren ist mehrmals zu wiederholen.

Selbstverständlich darf die Prüfung unter Wetterverhältnissen, die eine wechselnde Strahlenbrechung begünstigen, nicht vorgenommen werden, ebensowenig wie die Entfernung von A und B 150 Meter übersteigen darf, weil dann die Erdkrümmung und Refraktion anfängt nachteilig zu wirken.

Hat man die ruhige Fläche eines stehenden Wassers zur Verfügung, so treibt man zwei Pfähle in angemessener Entfernung so weit ein, daß ihre Köpfe genau in der Höhe des Wasserspiegels liegen. Stellt man nunmehr das Nivellierinstrument in der Verlängerung der durch die Pfähle bezeichneten Linie auf, so muß auf jedem der Punkte an der dort aufgestellten Latte dieselbe Höhe abgelesen werden.

Unstimmigkeiten sind wie vorher mittels der Korrektionsschrauben des Fernrohrträgers zu verbessern.

§ 51. Die Prüfung und Berichtigung von Nivellierinstrumenten mit Reversionslibellen, d. h. solcher, deren Fernrohr in den Lagern drehbar,

DAS NIVELLIEREN UND DIE HIERZU ERFORDERLICHEN INSTRUMENTE. 87

aber mit der Libelle fest verbunden ist, ergiebt sich aus dem Vorigen fast von selbst.

Nur die Prüfung des parallelen Standes der Libellen- und Fernrohrachse ist etwas verschieden. Das Fernrohr ist zwar auch in seinen Lagern drehbar, aber wegen der beiden zu diesem Zwecke angebrachten Anschlagestifte nur um 180°. In der ersten der beiden Endstellungen steht die Libelle über, in der zweiten unter dem Fernrohr. Die tonnenförmige Libelle ist auf zwei gegenüberliegenden Seiten mit einer Skala versehen, so daß in jeder Lage des Fernrohres der Stand der Luftblase beobachtet werden kann.

Ist das Instrument berichtigt und horizontal gestellt, so muß in beiden Lagen des Fernrohres der Stand der Luftblase derselbe sein. Einen etwaigen Ausschlag nach dem Umdrehen des Fernrohres wird man, wie oben schon angegeben, halb durch die Korrektionsschraube an der Libelle, halb durch die Stellschraube des Fußes verbessern (vgl. Fig. 138, § 88).

§ 52. Wenn später gezeigt wird, daß bei zweckmäßiger Methode des Nivellierens (aus der Mitte) auch mit nicht justiertem Instrumente richtige Ergebnisse erhalten werden, so könnte die Prüfung und Berichtigung von Nivellierinstrumenten unwichtig oder gar überflüssig erscheinen. Da aber die Mitte zwischen zwei Punkten nicht gemessen, sondern abgeschritten oder gar nur abgeschätzt wird, so ist schon deshalb ein berichtigtes Instrument erforderlich. Vielmehr aber noch, wenn das Nivellieren aus der Mitte schwierig oder unmöglich werden sollte, was bei unregelmäßigen Oberflächenverhältnissen vorkommt.

Die Instrumente mit Reversionslibellen gewähren den Vorteil, daß man, ohne in der Mitte der Punkte zu stehen, deren Höhenabstand richtig erhält, wenn die Libelle in beiden Lagen des Fernrohres eingestellt und aus beiden Ablesungen das Mittel genommen wird.

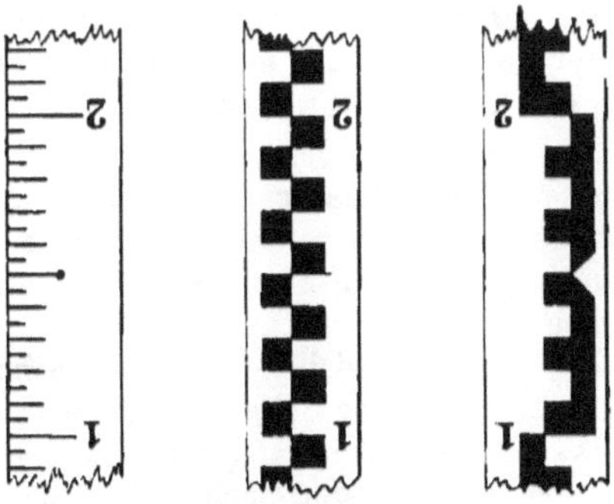

Die Nivellierlatten. — Die Nivellierlatten dienen dazu, den Abstand der Aufstellungspunkte von der durch die Fernrohrachse gebildeten Horizontallinie zu messen.

§ 53.

Fig. 100. Verschiedene Einteilung von Nivellierlatten.

Sie bestehen aus einem Stabe von quadratischem oder rechteckigem Querschnitt, der, aus geradfaserigem Fichtenholz hergestellt, mit siedendem Leinöl getränkt ist und einen mehrmaligen Ölfarbenanstrich erhalten hat. Die Länge der Latten, welche über Tage gebraucht werden, schwankt je nach Bedürfnis zwischen 3 und 5 Meter. Die Einteilung ist sehr mannigfaltiger Art. Einfache Striche, wobei die Länge und Dicke die ganzen und halben Dezimeter und Centimeter unterscheiden, oder abwechselnd weiße und schwarze, bez. rote Felder von meist einem Centimeter Breite in verschiedenster Anordnung sind am häufigsten.

Die Bezifferung geht meist nach Dezimetern.

Es ist zweckmäßig, die Feinheit der Einteilung nicht zu weit zu treiben. Es wird dadurch das Ablesen erschwert und nichts an Genauigkeit gewonnen, da ein geübtes Auge bis zu Millimetern abschätzt.

Wichtig ist, daß die Latte während des Ablesens senkrecht gehalten wird. Um die richtige Stellung leicht zu finden, verbindet man das untere Ende der Latte mit einer Dosenlibelle, deren Blase bei richtigem Stande der Latte einspielt.

In Fig. 101 sei h die Ablesung an der senkrecht stehenden und h' die Ablesung der um $\neq \delta$ geneigten Latte, dann ist $\frac{h}{h'} = \cos \delta$ und $h' = \frac{h}{\cos \delta}$.

Ist $\delta = 2$ Grad und $h = 4$ Meter, so ist $h' = 4{,}002$. Abweichungen von 2 Grad, die nur geringe Fehler in der Ablesung bringen, lassen sich aber schon durch Dosenlibellen von geringer Empfindlichkeit vermeiden.

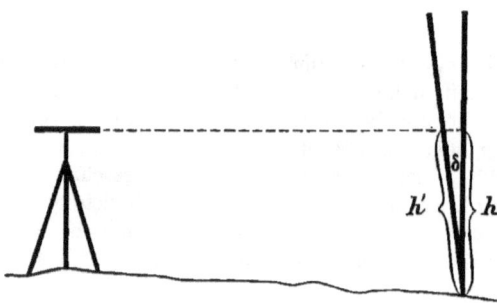

Fig. 101. Fehler aus der schiefen Stellung der Latte.

Ist man gezwungen, mit Latten ohne die daran befestigte Dosenlibelle zu arbeiten, so wird man die Latte von dem Gehilfen vor- und rückwärts, sowie rechts und links neigen lassen. Die kleinste Ablesung ist die richtigste.

Man versieht die Latten auch mit verschiebbaren Tafeln Fig. 102a u. b, welche vorn in schwarze und weiße Felder so geteilt sind, daß sich der Mittelpunkt scharf mit dem Fadenkreuz zur Deckung bringen läßt, und welche hinten mit einer horizontalen dem Mittelpunkt entsprechenden Linie versehen sind.

Die Tafel läßt sich mittels einer Schnur auf und ab schieben, welche oben und unten über Rollen läuft, die in der Latte versenkt befestigt sind.

Die Führung der Tafel muß so beschaffen sein, daß die Einteilung durch das Schieben derselben nicht beschädigt wird.

Diese Tafeln oder Zielscheiben werden bei solchen Entfernungen gebraucht, wo die Einteilung der Latte nicht mehr mit dem Fernrohr scharf abgelesen werden kann.

Man ist bei Verwendung der Zielscheibe allerdings gezwungen, sich teilweise auf die Ablesungen der Gehilfen zu verlassen, aber bei geübten und gewissenhaften Leuten genügt es vollkommen, die Tafel mehrere Mal von neuem einzuwinken, den jedesmaligen Stand vom Gehilfen aufschreiben und die Latte mit der zuletzt eingestellten und unverrückt gebliebenen Tafel zum Nachsehen sich bringen zu lassen.

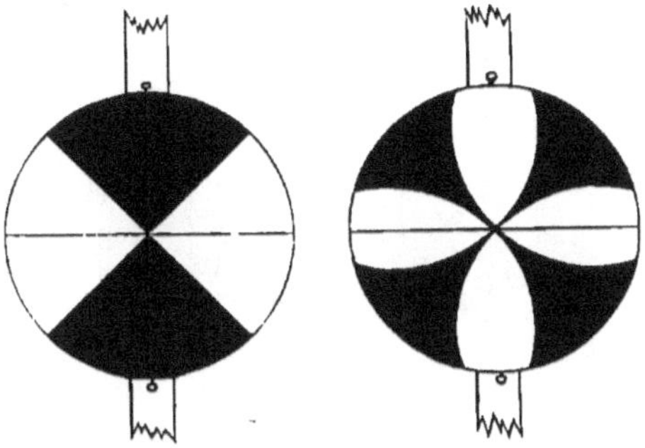

Von ungeübten Gehilfen kann man außerdem den jedesmaligen Stand der Scheibe an der Latte durch einen Strich mit weichem Bleistift, der sich leicht wieder wegwischen läßt, bezeichnen lassen.

Latten ohne Zielscheiben werden zweckmäßig mit Griffen oder Handhaben versehen.

Fig. 102a und b. Zielscheiben an den Nivellierlatten.

In Latten zu Präcisionsnivellements werden im Abstand von einem Meter Metallplättchen mit feiner Über- und Untereinteilung eingelassen, mit deren Hilfe auch die geringste Längenveränderung der Latte durch Anlegen eines Normalmeters gefunden und beim Berechnen des Nivellements berücksichtigt werden kann.

Zur Erleichterung des Transportes fertigt man die Latten zum Verschieben oder zum Zusammensetzen ein.

An den zum Verschieben eingerichteten Latten ist meistens ein Sperrstift mit Feder angebracht, welcher in ganz bestimmten Abständen meist von 10 zu 10 cm den beweglichen Lattenteil von selbst festhält (siehe SCHMIDTsche Latte im folgenden Paragraphen).

Als praktischer Notbehelf erweisen sich auf Reisen eingeteilte Bänder von Lattenbreite, welche durch eingesponnene Metallfäden und durch einen Gummiüberzug vor dem Ausdehnen geschützt und mit einer Einteilung versehen sind. Man hat nur nötig, dieselben auf einer hölzernen, geraden Latte zu befestigen und die Nivellierlatte ist fertig. Jedoch ist beim Gebrauch derselben Vorsicht anzuraten, da die Bänder sich bald etwas, und zwar nicht gleichmäßig, verändern.

Fig. 103. Seitenansicht einer einfachen Grubennivellierlatte.

§ 54.

Zum Nivellieren in der Grube können Latten von derselben Einrichtung, wie die über Tage gebräuchlichen, angewendet werden, nur müssen sie kürzer und die Dosenlibelle muß der leichteren Beleuchtung wegen ungefähr in Brusthöhe angebracht sein. Fig. 103 zeigt eine Latte einfachster Konstruktion in der Seitenansicht.

Die Beleuchtung der anvisierten Stelle geschieht mit dem gewöhnlichen Grubenlichte.

In Nr. 32 der Berg- und Hüttenmänn. Zeitung, Jahrgang 1863, und in Nr. 22, S. 295, der Österreichischen Zeitschrift, Jahrgang 1881, sind Grubennivellierlatten beschrieben, von denen die letztere, konstruiert von Professor SCHMIDT, empfohlen werden kann.

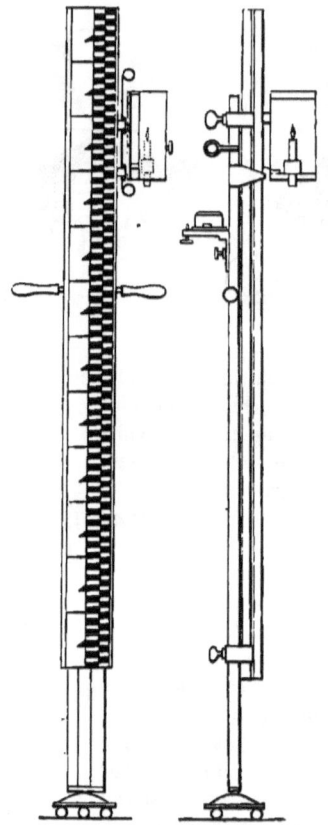

§ 55. Fig. 104. Grubennivellierlatte von Prof. SCHMIDT.

Diese Latte (Fig. 104) besteht aus zwei Teilen von je 1,5 m Länge, die sich gegen einander verschieben lassen und von welchen die vordere, breitere Holzplatte die Skala trägt, während die zweite als Fußgestell der Skalenlatte dient. Mit Hilfe zweier Spangen und Preßschrauben, sowie eines federnden, in Löcher von je 10 cm Abstand eingreifenden Sperrstiftes läßt sich die Skala innerhalb eines Spielraumes von 1,2 m festklemmen.

Die Größe der Verschiebung erkennt man an einem Zeiger, der bei dem tiefsten Stande der Skala auf eine bestimmte Stelle, z. B. 1, 4 zeigt. Ein besonderer Vorteil dieser Nivellierlatte ist die angebrachte Refraktorlampe, welche durch eine an die Latte geschraubte Eisenschiene geführt und durch eine Feder an dieselbe gedrückt wird,

Zum Aufsetzen der Latte bei rauher oder weicher Streckensohle ohne Schienengestänge wird eine gußeiserne Fußplatte mit halbkugelförmigem Stahlknopf beigegeben, welcher in eine entsprechend erweiterte Vertiefung des Lattenschuhes paßt.

Die Zielvorrichtung von BORCHERS. — Die Anwendung dieses Apparates setzt voraus, daß sämtliche Stationspunkte in der Firste der Strecken durch kleine Krampen fixiert sind.

Derselbe ist in der praktischen Markscheidekunst von BORCHERS S. 32 beschrieben wie folgt:

Ein vierseitiger, prismatischer Stab (Fig. 105) aus Stahl, 1,5 m lang, ist am oberen Ende mit einem abgerundeten, drehbaren Haken versehen, von dessen innerer Peripherie derselbe bis an das untere Ende in Centimeter geteilt und nach Dezimetern beziffert ist. An diesem Stabe läßt sich mittels zweier messingener Hülsen eine Scheibe von ca. 20 cm Durchmesser aus Eisenblech auf und ab schieben und mittels einer Schraube in jeder Höhe feststellen.

Rechtwinkelig zur Längenachse des Stabes ist durch den Mittelpunkt der Scheibe eine Linie eingerissen, auf welcher genau zentrisch drei Öffnungen, zwei von 1 cm und eine von 1,75 mm Durchmesser, eingeschnitten sind.

Vor eine der größeren Öffnungen läßt sich ein mattgeschliffenes Glas schieben. Auf der hinteren, in der Fig. 105 dargestellten Seite der Scheibe ist ein Nonius angebracht, dessen Nullpunkt mit der auf der Scheibe eingerissenen Linie zusammenfällt.

Beim Nivellieren wird die Vorrichtung in die schon erwähnten Krämpchen eingehängt und die Scheibe rechtwinkelig zur Visierlinie gestellt.

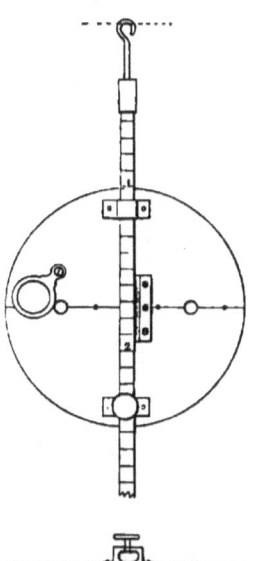

Fig. 105. Zielvorrichtung von Borchers.

Für sehr kurze Stationen wird nun die Flamme einer gewöhnlichen Grubenlampe hinter das kleine Loch gehalten und die Zielscheibe so lange auf und ab geschoben, bis der Durchschnitt des Fadenkreuzes die Mitte des anvisierten leuchtenden Punktes deckt. Für größere Entfernungen von 60—200 m ist bei heller Luft das größere Loch mit dem geschliffenen Glase, bei noch größeren Entfernungen das größere Loch ohne Glasbedeckung zu benutzen.

Bei längeren Stationen, wo dem die Zielvorrichtung bedienenden Gehilfen nicht mehr zugerufen werden kann, müssen die Zeichen für „Auf" und „Nieder" durch starkes, langsames Klopfen auf dem Schienengestänge oder durch Aufstellung von Zwischenposten gegeben werden.

Sehr lange Stationen sind nicht zu empfehlen, wegen der Schwierigkeit, sich mit dem Gehilfen zu verständigen.

Diese Zielvorrichtung ist einfach, hängt sich ohne weiteres Zuthun senkrecht, ist dem Einflusse des Wassers und des Grubenschmutzes, unter welchem hölzerne Nivellierlatten leiden, nicht unterworfen und gestattet neben dem höchst genauen Einstellen und Ablesen der Höhen ein rasches Arbeiten.

Dieselbe kann demnach namentlich für Grubenpräzisionsnivellements als vorzüglich brauchbar empfohlen werden. Der einzige Nachteil gegen Nivellierlatten kann unter Umständen darin bestehen, daß das Anbringen der Krämpchen zum Aufhängen der Zielvorrichtung zeitraubend wird.

§ 56. Die Methoden des Nivellierens. — Man unterscheidet **einfaches und zusammengesetztes Nivellement**, ferner **das Nivellieren aus der Mitte und aus den Endpunkten**.

Den Höhenunterschied zweier Punkte A und B (Fig. 106) erhält man durch **einfaches Nivellement**, wenn man zwischen diesen Punkten das Nivellierinstrument aufstellt und bei einspielender Libelle an den in A und B aufgestellten Latten die Höhen h_1 und h_2 abliest.

Der Höhenunterschied U ist dann $= h_1 - h_2$ und zwar liegt B höher als A, wenn $h_2 < h_1$, d. h. h positiv wird und umgekehrt, wenn $h_2 > h_1$, also U negativ wird.

Die Höhenermittelung wird also durch zweimaliges Ablesen an der Latte, einmal mit rückwärts nach der Latte auf A, dann mit vorwärts nach der Latte auf B gerichteten Fernrohr ausgeführt, oder, wie man sich kurz ausdrückt, durch **Rückblick und Vorblick**.

Um die größte Genauigkeit zu erlangen, wählt man den Standpunkt

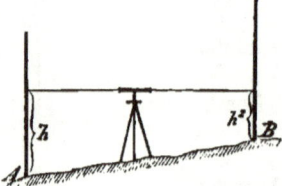
Fig. 106. Einfaches Nivellement.

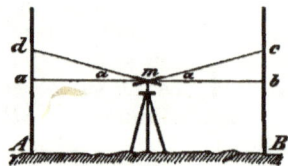
Fig. 107. Das Nivellieren aus der Mitte.

so, daß er möglichst gleich weit von den beiden Aufstellungspunkten A und B entfernt ist, wobei das Abschreiten der Entfernungen genügt.

Man nennt dies das **Nivellieren aus der Mitte**.

Dieses Verfahren gewährt den großen Vorteil, daß dadurch die Fehler des Instrumentes und diejenigen Fehler ausgeglichen werden, welche die Strahlenbrechung und die Krümmung der Erdoberfläche veranlassen.

Ist das Instrument in m (Fig. 107) so aufgestellt, daß $ma = mb$ und ab eine horizontale Linie ist und wirken alle vorher genannten Fehlerquellen derartig, daß die optische, auf die Latte in A gerichtete Achse des Fernrohres bei einspielender Libellenblase einen Winkel α mit der Horizontalen einschließt, so wird das Fadenkreuz des Fernrohres nicht den Punkt a, sondern den Punkt d treffen und bei dem Blick nach der Latte auf B bei einspielender Libelle nicht den Punkt b, sondern c.

Da in beiden Stellungen des Fernrohres dieselben Ursachen wirken, so müssen die Winkel α gleich sein, und da $ma = mb$, so ist $ad = bc = e$.

Der Höhenunterschied $h = h_1 - h_2 = (h_1 + e) - (h_2 + e)$.

Hierbei ist vorausgesetzt, daß der Zustand der Luft bei Rück- und Vorblick derselbe war, also die Strahlenbrechung in beiden Fällen gleichmäßig wirkte.

Die Einwirkungen von der Krümmung der Erdoberfläche sind abhängig § 57.
von dem Halbmesser der Erde r und der Länge der Station l.

Denkt man sich aus dem Mittelpunkt der Erde einen Kreisbogen durch die Fernrohrachse A beschrieben, so trifft dieser Bogen die in D aufgestellte Latte im Punkte B, während die durch A gezogene Horizontallinie die Latte im Punkte C schneidet (Fig. 108 ist zum besseren Verständnis in unnatürlichen Verhältnissen gezeichnet). AB ist die wahre, AC die scheinbare Horizontallinie und BC die Depression des wahren unter dem scheinbaren Horizont.

Da man durch das Fernrohr diejenigen Punkte zu sehen wünscht, welche in der wahren Horizontallinie liegen, aber die des scheinbaren Horizontes sieht, so ist die Depression des Horizontes gleich dem Fehler, welchen die Krümmung der Erdoberfläche veranlaßt.

Errichtet man BF senkrecht CM, so kann man $BF = AF = \frac{1}{2} l$ und $AC = AB = l$ annehmen. Dreieck BCF ist ähnlich ACM und daraus folgt $BC : BF = AC : AM$, also:

$$BC = \frac{BF \cdot AC}{AM} = \frac{\frac{1}{2} l \cdot l}{r} = \frac{l^2}{2r}.$$

Dieser Fehler BC wird durch die Brechung, welche der Lichtstrahl beim Durchgange durch die Luft erleidet, noch verringert, da derselbe eine nach oben konvexe Kurve beschreibt und im Fernrohr nicht der Punkt C, sondern C' erscheint.

Bei ruhiger klarer Luft ist $CC' = 0{,}1348\ BC$ oder allgemein $= 0{,}1348\ \frac{l^2}{2r}$

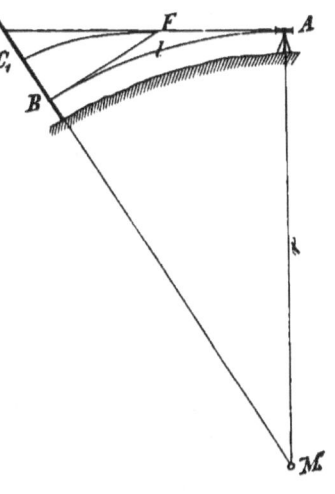

Fig. 108. Einwirkung von Erdkrümmung und Refraktion.

(der Coëffizient 0,1348 ist ein Mittelwert aus den Bestimmungen mehrerer Physiker).

Der ganze aus der Krümmung der Erdoberfläche und der Strahlenbrechung entstehende Fehler ist also $\frac{l^2}{2r} - 0{,}1348 \frac{l^2}{2r} = \frac{0{,}4326\ l^2}{r}$.

Bei einer Entfernung von 200 Meter giebt die Formel einen Fehler von 2,7 mm, bei 150 Meter einen solchen von 1,5 mm, und bei 100 Meter ist der Fehler nur 0,68 mm, also verschwindend klein.

Das Nivellieren aus den Endpunkten ist bei der Überschreitung § 58.
tiefer Thaleinschnitte sehr zweckmäßig anzuwenden.

Man verfährt dabei folgendermaßen: Sind A und B die beiden Punkte, deren Höhenunterschied ermittelt werden soll, so stellt man das Nivellierinstrument über A und die Latte in B auf, mißt die Höhe der Fernrohrachse über $A = J$ und liest an der Latte in B die Höhe $= h$ ab. Setzt man die Verbesserung für Erdkrümmung und Refraktion $\frac{0{,}4326 \cdot L^2}{r} = C$, so ist der Höhenunterschied $U = J - (h - C) = J - h + C$.

Man begnügt sich aber nur im Notfalle mit der Aufstellung des Instrumentes in einem Punkte, wenn irgend möglich stellt man dasselbe auch in B auf und mißt hier sowohl die Höhe der Fernrohrachse über $B = i$, als auch die Lattenhöhe in $A = H$. Der Höhenunterschied aus diesen Werten ist gleich

$U = (H - C) - i$, das ist $U = H - i - C$.

Aus der ersten Aufstellung war $U = J - h + C$

giebt addiert $2U = H - i + J - h$

daraus $U = \frac{H - i + J - h}{2}$.

Vorstehende Formel zeigt, daß durch Aufstellen auf beiden Punkten und durch das Mittelnehmen aus beiden gefundenen Werten die Einwir-

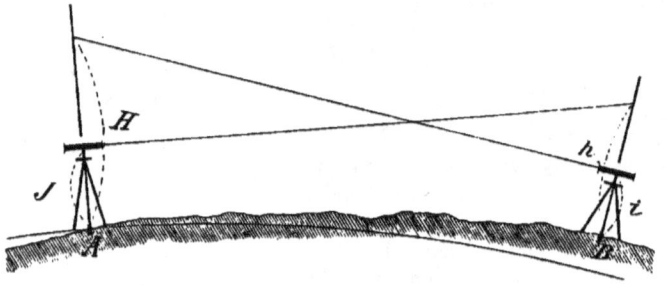

Fig. 109. Das Nivellieren aus den Endpunkten.

kung der Refraktion und der Erdkrümmung ohne weiteres ausgeschieden wird. Hierbei wird vorausgesetzt, daß beide Visuren bei gleichartigem Zustande der Luft gemacht werden.

Die Aufstellungspunkte A und B hat man so zu wählen, daß beide nahezu in gleicher Höhe liegen, weil sonst die Visierlinie leicht zu tief liegt und den Erdboden trifft.

Die Größe der Entfernung zwischen A und B hängt von der Güte des benutzten Fernrohres ab.

Die Nivellierlatte muß bei dieser Arbeit mit einer verschiebbaren Zielscheibe versehen sein, welche man bei großen Entfernungen nicht blos einmal einwinkt, sondern nach einer jedesmaligen kleinen Verschiebung so oft, bis erneute Beobachtungen den Mittelwert nicht mehr verändern.

§ 59. Ist die Entfernung von A und D' (Fig. 110), deren Höhenunterschied ermittelt werden soll, so groß, daß man mit einem einfachen Nivellement nicht auskommt, so reiht man mehrere einfache aneinander, wie die nebenstehende Skizze andeutet, und erhält dann ein zusammengesetztes Nivellement.

Die zusammengesetzten Nivellements teilt man noch ein in Längennivellements, welche hauptsächlich zur Bestimmung der Höhenlage zweier Punkte ausgeführt werden; zweitens in Flächennivellements, welche die Bestimmung der Höhenlage einer netzartig über die Oberfläche verteilten größeren Anzahl von Punkten zum Zweck hat, um hiernach die Oberflächenverhältnisse durch Horizontalkurven darzustellen, und drittens in Massennivellements, die nach ihrem Zweck, Massenberechnungen für Erdarbeiten darauf zu gründen, benannt werden und sich aus Längen- und Flächennivellement zusammensetzen.

Die eigentlichen markscheiderischen Aufgaben erfordern fast ausschließlich nur das Längennivellement. Flächen- und Massennivellements kommen z. B. bei Tagebaugruben vereinzelt vor, sonst nur bei Projektionen

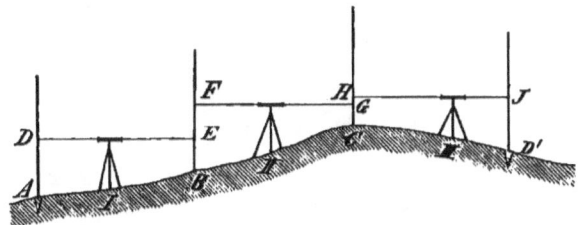

Fig. 110. Zusammengesetztes Nivellement.

von Straßen, Eisenbahnen u. dgl. und bei Berechnung von Hohlräumen und Halden.

Fig. 110 giebt ein Beispiel des zusammengesetzten Längennivellements.

Durch die Aufstellungen in den Punkten I, II, III erhält man z. B. für Rück- und Vorblick folgende Werte:

	Rückblick. Dezimeter.	Vorblick. Dezimeter.		
I.	$AD = 13{,}43$	$BE = 7{,}84$	steigt von A nach B $(+)$	5,59.
II.	$CF = 15{,}73$	$CG = 4{,}82$	steigt von B nach C $(+)$	10,91.
III.	$HC = 5{,}68$	$DJ = 12{,}79$	fällt von C nach D $(-)$	7,11.
	34,84	25,45		16,50 — 7,11
	25,45		steigt $(+)$	9,39.
	steigt 9,39.			

Bezeichnet man das Steigen mit $+$ und das Fallen mit $-$, so folgt aus der algebraischen Summe der Resultate der einfachen Nivellements, daß D 9,39 Dezimeter höher liegt als A. Dasselbe Resultat ergiebt sich, wenn man die sämtlichen Lattenhöhen der Rück- und Vorblicke addiert und die kleinere Summe von der größeren abzieht. Der sich ergebende Unterschied ist der Höhenabstand der Endpunkte und zwar steigend, wenn die Summe der Rückblicke größer, und **fallend**, wenn die der Vorblicke größer war.

Den Grund lehrt ein Blick auf die Skizze.

Man bezeichnet deshalb die Spalte des Rückblickes mit „Steigen", die des Vorblickes mit „Fallen".

Nachstehendes einfache Formular genügt für den Markscheider bei Längen- und Flächennivellements zum Eintragen der Lattenablesungen.

Zeichen.	Rückblick oder Steigen.	Vorblick oder Fallen.	Zeichen und Bemerkungen.
	Dezimeter.		
Nummerstein 2,3.	1,62	40,49	
	0,57	32,94	
	1,02	43,06	bis
	1,66	42,58	Nummerstein
	7,66	37,02	2,8.
	12,53	196,09	
		12,53	
Fällt von 2,3 bis 2,8 = 183,56			

Wenn bei Längennivellements die Höhenlage einiger Nebenpunkte bestimmt werden soll, so wird man aus einer Aufstellung des Instrumentes mehr als zwei Visuren machen.

Diese Nebenblicke trägt man, wenn nicht eine besondere Spalte dafür eingefügt wird, in die Spalte „Vorblick" ein und kennzeichnet sie auf irgend eine Weise z. B. durch Einklammern, oder trägt dieselbe Ablesung auch in die Spalte „Rückblick" ein.

Für beide Verfahrungsweisen dienen die nachstehenden Beispiele.

Zeichen.	Rückblick.	Vorblick.	Zeichen.	Zeichen.	Rückblick.	Vorblick.	Zeichen.
2,3	1,62	(25,70)	2,4 Nummerstein	2,3	1,62	25,70	2,4 Nummerstein
		40,49			25,70	40,49	
	0,57	(23,64)	2,5 „		0,57	23,64	2,5 „
		(19,64)	Brücke +		23,64	19,64	Brücke +
		32,94			19,64	32,94	
	1,02	(30,00)	2,6 „		1,02	30,00	2,6 „
		43,06			30,00	43,06	
	1,66	(31,95)	2,7 „		1,66	31,95	2,7 „
		42,58			31,95	42,58	
	7,66	37,02	2,8 „		7,66	37,02	2,8 „
	12,53	196,09			143,46	327,02	
		12,53				143,46	
	Fällt = 183,56				Fällt = 183,56		

Das Nivellieren und die hierzu erforderlichen Instrumente. 97

Der Ausführung eines Flächennivellements geht in der Regel ein Präzisions-Längennivellement voraus, welches die Höhenlage einer Anzahl von Hauptpunkten genau bestimmt.

Alsdann wird, von jedem einzelnen dieser Hauptpunkte ausgehend, mit einer Aufstellung des Instrumentes in der Umgebung desselben eine dem Zwecke entsprechende Anzahl von anderweitigen Punkten nivelliert. Das hierzu geeignete Formular ist nach obigem leicht anzufertigen.

Jedes ausgedehntere Längennivellement teilt man in kleinere Abschnitte, deren Endpunkte feste Zeichen sind (bei Steinen gilt stets der höchste Punkt) und schließt die Berechnung jedes einzelnen Abschnittes für sich ab, um bei nicht stimmender Probe nur diese kleine Strecke wiederholen zu müssen.

Für die Reinschrift benutzt man das nachstehende Formular:

Zeichen.	Rückblick.	Vorblick.	Differenzen		Abstand von der Horizontale.	Zeichen.	
	Decimeter.		+	−	Meter.		
			Meter.				
2,3	1,62	25,70		2,408	2,408	2,4	Nummerstein
	25,70	40,49		1,479	3,887		
	0,57	23,64		2,307	6,194	2,5	,,

u. s. w.

Die beiden Spalten zum Eintragen der Differenzen von Rück- und Vorblick können auch wegfallen, und es tritt zum Formular des Taschenbuches nur die dritte Spalte, in welche die berechneten Abstände von der Horizontalen für die wichtigeren Punkte eingetragen werden.

Werden nur die Mittelwerte der einzelnen Abschnitte eines Nivellements eingetragen, so fallen die Spalten für Rück- und Vorblick weg, z. B.:

Zeichen von	Steigen (+) Meter.	Fallen (−) Meter.	Abstand von der Horizontalen. Meter.	Zeichen bis
		32,146	32,146	Zeichen + auf einem Grenzstein.
+		7,213	39,359	Zeichen □ auf einer Treppenstufe.
□	1,463		37,896	Stein Nr. 4.
Stein Nr. 4	3,475		34,421	Zeichen △ am Schachte.

u. s. w.

Die Übersicht wird ungemein erleichtert, wenn alle Höhenermittelungen eines Bezirkes oder ganzen Landes auf einen Horizont bezogen werden, und durch Beschluß des Zentraldirektoriums der allgemeinen Landesvermessung vom 20. Dezember 1879 ist für Preußen der Horizont durch den

Nullpunkt des Amsterdamer Pegels als Normalnullpunkt (N. N.) vorgeschrieben. Um den Anschluß zu erleichtern, wird ein Netz von sicheren Höhenpunkten durch die ganze Monarchie gelegt und ist zum Teil schon gelegt worden.

Diese Höhenpunkte sind an starken Granitpfeilern angebracht, welche fast ausschließlich an Chausseen neben Nummersteinen bis zu einer gewissen Höhe eingesenkt sind. In den herausragenden Teil des Pfeilers ist ein eiserner Bolzen mit einem runden Kopfe eingegossen, dessen obere horizontale Tangentialebene diejenige ist, auf welche sich seine Höhenzahl bezieht (Fig. 111). Die Bolzen sind mit laufenden Nummern versehen, welche das Aufschlagen der Höhenzahlen in den Tabellen erleichtert.

Die Höhenzahlen sind nach Provinzen geordnet zusammengestellt von dem Ingenieur Müller-Köppen und im Buchhandel zu haben.

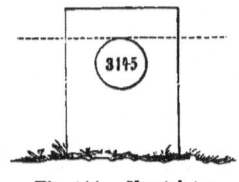

Fig. 111. Versteinter Höhenpunkt.

Da für die meisten profilarischen Berechnungen und zahlenmäßigen Darstellungen die gewünschte leichte Übersicht erst dann erreicht wird, wenn die Normalhorizontale so gewählt ist, daß alle Abstände in einem Sinne über oder unter der Normalhorizontale zu rechnen sind, so ist der Horizont durch Normalnull für die Bergwerke nicht immer günstig, und es ist zweckmäßig, für gewisse Bezirke eine Normalhorizontale zu wählen, welche von N. N. einen bestimmten Abstand hat.

Für den Oberharzer Bergbau ist z. B. eine Normalhorizontale 600 Meter über N. N. angenommen worden, unterhalb welcher sämtliche Betriebspunkte liegen.

§ 60. Bei Anwendung der Borcherschen Zielvorrichtung haben in dem Formular die Spalten für den Rückblick und den Vorblick nicht wie bisher die Bedeutung „Steigen" bez. „Fallen", sondern die umgekehrte.

Die Punkte, deren Höhenunterschiede ermittelt werden sollen, liegen beim Gebrauch der Latte unter, beim Gebrauch der Zielvorrichtung über der durch das Fernrohr gebildeten Horizontallinie.

§ 61. Aufstellung der Nivellierinstrumente. — Das Nivellierinstrument wird über Tage immer und in der Grube da, wo es die Verhältnisse erlauben, auf einem Stative aufgestellt. Die beste Konstruktion der Stative für den Grubengebrauch ist die, welche ein Verlängern und Verkürzen der Beine gestattet.

In der Grube zwingen die engen Räume, das schwankende aus Brettern bestehende Tretwerk u. dgl. oft zu anderen Hilfsmitteln Zuflucht zu nehmen.

Zunächst ist hier die einfache Spreize zu erwähnen, welche, wenn das Niveau unmittelbar auf dieselbe gestellt werden soll, in möglichst

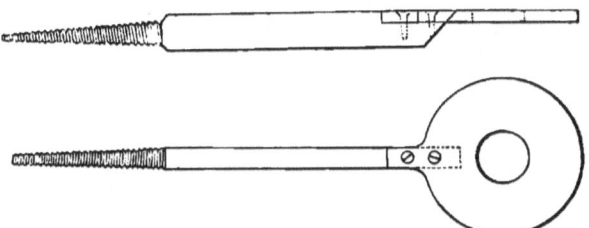

Fig. 112 a und b. Eiserner Aufstellungsarm nach Borchers.

horizontaler Lage befestigt werden muß. Da dies aber nicht immer leicht ausführbar ist, so benutzt man einfache Platten, welche mittels einer Klemmvorrichtung an nicht völlig horizontalen oder runden Spreizen in geeigneter Lage befestigt werden.

Die horizontalen Spreizen sind jedoch für alle Operationen unbequem, da der Markscheider sowohl beim Nivellieren als auch beim Winkelmessen mit dem Theodoliten mehrmals auf beide Seiten des Meßinstrumentes treten und zu diesem Zwecke jedesmal die Spreize überschreiten oder unter derselben hindurchkriechen muß.

Viel zweckmäßiger ist die Benutzung eiserner mit Standplatten oder Tellern versehener Arme, welche in die Grubenzimmerung oder, wenn diese nicht vorhanden ist, in senkrechte Spreizen (Stempel) eingeschraubt werden.

Hierzu empfehlen sich die von BORCHERS angewendeten eisernen Arme ganz besonders.

Fig. 112 a und b zeigt einen solchen Arm in Grund- und Seitenansicht.

Vom verstorbenen Markscheider KAWERAU zu Bochum ist seiner Zeit (ca. 1862) eine Spreize konstruiert, die namentlich in den westfälischen Steinkohlengruben, wo die Strecken häufig einen sehr gleichmäßigen Querschnitt zeigen, viele Vorteile bietet (Fig. 113).

Dieselbe besteht im wesentlichen aus zwei nebeneinander verschiebbaren und durch zwei Ringe in jeder Lage fest zu verbindenden Holzleisten, die am Ende mit Klauen versehen sind. Die eine dieser Klauen

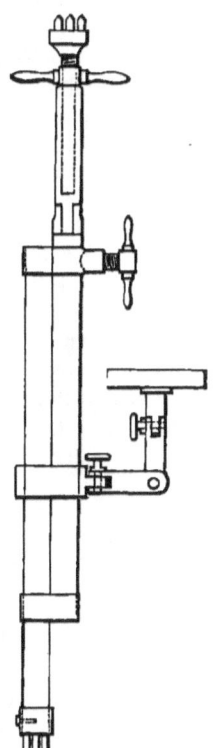

Fig. 113. KAWERAUsche Spreize.

kann mittels einer Schraube gegen das Gestein gedrückt in den Streckenstoß fest eingetrieben werden.

Um die Mitte der Spreize ist ein verschiebbarer Ring gelegt, der an einem mehrarmigen Gelenke einen Teller zum Aufstellen des Instrumentes trägt. Ring und Gelenke können, um dem Teller die zweckmäßigste Lage zu geben, durch Schrauben in den verschiedenen Stellungen festgeklemmt werden.

Die Spreize muß sehr stark gebaut sein, um Zittern und Schwingungen des Tellers zu vermeiden.

§ 62. **Genauigkeit geometrischer Nivellements.** — Im Jahrgange 1879 des Civilingenieurs, Seite 353 ff., findet sich ein Aufsatz von W. Seibt über die Genauigkeit geometrischer Nivellements, der über diesen Punkt die ausführlichste Auskunft giebt.

Die Versuche, welche den Entwickelungen zu Grunde liegen, sind mit einem Instrumente ausgeführt worden, dessen Fernrohr 42 mm Öffnung, ein orthoskopisches Okular mit 42 facher Vergrößerung, und dessen Libelle eine Empfindlichkeit von 5,16 Sekunden hatte. Die Beobachtungen erfolgten durch Einstellen des Horizontalstriches des Fadenkreuzes auf die Lattenteilung und Ablesen der Skala an beiden Enden der Libellenblase bis auf Zehnteile eines Teilstriches. Stand die Blase beim Ablesen nicht in der Mitte der Einteilung, so erfuhr die Ablesung noch eine Korrektur, die aus Zielweite und Libellenausschlag berechnet wurde. Nur bei ruhiger klarer Luft und einem sonstigen Zustande der Atmosphäre, welche ein völliges Zurruhekommen der Libelle zuließ, ist beobachtet worden.

Wenn auch der Markscheider selten in der Lage sein wird, ein derartiges Instrument zu benutzen, so sind doch die von Seibt gefundenen Resultate vergleichsweise auch für ihn maßgebend und dieselben folgen deshalb hier im Auszuge.

Seibt hat mit seinem Instrumente und seiner Beobachtungsmethode aus 24maligem Rück- und Vorblick folgenden mittleren Fehler gefunden:

Länge der Visierlinien in Metern.	Mittlerer Fehler einer aus einfachem Rück- und Vorblick zusammengesetzten Beobachtung. Millimeter.	Mittlerer Fehler nach der Methode der kleinsten Quadrato berechnet. Millimeter.
50	± 0,28	0,28
100	± 0,62	0,60
150	± 0,71	0,83
200	± 0,91	0,85

In diesem mittleren Fehler sind enthalten 1) der Zielfehler, 2) der Libellenschätzungsfehler, 3) der Teilungsfehler der Latte, 4) der Teilungsfehler der Libellenskala, 5) die Refraktionsdifferenz, 6) der durch das Schwanken der Latte bedingte Fehler, 7) der Fehler der Distanzbestimmung, 8) der Fehler der Empfindlichkeitsbestimmung.

Die Hauptfehlerquelle, gegen welche alle übrigen verschwindend klein erscheinen, entspringt aus dem ungenauen Ablesen der Libelle, und die hieraus entstehenden Fehler wachsen der Zielweite proportional.

Bei einem erfahrungsmäßigen mittleren Libellenabschätzungsfehler von 0,1 Teilstrich berechnet SEIBT den mittleren Libellenabschätzungsfehler für eine Stationsbeobachtung auf eine Sekunde.

Wenn also weiter keine Fehlerquelle vorhanden wäre als das ungenaue Ablesen der Libelle, dann erhielte man die mittleren Stationsfehler für die verschiedenen Zielweiten aus $m = \text{tang } 1'' Z$, wenn Z gleich der Zielweite ist, und zwar

	für 50 m	100 m	150 m	200 m
=	0,24 mm	0,48 mm	0,73 mm	0,97 mm
Gefunden waren	0,28 „	0,62 „	0,71 „	0,91 „

Die geringen Abweichungen zeigen, daß das Wachsen der mittleren Stationsfehler proportional den Zielwerten stattfindet.

Der mittlere Fehler pro Kilometer unter Anwendung gleich langer Zielwerten berechnet sich

Bei einer Zielweite von Meter	Bei einfachem Rück- und Vorblick auf Millimeter.	Bei viermaligem Rück- und Vorblick auf Millimeter.
50	0,95	0,47
100	1,27	0,64
150	1,39	0,69
200	1,41	0,70

Die zweite allgemeine Konferenz der europäischen Gradmessung hat die Bestimmung getroffen, daß der wahrscheinliche Fehler des Höhenunterschiedes zweier um ein Kilometer entfernter Punkte im allgemeinen nicht 3 mm und in keinem Falle 5 mm überschreiten darf.

Aus Vorstehendem ergiebt sich jedoch, daß die Grenzen weit enger gezogen werden können, und der mittlere Einkilometerfehler wird auch jetzt auf höchstens 2 mm angenommen.

Über die zu wählende Zielweite sagt SEIBT:

„In richtiger Erwägung des Erreichbaren sehen wir von der Wahl einer „günstigsten" Zielweite ganz ab und halten nur fest, daß die Zielweite niemals eine bestimmte, je nach der Leistungsfähigkeit des betreffenden Beobachters und seines Instrumentes verschieden liegende Grenze nicht übersteigt. Richtig gewählt wird die jedesmalige Zielweite dann sein, wenn dieselbe innerhalb jener Grenze einerseits so weit ausgedehnt wurde, wie es die Beschaffenheit der Oberfläche, über welche das Nivellement geführt wird, irgend zuläßt, und anderseits soweit verkürzt wurde, daß sich im Fernrohre keine Spur von Luftwallungen bemerkbar macht und die Lattenteilung sich als ein vollkommen ruhiges und aufs schärfste begrenztes Bild dem Auge darstellt."

Für Nivellements der allgemeinen Landesaufnahme ist jedoch seit 1879 festgesetzt, daß die Zielweite von 50 Meter nur in Notfällen (Flußübergängen u. s. w.) überschritten werden darf.

§ 63. Das Nivellieren in der Grube muß bei Lampenlicht ausgeführt werden, was aber durchaus nicht mit Nachteilen verbunden ist, da die helle Beleuchtung der Latten bei mäßiger Entfernung ein genaues Ablesen gestattet und bei größeren Entfernungen das Einstellen der Lichtsignale der BORCHERSschen Zielvorrichtung mit großer Schärfe erfolgen kann, außerdem die Luftbeschaffenheit meist sehr gleichmäßig ist.

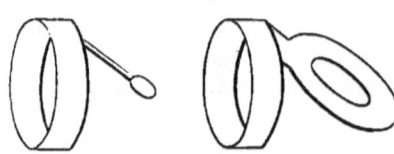

Fig. 114a u. b. Illuminatoren zur Beleuchtung des Fadenkreuzes.

Das Fadenkreuz des Fernrohres muß beleuchtet werden dadurch, daß durch einen sogenannten Illuminator Licht in das Fernrohr geworfen wird. Die Figuren 114a und b zeigen die Formen derselben, welche aus Metall oder auch aus Kartenpapier hergestellt werden können.

Die Beleuchtung des Fadenkreuzes erfordert nur wenig Licht; es darf also das elliptische Loch des einen Illuminators nicht zu klein oder die kleine Ellipse des anderen nicht zu groß genommen werden.

§ 64. Andere Hilfsmittel zum Nivellieren. — Ein schon sehr altes, aber unter Umständen immer noch anwendbares Hilfsmittel zum Höhenbestimmen sind die Abwägestäbe. In ihrer einfachsten Form sind es mit eisernen Schuhen versehene tannene, 1,5 Meter lange Stäbe, welche mit einer Einteilung und, mit einem Lot zum Prüfen des senkrechten Standes versehen sind. Steckt man an dem einen Stabe auf dem Punkte A in bestimmter Höhe eine Schnur an und spannt dieselbe horizontal bis zum zweiten Stabe auf B, so kann man an der Einteilung desselben leicht ablesen, ob Punkt B höher oder tiefer liegt als A. Hieraus ergiebt sich von selbst, daß mit diesen Stäben nivelliert werden kann und bei immer gleich langer Schnur auch Punkte in einem ganz bestimmten gleichmäßigen Ansteigen oder Fallen gefunden werden können.

Eine Verbesserung des Apparates wird man durch kleine oben auf die Stäbe geschraubte Dosenlibellen und durch verstellbare, mit Preßschrauben versehene kleine Rahmen erreichen, welche eine Vorrichtung zum Einhängen der Schnur und eine diesen Einhängepunkt entsprechenden Index besitzen. (Fig. 115.)

Die horizontale Lage der Schnur wird mit dem Gradbogen, viel zweckmäßiger aber mit der Hängelibelle hergestellt werden.

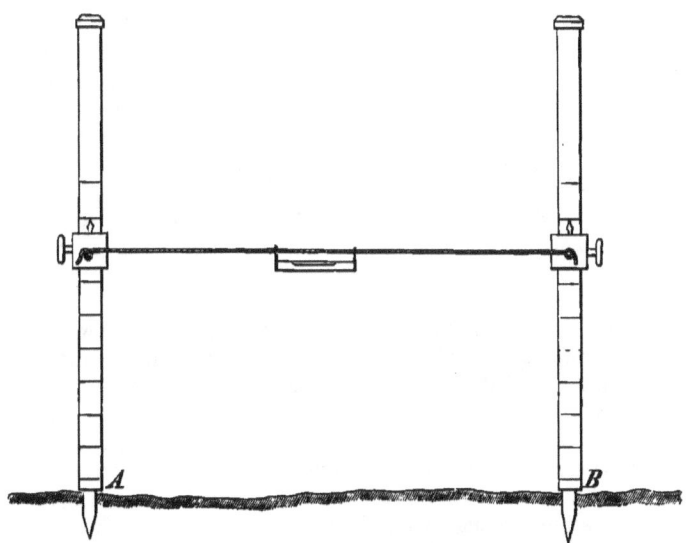

Fig. 115. Nivellieren mittels der Abwägestäbe.

Die Hängelibelle ist eine schon beschriebene Röhrenlibelle, welche an den Enden mit Haken zum Aufhängen an einer gespannten Schnur versehen ist.

Die Hängelibelle wird in gleicher Weise durch Umhängen an einer Schnur oder einem Draht von gleichmäßiger Stärke geprüft, und wenn die

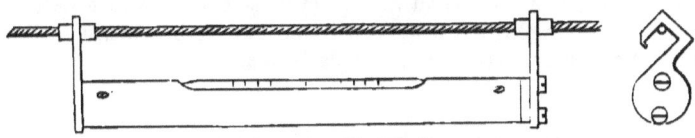

Fig. 116. Hängelibelle.

vorher richtig stehende Blase nach dem Umhängen ausschlägt, so wird die Hälfte des Fehlers an der Justiervorrichtung der Libelle, die andere Hälfte an der Neigung der Schnur verbessert.

Selbstverständlich muß beim Gebrauch die Hängelibelle stets in der Mitte der Schnur angehängt werden.

§ 65. Die Spiegel ruhig stehender Gewässer sind bei ausgedehnten Nivellements willkommene Hilfsmittel; in Gruben können Sumpfstrecken denselben Vorteil gewähren.

So wurde z. B. im Jahre 1852 von BORCHERS die ca. 2000 Meter lange Wasserstrecke zwischen den Schächten Lorenz und Silbersegen zu einem Nivellement benutzt.

Sämtliche Ab- und Zugänge wurden an dem Tage beseitigt, so daß der Wasserspiegel in der Strecke als horizontal stehend angenommen werden konnte. In bestimmten Zeitabschnitten wurde an beiden Endpunkten vom Wasserspiegel nach den Anschlußzeichen in der Streckenfirste gemessen und aus sieben gleichzeitigen Beobachtungen ein Höhenunterschied zwischen den beiden Zeichen von 0,433 Meter gefunden.

Ein doppeltes Nivellement unter Anwendung der Zielvorrichtung ergab im Mittel 0,432 Meter.

§ 66. In der österreichischen Zeitschrift für Berg- u. Hüttenw. 1877, Seite 455 ist ein Verfahren des Dr. LUIGI AITA angegeben, mittels kommunizierender Röhren den Vertikalabstand zweier Punkte zu ermitteln.

Die Vorrichtung besteht aus zwei, mit metrischer Einteilung versehenen Meßlatten; vor jeder dieser Latten ist eine 20 cm lange, 2 cm im Durchmesser haltende Glasröhre mit Hilfe von Metallbändern auf und ab beweglich. Die zwei Glasröhren sind mit einem beliebig langen Kautschukschlauch verbunden und dadurch die kommunizierenden Röhren hergestellt.

An einem Ende des Kautschukschlauches ist ein gut schließender Zapfen angebracht, mit Hilfe dessen die Verbindung zwischen den beiden Glasröhren unterbrochen werden kann.

Zum Gebrauch wird die eine Glasröhre nebst Kautschukschlauch mit einer farbigen Flüssigkeit gefüllt, die Latten werden an den beiden abzuwägenden Punkten aufgestellt und die Glasröhren bei unterbrochener Verbindung nach dem Augenmaße gleich hoch geschoben. Alsdann öffnet man vorsichtig den Zapfen, die Flüssigkeit wird in beiden Glasröhren gleich hoch stehen, und man kann den Stand derselben an beiden Latten ablesen.

In sehr engen und krummen, zum Teil verbrochenen Strecken kann diese Vorrichtung große Vorteile darbieten.

§ 67. Das trigonometrische Höhenmessen in der Grube. — Zum trigonometrischen Höhenmessen wendet der Markscheider den Gradbogen, das Setzniveau und den Theodoliten an.

Der Gebrauch des Gradbogens ist bereits beschrieben.

Das Setzniveau mit Latte kann unter Umständen z. B. in niedrigen, steil einfallenden Strecken von Nutzen sein. Dasselbe ist beschrieben in WEISBACHS neuer Markscheidekunst II, S. 8.

DAS NIVELLIEREN UND DIE HIERZU ERFORDERLICHEN INSTRUMENTE. 105

Das Setzniveau besteht aus einem Lineale mit einem darauf befestigten Quadranten, aus einer um den Mittelpunkt des letzteren drehbaren Regel mit Nonius, Preß- und Stellschraube und aus einer Röhrenlibelle, welche an der Regel festsitzt.

Man stellt beim Gebrauch das Setzniveau auf eine Meßlatte und dreht die Regel, bis die Libelle einspielt. Der Nonius giebt dann den gesuchten Neigungswinkel der Latte unmittelbar an.

Ein solches Instrument ist vor allem darauf zu prüfen, ob der Nonius auf Null zeigt, wenn es auf einer horizontalen Ebene steht.

Zu diesem Zwecke stellt man das Niveau mit dem Nonius der Regel auf Null auf die Latte und hebt das eine Ende der Latte durch unter-

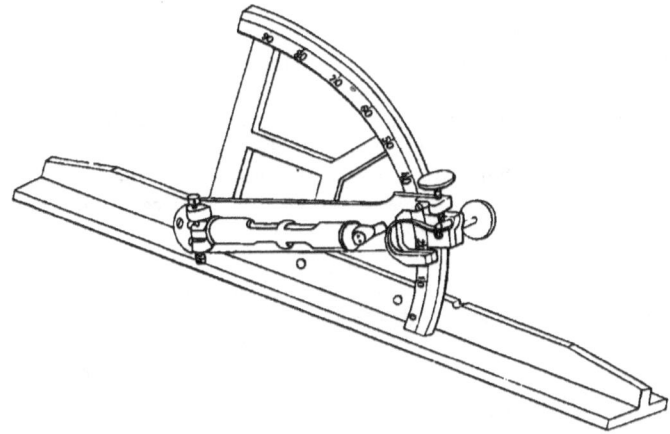

Fig. 117. Setzniveau.

geschobene Keile so lange, bis die Blase genau einspielt, alsdann setzt man das Instrument um. Schlägt die Blase aus, so bringt man durch die Stellschraube am Nonius die Libelle wieder zum Einspielen und dann zeigt der Nonius der Regel den doppelten Index- oder Kollimationsfehler. Zur Beseitigung desselben stellt man den Nullpunkt der Regel auf den Punkt, welcher um den einfachen Fehler vom Nullpunkt des Teilkreises absteht, und bringt die Libelle durch die Justierschraube zum Einspielen. Das Verfahren ist zu wiederholen.

Man kann übrigens, wenn man den ermittelten Indexfehler in Rechnung zieht, auch mit einem nicht justierten Setzniveau richtig arbeiten.

Die Richtigkeit der Arbeit mit dem Setzniveau hängt auch noch von der Setzlatte ab. Man fertigt dieselbe aus zwei einfachen, im Querschnitt ein umgehrtes T bildenden Latten und versieht sie mit zwei kleinen stählernen Fußplatten oder Querschienen NN Fig. 118 zum Aufsetzen des Niveaus, von denen die eine mit einer Vorrichtung zum Heben und Senken versehen ist.

Die durch die Oberfläche der Querschienen gebildete Linie muß parallel derjenigen Linie sein, welche durch die beiden Auflegepunkte der Latte geht.

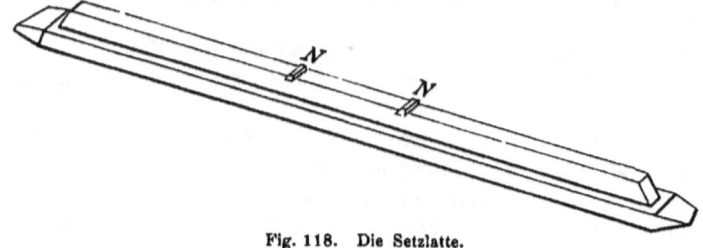

Fig. 118. Die Setzlatte.

Die Prüfung geschieht folgendermaßen: Man stellt das berichtigte Niveau mit auf Null gestelltem Nonius der Regel auf die Latte und bringt durch Heben oder Senken des einen Lattenendes die Blase zum Einspielen. Alsdann hebt man die Latte ab, legt sie mit verwechselten Stützpunkten wieder auf und sieht nach, ob die Luftblase des unverändert gelassenen, wieder aufgestellten Setzniveaus einspielt. Findet letzteres nicht statt, so ist die eine Hälfte des Ausschlages an der justierbaren Querschiene, die andere Hälfte am Lattenende zu beseitigen.

Die Enden dieser Latten müssen sich genau aneinander stoßen lassen, deshalb sind die Enden mit zugeschärften Schuhen aus Stahl bekleidet und durch jeden dieser Schuhe ist ein Loch gebohrt, durch welche Bohrer oder Holzschrauben gesteckt werden, zur Befestigung der Latte auf der Unterlage.

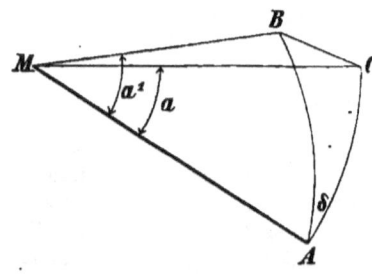

Fig. 119. Schiefe Stellung des Setzniveaus.

Bei unebener Sohle ist jede Setzlatte durch untergelegte Holzstücke zu unterstützen und so lange festzuhalten, bis die folgende an sie herangeschoben ist.

Bei Anwendung des Setzniveaus muß die Ebene des Instrumentes senkrecht sein. Da diese Lage nur von den verhältnismäßig schmalen Grundflächen der Latte abhängt, so ist mit möglichster Sorgfalt zu verfahren.

Stellt in Fig. 119 MA die geneigte Latte, MCA eine Vertikalebene, MBA eine um δ gegen vorige geneigte Ebene, MC und MB die Libelle in horizontaler Linie, so ist in dem sphärischen Dreieck ABC, $AC = \alpha$, dem richtigen und $AB = \alpha'$, dem falschen Neigungswinkel der Latte.

Es ist $\cos \delta = \cotg \alpha_1 \cdot \tg \alpha$ daraus $\tg \alpha_1 = \frac{\tg \alpha}{\cos \delta}$.

Ist $\alpha = 45°$ und $\delta = 2°$, so ist $\alpha' = 45° \, 1' \, 2''$.

„ $\alpha = 45°$ „ $\delta = 3°$, „ „ $\alpha' = 45° \, 2' \, 21''$.

Setzt man $\alpha_1 = \alpha + \varphi$, worin φ gleich dem Fehler, dann ist:
$$\operatorname{tg}(\alpha + \varphi) = \frac{\operatorname{tg}\alpha}{\cos\delta} = \frac{\operatorname{tg}\alpha + \operatorname{tg}\varphi}{1 - \operatorname{tg}\alpha\,\operatorname{tg}\varphi}, \text{ daraus}$$
$(\operatorname{tg}\alpha + \operatorname{tg}\varphi)\cos\delta = \operatorname{tg}\alpha - \operatorname{tg}\alpha^2\,\operatorname{tg}\varphi$, oder
$\operatorname{tg}\varphi\cos\delta + \operatorname{tg}\alpha^2\,\operatorname{tg}\varphi = \operatorname{tg}\alpha - \operatorname{tg}\alpha\cos\delta,$
$\operatorname{tg}\varphi(\cos\delta + \operatorname{tg}^2\alpha) = \operatorname{tg}\alpha(1 - \cos\delta),$

$$\text{daraus } \operatorname{tg}\varphi = \frac{2\operatorname{tg}\alpha\sin^2\frac{\delta}{2}}{\cos\delta + \operatorname{tg}^2\alpha}.$$

Da δ ein sehr kleiner Winkel ist, so kann man ohne einen großen Fehler zu begehen, $\cos\delta = 1$ setzen, $1 + \operatorname{tg}^2\alpha$ ist aber gleich $\frac{1}{\cos^2\alpha}$, dies eingesetzt, giebt:
$$\operatorname{tg}\varphi = 2\sin\alpha\cos\alpha\sin^2\frac{\delta}{2} = \sin 2\alpha\sin^2\frac{\delta}{2}.$$

Aus der Formel folgt, daß der Fehler bei 45 Grad Neigung am größten ist, wird die Neigung $\alpha = 90°$ oder $= 0$, so ist der Fehler gleich Null.

Es werden immer zwei gleich lange Latten angewendet. Die Berechnung der Seigerteufen gestaltet sich sehr einfach, wenn man Tabellen besitzt, aus denen die trigonometrischen Zahlen selbst entnommen werden können. Die Seigerteufe zwischen den beiden Endpunkten ist:
$$T = l(\sin\alpha + \sin\alpha_1 + \sin\alpha_2 + \sin\alpha_3 + \ldots).$$
Mit der Seigerteufenbestimmung sind zugleich auch die Unterlagen zur Berechnung der söhligen Entfernung L der beiden Endpunkte gegeben:
$$L = l(\cos\alpha + \cos\alpha_1 + \cos\alpha_2 = \cos\alpha_3 + \ldots.$$

§ 68. Der Theodolit, dessen Konstruktion erst später beschrieben wird, kann zum trigonometrischen Höhenmessen benutzt werden, wenn er einen Höhen-

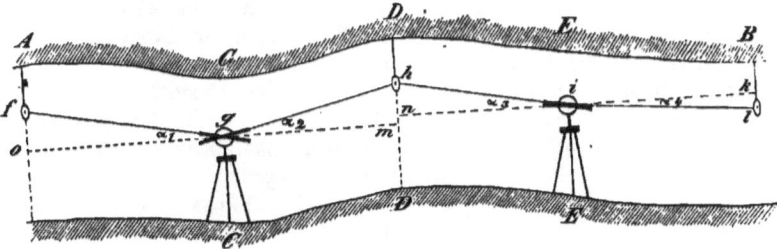

Fig. 120.

kreis besitzt, und zwar geschieht dies meist nur da, wo der Theodolit gleichzeitig zum Messen der Horizontalwinkel gebraucht wird.

Mit Hilfe des Höhenkreises werden die Neigungen $\alpha_1, \alpha_2, \alpha_3, \alpha_4$ Fig. 120 der Visierlinien gf, gh, ih und il gemessen und aus diesen Winkeln und aus den Längen der Visierlinien, bez. deren Sohlen, lassen sich die Seigerteufen fo, hm, hn, kl berechnen.

Man hat nicht nötig, auf allen Aufstellungspunkten A, C, D, E und B, sondern nur an den abwechselnden Stationen C und E die Höhenwinkel zu beobachten und kann als Zielobjekt entweder die gewöhnlichen Signale, oder, wenn die Winkelpuncte in der Firste fixiert sind, die BORCHERSsche, beim geometrischen Nivellement beschriebene Zielvorrichtung gebrauchen. Dieselbe wird hierbei immer auf einen bestimmten Teilstrich des Hängestabes eingestellt.

Man kann auch auf allen Standpunkten des Theodoliten die Höhenwinkel beobachten und erhält so für die Seigerteufen zwei Werte, aus denen das Mittel genommen wird.

In diesem Falle werden Signale benutzt, deren Zielpunkte in gleicher Höhe mit der Drehachse des Fernrohrs sich befinden, sodaß sowohl in C

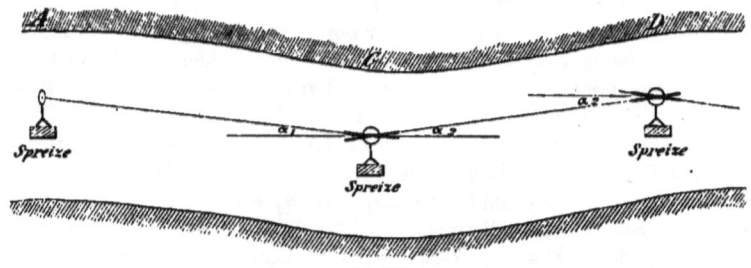

Fig. 121.

als in D derselbe Neigungswinkel α_2 beobachtet wird und zwar in C als Elevations- und in D als Depressionswinkel. Fig. 121.

Diese Signale haben an ihren Untersätzen gleichwie die des Theodoliten eine Hohlkehle, um welche die Schnur so geschlungen werden kann, daß sie parallel der Visierlinie und derselben gleich an Länge ist. An dieser Schnur wird die Länge der Stationslinie ermittelt.

Die Aufstellungsuntersätze der Signale und des Theodoliten müssen hinreichend fest sein, um dem Zuge, welcher durch das Straffspannen der Schnur auf sie ausgeübt wird, widerstehen zu können. Man befestigt dieselben deshalb mit Vorliebe an horizontal geschlagenen starken Spreizen.

Sind die Stationslinien zu lang, so wird ihre Länge stückweise mit Benutzung des Gradbogens gemessen, die Sohle der ganzen Visierlinie berechnet und aus ihr und der Tangente des Neigungswinkels die Seigerteufe.

Der zum trigonometrischen Höhenmessen benutzte Theodolit muß entweder vom Indexfehler befreit sein, oder man muß dessen Größe kennen (vergl. § 95). Für alle Fälle ist anzuraten, den Winkel in beiden Lagen des Fernrohres zu messen.

Genaue Höhenermittelungen wird man nur im Notfall durch trigonometrisches, wo möglich stets durch geometrisches Nivellement bestimmen, da die Resultate des letzteren zuverlässiger sind.

Das Messen von Schachttiefen. Mit markscheiderischen Nivellements § 69. ist häufig ein Messen von Schachttiefen verbunden.

Man unterscheidet zwei verschiedene Arten dieser Messung: eine mittelbare und eine unmittelbare.

Entweder wird in den Schacht ein mit Gewichten beschwerter Draht, bez. das Förderseil mit Korb herabgelassen und durch Anlegen von Stäben die Länge des Drahtes, bez. des Seiles beim Aufholen und beim Einlassen gemessen, oder es wird durch Anlegen von Stäben, Meßketten und Meßbändern an die Zimmerung des Schachtes die Tiefe desselben unmittelbar gemessen.

Bei beiden Verfahrungsweisen sind gute Resultate erzielt worden, der Natur der Sache nach ist aber die unmittelbare Messung zuverlässiger, wenn auch beschwerlicher und zeitraubender als die mittelbare.

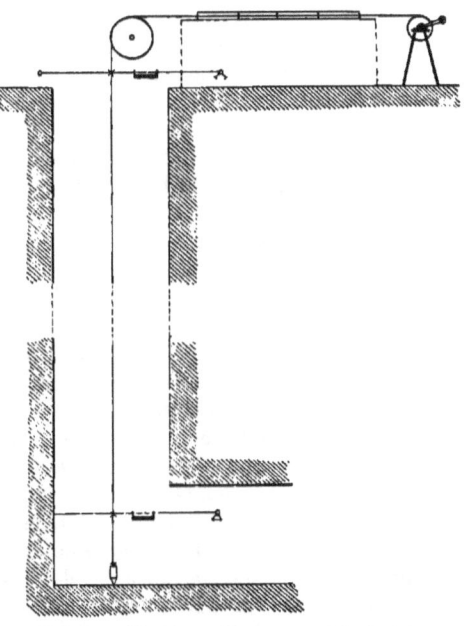

Fig. 122. Mittelbares Messen von Schachttiefen.

Wenn von dem Schachte mehrere Fördersohlen abgehen, in denen Sohlenzeichen festgelegt werden müssen, so ist die unmittelbare Messung unbedingt vorzuziehen.

Der Anfangs- und Endpunkt der Messung muß leicht mit dem Tage-, bez. Grubennivellement in Verbindung zu bringen sein.

Das Messen mit Hilfe eines Drahtes geschieht allgemein in folgender Weise: Von einer Kurbel oder einem kleinen Haspel mit Sperrvorrichtung, in passender Entfernung vom Schachte aufgestellt, wird der Draht (Klaviersaitendraht bis 1 mm Durchmesser) abgewickelt und über eine leicht bewegliche Scheibe oder Rolle gelegt, die oberhalb der Schachtöffnung so angebracht ist, daß der durch ein Gewicht (5—15 kgr) beschwerte Draht ungehindert bis zur Sohle des Schachtes sinken kann. Anfangs- und Endpunkt sind durch angebundene Fäden zu bezeichnen.

Man mißt die Tiefe beim Aufholen und Einlassen des Drahtes und zwar am bequemsten am horizontalen Teile desselben zwischen Leitrolle und Kurbel. Der Draht ist durch das Gewicht stets straff genug gespannt und kann parallel dem befestigten oder doch nur in engen Grenzen verschiebbaren Meßstabe durch die Kurbel bewegt werden.

Die Ausdehnung des Drahtes durch das eigene und das Lotgewicht hat keinen schädlichen Einfluß auf die Richtigkeit der Messung, weil der Draht in seinem gedehnten Zustande gemessen wird.

Das Bezeichnen des jedesmaligen Endes von dem vier bis fünf Meter langen Meßstabe erfolgt durch angebundene Zwirnsfäden, nachdem vorher erforderlichenfalls der Draht durch einen leisen Feilstrich rauh gemacht worden ist.

Auf diese Weise hat Professor CHRISMAR in Schemnitz eine Tiefe von 200 m in einer Stunde bis auf $\frac{1}{15000}$ der gemessenen Länge genau ermittelt.

Örtliche Verhältnisse können dahin wirken, daß der Meßstab an den senkrechten Teil des Drahtes angelegt werden muß. Die Ausführung der Messung ist etwas unbequemer, aber der vorigen sonst ähnlich.

Statt des Drahtes läßt sich auch das Förderseil benutzen, an welches die Meßstäbe oberhalb der Schachtöffnung unmittelbar angelegt werden.

BORCHERS hat ein und denselben Schacht einmal am Draht und einmal am Förderseile gemessen und 259,081 m bezw. 259,090 m erhalten.

Der Markscheider RAZCZKIEWITZ (Österr. Zeitschrift 1873, Seite 210) leitet aus der Anzahl der Umdrehungen der über dem Schachte angebrachten Leitrolle oder Scheibe von etwa 0,3 m Durchmesser die Tiefe des Schachtes ab, nachdem der Umfang dieser senkrecht aufgestellten Scheibe durch mehrere Versuche möglichst genau bestimmt worden war.

Eine am Förderseil gemessene Schachttiefe von 21,763 Klaftern wurde auf diese Weise zweimal ermittelt und 21,762⁰ bez. 21,764⁰ gefunden.

Der Professor VIERTEL (Civilingenieur 1878, Seite 604) bediente sich einer solchen Meßscheibe, dessen gut abgedrehte und in 100 Teile geteilte Peripherie = 1,1748 m gefunden und dessen Achse mit einem Zählwerke verbunden war.

Derselbe hat mit Hilfe dieses Meßrades selbst bei großen Tiefen sehr befriedigende Resultate erhalten.

Trotzdem ist es nicht ratsam, bei wichtigen Angaben sich auf diesen Apparat allein zu verlassen.

§ 70. Zum unmittelbaren Schachtmessen verwendet man eiserne Feldmesserketten, stählerne Meßbänder und besonders hierzu konstruierte Maßgestänge.

Die zum Schachtmessen zu gebrauchende Feldmesserkette muß vorher auf einer ebenen Unterlage gerade ausgespannt und die Länge zwischen der inneren Peripherie der beiden Endringe genau ermittelt werden. Die Kette wird an einer passenden Stelle eingelassen und mit dem oberen Ringe an einem Nagel aufgehängt. Dieselbe darf nirgends seitlich anliegen, sondern muß durch das eigene Gewicht vollkommen senkrecht hängen. Hindernde Gegenstände, z. B. Bühnen, sind vorher zu entfernen oder zu durchbohren. Innerhalb des unteren Ringes der Kette wird ein zweiter Nagel so eingeschlagen, daß derselbe an der inneren Peripherie des Ringes hart anliegt. Darauf wird die Kette abgenommen, der obere Ring an den zweiten Nagel gehängt und verfahren wie das erste Mal.

Diese auf solche Weise gefundene Tiefe ist noch um die mitgemessenen Nagelstärken zu vermindern. Es sind deshalb runde Nägel von ganz gleichmäßigem Durchmesser zu verwenden.

Zuweilen ist es nicht möglich, den Schacht in einer Linie zu messen. Man wird in diesem Falle absetzen, d. h. den Endpunkt einer Kettenlänge mittelst der Hängelibelle oder des Gradbogens nach einem günstiger gelegenen Punkte übertragen und von da weiter messen.

Das Messen der Schächte mit dem **Stahlmeßbande** geschieht auf ähnliche Weise wie mit der Kette.

Die Länge des Bandes ist vor der Messung bei einer bestimmten Temperatur und bei einer bestimmten, event. durch eine Federwage zu messenden Spannung genau zu ermitteln.

Bei der Operation des Messens ist die gleichmäßige Spannung durch ein angehängtes Gewicht herzustellen, außerdem ist die Einwirkung der Temperatur auf die Länge des Bandes zu berücksichtigen. (Ausdehnungscoëfficient für Stahl auf 1° Celsius $= 0,000012$.)

Der Markscheider GRÄFE hat die Messung an der Schachtleitung des Förderkorbes mit dem Meßbande auf folgende Weise ausgeführt (Berg- und Hüttenmännische Zeitung 1883, Nr. 1):

In angemessener Höhe über dem Schutzdache des Förderkorbes ist ein Stuhl mit Schienen und Laschen derartig am Förderseil befestigt, daß ein Arbeiter gefahrlos darin sitzen und das obere Ende des Meßbandes an die Leitung anlegen kann.

Auf dem Schutzdache steht der Markscheider, welcher das untere Ende des Meßbandes führt, und ein zweiter Arbeiter, dem obliegt, die Zeichen zum Aufholen und Niederlassen des Korbes zu geben.

Auf diese Weise ist, nachdem alle Vorbereitungen getroffen waren, ein Schacht in der Zeit von sechs Stunden dreimal gemessen worden, wobei sich folgende Resultate ergaben:

    Erste Messung 334,757 m
    Zweite „ 334,758 „
    Dritte „ 334,758 „

Hierbei mußten außerdem noch die Höhe von acht übereinander im Schachte liegender Sohlenzeichen bestimmt werden.

In fast ebenso kurzer Zeit wurde ein zweiter Schacht viermal gemessen und dabei die Höhe von sieben im Schachte liegenden Sohlenzeichen ermittelt. · Die Resultate waren:

    Erste Messung 353,715 m
    Zweite „ 353,713 „
    Dritte „ 353,717 „
    Vierte „ 353,714 „

In solchen Schächten, deren Ausbau es gestattet, ist vielfach die Messung mit dem Stahlbande an der Leitung entlang vom Fahrtrum aus mit gutem Erfolge und schnell ausgeführt worden.

§ 71 Ein ausgezeichnetes Hilfsmittel zum unmittelbaren Messen von Schachttiefen ist das von BORCHERS konstruierte Maßgestänge.

Dasselbe ist ausführlich beschrieben im § 25 ff. von BORCHERS' „praktische Markscheidekunst", welchem Buche das Folgende entnommen ist.

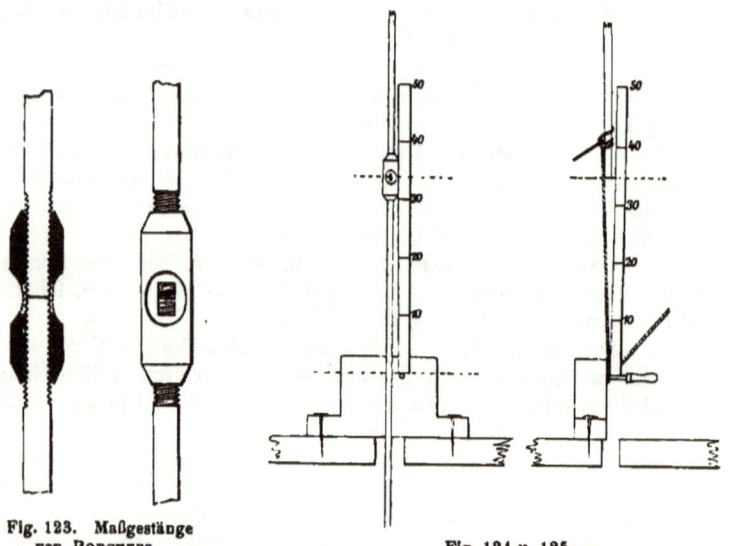

Fig. 123. Maßgestänge von BORCHERS.

Fig. 124 u. 125.

Das Maßgestänge besteht aus einer Anzahl von runden Stäben aus Stahldraht von 4—6 mm Durchmesser und von genau 1—4 m Länge. Die Enden sind mit Schraubengewinden versehen und lassen sich mittels kleiner messingener Schraubenmuffen verbinden. Auf diese Weise kann ein Maßgestänge von beliebiger Länge hergestellt werden. Die geraden Endflächen der einzelnen Stäbe müssen genau rechtwinkelig zur Längenachse stehen und die Muffen sind an zwei gegenüberstehenden Seiten soweit ausgefeilt, daß man das Zusammenstoßen der Endflächen zweier Stäbe sehen kann. Der erste Stab ist mit einem Haken versehen, von dessen innerer Peripherie die Zählung beginnt.

Vor Beginn der Messung sind eine oder bei notwendigem Absetzen mehrere senkrechte Öffnungen zu schaffen, durch welche das Gestänge ungehindert seiger geführt werden kann.

Das Nivellieren und die hierzu erforderlichen Instrumente. 113

Die Aufhängepunkte des Gestänges wird man so bequem wie möglich wählen, also stets nahe über einer Bühne, und so herstellen, wie die Figuren 124 und 125 zeigen, aus denen zugleich zu ersehen ist, wie etwaige Reststücke gemessen werden.

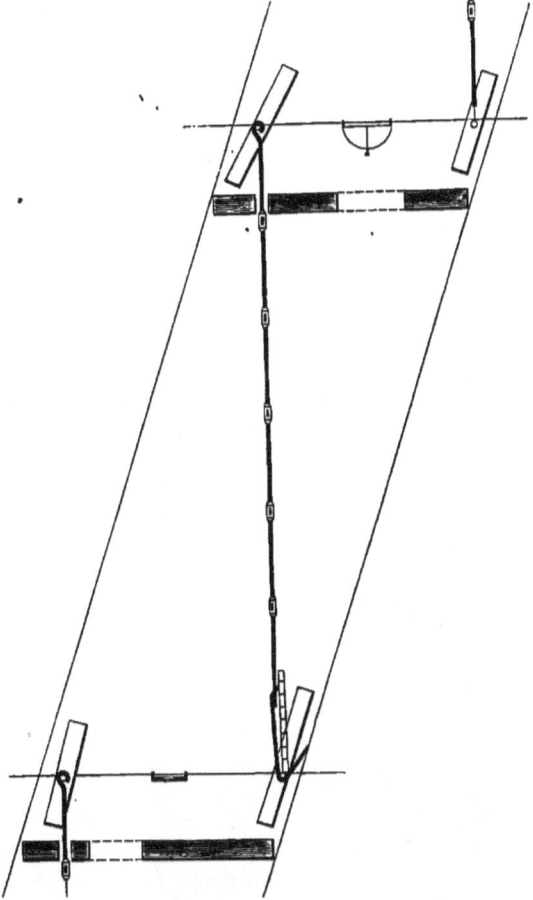

Fig. 126. Das Messen tonnlägiger Schächte mittels des Borchersschen Maßgestänges.

Von größerer Wichtigkeit noch ist das Gestänge beim Messen tonnlägiger Schächte.

Das hierbei wegen des häufigeren Absetzens notwendige Verlängern und Verkürzen des Gestänges kann leicht durch An- und Abschrauben der einzelnen Stäbe und durch Einschalten kürzerer Stücke erreicht werden.

Das Verfahren ist aus Fig. 126 zu ersehen. Bei Benutzung des Maßgestänges ist die Einwirkung der Temperatur ebenfalls zu berücksichtigen.

Bei Seigerteufenbestimmungen, welche durch Firstenbaue oder ähnliche Grubenräume geführt werden müssen, kann die mannigfaltigste Verbindung aller Arten von Höhenermittelungen notwendig werden.

Siebentes Kapitel.
Der Theodolit.

§ 72. Die ersten Versuche, den Theodoliten als Markscheiderapparat einzuführen, sind schon am Ende des vorigen Jahrhunderts gemacht worden, ohne allgemeine Nachahmung zu finden.

In Deutschland wurde im Jahre 1835 der erste Grubenzug mit dem Theodoliten vom Markscheider PREDIGER zur Angabe von Gegenörtern in dem ca. 2000 m langen Ensdorfer Stolln der Steinkohlenzeche „Kronprinz" bei Saarlouis ausgeführt.

Im Jahre 1851 hatte das Instrument schon eine allgemeinere Verbreitung gefunden, wie namentlich aus den Aufsätzen in den Nummern 14. 25. 28. 39 u. 40 von Band XIV der damals in Eisleben erscheinenden Fachzeitschrift „Der Bergwerksfreund" hervorgeht.

Gegenwärtig ist der Theodolit für alle Markscheider das wichtigste Winkelmeßinstrument. Die Größe und Form der Theodoliten ist sehr verschieden. Hier sollen nur drei Konstruktionen berücksichtigt werden, welche vorzüglich bei den Markscheidern im Gebrauch sind.

Der Preis des Theodoliten ist bedeutend, so daß wenige Markscheider in der Lage sein dürften, sich mehrere in verschiedenen Größen anzuschaffen, es ist deswegen ratsam, beim Ankauf einem derartig konstruierten Theodoliten den Vorzug zu geben, welcher imstande ist, allen an den Markscheider herantretenden Anforderungen Genüge zu leisten.

Namentlich muß derselbe eine angemessene Größe besitzen, damit er sowohl bei Ausführung von Triangulierungsarbeiten hinreichend genaue Resultate liefert, als auch in der Grube bei allen Arbeiten verwendbar ist. Sodann sind bei Anfertigung desselben alle Metalle zu vermeiden, welche ablenkend auf die Magnetnadel wirken, damit je nach Bedürfnis eine Orientirungsbussole oder ein Magnetstab mit Kollimatorablesung verbunden werden kann. Selbstverständlich muß derselbe mit den vollkommensten Justiervorrichtungen versehen sein.

§ 73. Von einem solchen Normaltheodoliten für den Markscheider giebt Fig. 127 eine schematische Skizze des senkrechten Schnittes. Eine perspektivische Ansicht ist absichtlich weggelassen.

Wir unterscheiden an dem Theodoliten folgende Hauptteile: den Fuß

F, den Hauptkreis K, den Noniuskreis oder die Alhidade A mit den Fernrohrträgern TT, das Fernrohr R, die Röhrenlibelle L und den Höhenkreis H.

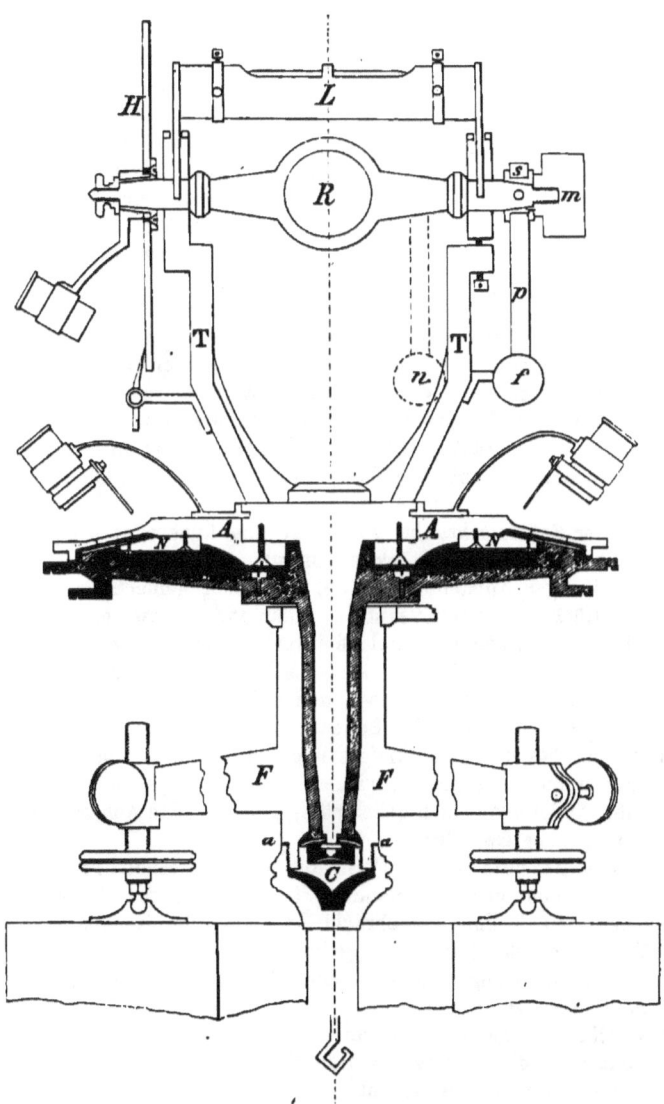

Fig. 127. Durchschnitt des Theodoliten.

Der Fuß ist der gewöhnliche Dreifuß, wie er schon bei dem Nivellierinstrumente beschrieben wurde. Das Kugelgelenk wird jetzt mit dem Theodoliten fast niemals mehr verbunden.

Da beim Aufstellen des Theodoliten bald Stellschrauben mit Spitzen, bald solche mit Unterlegplatten erforderlich sind, so muß man beide besitzen, um nach Bedürfnis mit ihnen wechseln zu können.

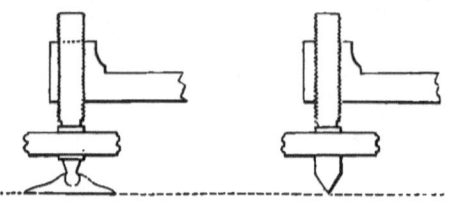

Fig. 128. Fußschrauben am Theodolit.

Am zweckmäßigsten sind beide Schrauben so einzurichten, daß sie sich von unten in den Arm des Dreifußes einschrauben lassen. Fig. 128.

Das Mittelstück des Dreifußes (die Büchse) ist ausgehöhlt. Am unteren Ende ist dasselbe mit einem inneren und einem äußeren Gewinde versehen. Das innere Gewinde dient zur Aufnahme des Zentrierstiftes C (vergl. § 99), der seinerseits wieder den später zu erwähnenden Gegengewichtsfedern zum Stützpunkt dient, das äußere Gewinde dient zur Aufnahme der Zentralschraube, welche in bekannter Weise mittels einer Spiralfeder die Verbindung mit dem Stativkopfe oder einer anderen Unterlage bewirkt.

Statt der Zentralschraube kann auf das äußere Gewinde auch ein kugelförmig abgerundetes Stück geschraubt werden, wenn der Theodolit für die Freiberger Aufstellung (§ 106) brauchbar gemacht werden soll.

In der Büchse des Dreifußes steckt zunächst die Achse des Hauptkreises K (in der Fig. 127 schraffiert), welche ihrerseits wieder die Achse der Alhidade aufnimmt. Beide Achsen, deren Mittellinien zusammenfallen sollen, sind in der Mitte cylindrisch, oben und unten dagegen kegelförmig, aber mit verschiedener Neigung der Seitenlinien.

Die Gewichte des Hauptkreises und der Alhidade sind durch Federn, welche gegen die Achsenenden wirken, etwas ausgeglichen.

Häufig findet man auch gleichmäßig kegelförmige Achsen ohne Federausgleichung ihrer Gewichte.

Der Hauptkreis, dessen Form aus dem Querschnitt Fig. 127 hervorgeht, ist auf dem erhöhten Rande mit einem Streifen Feinsilber belegt, auf welchem die Teilung angebracht ist. Dieselbe ist bis auf $1/3$ Grad ausgeführt. Die Fläche der Teilung liegt des bequemeren Ablesens wegen in einer dem Auge zugeneigten Fläche. Der innere Durchmesser des eingeteilten Kreises ist 13 cm.

Die Alhidade AA, deren Form ebenfalls aus dem Querschnitt hervorgeht, greift über die Teilung des Hauptkreises hinaus und schützt diesen empfindlichen Teil des Instrumentes.

Der Hauptkreis und die Alhidade können selbständig um ihre Achsen gedreht und mittels Klemmschrauben und Mikrometerwerk in jede beliebige Stellung gebracht werden. Diese genannten Vorrichtungen sind in der Figur weggelassen, da ihre Einrichtung und Wirkungsweise am besten an dem Instrumente selbst gezeigt und erläutert wird.

Man kann demnach bei festgeklemmtem Hauptkreis und gelöster Alhidade diese allein und bei festgeklemmter Alhidade und gelöstem Hauptkreis letzteren zugleich mit der Alhidade drehen.

Ein Theodolit, welcher diese Einrichtung besitzt, wird ein **Repetitionstheodolit** genannt; derjenige, welcher nicht damit versehen ist, heißt ein **einfacher** Theodolit.

Der Markscheider kann nur einen Repetitionstheodoliten gebrauchen, weil unter Umständen nur mit einem derartigen Instrumente in der Grube Vermessungen ausgeführt werden können.

In engen Grubenstrecken ist es nämlich nicht immer möglich, dem Kopf eine solche Stellung zu geben, welche zum Ablesen der beiden Nonien erforderlich ist. Man dreht in diesem Falle die Alhidade und den Hauptkreis mit der Klemmschraube verbunden um die Achse des letzteren in eine für das Ablesen der Nonien bequemere Stellung und richtet danach, wenn der Winkel repetiert werden soll, das Fadenkreuz des Fernrohres mittels des Mikrometerwerkes am Hauptkreise wieder auf das rechts liegende Objekt.

§ 74. An der inneren Seite der Alhidade sind an kleinen angeschraubten Platten NN (Fig. 127) die Nonien angebracht, welche mit dem Limbus eine gleiche Neigung haben, aber mit demselben nicht genau in einer Ebene, sondern ein wenig tiefer liegen. Für die Nonien ist der Alhidadenmantel an zwei, bez. vier Stellen durchbrochen und mit Plangläsern verdeckt. Dieselben stehen sich meistens diametral gegenüber und befinden sich, wenn deren zwei vorhanden sind, am zweckmäßigsten in der Richtung der Fernrohrdrehachse.

Wird der Theodolit aber mit eingelegtem exzentrischen Fernrohre gebraucht, so ist die weit hervorragende Achse, sowie das Fernrohr selbst dem Ablesen sehr hinderlich, und die zweckmäßigste Stellung der Nonien ist für diesen Fall eine solche, welche gegen die erste um 90 Grad gedreht ist.

Mit dieser Stellung ist beim Gebrauch des zentrischen Rohres wieder der Nachteil verbunden, daß man das Fernrohr jedesmal vor dem Ablesen senkrecht stellen muß. — Will man diese Unbequemlichkeit vermeiden, so sind **vier** Nonien an der Alhidade anzubringen.

Zum Ablesen der Nonien sind zwei **Lupen** angebracht, welche an einem um den unteren Teil der Fernrohrträger drehbaren Ringe festsitzen und für den Fall, daß die Alhidade mit vier Nonien versehen ist, sowohl für das eine als das andere Nonienpaar nach Belieben benutzt werden können.

Die Nonien sind mit **Blenden** aus Milchglas, aus Elfenbein oder aus gewöhnlichem weißen Papier versehen.

Die papiernen Blenden sind die billigsten und die praktischsten; sie lassen sich leicht erneuern, beleuchten die Nonien auch in der Grube hinreichend, sind der Bewegung der Lupen, wie häufig die aus starrem Glas oder Elfenbein, niemals hinderlich, und schließlich können kleine Verbesserungen der Stellungen ohne Drehung des Blendengestelles durch ein geringes Verbiegen des Papiers schnell herbeigeführt werden.

§ 75.   Mit der Alhidade sind die **Fernrohrträger** TT (Fig. 127) fest verbunden, von denen einer die Vorrichtung zum Heben und Senken des Achsenlagers besitzt.

Von einigen mechanischen Werkstätten werden an den Fernrohrträgern der Markscheidertheodolite eine oder zwei Röhrenlibellen angebracht welche außer der auf die Fernrohrachse gesetzten Reiterlibelle zur Horizontierung des Theodoliten und zur Überwachung dieser horizontalen Stellung dienen.

Diese Libellen sind zwar nicht ohne Nutzen, ob aber in dem Maße, daß damit die mit dem komplizierteren Bau verbundene Umständlichkeit in der Behandlung des Instrumentes und der höhere Preis im Gleichgewicht steht, ist zu bezweifeln.

Will man außer der Reiterlibelle noch eine zweite Libelle anbringen, so genügt eine Dosenlibelle zwischen den Fernrohrträgern.

§ 76.   Das **Fernrohr** des Theodoliten unterscheidet sich bezüglich der inneren Konstruktion nur dann durch das Fadenkreuz von dem des Nivellierinstrumentes, wenn statt des einen vertikalen Fadens zwei Parallelfäden eingespannt sind.

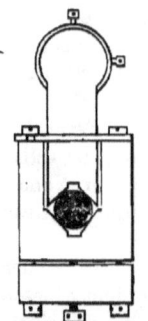

Fig. 129. Justierbarer Fernrohrträger mit aufgesetzter Libelle.

Das Fernrohr liegt mit den Enden seiner Drehachse in den Lagern der Fernrohrträger; dieselben haben nebenstehende Form (Fig. 129) und sind mit Schließen oder Schiebern überdeckt.

Die Auflagestellen der Achse müssen genau cylindrisch und von gleichem Durchmesser sein. Die Mittellinie dieser Achse soll rechtwinkelig zur optischen Achse des Fernrohres stehen und den Schwerpunkt des Rohres treffen. Bei dem Winkelmessen ist es nämlich sehr störend, wenn das Rohr so wenig im Gleichgewicht ist, daß dasselbe nach Lösung der Klemmschraube mit der Hand aufgehalten werden muß, damit das Objektivende nicht sofort sinkt oder gar hart auf den Alhidadenrand aufschlägt.

Das Fernrohr läßt sich selbstverständlich aus seinen Lagern herausnehmen und umlegen.

Soll der Theodolit auch zum geometrischen Nivellieren tauglich sein, so ist das Fernrohr entweder mit einer Reversionslibelle fest zu verbinden, oder dasselbe ist mit zwei Ringen zur Aufnahme einer Aufsatzlibelle und in der Mitte mit einer aufrecht stehenden Hülse zu versehen, in welche ein an der Libelle befestigter Stift eingreifen kann (Fig. 130).

Stift und Hülse dienen zum Schutz gegen das Herabfallen der aufgesetzten Libelle.

Die Vertikalbewegung des Fernrohres wird gehemmt und reguliert durch eine abnehmbare Vorrichtung.

Dieselbe besteht aus zwei Ringen, von denen der eine r mittels einer Schraube (in Fig. 127 ist an Stelle derselben das Gegengewicht m gezeichnet) fest auf das konische, über das Lager hinausragende Achsenende aufgetrieben ist und der andere s sich in einer Vertiefung des ersteren dreht. Der Ring s kann mittels einer Druckschraube an den Ring r festgeklemmt werden, so daß die Drehung der Achse nur mit Hilfe der Feinstellschraube f erfolgen kann, welche gegen den Hebel p wirkt.

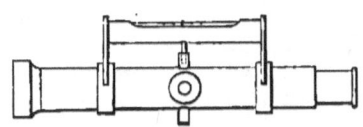

Fig. 130. Einrichtung des Theodolitfernrohres zum geometrischen Nivellieren.

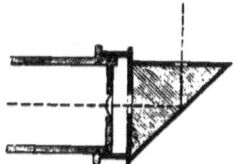

Fig. 131. Okularprisma.

Muß der Markscheider den Theodoliten in stark fallenden Strecken, Bremsbergen oder tonnlägigen Schächten benutzen, so ist außer dem zentrischen noch ein exzentrisches Fernrohr erforderlich. Dasselbe kann bedeutend kleiner sein als das zentrische, weil in den genannten Grubenräumen selten lange Visuren vorkommen.

Die kleinen Dimensionen verringern auch das Gewicht des Fernrohres, was namentlich deshalb sehr erwünscht ist, weil dasselbe so weit von den Fernrohrträgern an der darüber hinausragenden Achse angebracht sein muß, daß sein Gesichtsfeld in keiner Lage von dem Alhidadenmantel verdeckt wird.

Es bedarf daher nur eines kleinen Gegengewichtes, welches zugleich zum Befestigen des am anderen Achsenende aufzuschiebenden Höhenkreises dient. (In Figur 127 dient das Gegengewicht zum Befestigen der Klemmvorrichtung.)

Die Achse des exzentrischen Fernrohres entspricht an den Auflegestellen genau denen des zentrischen Rohres.

Die Klemmvorrichtung sitzt an der Achse fest. Seine Lage ist in der schematischen Skizze Fig. 127 durch die zugehörige punktierte Schraube n für die Feinstellung angegeben.

Für das exzentrische Rohr muß ein Okularprisma vorhanden sein, so daß sehr steil aufgerichtete Visuren in bequemer Stellung des Auges und Körpers ausgeführt werden können (Fig. 131).

§ 77.   Der Höhenkreis H ist in $^1/_3$ Grade eingeteilt. Die Bezifferung beginnt an zwei diametral gegenüberliegenden Punkten und zwar nach beiden Seiten von 0 bis 90 Grad. Dadurch ist man im stande, Elevations- und Depressionswinkel ohne weiteres abzulesen.

Der Klappnonius ist ein sogenannter Doppelnonius und giebt 30 Sekunden an.

Der Höhenkreis kann mit seiner Nabe, um welche eine Armlupe beweglich ist, an das konische Ende der Achse sowohl des zentrischen wie des exzentrischen Fernrohres aufgeschoben werden und wird im ersteren Falle (Fig. 127) mit einer kleinen, im zweiten mit einer großen als Gegengewicht dienenden Preßschraube in jeder Lage befestigt.

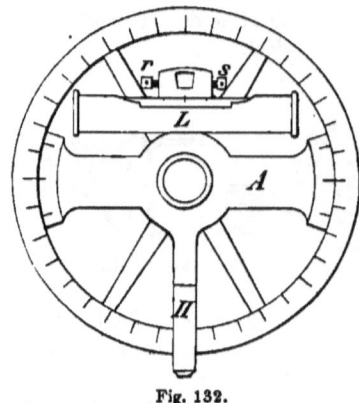

Fig. 132.

Der Höhenkreis kann selbstverständlich auch fest mit den Fernrohrachsen verbunden werden. Es ist dann für jede derselben ein besonderer Kreis erforderlich, welcher zwischen den Auflagestellen der Achsen anzubringen ist.

Einige mechanische Werkstätten geben dem festsitzenden Höhenkreis eine drehbare Alhidade mit zwei Nonien. Fig. 132. Die Alhidade A ist mit einem Hebel H zur Feinstellung und mit einer durch die Schrauben r und s verstellbaren Röhrenlibelle L verbunden und kann so justiert werden, daß, wenn die Nonien derselben auf Null zeigen, die Libelle genau einspielt und auch das Fernrohr vollständig horizontal gerichtet ist.

Mit Hilfe dieser Einrichtung sollen die Höhenwinkel mit größerer Genauigkeit, namentlich unabhängig von einem Fehler in der Vertikalstellung, gemessen werden können, als ohne dieselbe.

Wenn man aber bedenkt, daß mit einer empfindlichen Reiterlibelle eine genaue Stellung der Vertikalachse erreicht werden kann und ein Indexfehler des Höhenkreises durch Beobachten in beiden Lagen des Fernrohres unschädlich gemacht wird (§ 87), so erscheint die die Kosten des Instrumentes erhöhende Einrichtung überflüssig.

Außerdem kann der Nachteil nicht unerwähnt bleiben, daß ein Verwechseln der Feinstellschrauben für die Alhidade des Höhenkreises und für die Vertikalbewegung des Fernrohres sehr leicht ist, da dieselben zwar

DER THEODOLIT. 121

an verschiedenen Fernrohrträgern, aber an derselben Stelle angebracht sind und beide gleichgestaltet sind.

Die Röhrenlibelle von 15—20 Sekunden Empfindlichkeit wird entweder mit gabelförmigen Füßen auf den etwas über die Lager hervor- § 78.

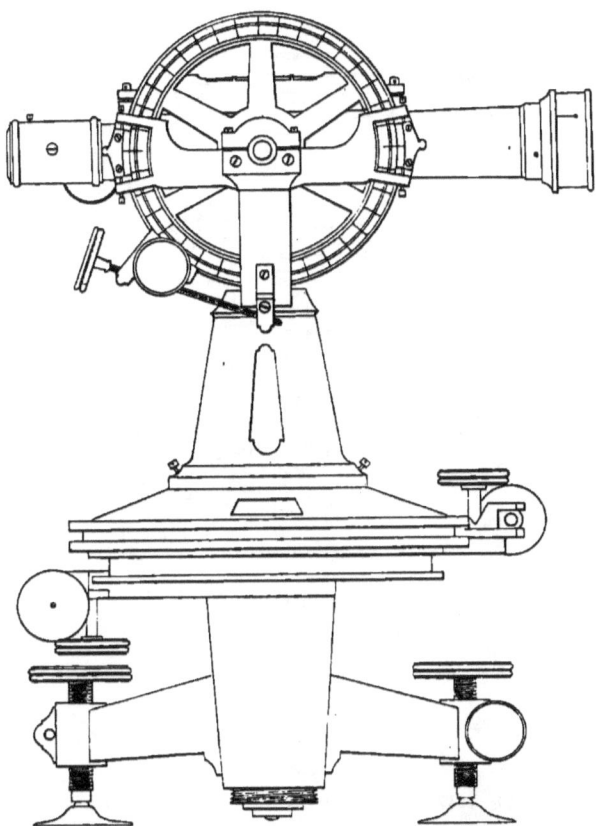

Fig. 133. Kleiner Grubentheodolit von 10 cm Durchmesser.

ragenden cylindrischen Teil der Achsen oder mit dreieckig ausgeschnittenen kurzen Füßen auf die Lagerpunkte derselben aufgesetzt. Im ersteren Falle greifen diese Füße, um eine feste Lage zu erhalten, noch über einen etwas tiefer liegenden cylindrischen Knopf vom Durchmesser der Achsen. Im anderen Falle werden die Füße durch eine Öffnung der über die Achsenlager gelegten Schließen gesteckt, wie es die Fig. 129 zeigt. Diese Aufstellung ist nur dann praktisch, wenn der Höhenkreis außerhalb der Fernrohrträger befestigt ist.

Mit den gabelförmigen langen Füßen wird in gleicher Weise wie die Libelle eine Orientirungsbussole auf die überragenden Teile der Fernrohrachse gesteckt (vergl. § 170).

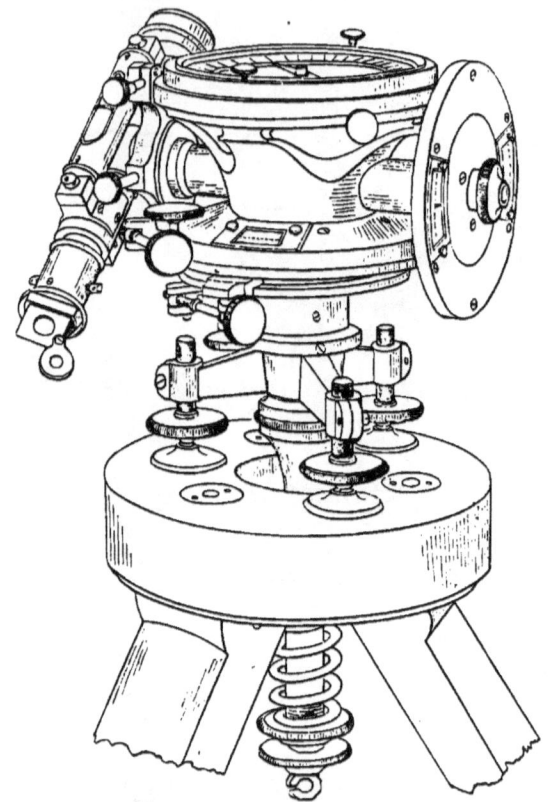

Fig. 134. BREITHAUPTscher Taschentheodolit.

79. Der kleine häufig von den Markscheidern gebrauchte Theodolit hat einen in $1/2$ Grade eingeteilten Limbus von 10 cm Durchmesser mit einer Noniusangabe von einer Minute. Die Horizontierung erfolgt nur mittels einer zwischen den Fernrohrträgern sitzenden Dosenlibelle. Das Fernrohr ist zum Durchschlagen eingerichtet und seine Achsen werden durch aufgeschraubte Pfannendeckel festgehalten. Der Höhenkreis sitzt fest an der Fernrohrdrehachse innerhalb der Fernrohrträger.

Alles übrige ergiebt die Figur 133.

Fig. 134 giebt eine Ansicht des Taschentheodoliten von BREITHAUPT, welcher in Nr. 29 der Berg- und Hüttenmännischen Zeitung vom Jahre 1869 beschrieben ist, in seiner von BREITHAUPT verbesserten Konstruktion, wonach der Höhenkreis auf der dem exzentrischen Fernrohre entgegengesetzten Seite liegt.

Der Theodolit ist mit Repetitionseinrichtung versehen und läßt sich, da er eine Steckhülse besitzt, aus seinem Dreifuß- bez. Kugelgelenkuntersatz herausnehmen und so in einer vor den Leib geschnallten Tasche bequem transportieren.

Der Horizontal-, sowie der Vertikalkreis haben 8 cm Durchmesser und die Nonien der Alhidade geben einzelne Minuten an. Das 15 cm lange Fernrohr liegt exzentrisch und läßt sich durchschlagen.

Auf dem Fernrohr sitzt zwischen zwei Spitzen eine um die Längsachse drehbare Libelle und das Mikrometerwerk am Höhenkreise gestattet das Instrument zum Nivellieren zu gebrauchen.

Der mit dem Instrument verbundene Kompaß hat eine 6,5 cm lange Nadel, ist drehbar und herauszunehmen.

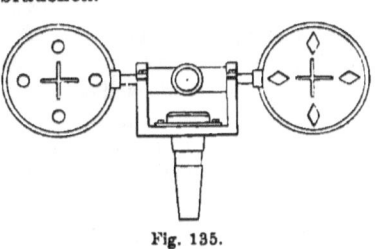

Fig. 135.

Die Dosenlibelle befindet sich unter der Bodenplatte des Kompasses, welche zum Beobachten der Blase durchbrochen ist. Das Gewicht des Theodoliten beträgt etwa fünf Pfund.

Die Konstruktion der Signale ist aus der Figur 135 leicht ersichtlich.

Das Doppelsignal dient zu einfachen Winkelmessungen mit dem exzentrischen Rohre.

Nach mir zugegangenen Mitteilungen wurden von mehreren Markscheidern mit diesem kleinen Theodoliten beachtenswerte Resultate erzielt.

Prüfung und Berichtigung des Theodoliten. — Die Prüfung und Berichtigung des Theodoliten wird sich auf folgende Punkte erstrecken müssen: § 80.

1) Auf die Brauchbarkeit der Libellen.

2) Auf den rechtwinkeligen Stand der optischen Achse des Fernrohres zur Drehachse desselben, sowie auf die richtige Stellung des Fadenkreuzes überhaupt.

3) Auf die rechtwinkelige Stellung der Fernrohr-Drehachse zur Alhidaden- und Limbusachse und damit zugleich auf das Zusammenfallen dieser beiden Achsen.

4) Auf den Höhenkreis und seinen etwaigen Indexfehler.

Die Reiterlibelle des Theodoliten wird auf dieselbe Art geprüft, wie die umsetzbare Libelle der Nivellierinstrumente (§ 48), worauf hier lediglich verwiesen werden kann.

Ist der Theodolit nur mit einer Dosenlibelle versehen (§ 79, Fig. 133), so bringt man die Blase derselben zum Einspielen und dreht dann die Alhidade um 180 Grad. Schlägt die Blase aus, so verbessert man den Fehler zur Hälfte an der entsprechenden Stellschraube des Fußes und zur anderen Hälfte an einer der Justierschrauben, welche die Stellung der Dosenlibelle regeln. Nach vollständig durchgeführter Berichtigung wiederholt man die Prüfung mit der Abwechselung, daß statt der Alhidade der Hauptkreis um 180 Grad gedreht wird. Hier darf die Blase keinen Ausschlag zeigen, weil sonst Alhidaden- und Limbusachse nicht zusammenfallen (siehe auch § 85).

§ 81. **Prüfung des rechtwinkeligen Standes der optischen Achse des Fernrohres zu der Drehachse und der Stellung des Fadenkreuzes überhaupt.**

Es wird zunächst vorausgesetzt, daß das Fadenkreuz mit dem optischen Bilde in einer Ebene liegt und sich zugleich im Brennpunkte des Okulars befindet, also beim Auf- und Abbewegen des Auges vor dem Okulare das Fadenkreuz immer denselben Punkt des Bildes deckt.

Sodann richtet man bei horizontal gestelltem Theodoliten das Fernrohr auf einen gut beleuchteten, scharf begrenzten Punkt und legt dasselbe um, so daß die Achsen mit ihren Lagern wechseln.

Trifft die optische Achse wieder genau diesen Punkt, so ist die gewünschte rechtwinkelige Stellung beider Achsen vorhanden, wenn nicht, so ist das Fadenkreuz um die Hälfte der Abweichung mit Hilfe der seitlich wirkenden Korrektionsschrauben zu verschieben und diese Probe bis zum Stimmen zu wiederholen.

Beim Prüfen des exzentrischen Fernrohres hat man entweder einen sehr weit entfernten Punkt anzuvisieren, so daß nach dem Umlegen des Rohres die Exzentrizität keinen Einfluß mehr hat, oder bei kurzen Entfernungen zwei solcher Visierpunkte vorzurichten, die einen Abstand gleich der doppelten Exzentrizität haben.

§ 82. Läßt sich das Fernrohr des kleinen Theodoliten (Fig. 133) auch, nachdem die Pfannendeckel der Achsenlager abgeschraubt sind, mit verwechselten Achsenlagern nicht umlegen, weil der Höhenkreis oder die Klemmvorrichtung der Achsenbewegung hierfür hinderlich angebracht sind, so wird man sich eine Hilfsvorrichtung zum Ein- und Umlegen des Fernrohres konstruieren müssen, was mit sehr einfachen Hilfsmitteln zu erreichen ist, oder sich mit folgendem Verfahren begnügen:

Man stellt die Nonien des Theodoliten auf Null, klemmt den Hauptkreis fest und visiert einen weit entfernten, scharf markierten Punkt an, alsdann schlägt man das Fernrohr durch, dreht die Alhidade um 180 Grad und richtet das Fernrohr wieder auf den vorher anvisierten Punkt. Sind die beiden Ablesungen an beiden Nonien oder deren Mittel genau um 180 Grad verschieden, so ist keine Verbesserung erforderlich, — wo nicht, so verstelle man die Alhidade um die Hälfte der gefundenen Abweichung von 180 Grad und schiebe den Vertikalfaden so, daß das Zielobjekt getroffen wird.

Bei der Wiederholung der Prüfung geht man nicht von Null, sondern von einem anderen Punkte der Kreiseinteilung aus.

§ 83. Das Fadenkreuz des Theodolitfernrohrs besteht am besten aus einem Horizontalfaden und zwei nebeneinander parallel gespannten Vertikalfäden.

Die Parallelität der vertikalen Fäden ist ohne besondere Hilfsmittel mit dem Auge zu erkennen. Die vertikale Stellung prüft man dadurch, daß man einen Vertikalfaden auf einen scharf begrenzten Punkt richtet und das Fernrohr des horizontal gestellten Theodoliten ein wenig kippt und darauf achtet, ob der anvisierte Punkt den Faden verläßt oder nicht.

Durch Drehung des Okularkopfes wird ein etwaiger Fehler beseitigt.

§ 84. Die bisher besprochenen Prüfungen haben streng genommen nur für eine Stellung des Okularrohres Gültigkeit, so lange man sich nicht überzeugt hat, daß bei der Verschiebung des Okulars die optische Achse unverändert bleibt.

Ein Verfahren, die unrichtige Bewegung der Okularröhre zu erkennen, giebt Professor PREDIGER in der ministeriellen Zeitung für Berg-, Hütten- und Salinenwesen Band 20 (1872).

Der Zapfen c des in Fig. 136 dargestellten Hilfsapparates läßt sich senkrecht in der Hülse auf und ab bewegen und durch eine Druckschraube in jeder Stellung festklemmen. Die kleine Scheibe ef ist mit Papier beklebt, auf welches ein Andreaskreuz gezeichnet ist, und kann um die Achse ab bewegt, bez. auf- und niedergeklappt werden.

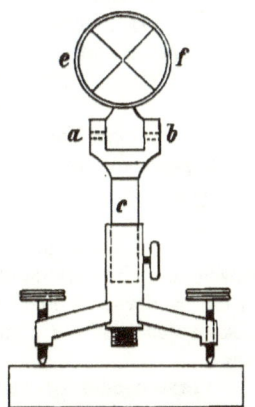

Fig. 136. Apparat von PREDIGER zur Prüfung der richtigen Bewegung des Okulars.

Solcher Apparate stellt man auf einer geraden Linie von 100 m sechs auf und bringt durch ein Fernrohr, welches von dem weitesten Signale 100 m, von dem nächsten gerade so weit entfernt ist, daß das Bild auf der Scheibe durch Herausziehen des Okulars noch erkennbar gemacht wird, alle Kreuze auf den Scheiben in eine gerade Linie. Dies geschieht dadurch, daß man nach und nach die erste, zweite, dritte Scheibe umschlägt und, indem man die Okularröhre entsprechend einschraubt, das Kreuz der jedesmaligen Scheibe einrichtet. Zur Sicherung wiederholt man das Verfahren.

Wäre nun die Bewegung der Okularröhre fehlerhaft, so würde ein Punkt in ihrer optischen Achse eine Kurve doppelter Krümmung beschreiben. Denkt man sich eine solche Kurve um 180 Grad gedreht, so können ihre Punkte nach Vollendung der Drehung nicht in ihre ursprüngliche Lage zurückkehren, sondern sie müssen im allgemeinen eine von der ersten verschiedene Lage annehmen.

Man lege daher das Fernrohr in seinen Lagern um und zwar so, daß das früher rechts gelegene Ende der Drehachse in das links liegende Lager kommt, und visiere die letzte in der Entfernung von 100 m vom Beobachter aufgestellte Scheibe an.

War das Fernrohr vorher berichtigt, so wird das Fadenkreuz wieder genau den Schnittpunkt der beiden auf der Scheibe gezogenen Linien treffen.

Jetzt lasse man die folgende dem Fernrohr näher liegende Scheibe in die Höhe schlagen, und schraube gleichzeitig die Okularröhre des Fernrohrs etwas heraus, um das Kreuz genau zu sehen. Ebenso verfahre man bei allen übrigen, welche nach und nach in die Höhe geschlagen werden.

Trifft nun in allen Fällen der Durchschnittspunkt der Kreuzfäden des Fernrohrs die Durchschnittspunkte der Andreaskreuze auf den Scheiben, dann ist die Bewegung der Okularröhre richtig, im anderen Falle falsch.

Die vorstehende Untersuchung kann auch, wenngleich nicht ganz so zuverlässig mit zwei Apparaten dergestalt ausgeführt werden, daß man einen derselben 100 m vom Fernrohr und den anderen nach und nach auf anderen Punkten dazwischen aufstellt. Bei jeder Aufstellung wird dann das ganze obige Verfahren wiederholt.

Ergiebt die vorstehende Prüfung eine wesentliche Abweichung, so ist am besten die Okularröhre von dem Mechanikus durch eine andere zu ersetzen.

Ist dieselbe nicht bedeutend und verläuft sie regelmäßig, d. h. ist die Abweichung für bestimmte Stellungen des Okulars gleichbleibend, was sich durch wiederholte Prüfung erkennen läßt, so wird der Fehler durch das Messen jedes Winkels in beiden Lagen des Fernrohrs sich ausscheiden lassen.

Vorstehendes ist namentlich für den Markscheider von Wichtigkeit, weil in der Grube viel häufiger wie über Tage Winkel von ungleich langen Schenkeln zu messen sind.

§ 85. **Prüfung der rechtwinkeligen Stellung der Drehachse des Fernrohrs zur Alhidaden- und Limbusachse.** Damit mittels des Theodoliten auch dann richtige Horizontalwinkel gemessen werden, wenn die Zielpunkte in verschiedener Höhe liegen, so muß die Kippebene des Fernrohres in horizontaler Stellung des Instrumentes eine vertikale sein.

Diesem Erfordernis wird nur genügt, wenn die Drehachse des Fernrohres rechtwinkelig zur gemeinschaftlichen Alhidaden- und Limbusachse steht.

Dieser Prüfung muß, streng genommen, beim erstenmale eine andere vorausgehen, nämlich die der Fernrohrachsen auf ihre cylindrische Form und ihre gleichmäßige Dicke, obgleich man bei Instrumenten aus guten Werkstätten Fehler in dieser Beziehung nicht zu befürchten hat.

Beide Erfordernisse werden mit der berichtigten Röhrenlibelle geprüft. Schlägt dieselbe nicht aus, während unter ihr die Achsen in den Lagern gedreht werden, so sind dieselben cylindrisch rund, und nimmt die Blase denselben Stand wie vorher ein, wenn das Fernrohr abgehoben, mit verwechselten Lagern wieder eingelegt und die Libelle in der ersten Stellung aufgesetzt wird, so haben die Fernrohrachsen in ihren Lagerpunkten gleiche Dicke.

Die Hauptprüfung erfolgt nun in der Weise, daß man bei horizontal gestelltem Theodolit und festgeklemmtem Hauptkreis die Alhidade so stellt, daß die Drehachse des Fernrohres mit der darauf sitzenden event. berichtigten Libelle in der Richtung einer Fußschraube steht und die Blase der Libelle zum genauen Einspielen bringt. Dreht man darauf die Alhidade um 180 Grad, so zeigt die Luftblase der Libelle einen Ausschlag, wenn die Fernrohrdreh- und die Alhidadenachse nicht rechtwinklig gegeneinander stehen. Die eine Hälfte des Fehlers ist an der Fußschraube, die andere Hälfte an der Justiervorrichtung des Fernrohrträgers zu beseitigen.

Das Verfahren ist wie bei allen Instrumentberichtigungen zu wiederholen.

Hierauf prüft man die Limbusachse auf gleiche Weise, indem man vorher die Alhidade an den frei sich drehenden Limbuskreis festklemmt. Es darf sich nach Vollendung der gleichen oben angegebenen Operation kein Ausschlag der Libelle, oder doch nur ein sehr geringer zeigen, sonst fallen Limbus- und Alhidadenachse nicht zusammen.

Ein solcher Fehler kann durch keine Justiervorrichtung beseitigt werden.

Instrumente aus bewährten Werkstätten werden indeß an diesem Fehler nie in der Größe leiden, daß ein merklicher Einfluß auf die Richtigkeit der Winkelmessung entstehen könnte.

Dieser Einfluß kann durch die Methode des Winkelmessens noch herabgemindert werden (siehe § 91).

§ 86. Kleinere Theodoliten ohne Reiterlibelle Fig. 133 werden nach folgenden Methoden auf die richtige vertikale Bewegung des Fernrohres geprüft, welche übrigens auch für die Theodoliten mit Reiterlibelle gültig sind:

Hat man Gelegenheit, ein möglichst langes Lot so aufzuhängen, daß es vom Windzug nicht getroffen wird, also ganz ruhig ist, so stellt man den Theodoliten nicht weit davon horizontal auf, visiert das untere Ende des Lotfadens an und klemmt Limbus und Alhidade fest. Darauf kippt man das Rohr und beobachtet, ob das Fadenkreuz während der Bewegung den senkrechten Lotfaden verläßt oder nicht. Eine Abweichung wird auf die bekannte Weise durch Heben und Senken eines Achsenlagers verbessert.

Ein anderes Mittel ist ein künstlicher Horizont, den man sich leicht mittels eines Tellers, welchen man mit dunkel gefärbtem Wasser füllt, schaffen kann.

Der Theodolit wird horizontal und so aufgestellt, daß ein hoher Gegenstand, z. B. die Spitze einer Windfahne mit emporgerichtetem, sodann sein Spiegelbild mit geneigtem Rohre in dem künstlichen Horizonte gesehen werden kann.

Deckt das Fadenkreuz denselben Punkt sowohl des Gegenstandes als auch nach erfolgter Neigung des Fernrohres seines Spiegelbildes, so bewegt sich das Fernrohr in einer Vertikalebene. Limbus und Alhidade müssen auch hierbei festgeklemmt sein.

Stehen Lot und künstlicher Horizont nicht zur Verfügung, so verfährt man folgendermaßen:

Gegenüber einer möglichst hohen Wand stellt man den Theodoliten genau horizontal auf und visiert daran einen hohen, scharf markierten Punkt an. Sodann kippt man das Fernrohr und bezeichnet am Fuße der Wand auf einem befestigten Stücke Papier, Brett oder dergleichen den Punkt, welchen dort das Fadenkreuz trifft. Mit durchgeschlagenem Fernrohr visiert man hierauf den hohen Punkt nochmals an, wozu die Alhidade gelöst, um 180 Grad gedreht und dann wieder festgeklemmt werden muß, und neigt sodann wiederum das Fernrohr nach dem zweiten Punkte am Fuße der Wand. Derselbe wird vom Fadenkreuze wieder getroffen, wenn das Fernrohr in einer senkrechten Ebene sich bewegt. Trifft die optische Achse den zweiten Punkt nicht wieder, sondern einen seitwärts gelegenen, so wird man diesen ebenfalls bezeichnen und die Mitte zwischen den beiden Punkten liegt mit dem oberen Punkte in einer Seigerebene. Man wiederhole diese Operation mehrmals, nachdem die horizontale Stellung jedesmal nachgesehen worden ist, dann ist mit Hilfe dieser Punkte die Verbesserung leicht durchzuführen.

Auch nachstehendes Verfahren führt zum Ziele: Man stellt den Theodoliten horizontal, richtet das Fernrohr auf einen entfernten festen Punkt, welcher sich ungefähr in gleicher Höhe mit dem Instrument befindet und klemmt dabei Alhidade und Limbus fest. Darauf schlägt man das Fernrohr durch und fixiert in der optischen Achse desselben einen zweiten Punkt in gleicher Höhe.

Man überzeugt sich nun, am besten durch ein zweites Fernrohr, ob die beiden fixierten Punkte mit dem Mittelpunkte des zu prüfenden Theodoliten sich in einer geraden Linie befinden. Ist dies nicht der Fall, so bewegt sich das Fernrohr nicht in einer Vertikalen. Die Stellung des einen Achsenlagers ist wie oben zu verbessern.

Der Höhenkreis. — Der Höhenkreis soll keinen Indexfehler besitzen, §87. oder man soll wenigstens die Größe desselben kennen. Mit anderen Worten: **Bei horizontal gestelltem Theodolit soll der Nonius des Höhenkreises auf Null zeigen, wenn die optische Achse des Fernrohres genau horizontal gerichtet ist.**

Giebt in diesem Falle der Nonius aber eine Abweichung von Null, also einen am Höhenkreise abzulesenden Winkel an, so ist dies der Index- oder Kollimationsfehler.

Um diesen Winkel kennen zu lernen, richte man das Fernrohr des horizontal gestellten Theodoliten auf einen scharf begrenzten, hoch oder tief gelegenen Punkt und lese am Nonius des Höhenkreises ab. Sodann dreht man die gelöste Alhidade um 180 Grad, schlägt das Fernrohr durch oder legt dasselbe um, ohne die Achsenlager zu verwechseln, und richtet das Fernrohr wieder auf denselben Punkt. Die in dieser Stellung des Rohres am Nonius des Höhenkreises erhaltene Ablesung wird entweder mit der ersten stimmen oder nicht. Im ersteren Falle hat der Höhenkreis keinen Indexfehler, im zweiten Falle ist die Differenz beider Ablesungen gleich dem doppelten Indexfehler (vergl. § 95).

Das arithmetische Mittel aus beiden Ablesungen ist gleich dem richtigen Höhenwinkel.

Der Indexfehler wird beseitigt durch Verschieben des Nonius, oder, wenn der Höhenkreis beweglich ist, durch zweckmäßiges Verdrehen desselben. Mit einem solchen berichtigten Instrument kann man den richtigen Höhenwinkel durch eine einzige Visur erhalten.

Dasselbe ist übrigens möglich, auch ohne den Indexfehler am Instrumente selbst zu beseitigen, da man denselben, sobald seine Größe bekannt ist, durch Rechnung ausscheiden kann.

Da aber die Bestimmung des Indexfehlers nur für eine Stellung des Okulars erfolgen kann, so wird man bei genauen Messungen sich auf die Ermittelung dieses Fehlers nicht verlassen, sondern den Höhenwinkel stets in zwei Lagen des Fernrohres messen und durch das arithmetische Mittel aus beiden Ablesungen einen etwaigen Indexfehler ausscheiden.

Außerdem wird man bei einem beweglichen Höhenkreise die Messung nach einer Verstellung desselben wiederholen (Beispiel in § 95).

Hat der Höhenkreis zwei Nonien, so kann jeder mit einem besonderen Fehler behaftet sein. Man nimmt deshalb aus den Ablesungen an jedem Nonius in der ersten und in der zweiten Lage das Mittel und aus diesen Werten wieder das Mittel.

Soll das Fernrohr des Theodoliten auch zum geometrischen Nivellement mittels einer besonderen Aufsatz- oder Reversionslibelle gebraucht §88.

werden, wie es bei den hier besprochenen Markscheidertheodoliten vorausgesetzt wird, so geht der Bestimmung des Indexfehlers des Höhenkreises am besten die Justierung des Fernrohres zum Nivellementsgebrauch voraus.

Diese ist bei den einzelnen Instrumenten verschieden, je nach der Art und Weise, wie die Libelle mit dem Fernrohre verbunden ist.

a. **Das Fernrohr ist mit Ringen zur Aufnahme einer Aufsatzlibelle versehen.**

Man prüft und berichtigt zunächst die Aufsatzlibelle auf die bekannte Weise. Sodann wird zu untersuchen sein, ob die Ringe am Fernrohr, auf welche die Libelle gesetzt wird, gleichen Durchmesser haben und genau cylindrisch sind.

Ist das Instrument aus einem bewährten Institute, so kann man die erforderlichen Eigenschaften voraussetzen, da dem Mechanikus sehr empfindliche Prüfungsmittel zu Gebote stehen.

Will man aber die Prüfung ausführen, so hat man sich einen Hilfsapparat (Fig. 137), bestehend aus einem Brett und zwei hölzernen Stützen, letztere mit Ausschnitten zum Einlegen der Ringe, zu konstruieren und dann zu verfahren, wie mit dem Fernrohre des Nivellierinstrumentes.

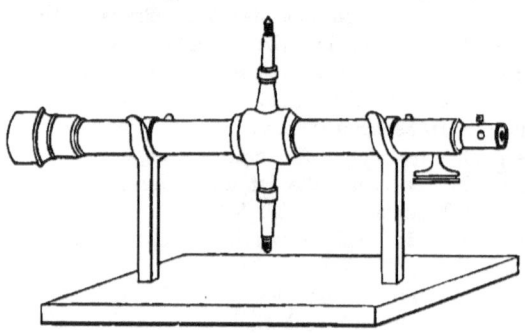

Fig. 137. Hilfsapparat, womit das Zusammenfallen der optischen und geometrischen Achse des Theodolitenrohres geprüft wird.

Nach dieser Prüfung legt man das Fernrohr wieder in seine Lager des Theodoliten und richtet dasselbe, nachdem der Theodolit mittels der Reiterlibelle und darauf das Fernrohr für sich mit der Aufsatzlibelle ebenfalls horizontal gestellt worden ist, auf eine in angemessener Entfernung fest aufgestellte Nivellierlatte und liest ab. Darauf legt man das Fernrohr mit verwechselten Achsenlagern um, so daß die obere Seite zur unteren wird, und stellt es abermals in der Richtung auf die Latte mit der Aufsatzlibelle horizontal. Deckt der horizontale Faden den zuerst anvisierten Punkt der Latte, so ist die geometrische Achse der Aufsatzringe mit der Achse der Aufsatzlibelle parallel, im anderen Falle ist der Fehler zur Hälfte an den vertikalen Schrauben des Fadenkreuzes zu verbessern.

b. **Das Fernrohr ist mit einer Reversionslibelle versehen.**

Fig. 138. Man visiert mit dem Fernrohr des horizontal gestellten Theodoliten, während die unterhalb desselben befindliche Libelle einspielt, eine fest aufgestellte Nivellierlatte an und liest ab, sodann schlägt man das Fernrohr durch, so daß die Libelle nach oben kommt, bringt dieselbe zum

Einspielen und liest wieder an der Latte ab. Ist die erste Ablesung A nicht gleich der zweiten B, so ist der in der Mitte von beiden liegende Punkt C der richtige Niveaupunkt. Auf diesen richtet man das Fernrohr und bringt die Libelle durch die vertikalen Justierschrauben zum Einspielen.

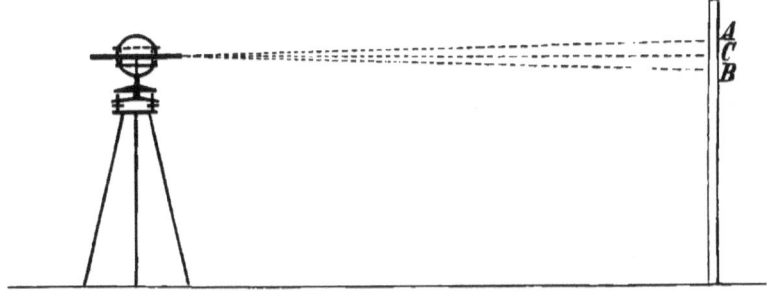

Fig. 138. Prüfung der Reversionslibelle am Theodolitfernrohre.

c. **Die Libelle ist mit dem Fernrohre fest verbunden, aber keine Reversionslibelle.**

Man bestimme auf bekannte Weise mittels eines Nivellierinstrumentes oder auch mit dem Fernrohre des Theodoliten den Höhenabstand zweier Punkte A und $B = d$, stelle den Theodoliten horizontal am Punkte A so auf, daß man die Höhe von A bis zur Fernrohrachse $= AC$ messen kann und richte das Fernrohr auf den Punkt D der über B aufgestellten Latte, welcher aus der bekannten Höhendifferenz d und aus der Höhe AC sich ergiebt.

In dieser Stellung des Rohres bringe man die Libelle durch die vertikale Justierschraube zum Einspielen (vergl. § 50).

Alle diese Prüfungen und Berichtigungen sind mehrmals zu wiederholen.

§ 89. Sind auf diese Weise Libellen- und Fernrohrachse parallel gemacht, so kann man den Höhenkreis nochmals auf seinen etwaigen Indexfehler untersuchen, indem man nachsieht, ob bei einspielender Libelle des Fernrohres der Nonius des Höhenkreises auf Null zeigt.

Sowohl diese als die im § 87 angegebene Methode müssen bezüglich des Kollimationswinkels dasselbe Resultat ergeben, wo nicht, so trägt die mangelhafte Horizontalstellung des Theodoliten Schuld.

Hat die Alhidade des Höhenkreises eine besondere Libelle (§ 77 und Fig. 132), so ist letztere, nachdem das Fernrohr horizontal und der Nonius des Höhenkreises auf Null gestellt worden war, durch die Justierschrauben r und s zum Einspielen zu bringen.

§ 90.   Die Nonien. — Man unterscheidet **vortragende und nachtragende Nonien.**

Bei dem ersteren ist ein Noniusteil etwas größer als ein Teil des Hauptkreises, bei letzteren etwas kleiner.

Der nachtragende Nonius ist ausschließlich bei dem Theodoliten in Gebrauch.

Bei einem solchen Nonius sind n Noniusteile (t) immer gleich $(n-1)$ Teilen (T) des Hauptkreises. Daraus folgt: $T - t = \frac{T}{n}$, d. h. den Unterschied eines Nonius- und eines Limbusteiles; die sogenannte Angabe des Nonius erhält man, wenn man den Wert eines Limbusteiles durch die Anzahl der Noniusteile dividiert.

Ist z. B. der Limbus eingeteilt in Drittelgrade und der Nonius in 20 Teile, so giebt der Nonius an $\frac{20\ \text{Minuten}}{20} = 1$ Minute.

Bei gleicher Größe des Limbusteiles habe der Nonius 40 Teile, dann giebt der Nonius an $\frac{20\ \text{Minuten}}{40} = 30$ Sekunden.

Ist ferner ein Limbusteil $= \frac{1}{6}$ Grad und soll der Nonius 10 Sekunden angeben, so ist $\frac{T}{n} = 10''$, also $n = \frac{T}{n} = \frac{600}{10} = 60$.

Es sind demnach 59 Limbusteile in 60 Teile zu teilen.

Der Gebrauch des Nonius ist einfach. Man liest zunächst den Winkel ab, welcher von dem Nullpunkte des Nonius direkt angezeigt wird und zählt dann, wenn die Indexlinie des Nonius nicht mit einem Limbusstriche in eine gerade Linie fällt, die Striche des Nonius vom Nullpunkte bis zu dem, welcher mit einem Striche des Limbus eine Linie bildet. Soviel solcher Teilstriche auf dem Nonius gezählt wurden, so oft ist dem abgelesenen Winkel die Angabe des Nonius hinzuzufügen.

Zur Erleichterung sind die Noniusteile so beziffert, daß ohne Rechnung die Minuten und Sekunden direkt abgelesen werden können.

Zum Ablesen der Nonien dienen drehbare und verstellbare Lupen, durch welche die zusammenfallenden Teilstriche stets in der Mitte des Gesichtsfeldes beobachtet werden müssen, um eine schädliche Parallaxe zu vermeiden, da die Nonien absichtlich ein wenig tiefer gelegt werden als der Hauptkreis.

Oft findet ein vollständiges Zusammenfallen von Nonius- und Limbusstrich nicht statt, sondern zwei Striche des ersteren stehen zwischen zwei Strichen des letzteren. In diesem Falle ist der Überschuß über die direkte Noniusangabe abzuschätzen.

Bei sehr feiner Teilung des Limbus ist es ratsam, nicht bloß die beiden in Frage kommenden Striche von Nonius und Hauptkreis, sondern auch die rechts und links liegenden und deren gleichmäßige oder ungleichmäßige Abweichung zu beobachten. Der Nonius ist deshalb am Nullpunkte für das oft vorkommende Einstellen mit einer Überteilung versehen.

Doppelnonien sind solche, welche zu beiden Seiten des Nullpunktes eine gleiche Einteilung haben. Sie werden stets an dem Höhenkreise des Theodoliten angebracht.

Das Messen von Horizontal- und Vertikalwinkeln mittels des Theodoliten. — Der Theodolit wird horizontal und zentrisch aufgestellt, nämlich so, daß der Mittelpunkt des Hauptkreises senkrecht über oder unter dem Scheitelpunkt des zu messenden Winkels liegt. § 91.

Das Horizontalstellen erfolgt in derselben Weise wie bei dem Nivellierinstrumente mit der Variation, daß man den Theodoliten sowohl nach der Alhidadenachse als auch nach der Limbusachse horizontieren kann, jenachdem man die Libelle mit der Alhidade allein oder mit dem Hauptkreise, an dem die Alhidade festgeklemmt ist, dreht. Das Zentrieren wird in einem besonderen Abschnitte abgehandelt werden.

Nach erfolgter Horizontierung des Theodoliten stellt man zunächst Null auf Null, wie man sich kurz ausdrückt, das heißt man stellt den Nullpunkt des Nonius I auf den Anfangspunkt der Teilung und notiert den Stand des Nonius II, falls sein Standpunkt nicht genau auf den Teilstrich 180^0 zeigen sollte, dreht sodann den Hauptkreis mit der Alhidade fest verbunden so, daß das Fernrohr in der Richtung des links liegenden Signals kommt, zieht die Klemmschraube an und stellt das Fadenkreuz mittels der Mikrometerschraube scharf ein. Alsdann löst man die Klemmschraube der Alhidade, dreht letztere allein so weit, bis das Fernrohr in dem rechten Schenkel des zu messenden Winkels liegt und stellt mit dem Mikrometerwerke der Alhidade das Fadenkreuz genau auf das Signal ein. Von den beiden Nonien ist hierbei ein dem zu messenden Winkel entsprechender Bogen des Hauptkreises durchlaufen worden, dessen Größe am Nonius I unmittelbar abgelesen, beim Nonius II aus dem Unterschied der ersten und zweiten Ablesung erhalten wird.

Aus beiden Werten nimmt man das arithmetische Mittel.

Denselben Winkel mißt man in der zweiten Lage des Fernrohres, nachdem dasselbe durchgeschlagen oder ohne Verwechslung der Achsenlager umgelegt worden ist, auf dieselbe Weise nochmals und nimmt aus den beiden Schlußwerten das Mittel.

Durch das wiederholte Mittelnehmen werden Folgen der Fehler, welche die Justierung des Instrumentes nicht vollständig beseitigt hat, sowie derjenigen, welche durch die Exzentrizität des Fernrohres, durch das Nichtzusammenfallen der Limbus- und Alhidadenachse und durch die Veränderung der optischen Achse des Fernrohres bei Verstellung der Okularröhre entstehen können, ausgeschieden, bezw. vermindert.

Alle durch die genannten Ursachen herbeigeführten Fehler erscheinen zwar bei dem Messen in der zweiten Lage des Fernrohres ebenfalls, aber auf der entgegengesetzten Seite, so daß das arithmetische Mittel der Messungen ein nahezu fehlerfreies Resultat liefert.

Siebentes Kapitel

§ 92. **Repetieren der Winkel.** — Um die Genauigkeit der Winkelmessung zu erhöhen, namentlich den Einfluß der Beobachtungsfehler und der kleinen Mängel der Kreisteilung möglichst zu beseitigen, wiederholt man dieselbe; man repetiert den Winkel, wie der allgemein übliche Ausdruck lautet.

Man kann einfache und aufeinanderfolgende Repetition der Winkel unterscheiden. Die erstere wird auch wohl Repetition, die andere Multiplikation des Winkels genannt.

Die einfache Repetition besteht darin, daß man den Winkel mehrere Male auf gewöhnliche Weise mißt, aber beim Beginn einer neuen Messung den Nonius nicht wieder auf Null stellt, sondern jedesmal um ein bestimmtes Bogenstück, 10, 20 oder 30 Grad, vorrückt. Die Messungen werden darauf ebenso in der zweiten Lage des Fernrohres ausgeführt und aus allen Resultaten das Mittel genommen.

Mit einfachen Theodoliten läßt sich nur auf diese Weise repetieren.

Von dem Markscheider wird meistens die aufeinanderfolgende Repetition, die Multiplikation, angewendet.

Hierzu ist ein Repetitionstheodolit erforderlich und das Verfahren ist folgendes:

Nachdem, wie oben beschrieben, die erste einfache Winkelmessung vollendet ist, liest man am Nonius ab, löst die Klemme des Limbus, führt diesen samt der fest mit ihm verbundenen Alhidade zum wiederholten Einstellen auf das linke Objekt zurück, löst die Klemme der Alhidade und dreht diese wieder allein zur Einstellung des Fernrohrs auf das rechts liegende Signal.

Hierbei haben die Nonien einen Bogen durchlaufen, welcher gleich der doppelten Größe des zu messenden Winkels ist. Wiederholt man dies Verfahren im ganzen $n$mal, so werden die Nonien die $n$fache Größe des zu messenden Winkels angeben, wenn dem zuletzt an den Nonien abgelesenen Werte so oft 360 Grade zugesetzt werden, als der Vollkreis beim Repetieren von dem Nonius I durchlaufen wurde. Diese Winkelgröße wird durch die Anzahl der Repetitionen geteilt.

Dasselbe Verfahren wiederholt man in gleicher Weise in der zweiten Lage des Fernrohrs und nimmt aus beiden Werten das Mittel.

Unter der ersten und zweiten Lage sind zunächst die zeitlich aufeinander folgenden Lagen des Fernrohrs zu verstehen, aber in der Praxis nennt man eine bestimmte Lage die erste, z. B. diejenige, in welcher die Getriebeschraube des Okulars sich unterhalb des Rohres befindet, und diejenige Lage, in welcher diese Schraube oberhalb ist, die zweite.

Obgleich man nur nötig hat, am Schluß abzulesen, so wird man es doch nach der ersten Einstellung auf das rechte Objekt thun, um die Größe des Winkels wenigstens annähernd zu kennen und bei der vorletzten, event. auch schon bei der drittletzten Repetition um sich von dem fortschreitenden Gange der Näherung zu überzeugen.

Z. B. Erste Ablesung 102° 45'.

I. Lage des Fernrohrs.

Anzahl der Repetitionen	Ablesung	Mittel	Winkel
4.	Non. I 51° 0' 45" „ II 231° 0' 45"	411° 0' 45"	102° 45' 11"
5.	„ I 153° 45' 45" „ II 333° 45' 45"	513° 45' 45"	102° 45' 9"
6.	„ I 256° 31' 0" „ II 76° 31' 0"	616° 31' —"	102° 45' 10"

II. Lage des Fernrohrs.

4.	„ I 51° 0' 15" „ II 231° 0' 15"	411° 0' 15"	102° 45' 4"
5.	„ I 153° 45' 20" „ II 333° 45' 30"	513° 45' 25"	102° 45' 5"
6.	„ I 256° 30' 40" „ II 76° 30' 30"	616° 30' 35"	102° 45' 6"

Mittelwert = 102° 45' 8".

Weisbach schlägt für Winkelmessen in der Grube ein Zeit ersparendes Verfahren vor: Man repetiert den Winkel zweimal, schlägt dann ohne an den Nonien abzulesen, das Fernrohr durch, repetiert noch zweimal und liest dann erst ab. Die Schlußablesung wird dann durch vier geteilt. Selbstverständlich kann in jeder Lage des Fernrohrs noch öfter repetiert werden, wonach der Schlußdivisor sich dann richtet.

In den meisten Fällen wird zur Prüfung der Ergänzungswinkel zu 360 Grad auf dieselbe Weise gemessen.

§ 93. Hatte die Prüfung des Theodoliten ergeben, daß Limbus und Alhidadenachse nicht genau zusammenfallen, so ist bei der einfachen Repetition der Theodolit nach der Alhidadenachse bei der aufeinanderfolgenden Repetition (Multiplikation) nach der Limbusachse horizontal zu stellen.

Bei der einfachen Repetition wird nur die Alhidade gedreht und die geneigte Stellung der Limbusachse ist ohne allen Einfluß.

Bei der Multiplikation des Winkels dagegen bleibt die Achse des Hauptkreises selbst vertikal und die Fernrohrdrehachse kann sich nur um den eventuell vorhandenen Divergenzwinkel von Limbus- und Alhidadenachse neigen.

Bei fortgesetzter Repetition ist aber schon nach halber Umdrehung der Alhidade diese Neigung eine entgegengesetzte geworden und wirkt auch im entgegengesetzten Sinne wie vorher, also den Fehler ausgleichend.

§ 94. Das Messen eines Horizontalwinkels mittels des Theodoliten mit exzentrischem Fernrohre unterscheidet sich nicht von dem Messen mit zentrischem Fernrohr. Man mißt auch hier den Winkel in beiden Lagen des Fernrohrs und nimmt das arithmetische Mittel aus beiden Werten.

Die Richtigkeit des Verfahrens ergiebt sich aus folgender Betrachtung. In den Figuren 139 a und b ist $AMB = W$ der zu messende Winkel, über dessen Scheitelpunkte der Hauptkreis des Theodoliten senkrecht steht. In der ersten Lage (Fig. 139 a) wird aber durch die beiden Visuren nach

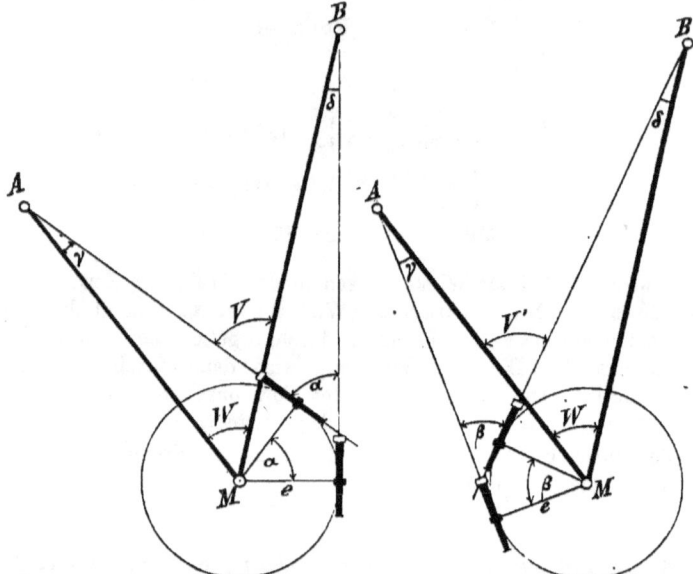

Fig. 139a u. b. Messen eines Horizontalwinkels mit einem exzentrischen Theodoliten.

A und B ein Winkel $= \alpha$, in der zweiten Lage des Fernrohrs (Fig. 139 b) ein Winkel $= \beta$ gemessen.

Von den Winkeln V und V^1 ist nun jeder ein gemeinschaftlicher Außenwinkel zweier Dreiecke nämlich

in Fig. a $V = W + \gamma = \alpha + \delta$ (1)
in Fig. b $V^1 = W + \delta = \beta + \gamma$ (2)

Aus Gleichung (1) folgt $W = \alpha + \delta - \gamma$
„   „   (2)   „ $W = \beta - \delta + \gamma$

addiert giebt $2W = \alpha + \beta$
$$W = \frac{\alpha + \beta}{2}$$

Die Theorie von dem Messen der Vertikalwinkel mittels des Höhen- § 95.
kreises ist bei der Besprechung und Berichtigung dieses Kreises im § 87
schon genügend erörtert, so daß nur einige Beispiele anzuführen sind.

Messung eines Depressionswinkels ohne vorherige Beseitigung des Indexfehlers:

I. Lage des Fernrohrs 75° 33' 30"⎫ Mittel = 75° 55' 25".
II.   „   „   „   76° 17' 20"⎭

Der Indexfehler beträgt = 0° 21' 55".

Wiederholung der Messung mit etwas verstelltem Höhenkreis:

I. Lage des Fernrohrs 70° 15' 50"⎫ Mittel = 75° 55' 45"
II.   „   „   „   81° 35' 40"⎭

Der Indexfehler beträgt = 5° 39' 55".

Der gemessene Depressionswinkel ist gleich

$$\frac{75°\,55'\,25'' + 75°\,55'\,45''}{2}$$
$$= 75°\,55'\,35''.$$

Ein Punkt beim Höhenwinkelmessen mittels exzentrisch liegenden Fernrohrs bedarf noch der Berücksichtigung.

Der Winkel $AMB = \alpha$ (Fig. 140) soll ermittelt werden und der Winkel $ACB = \alpha'$ wird in Wirklichkeit gemessen.

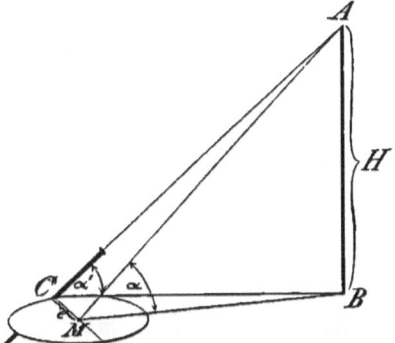

Fig. 140. Messen von Höhenwinkeln mit einem exzentrischen Fernrohr.

Nun ist $\operatorname{tg} \alpha = \frac{H}{MB}$ oder da $MB = \sqrt{BC^2 + MC^2} = \sqrt{H^2 \cot^2 \alpha_1 + e^2}$

so ist $\operatorname{tg} \alpha = \frac{H}{\sqrt{H^2 \cot^2 \alpha_1 + e^2}} = \frac{H}{H \cot \alpha_1 \sqrt{1 + \frac{e^2}{H^2 \cot^2 \alpha_1}}} = \frac{\operatorname{tg} \alpha_1}{\sqrt{1 + \left(\frac{e}{H \cot \alpha_1}\right)^2}}$.

Ist $H \cot \alpha_1$ gegen die Exzentrizität e des Fernrohrs hinreichend groß, so verschwindet das Glied $\left(\frac{e}{H \cot \alpha_1}\right)$ und Winkel $\alpha = \alpha_1$.

Ist z. B. $H = 25$ m, $\alpha_1 = 75°$, $e = 0{,}07$ m, so ist $\alpha = 75° -'\,3''$.

Das Aufstellen und Zentrieren des Theodoliten über. Tage und §. 96.
in der Grube, sowie die hierbei üblichen Signale. — Unter dem Zentrieren des Theodoliten versteht man eine derartige Aufstellung desselben, daß der Mittelpunkt des Hauptkreises genau senkrecht über oder unter dem Scheitel des zu messenden Winkels liegt. Die korrekte Ausführung dieser Arbeit ist von großem Einfluß auf die Richtigkeit der Theodolitmessungen.

A. Ueber Tage.

Das Aufstellen und Zentrieren des Theodoliten erfolgt über Tage mittels Stativs und Zentralschraube, welche letztere zugleich in bekannter Weise durch eine Spirale zur Befestigung des Instrumentes dient.

Das Stativ wird so über den durch einen Pfahl oder Stein bezeichneten Punkt gestellt, daß die Kopfplatte möglichst horizontal und das Loch derselben sich senkrecht über dem Winkelpunkte befindet. Sodann wird der Theodolit aufgesetzt, die Zentralschraube, ohne die Platte anzupressen, an das untere mit Gewinde versehene Ansetzstück des Fußes angeschraubt und ein Lot in den Haken der Zentralschraube gehängt.

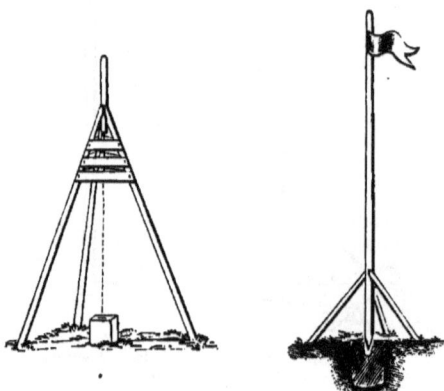

Fig. 141a u. b. Signale für Theodolitmessungen über Tage.

Der Theodolit wird dann so lange abwechselnd horizontal gestellt und auf dem Stativteller verschoben, bis bei vollständig horizontaler Stellung des Theodoliten das Lot genau in die Marke des Steines oder Pfahles einspielt. Hierauf wird die Zentralschraube fest angezogen und die genaue Horizontalstellung nochmals nachgesehen.

Der Theodolit ist nunmehr zentriert, denn bei guter Arbeit des Mechanikus muß die verlängerte Hauptachse des Theodoliten zugleich die Mittellinie der auf der Ringfläche aa (Fig. 127) fest anliegenden Zentralschraube sein.

Das eben beschriebene Verfahren setzt voraus, daß die Stellschrauben des Dreifußes mit Unterlageplatten versehen sind.

Als Signale sind über Tage bei sehr großen Entfernungen dreifüßige Bocksignale Fig. 141 a, wie sie bei größeren trigonometrischen Arbeiten allgemein angewendet werden, zu empfehlen, bei kürzeren Entfernungen gerade weiß angestrichene Stangen mit Fähnchen, Fig. 141 b, welche durch Stützen in senkrechter Stellung erhalten werden, und bei ganz kurzen Stationen, wie sie ausnahmsweise auch bei Tagemessungen vorkommen, ist ein feiner Stift oder eine Lotschnur als Ziel zu benutzen.

Von den Stangensignalen ist womöglich stets der tiefste Punkt anzuvisieren.

In einzelnen Fällen wird der Markscheider auch das Heliotrop als Signal benutzen. Von den Konstruktionen eines solchen Instrumentes ist das einfache, von jedem Meßgehilfen leicht zu bedienende BAEYERsche oder BERTRAMsche Heliotrop zu empfehlen.

Ein Brett (Fig. 142) kann auf geeigneter Unterlage mit dem Drehpunkte C zentrisch über einen Signalpunkt gestellt und mittels der Schraube etwas geneigt werden. In einem Loch steckt ein einfaches Gestell, welches den Spiegel S trägt. Derselbe ist um eine durch die beiden Schrauben vv gebildete Achse drehbar, und da der runde Zapfen des Gestelles in dem Loche sich auch drehen läßt, so kann dem Spiegel jede beliebige Stellung gegeben werden.

An der entgegengesetzten Seite des Brettes steckt in einem viereckigen Loche der ebenso gestaltete Zapfen der kleinen Röhre R, die mit einer Gelenkklappe geöffnet und geschlossen werden kann.

Die Spiegelbelegung ist in der Mitte innerhalb eines kleinen Kreises entfernt. Zum Gebrauche stellt man das Brett zentrisch so auf, daß man

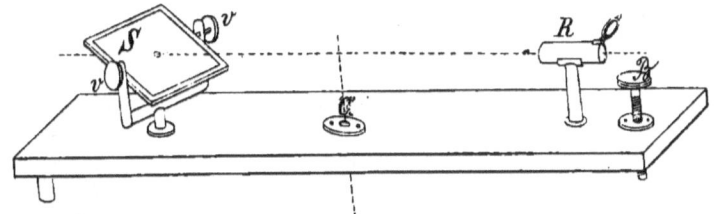

Fig. 142. Das BAEYERsche Heliotrop.

durch den kleinen Kreis in der Mitte des Spiegels und durch die geöffnete Röhre R nach dem Theodoliten blicken kann. Darauf schließt man die Röhre mit der Klappe und dreht den Spiegel so lange, bis das Sonnenlicht von demselben in die kleine Röhre geworfen wird. Um dies leicht zu erkennen, ist die innere Fläche der Klappe mit weißem Papier oder Spiegelglas belegt, worauf man den etwas dunkleren Mittelpunkt des Spiegels sehen muß.

Entfernt man darauf die Röhre, so wird das Sonnenlicht nach dem Theodolit hin geworfen. Da die Sonne ihren Stand fortwährend verändert, so ist die Stellung des Spiegels von Zeit zu Zeit zu berichtigen.

Die Winkelmessungen bei Triangulationen sind zu einer solchen Tageszeit auszuführen, in welcher die Signale gut und voll beleuchtet sind. Einige Winkel werden daher am besten am Vormittag, andere am Nachmittag zu messen sein.

B. In der Grube.

§ 97. Die Aufstellung und damit im engen Zusammenhange das Zentrieren des Theodoliten in der Grube ist nicht immer einfach, da die mannigfaltige Beschaffenheit der Grubenräume in der verschiedensten Weise darauf einwirkt und in der That auch eine große Auswahl von Verfahrungsweisen hervorgerufen hat.

Zur Aufstellung des Theodoliten in der Grube dienen **Stative** mit verstellbaren Beinen, **Spreizen** aus starken Brettern, Bohlen und Rundholz, oder besondere **Arme**.

Die Ausführung des Zentrierens hängt davon ab, wie und wo die Winkelpunkte fixiert sind.

Diese werden entweder **dauernd** durch unverrückbare Zeichen, welche fast immer in der Streckenfirste, sehr selten in der Sohle angebracht sind, oder **vorübergehend** durch Untersätze fixiert, welche wie der Theodolit auf Stativen, Spreizen oder Armen aufgestellt werden.

Zunächst soll von den Methoden des Zentrierens gesprochen werden, welche bei dauernd fixierten Winkelpunkten zur Anwendung kommen.

Das dauernde Fixieren der Winkelpunkte geschieht fast ausnahmslos **in der Firste** und zwar durch kleine messingene oder eiserne Krampen (Fig. 143), welche ein Loch zum Durchziehen der Lotschnur haben.

Diese Krampen werden in die Firstenzimmerung geschlagen, oder in Pflöcke, welche bei festem Gestein und bei Mauerung in vorher gebohrte Löcher eingetrieben waren.

Bei eisernem Streckenausbau kerbt man die scharfe Kante eines geeignet liegenden Eisenbogens mittels einer Bohrerschneide so ein, daß die Lotschnur in diese Vertiefung eingelegt werden kann.

Zum Zentrieren dient ein Lot (Fig. 143), dessen Spitze stets in die Achse des durch das kleine Loch der erwähnten Krampen gezogene Lotschnur fallen muß.

Fig. 143. Zentrierlot.

Auf dem Mittelstege der Reiterlibelle oder auf dem Fernrohre des Theodoliten ist ein Punkt bezeichnet, welcher in der Verlängerung der Drehachse des Instrumentes liegt. (Der Punkt auf dem Fernrohre gilt selbstverständlich nur für die horizontale Richtung des Rohres.) Zeigt die Spitze des aus einem Winkelpunkte ruhig hängenden Lotes auf jenen Punkt des horizontal stehenden Theodoliten, so ist derselbe **zentriert**.

Ob der Punkt auf der Reiterlibelle oder auf dem Fernrohre genau in der Drehachse des Theodoliten liegt, überzeugt man sich, wenn man den horizontal und zentrisch unter dem ruhig hängenden Lote aufgestellten Theodoliten dreht. Liegt der Punkt in der Drehachse des Instrumentes, so wird derselbe während der Drehung stets dieselbe Stellung unter der Lotspitze beibehalten, im anderen Falle dagegen einen Kreis beschreiben. Der Mittelpunkt dieses Kreises ist der richtige, zum Zentrieren zu benutzende Punkt.

Gestatten die Verhältnisse in der Grube die Anwendung eines Statives zur Aufstellung des Theodoliten, so wird dasselbe so unter dem Winkelpunkt aufgestellt, daß das Lot nahezu über der Lochmitte der Kopfplatte spielt und daß letztere möglichst horizontal ist. Dieser Bedingung kann mit Hilfe der verstellbaren Beine leicht genügt werden. Erst dann wird der Theodolit auf das Stativ gestellt und durch abwechselndes Verschieben und Horizontieren zentriert.

Borchers, welcher bei seinen ausgedehnten Präzisionsmessungen sich nur dieser Zentriermethode bedient hat, sagt in seinem Werke: „Die praktische Markscheidekunst" über dieses Verfahren:

„Das Zentrieren des Theodoliten mit Hilfe eines Lotes nimmt so wenig Zeit in Anspruch, daß dieselbe gar nicht in Betracht kommt; in einigen Minuten kann diese geringe Vorarbeit, ohne viel Übung vorauszusetzen, gemacht werden. Auch hat das besondere Zentrieren des Theodoliten meinen Erwartungen in Bezug auf die Winkelbestimmung stets vollständig entsprochen."

Die Schwierigkeiten vorstehender Zentrierung liegen nur in der Aufstellung des Stativs, namentlich in der Bedingung, daß die Spitze des Zentrierlotes nahezu über der Lochmitte der Kopfplatte hängen muß. Letzteres ist aber notwendig, weil die Zentralschraube, welche das Loch der Stativplatte nahezu ausfüllt, nur einen geringen Spielraum zum Verschieben des Instrumentes gewährt.

Sind die Grubenräume für die Benutzung des Stativs nicht geeignet, so sind eiserne Arme (siehe § 61, Fig. 112) oder Spreizen anzuwenden.

Die eisernen Arme werden in die Zimmerung oder in senkrechte Stempel eingeschraubt, gewähren dem Theodoliten einen vollkommen sicheren Stand und gestatten dem Markscheider eine freiere Bewegung als das Stativ oder die Spreize. Die Schwierigkeit, die Kopfplatte des Armes möglichst zentrisch unter einen gegebenen Fixpunkt zu bringen, ist aber noch größer als bei dem Stativ, wenn nicht beim Aussuchen der Winkelpunkte mit der nötigen Umsicht verfahren worden ist. Am besten wird erst der Arm eingeschraubt und dann der Winkelpunkt fixiert.

§ 98. Zur Beseitigung der obengenannten Schwierigkeit hat man die Kopfplatten der Stative und Arme mit Zentriervorrichtungen versehen, welche die Verschiebung der Theodoliten behufs seiner Zentrierung innerhalb einer größeren Fläche gestatten, als die gewöhnliche Durchbohrung der Kopfplatte.

Professor Chrismar in Schemnitz beschreibt in der Berg- und Hüttenmännischen Zeitung 1880, Nr. 20 eine solche Zentriervorrichtung, welche sehr weitgehenden Ansprüchen genügt, aber leider, da ein besonderes Stativ dazu gehört, sehr kostspielig ist (350 Mark) und durch sein Gewicht den Gebrauch sehr erschwert.

Die CHRISMARsche Zentriervorrichtung besteht aus einer Drehscheibe CC, der Schiebebrücke BB und der Standplatte A (Fig. 144 a u. b).

Die Standplatte ist mit einem Zentriermittelpunkt und mit Körnerpunkten für die Spitzen der Fußschrauben des Theodoliten versehen. Die

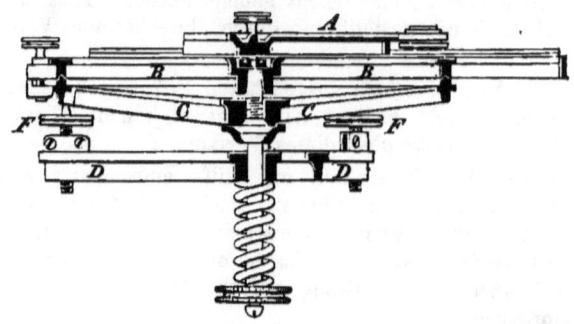

Fig. 144a.   Zentriervorrichtung von CHRISMAR.

Standplatte ist auf keilförmigen Schienen der Schieberbrücke verschiebbar und mittels Druckschrauben festzuklemmen, außerdem mit einer Dosenlibelle versehen.

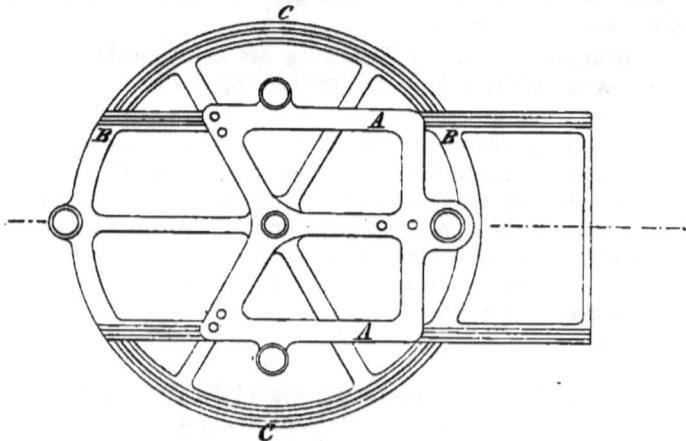

Fig. 144b.   Zentriervorrichtung von CHRISMAR.

Die Drehscheibe kann durch eine Zentralschraube mit Spirale an die Stativkopfplatte DD fest angepreßt und durch die Schrauben FF horizontal gestellt werden.

Diese Schrauben FF gehen durch mit Gewinden versehene Kugeln, welche ihrerseits nach Art eines Kugelgelenkes mit der Stativplatte verbunden sind. Die Drehscheibe hat sechs Arme, welche sich etwas nach unten in einer Nabe vereinigen, und einen Kranz von kreuzförmigem Querschnitt, der nach oben in einer rechtwinkeligen Schneide endet. Die Nabe dient zur Befestigung der Scheibe am Stativ und zur Aufnahme der Drehachse der Schieberbrücke, welche letztere mit geeigneten Einschnitten für den eingreifenden keilförmigen Ring der Drehscheibe verbunden sind. Durch die vereinigte Bewegung der zu verschiebenden Standplatte und der zu drehenden Schieberbrücke läßt sich der Mittelpunkt der Standplatte innerhalb eines Kreises von 30 cm Durchmesser unter die Lotspitze stellen. Werden die Spitzen der Fußschrauben in die Körner der Standplatte gesetzt, so ist der Theodolit zentriert.

§ 99. Der einfachste Zentrierapparat ist eine Holzplatte von genügender Stärke, welche mittels Spindel und Flügelmutter (Fig. 145) an jede Kopfplatte angeschraubt werden kann.

Der Winkelpunkt wird aus der Firste auf die Platte, welche mit Papier beklebt werden kann, herabgelotet und der Theodolit über diesen Punkt zentrisch aufgestellt.

Dies geschieht in erforderlicher Schärfe mit Hilfe der Zentrierspitze, welche in den unteren Teil der Dreifußhülse eingeschraubt werden kann (§ 72, Fig. 127). Die Stellschrauben des Dreifußes werden in eine solche Lage gebracht, daß die Zentrierspitze die Fläche des Brettes nahezu berührt.

Fig. 145. Zentrierbrett.

Die Dreifußarme müssen für diesen Fall die Stellschrauben mit Spitzen führen (vergl. Fig. 128), welche in die Platte fest eingedrückt werden.

Wünscht man eine größere Sicherheit des Theodoliten, so läßt sich diese durch Bänder erreichen, welche an den Dreifußarmen befestigt sind und um Stifte am Rande der Holzplatte gewunden werden.

Dieser Apparat leistet mit den einfachsten Mitteln viel und hat außerdem noch den Vorzug, daß die Platte nicht horizontal gestellt zu werden braucht.

Mit dieser ersten Platte A lassen sich noch zwei andere B und C so verbinden, daß die zweite in der ersten und rechtwinkelig, dagegen die dritte in der zweiten mittels schwalbenschwanzförmiger Führung verschiebbar ist, außerdem jede besonders festgeklemmt werden kann, Fig. 146. Durch die doppelte Bewegung kann die Standplatte C innerhalb gewisser Grenzen in jede beliebige Stellung gebracht werden. Dieselbe ist auf ihrer metallenen

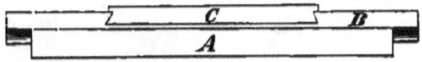

Fig. 146. Zentrierbrett mit Schlittenverschiebung.

Belegung mit Zentrierpunkt, Körnerpunkten oder geradlinigten keilförmigen Vertiefungen (Schlitzen) versehen. Die Vertiefungen müssen in ihren Verlängerungen sich genau im Zentrierpunkte unter 120 Grad schneiden (vgl. auch Fig. 155). Die Körnerpunkte sind die Eckpunkte eines regelmäßigen Dreiecks, dessen Schwerpunkt zugleich der Zentrierpunkt ist. Der Apparat

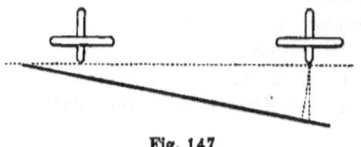

Fig. 147.

muß bei seiner Benutzung horizontal gestellt werden, weil bei geneigter Stellung der Standplatte die horizontale Entfernung der Körnerpunkte verkürzt wird, während die der Stellschraubenspitzen dieselbe bleibt. (Fig. 147.)

Auch bei dem Vorhandensein von Vertiefungen (Schlitzen) wird eine geneigte Stellung der Standplatte zur Folge haben, daß die Mittellinie des horizontierten Theodoliten den Zentrierpunkt nicht trifft.

Die Spreizenschraube mit der darauf zu steckenden Standplatte, welche bei der Freiberger Aufstellung in § 103 ff. besprochen werden wird, eignet sich mit geringen Abänderungen ebenfalls zu einer Zentriervorrichtung, welche mit dem Stative verbunden werden kann. Die verhältnismäßig dünne Schraubenspindel hat in der gewöhnlichen Durchbohrung der Kopfplatte mehr Spielraum als die Zentralschraube.

§ 100. Die im vorstehenden beschriebenen Zentriervorrichtungen lassen sich ebenfalls auf der Kopfplatte eines Armes anbringen; es werden aber in Verbindung mit demselben auch noch besondere Vorrichtungen angewendet.

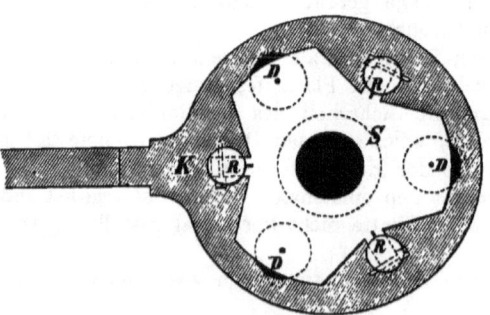

Fig. 148. Zentriervorrichtung von Borchers.

Borchers hat seine schon erwähnten Arme (§§ 61, 97, Fig. 112) mit folgender Vorrichtung versehen:

Die Kopfplatte K des Armes enthält außer der großen zentrischen Durchbohrung noch drei Löcher DDD, deren Mittelpunkte ein gleichseitiges Dreieck bilden. Auf der Platte K läßt sich die mit Schrauben RRR zum Horizontalstellen versehene Standplatte S so weit verschieben, als die drei erwähnten Löcher erlauben. An der unteren Seite der Standplatte sitzen nämlich den Mittelpunkten dieser Löcher entsprechend drei mit Gewinden versehene Zapfen, die durch die Kopfplatte hindurchragen und an dem unteren Ende Schrauben haben, mittels welcher die Standplatte festgeklemmt werden kann.

Die Standplatte hat für die Zentralschraube eine Durchbohrung und Körnerpunkte für die Spitzen der Fußschrauben des Theodoliten.

In der zentralen Durchbohrung der Standplatte kann ein zentrisches Lichtsignal bei Messungen in tonnlägigen Schächten angebracht werden (vergl. Fig. 161 zu § 108).

Die von OTTO in Planitz bei Zwickau in der Berg- und Hüttenmännischen Zeitung, Jahrgang 1879, Seite 254, beschriebene, ebenfalls auf einem Arme angebrachte Zentriervorrichtung unterscheidet sich wesentlich nur dadurch von der BORCHERsschen, daß die dreiflügelige, mit Schlitzen statt der Körnerpunkte versehene Standplatte keine Stellschrauben zum Horizontieren hat.

§ 101. An Stelle von Stativ und Arm kann auch noch die horizontal geschlagene Spreize treten, welche in dem Falle, daß mit in der Firste angebrachten Fixpunkten gearbeitet wird, am zweckmäßigsten aus einem sehr starken und hinreichend breiten Brette besteht, welches mittels Bühnloch und Anpfahl unter dem Winkelpunkte fest angetrieben wird. Das Zentrieren erfolgt durch das Lot von oben oder mit Hilfe der Zentrierspitze, nachdem der Winkelpunkt auf die Spreize herabgelotet worden ist (vergl. die Zentriervorrichtung in § 99).

§ 102. Wenn die Winkelpunkte nicht dauernd fixiert sind, oder wenn, wie man sich ausdrückt, mit verlorenen Punkten gearbeitet wird, so beruht das Aufstellungs- und Zentrierverfahren auf der Anwendung von Untersätzen, die ebenfalls teils auf Stativen, teils auf Armen und Spreizen aufgestellt werden.

Die Untersätze sind so konstruiert, dass sie abwechselnd den Theodolit oder das Signal aufnehmen können.

Bei diesem Wechsel soll die Mittelachse des Signals genau die Lage der senkrechten Mittelachse des Theodoliten einnehmen, oder der Zielpunkt des Signals soll wenigstens in diese Linie fallen.

Solcher Untersätze sind stets mindestens drei notwendig, da einer den Theodoliten, jeder der beiden anderen ein Signal aufzunehmen hat.

Nachstehende Formen werden am häufigsten angewandt:

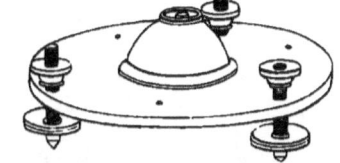

Fig. 149. WEISSBACHscher Telleruntersatz für Theodoliten.

1) Die von WEISSBACH konstruierten Teller. Ein solcher besteht aus einer runden Metallscheibe mit drei Fußschrauben zum Horizontalstellen und drei Körnerpunkten oder Schlitzen zur Aufnahme der Fußschrauben des

Theodoliten, und ist in der Mitte zentrisch ausgedreht, um je nach Bedürfnis eine Dosenlibelle zum Horizontieren oder eine domförmige Setzlampe als Signal aufnehmen zu können.

Durch den Mittelpunkt der Flamme, welcher als Zielpunkt dient, wird nach dem Umwechseln die Vertikalachse des Theodoliten gehen.

Der Teller kann auch als Zentriervorrichtung dienen und wird am zweckmäßigsten auf horizontal geschlagenen starken Brettspreizen aufgestellt.

2) Auf einem ähnlichen Grundsatze beruhen die BORCHERSschen Arme mit Zentriervorrichtung, welche beim Messen in tonnlägigen Schächten näher besprochen werden.

3) Der gewöhnliche Dreifuß.

Der Achsenzapfen des Theodolithauptkreises hat mit dem der Signale gleiche Dimensionen, so daß jeder Untersatz beide abwechselnd aufnehmen kann.

Die Signale sind ebenfalls mit Libellen zum Horizontalstellen ausgerüstet (Fig. 150).

Zu jedem Untersatz gehört ein Stativ, es sind also im ganzen deren drei erforderlich.

4) Das Kugelgelenk oder die Nußvorrichtung.

Das Kugelgelenk findet man nur an älteren Instrumenten, jetzt werden höchstens kleine Theodoliten, aber auch selten damit verbunden.

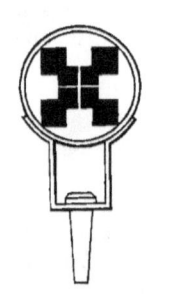
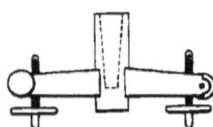

Fig. 150. Zapfensignal für Theodolitmessungen.

Ein solches Kugelgelenk ist dem in § 45 beschriebenen ähnlich, nur wirken hier gegen den Zapfen nicht zwei Schrauben und eine Feder, sondern vier Schrauben, von denen sich je zwei diametral gegenüberstehen (Fig. 151).

Man kann drei solcher Kugelgelenke anwenden, in diesem Falle besitzen, wie vorher, der Theodolit und die Signale Zapfen von gleichen Dimensionen und die Signale sind mit Libellen versehen. Die Kugelgelenke werden mit ihren Hülsen entweder auf Zapfenstative aufgeschraubt oder auf Spreizenschrauben mit kegelförmigem Kopf aufgesteckt.

Es genügt auch, wenn der Theodolit allein mit einem Kugelgelenk versehen und damit fest verbunden ist, die Signale dagegen dieses Gelenk nicht, sondern nur eine Steckhülse be-

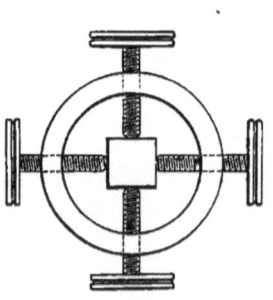

Fig. 151. Querschnitt eines Kugelgelenkes.

sitzen, welche der des Theodoliten vollständig gleich ist. Der Zielpunkt der Signale muß sich in gleicher Höhe mit dem Mittelpunkt der Gelenkkugel befinden (Fig. 152).

Mit dieser Vorrichtung ist das im § 30 Fig. 65 beschriebene Kompaßinstrument versehen, welches zum Messen über eisernen Schienen gebraucht wird.

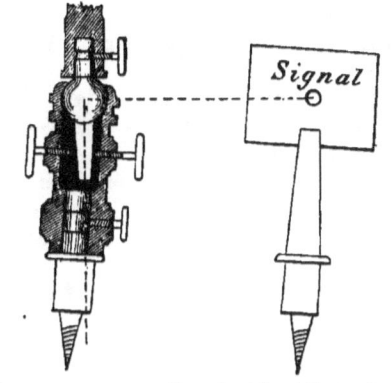

Fig. 152. Aufstellung des Theodoliten mit Kugelgelenk.

Die Freiberger Aufstellung. — Die Freiberger Aufstellung des Theodoliten, deren Beschreibung in der sechsten Auflage der Vermessungskunde von BAUERNFEIND S. 322 sich findet, ist als der gelungene Abschluß von mehrfachen Versuchen zu betrachten, die zuerst von dem Professor JUNGE in der Berg- und Hüttenmännischen Zeitung Jahrgang 1861, Seite 62, vorgeschlagene Aufstellung seines Goniometers zu verbessern.

§ 103.

Einmal des historischen Interesses wegen, sodann weil Apparate aus den verschiedenen Entwickelungsstufen noch im Gebrauch sind, möge das Nachstehende hier Platz finden.

Die JUNGEsche Aufstellung beruht auf der Anwendung einer eisernen Schraube oder Spindel, deren Gestalt, sowie deren Befestigung an einer Spreize Fig. 153 u. 155 zeigen.

Die Spindel endigt oben und unten in Schraubengewinden. Unter der Schraubenspitze befindet sich der Hals, welcher mit einer Hohlkehle zur Aufnahme der Meßschnur oder des Meßbandringes versehen ist.

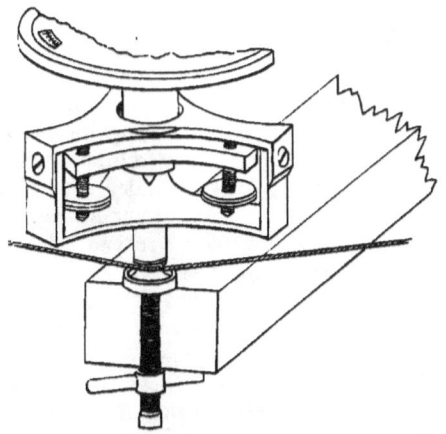

Fig. 153. Aufstellung des JUNGEschen Goniometers.

Die Spreizen werden zur Aufnahme der Spindel senkrecht durchbohrt, wobei der mit besonderen Schneiden ausgerüstete Bohrer eine horizontale Fläche für die Auflageplatte herstellt. Nachdem die Spindel durch das Loch gesteckt und mittels der Flügelmutter an der Spreize befestigt ist, schraubt man zunächst auf die Schraubenspitze eine Dosenlibelle, um den senkrechten Stand der Spindel zu prüfen, bez. durch leichte Schläge auf die Spreize herstellen.

Sobald die Spreizenschraube senkrecht steht, wird die Dosenlibelle ab- und der Goniometer aufgeschraubt. Derselbe ist ein Theodolit, dessen Dreifuß von einem messingenen abnehmbaren Gehäuse umgeben ist (Fig. 153).

In der Mitte der unteren Platte dieses Gehäuses ist eine Schraubenhülse angebracht, in welche das Gewinde an der Spitze der Spreizenschraube passt.

Der aufgeschraubte Goniometer soll eigentlich sofort horizontal stehen; kleine Abweichungen werden durch die Stellschrauben des Dreifußes beseitigt.

Diese Abweichungen dürfen selbstverständlich nicht bedeutend sein, weil sonst leicht durch das Beseitigen derselben das erforderliche Zusammenfallen der Vertikalachse des Instrumentes mit der Mittelachse der Schraubenspindel aufgehoben wird und hierdurch die Richtigkeit der Messung leiden würde.

Die in Vorschlag gebrachten Signale (Fig. 154) besitzen nämlich keine Horizontierungsvorrichtung, sondern sind so konstruiert, daß ihr Zielpunkt stets in der Verlängerung der Schraubenspindel liegt.

An solchen Stellen, wo Spreizen nicht angewendet werden können, schlägt JUNGE die Benutzung eiserner Gestelle vor (Fig. 154).

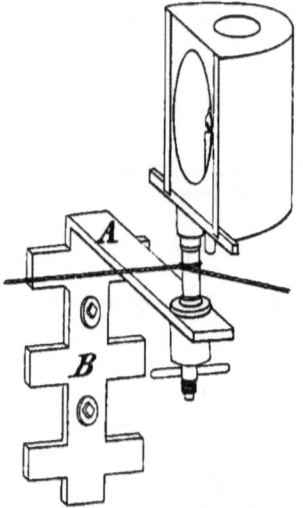

Fig. 154. JUNGEsches Signal.

Der Arm A ist mit einer Durchbohrung zur Aufnahme der Schraubenspindel versehen und die mit Ansätzen versehene Schiene B wird mit Holzschrauben an der Grubenzimmerung befestigt.

Die JUNGEsche Aufstellung ist wegen der damit verbundenen Nachteile nur noch wenig in Gebrauch. Diese Nachteile bestehen zunächst in der Schwierigkeit, die Hauptbedingung zu erfüllen, nämlich die Spindeln genau senkrecht zu stellen. Diese Schwierigkeit steigert sich bei Anwendung der Gestelle außerordentlich. Sodann ist das Aufschrauben des immerhin etwas gewichtigen Instrumentes auf die dünne Schraube mit vielen Windungen lästig und bietet keine Sicherheit für das Aufdrehen während des Messens. Schließlich ist es eine sehr zeitraubende Operation, die Schraubenspindel in der angegebenen Art an der Spreize oder an dem Arme zu befestigen und zugleich senkrecht unter einem gegebenen Winkelpunkte aufzustellen, eine Arbeit, die beim Anschluß an frühere Messungen immer notwendig sein wird.

§ 104. Eine Verbesserung der JUNGEschen Aufstellung ist dadurch erreicht, daß auf die Spitze der Spreizenschraube nicht der Theodolit selbst, sondern eine Standplatte mit Körnerpunkten oder Schlitzen für die Theodolitfüße aufgeschraubt wird, und daß die Hohlkehle zur Aufnahme der Schnur dicht unter der Spitze der Schraube angebracht ist. (Österr. Zeitschrift 1877, Seite 201: Abhandlung von GODER. Berg- und Hüttenmännische Zeitung 1879, Nr. 27 ff.: Abhandlung von OTTO.)

Die Möglichkeit des Verdrehens der Standplatte während des Messens ist bei dieser Konstruktion auch nicht ausgeschlossen, und der Theodolit

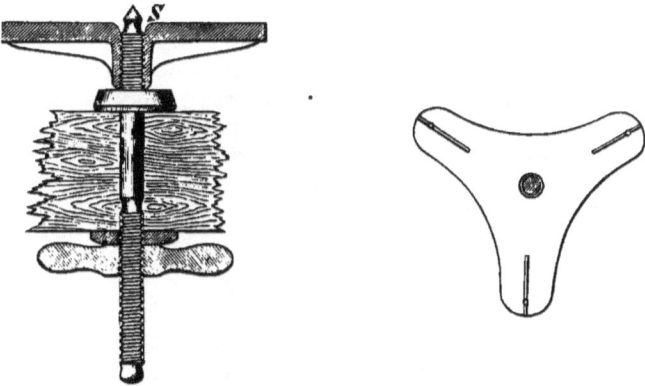

Fig. 155a u. b. Aufstellungsvorrichtung für den Theodoliten von GODER.

steht ohne Schutz vor dem Herabfallen auf der Platte, aber die schwierig auszuführende Bedingung, die Schraubenspindel senkrecht zu stellen, braucht hier nicht so streng eingehalten zu werden wie beim JUNGEschen Goniometer, da die Signale entweder auf gleichen Dreifüßen stehen, wie der Theodolit, oder die Schraubenspitze S (Fig. 155a) selbst als Zielpunkt dient.

Sind nämlich die Aufstellungspunkte der Stellschrauben so gewählt, daß der Theodolit auf der horizontalen Standplatte genau zentrisch zu der über die Oberfläche der Platte etwas hinausragenden Schraubenspitze S steht, so wird auch bei etwas geneigter Lage der Standplatte durch die erforderlich werdende Horizontierung des Theodoliten die zentrische Stellung desselben doch nur wenig leiden, da die Schraubenspitze S nahezu in gleicher Höhe mit den Enden der Dreifußarme liegt.

Den eisernen Aufstellungsarmen und den daran befestigten Spindeln ist ferner eine Form gegeben, welche die senkrechte Stellung der Schraubenspindel auf leichte Weise erreichen läßt (Fig. 156).

Der untere Teil der Auflegeplatte ist kugelförmig abgedreht und das Loch in dem eisernen Arme erweitert sich nach unten, so daß die Spindel hinreichenden Spielraum für verschiedene Stellungen hat.

§ 105.

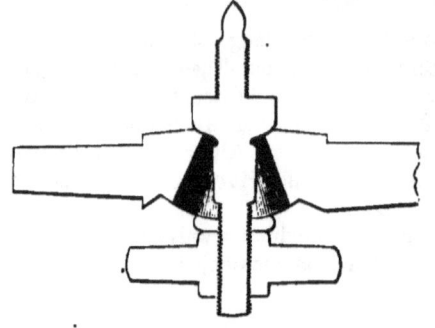

Fig. 156. Eiserner Aufstellungsarm von Otto.

Ein anderweitiger Versuch, die schwierige Senkrechtstellung der Jungeschen Schraubenspindel entbehrlich zu machen, hat zu der Konstruktion des Eichhoff-Osterlandschen Patenttheodoliten geführt (Berg- und Hüttenm. Zeitung, 1871, Nr. 39 ff.). Der beabsichtigte Zweck ist durch die eigenartige Aufstellungsvorrichtung allerdings erreicht, da aber im Übrigen an der Konstruktion des Jungeschen Goniometers, namentlich an der Verkapselung der Stellschrauben und an der Verbindung des Gehäuses mit der Spreizenschraube durch Schraubengewinde festgehalten wurde, ferner Signale mit derselben teuern Aufstellungsvorrichtung notwendig sind, so ist ein schwerfälliges Instrument mit sehr vielem Beiwerk entstanden, was dem praktischen Markscheider nicht empfohlen werden kann.

§ 106. Die Freiberger Aufstellung wendet Spreizenschrauben d an, welche am oberen Ende mit einem Prisma p statt des Schraubengewindes versehen sind, im übrigen den Jungeschen Schrauben gleichen. Das Prisma endigt oben in einer Spitze, welche in der gemeinschaftlichen Achse der Schraube d und des Prismas liegt. Dicht unter der Spitze ist die Hohlkehle zu dem bekannten Zwecke angebracht.

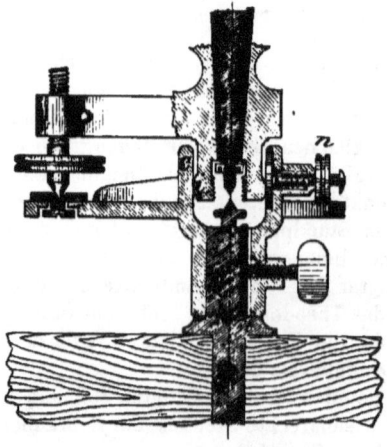

Fig. 157. Die Freiberger Theodolitaufstellung.

Auf dieses Prisma wird die dreiarmige Standplatte aufgesetzt und mit einer Klemmschraube festgepreßt. Aus der Mitte der Standplatte ragt ein kurzer hohler Cylinder c heraus, dessen Achse mit der Prismenachse zusammenfällt. Derselbe ist dazu bestimmt, das kugelförmige Ende i der Fußhülse des

Theoliten aufzunehmen, das mit Hilfe der Schraube n und einer Spirale sanft gegen die innere Wandung des Hohlcylinders angedrückt wird. Die Enden der mit Rippen verstärkten Arme tragen Fußplättchen zur Aufnahme der Stellschraubenspitzen.

Eins dieser Plättchen ist mit einer keilförmigen Vertiefung (Schlitz), welche auf den Mittelpunkt des Hohlcylinders gerichtet ist, versehen und festgeschraubt, während die beiden anderen kegelförmige Vertiefungen haben und mit geringem Spielraum auf den Flügeln der Standplatte verschiebbar sind, ohne jedoch abfallen zu können.

Von den Fußschrauben des Theoliten wird eine nur bis zu einer gewissen durch ein einschiebbares Zwischenstück bedingten Stelle in den Dreifußarm eingeschraubt, so daß dieser Arm bei der Horizontierung immer in gleicher Höhe über der Standplatte bleibt.

Der Dreifuß der Signale hat nur zwei Stellschrauben, am dritten Arme ist ein festes Bein (siehe Fig. 159, § 107) so angebracht, daß dieser Arm stets in derselben Höhe über der Standplatte bleibt wie der des Theolitendreifußes, dessen Schraube durch das Zwischenstück gehemmt ist.

Beim Aufsetzen des Theoliten und der Singnale ist darauf zu achten, daß nur die gehemmte Fußschraube, bez. das feste Bein in das festgeschraubte, mit einer Vertiefung versehene Plättchen der Standplatte kommt. Die Horizontierung kann beim Theolit und bei den Signalen nur mittels zweier Stellschrauben erfolgen.

Durch die beschriebene Vorrichtung ist es möglich, daß der Zielpunkt der Signale und die Drehachse des Fernrohres nach erfolgtem Wechsel von Signal und Theolit sich stets in gleicher Höhe befinden.

Die Freiberger Aufstellung hat im allgemeinen aber besonders den anderen Aufstellungen dieser Art gegenüber mancherlei Vorzüge.

Jeder gewöhnliche Theolit kann leicht tauglich für dieselbe gemacht werden. Es ist nur nötig, auf das für die Zentralschraube vorhandene Gewinde einen Knopf mit kugelförmigen Wülsten aufzuschrauben (vergl. Fig. 127).

Die Standplatte wird auf der Spreizenschraube bequemer und sicherer durch das Aufstecken auf das Prisma als durch das Aufschrauben befestigt.

Der Theolit steht verhältnismäßig sicher auf der Standplatte, da die Kugel tief genug in den Hohlcylinder hinabreicht.

Die ganze Vorrichtung läßt sich mit geringer Abänderung in den Dimensionen der Schraubenspindel als Zentriervorrichtung, auf Stativen oder auf Armen benutzen.

Es sind nicht unbedingt besondere Signale erforderlich, da die Spitze des Prismas als Zielpunkt dienen kann.

Schließlich ist die senkrechte Stellung der Schraubenspindel nur annähernd erforderlich und zwar nicht bloß wenn besondere Signale gebraucht werden, sondern auch wenn nur die Prismenspitze als Ziel- und Zentrierpunkt dient.

Der Mittelpunkt der Kugel verändert nämlich bei einer Drehung der Stellschrauben seine Lage in dem Hohlcylinder nur sehr wenig, und da die Alhidadenachse bis zum Mittelpunkt der Kugel hinabreicht, ferner die Spitze des Prismas ganz nahe und zentrisch unter dem Endpunkte der Alhidade zu liegen kommt, so wird bei einer erforderlich werdenden Horizontierung des Theodoliten die zentrische Stellung der Prismenspitze gegen die Alhidadenachse nicht oder doch nur in verschwindend kleinem Grade verändert. Selbstverständlich darf die Neigung der Standplatte nicht bedeutend sein.

§ 107. **Die Signale in der Grube.** — Die Signale sind von der Methode des Messens abhängig.

Sind die Winkelpunkte in der Streckenfirste fixiert, so dienen (siehe die Werke von WEISSBACH und BORCHERS) die Lotschnüre als Signale, welche aus den Löchern der kleinen schon (§ 97, Fig. 143) beschriebenen Krampen herabhängen und durch ein von dem Gehilfen mit der Hand hinter die Schnur gehaltenes und von hinten beleuchtetes Milchglas oder bequemer durch ein Stück mit Öl getränktes Papier sichtbar gemacht werden. Bei ganz reiner Grubenluft sind diese Schnüre zwar noch bei 180 Meter Entfernung anvisiert worden, in den meisten Fällen wird aber die Grenze nahe bei 100 Meter liegen.

Bei größeren Entfernungen sind die Flammen gewöhnlicher Grubenlichter als Signale zu benutzen, welche eingelotet und gegen Wetterzug durch Holzstückchen, Glas oder Glimmerblättchen geschützt werden.

WEISSBACH wandte Hängelampen (Fig. 158) an, bei denen infolge ihrer Einrichtung die Flamme sogleich zentrisch unter dem Winkelpunkte ist. Sie haben wenig Eingang gefunden, da sie schon bei mäßigem Wetterzug pendeln und die freie Flamme sich nur umständlich vor dem unruhigen Flackern schützen läßt.

Bei dem Messen in schlagenden Wettern bleibt freilich nichts weiter übrig, als die Sicherheitslampe nach Art der eben genannten Hängelampen zu benutzen. Die sonstige Konstruktion der Sicherheitslampen erleichtert das Anbringen einer Vorrichtung zum zentrischen Aufhängen, nur muß ein Gelenkwirbel damit verbunden sein, welcher ein Drehen der Lampe um die Längsachse gestattet, wenn einer der den Glascylinder umgebenden Stäbe das Licht verdeckt. Das Licht der Sicherheitslampe brennt sehr gleichmäßig, und bietet ein gutes Zielobjekt, während die Lampe selbst vermöge ihrer Schwere ruhig hängt und sich leicht vor Luftzug schützen läßt. Auf genau horizontaler Unterlage kann diese Lampe auch aufgestellt und eingelotet werden.

Bei den Arbeiten mit verlorenen Fixpunkten dienen ebenfalls einfache Lichtflammen, welche, wie bei den WEISSBACHschen Tellern (§ 103 Fig. 149), infolge der Einrichtung der Untersätze ohne weiteres zentrisch aufgestellt werden können, als Zielpunkte.

Meistens werden besondere Signale benutzt, welche denselben Fuß und dieselbe Aufstellungsvorrichtung besitzen, wie der Theodolit. Der Zielpunkt ist auf einer Platte aus Metall oder aus Milchglas angebracht und befindet sich in dem Mittelpunkte einer regelmäßigen Figur, welche aus dem Metall ausgeschnitten oder auf das Glas mit schwarzer Farbe aufgetragen ist (vergl. Fig. 150 Seite 146). Diese Platte wird von hinten mit einem Lichte beleuchtet, welches möglichst vor Luftzug geschützt werden muß, weil bei flackernder und schwankender Flamme die Stärke der Beleuchtung wechselt und demzufolge die Einstellung des Fadenkreuzes erschwert wird.

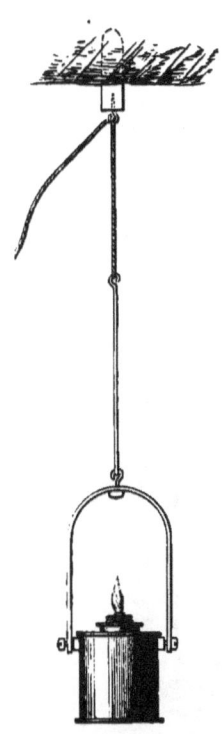

Fig. 158. WEISSBACHS Hängelampen.

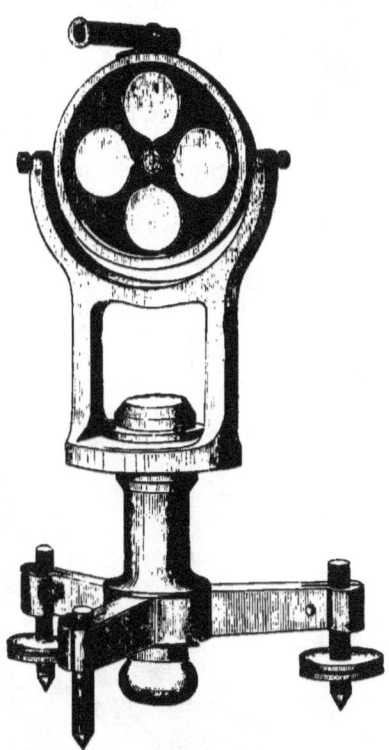

Fig. 159. Signal zur Freiberger Theodolitaufstellung.

Außerdem sind diese den Zielpunkt enthaltenden Platten zum Kippen um eine durch den Zielpunkt gehende Achse eingerichtet und mit einem kleinen Fernrohr versehen, damit bei geneigten Visuren das Signal senkrecht zur Visur gestellt werden kann und daher unverkürzt im Fernrohr gesehen wird.

Als Beispiel ist in Fig. 159 das Signal zur Freiberger Aufstellung mit Weglassung des Leuchtzeuges abgebildet.

§ 108. In stark geneigten Strecken und in tonnlägigen Schächten, wo die Signale unter großen Elevations- oder Depressionswinkeln gesehen werden, tritt aber leicht der Übelstand ein, daß die Beleuchtung der Signalplatten Schwierigkeit macht und daß bei aufwärts gerichteter Visierlinie der Fuß des Signals den Zielpunkt deckt. Bei derartigen Messungen sind deshalb besondere Signale anzuwenden.

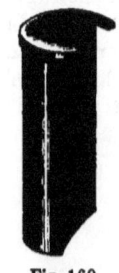

Fig. 160.
Signallampe von Borchers.

Borchers (Praktische Markscheidekunst, Seite 119—124) wendet Signallampen an, deren Form aus Fig. 160 zu ersehen ist. Diese Lampen werden in Verbindung mit dem in § 99 beschriebenen Armen nebst Zentriervorrichtung derartig benutzt, daß sie in die mit entsprechendem Ansatz a (Fig. 161) versehene kreisrunde Öffnung eingesetzt werden. Die Flamme befindet sich dann genau im Mittelpunkte der Öffnung und auch der Standplatte.

Für den Fall, daß die Neigung der Visierlinie so gering wird, daß die Kopfplatte das Signallicht deckt, so ist eine zweite Lampe bereit zu halten, deren Benutzung da beginnt, wo die der ersteren aufhört (Fig. 161).

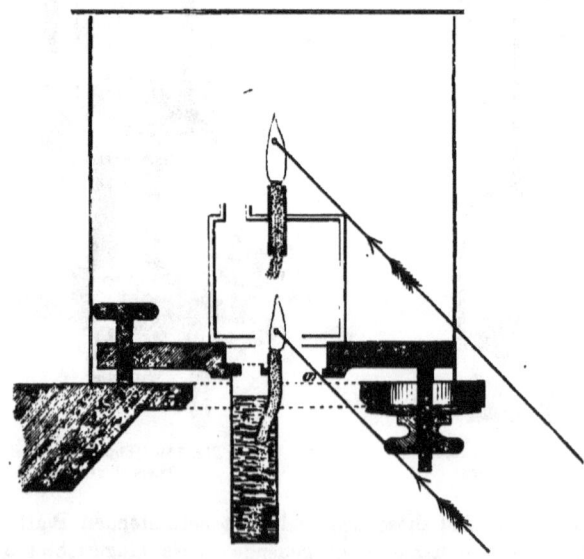

Fig. 161. Arm und Zentriervorrichtung von Borchers mit Signal.

Um das gleichmäßige Brennen der Signallampen zu befördern, sind dieselben mit Regulatoren versehen, deren Konstruktion und Wirkungsweise aus der Fig. 162 zu erkennen ist.

Die Flamme wird vor dem Wetterzuge geschützt durch eine cylindrische Hülle von dünner Pappe, auf welche, wenn der Luftzug von oben nach unten geht, ein reines Glimmerblatt gelegt wird. Hat der Wetterzug eine umgekehrte Richtung, so ist der freie Raum neben der Signallampe durch eine passende Platte aus Glas zu verdecken.

BORCHERS hat seine in jeder Beziehung bedeutenden Schachtmessungen mit diesen Signallampen ausgeführt und dadurch denselben das beste Zeugnis ihrer Brauchbarkeit ausgestellt.

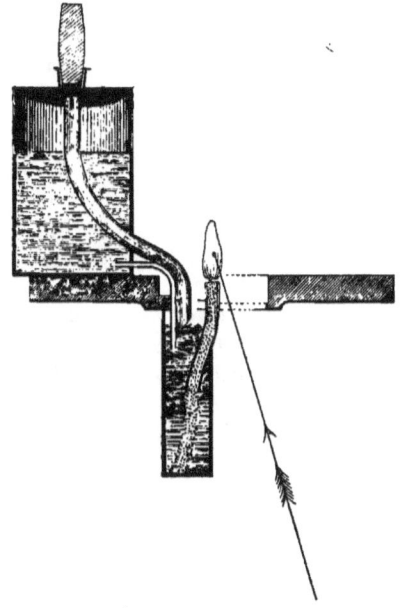

Fig. 162. Ölregulator an der BORCHERSschen Signallampe.

§ 109.

Der Markscheider CHOULANT beschreibt im Jahrgange 1872 der Berg- und Hüttenm. Zeitung, Nr. 15, einen auf dem Prinzip des Heliotropen beruhenden Signalapparat, von ihm Phototrop genannt, der in seiner Konstruktion die Eigentümlichkeiten des BERTRAMschen und STEINHEILschen Heliotropen in sich vereinigt.

Durch eine Holzschraube und verschiedene Achsen- und Zapfenbewegungen läßt sich der Apparat so anbringen, daß der Mittelpunkt des Spiegels S (Fig. 163) sich lotrecht unter dem Winkelpunkte befindet. Ferner wird mit Hilfe des an dem beweglichen Arme A sitzenden und in einem besonderen Gelenke G verdrehbaren Diopterrohres R und mit Hilfe des von der Belegung befreiten Mittelpunktes des Spiegels die Fläche desselben rechtwinkelig zur Visierebene gestellt.

Die den Spiegel beleuchtende Grubenlampe erhält einen solchen

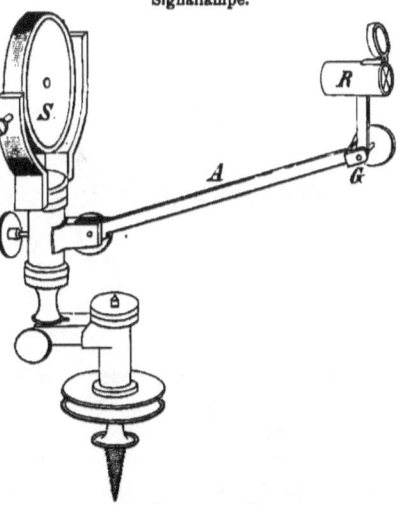

Fig. 163. CHOULANTs Phototrop.

156 SIEBENTES KAPITEL.

Platz, daß die Lichtstrahlen von dem erforderlichen Falles etwas zu kippenden Spiegel in das feststehende Diopterrohr und nach Wegnahme des letzteren in die Richtung auf den Theodoliten geworfen werden.

Das Diopterrohr ist zum besseren Erkennen der richtigen Reflexion der Strahlen mit einem umlegbaren Deckel zu verschließen, dessen Innenseite mit Spiegelglas bekleidet ist.

CHOULANT giebt an, daß der von der Belegung befreite Mittelpunkt des beleuchteten Spiegels dunkel erscheint und auf Entfernungen bis zu 80 und 100 Meter noch sehr gut zur Einstellung des Fadenkreuzes benutzt werden kann.

Bei größeren Entfernungen ist der Spiegel selbst anzuvisieren. Da aber der hellste Punkt des Spiegels wegen der seitlichen Stellung der Lampe nicht in der Mitte liegt und zu falschen Visuren Veranlassung geben kann, so ist vor die Flamme ein Porzellantäfelchen zu halten, um dadurch eine gleichmäßige Beleuchtung des Spiegels hervorzubringen.

Der Signalapparat kann in horizontalen und in geneigten Grubenräumen mit gutem Erfolge verwendet werden, hat aber trotzdem aus naheliegenden Gründen wenig Verbreitung gefunden.

§ 110. Weit einfacher und handlicher ist der vom verstorbenen Professor VIERTEL vorgeschlagene und im „Zivilingenieur" 1878, Seite 595, beschriebene Signalapparat.

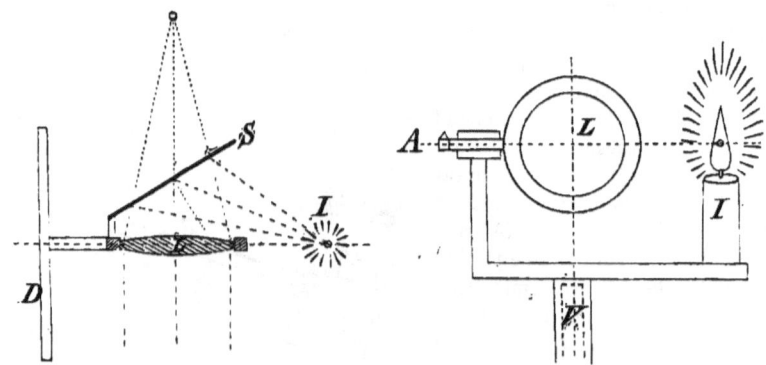

Fig. 164 a u. b. Grubensignal von VIERTEL.

Fig. 164 giebt eine schematische Zeichnung desselben.

Eine mit messingener Fassung umgebene Sammellinse L ist um eine seitlich angebrachte horizontale Achse A drehbar. Mit dieser Fassung ist an der hinteren Seite der Linse ein Spiegel S in einer solchen Lage und Neigung gegen die Linse angebracht, daß die Strahlen eines neben der Linse in der Richtung der Drehachse stehenden Lichtes I immer derartig auf die Linse zurückgeworfen werden, als wenn sie aus dem Brennpunkte der Linse kämen. Nach dem Durchgange durch die Linse werden die Strahlen unter sich parallel fortgehen. An der horizontalen Achse der Linse ist ein kleines Diopterlineal D befestigt, mit dessen Hilfe, unter Mitwirkung einer vertikalen Drehachse V, man leicht die Linse rechtwinkelig gegen die optische Achse des Theodolitfernrohres für jede Neigung und Richtung desselben stellen kann.

Das hierdurch hervorgebrachte Lichtsignal ist stets kreisförmig und gleichmäßig beleuchtet. Bei zu kurzen Entfernungen kann man durch farbiges Planglas das Licht abschwächen und den Durchmesser durch eine aufgelegte Papier- oder Metallblendung einschränken.

Das Licht und der größte Teil des ganzen Apparates ist zum Schutz gegen Wetterzug und Tropfwasser mit einer Blechhülle zu umgeben, in welcher ein gebrochener Schornstein eingesetzt ist. Außerdem ist der Apparat mit einer Vorrichtung zur zentrischen Aufstellung zu versehen.

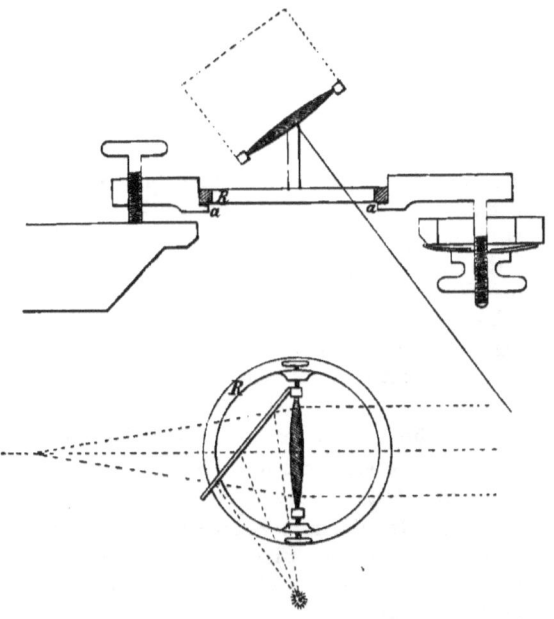

Fig. 165a u. b. Verbindung des VIERTELschen Signals mit den BORCHERSschen Armen.

Das VIERTELsche Signal hat zwar bis jetzt wenig Verbreitung gefunden, verdient aber Beachtung.

Es wird z. B. zu Messungen in tonnlägigen Schächten in Verbindung mit den BORCHERSschen Armen leicht anwendbar zu machen sein.

Die Drehung um die vertikale Achse ist in diesem Falle durch einen zweckmäßig angebrachten Ring R zu vermitteln, der sich auf den Ansatz a (Fig. 165) in der zentrischen Durchbohrung der Standplatte auflegt und darauf drehbar ist.

Die Durchbohrung der Standplatte müßte allerdings etwas größer sein, als für die BORCHERSschen Signallampen (siehe § 108, Fig. 160).

§ 111. Die naheliegende Frage, welche Aufstellung und welche Zentrierung des Theodoliten vor allen anderen den Vorzug verdient, ist wegen des innigen Zusammenhanges dieser Arbeit mit der ganzen Methode des Messens zugleich auf letztere auszudehnen.

Diese Frage wird sich aber nur unter jedesmaliger Berücksichtigung der Verhältnisse in den aufzunehmenden Grubenräumen, also nicht ausschließlich zu gunsten einer Methode beantworten lassen.

Man kann nur den einen Hauptgrundsatz aufstellen, daß der Markscheider nicht starr an einer Methode festhalten darf, sondern je nach Bedürfnis und Zweckmäßigkeit die eine oder die andere anwenden soll, aber dabei bestrebt sein muß, mit möglichst einfachen und wenigen Hilfsapparaten auszukommen und alles überflüssige und beschwerliche Beiwerk zu vermeiden.

Als Vorteil und Nachteil der einzelnen Methoden läßt sich ungefähr folgendes anführen:

Das Verfahren mit fixierten Winkelpunkten gestattet ein Trennen der Messung von Winkeln und Längen und die Signale sind die denkbar einfachsten (Lot, ein Stück geöltes Papier und die gewöhnliche Grubenlampe). Die Fixierung sämtlicher Winkelpunkte, namentlich bei festem Gestein, giebt der ganzen Messung einen dauernden Wert und macht die Wiederholung und Prüfung der Arbeit im einzelnen, sowie den Anschluß späterer Messungen leicht möglich, auch wenn einzelne Punkte verloren gehen sollten.[1]

Das Stativ, Arme und auch Spreizen lassen sich dabei verwenden.

Das trigonometrische Nivellieren kann mit Hilfe der BORCHERSschen Zielvorrichtung sehr leicht damit verbunden werden.

Dagegen erfordert das Fixieren der Winkelpunkte im festen Gesteine Mühe und Zeit und das Zentrieren des Theodoliten ist zuweilen schwierig.

Das Messen mit verlorenen Winkelpunkten läßt ein schnelles Arbeiten zu, da das Fixieren der Winkelpunkte bis auf die Schlußpunkte wegfällt und das Aufstellen und Zentrieren des Theodoliten keinen Zeitaufwand beansprucht.

Dem gegenüber sind folgende Nachteile anzuführen:

Der Anschluß an spätere Messungen ist auf die Erhaltung der wenigen Schlußzeichen beschränkt.

Das Messen der Winkel und Längen kann nicht getrennt, sondern muß abwechselnd hintereinander vorgenommen werden. Der Markscheider ist demnach gezwungen, die Apparate für das Längenmessen gleich mitzuführen.

---

[1] So sind z. B. die festen Zeichen, welche BORCHERS bei seinen Messungen behufs der Durchschlagsangaben des Ernst-Auguststollens vor ca. 25 Jahren schlagen ließ, zum großen Teil noch erhalten und sind bei dem jetzt begonnenen Werk: „Die Umarbeitung der Oberharzer Grubenrisse" von großem Nutzen gewesen.

Außerdem ist beim Längenmessen mit besonderer Aufmerksamkeit darauf zu achten, daß kein Winkelpunkt verrückt wird, weil sonst leicht die ganze frühere Messung verloren gehen kann. Wird mit drei Stativen gearbeitet, so sind die Winkelpunkte entweder auf die Sohle oder in die Firste durch Lotung zu übertragen.

Spreizen geben zum Befestigen der Meßschnüre den sichersten Halt, haben aber, wenn sie zugleich zur Aufstellung des Theodoliten dienen, den Nachteil, daß der Markscheider beim jedesmaligen Stellungswechsel entweder über sie hinwegschreiten oder unter ihr durchkriechen muß.

Werden Arme oder Spreizen mit den Schraubenspindeln der Freiberger Aufstellung benutzt, an welchen die Meßschnur oder das Meßband befestigt werden, so ist die Gefahr nicht ausgeschlossen, daß durch den starken an dem Hebelarm der Spreizenschraube wirkenden Zug, mit dem das Meßband straff gespannt werden muß, ein Verdrehen des Armes oder der Spreize herbeigeführt wird. Bei Präcisionsmessungen erscheint es wenigstens gewagt, auf dieselbe Schraubenspindel, welche einem solchen Zug des Meßbandes ausgesetzt war, den Theodoliten behufs genauer Winkelmessung zu setzen.

Es bleibt also nichts weiter übrig, als die Winkelpunkte in die Firste durch Lotung zu übertragen, oder statt drei solcher Aufstellungsvorrichtungen deren sechs anzuwenden.

Schließlich ist noch als Nachteil dieser Methode anzuführen, daß die hierbei angewendeten Signale sehr teuer und sehr umfangreich sind, so daß sie zur Vermehrung der beim Messen mitzuführenden Hilfsapparate sehr erheblich beitragen.

Es erscheint in der That zweifelhaft, ob die Kosten und die vermehrte Mühe beim Transport solcher schwerfälliger Signale, deren Füße und Untersätze denen des Theodoliten gleichen und deren Zielpunkte die gleiche Höhe wie die der Fernrohrdrehachse haben, mit den dadurch zu erreichenden Vorteilen im Verhältnis stehen.

Man will mit Hilfe dieser Signale den Gradbogen entbehrlich machen indem man den Neigungswinkel der Visierlinien in zwei Aufstellungen, also sehr genau, ermittelt und denselben zur Berechnung von Sohle und Seigerteufe benutzt, wenn die Länge der geneigten Visierlinie unmittelbar gemessen wird. (Vergl. § 68 das trigonometrische Nivellieren.)

Das unmittelbare Messen der geneigten Visierlinie ist aber nur bis zu Entfernungen von höchstens 30 m genau auszuführen. Bei längeren Stationslinien muß deren Länge stückweise unter Zuhilfenahme von Spreizen gemessen werden.

Diese Spreizen in eine solche Lage zu bringen, daß die einzelnen Schnurstücke eine gerade Linie bilden (vergl. Fig. 28 S. 25), kostet viel Zeit und Mühe und man wird viel besser thun, die Länge in gebrochener Linie mit Anwendung des Gradbogens zu ermitteln, welches Instrument unter gewöhnlichen Verhältnissen zur Berechnung der Sohlen hinreichend genaue Resultate liefert.

Hiernach können die in Frage kommenden Signale nur bei Stationslinien von ungefähr 30 m Länge mit den beabsichtigten Nutzen angewendet werden. Da aber die Winkelmessung mit dem Theodoliten um so genauer ausfällt, je länger die Visuren genommen werden, so ist nicht recht einzusehen, warum man den teuren und schwerfälligen Signalen zu Liebe einen so großen Vorteil aufgeben soll, namentlich da man das, was mit Hilfe dieser Signale erreicht wird, auf bequemere Weise in genügender Schärfe erhalten kann.

Beobachtet man nämlich nicht auf jedem Winkelpunkte, sondern nur abwechselnd die Neigungswinkel, so erhält man denselben zur Berechnung der Seigerteufen hinreichend genau, wenn man bedenkt, daß die durch das trigonometrische Nivellement gewonnenen Resultate doch nicht für genaue markscheiderische Angaben verwandt werden können, sondern daß in diesem Falle stets zum Luftblasenniveau gegriffen wird (vergl. § 68).

Zu dem einmaligen Messen des Höhenwinkels genügen einfachere Signale, welche auch in steil fallenden Strecken und Schächten, wo jene ganz den Dienst versagen, ebenfalls benutzt werden können.

§ 112. **Das Messen mit dem Theodoliten in tonnlägigen Schächten.** — Die Messungen in tonnlägigen Schächten sind nach der von BOCRHERS durch seine Präcisionsmessungen erprobten Methode auszuführen, welcher er in seiner praktischen Markscheidekunst S. 130—140 ausführlich beschreibt.

Indem auf das genannte Buch verwiesen wird, soll hier nur das Wichtigste hervorgehoben werden.

BORCHERS wendet einen kleinen Theodoliten mit exzentrischem Fernrohre an. Die kleinere Form ist gewählt, weil hiermit der beschränkte Raum in Schächten besser ausgenutzt wird und auch der Transport des kleineren Instrumentes leichter ist.

Es kann jedoch jeder Theodolit mit **exzentrischem Fernrohre** Verwendung finden.

Die Aufstellung des Theodoliten erfolgt auf Armen, die nebst Zentrier- und Signalvorrichtung bereits beschrieben sind. § 100. Fig. 148.

Das unmittelbare Anvisieren des unteren Signals ist stets unbequem auszuführen, während die Visur von unten nach oben, namentlich das Aufsuchen des Lichtsignals mit dem Fernrohr schwierig ist.

Man bedient sich zur Erleichterung eines Prismenokulars, wodurch die Visierlinie um 90 Grad gebrochen wird und das Auge in bequemer Stellung des Körpers in die Visierlinie gebracht werden kann, Fig. 131 Seite 119. Das Auffinden des Signals ist durch das Prisma aber noch mehr erschwert. Man muß daher, nachdem zum erstenmale das Fadenkreuz auf das Signal eingestellt worden war, durch genaue Abmessungen von festen Punkten nach den Fernrohrträgern und dem Okular sich die leichte Wiederholung des Einstellens auf das obere Signal sichern.

Ein Mittel, das unmittelbare Visieren nach oben zu umgehen, bietet der künstliche Horizont, indem man das sich in demselben spiegelnde Bild der oberen Lichtflamme anvisiert.

Dieses Spiegelbild liegt mit dem Signale und dem Fernrohre des Theodoliten in einer Vertikalebene und wird unter einem Depressionswinkel α gesehen, der dem Elevationswinkel β am Reflexionspunkte gleich ist (Fig. 166).

Man verwandelt demnach eine aufwärts gerichtete Visierlinie in die bequemere abwärts gerichtete und hat nicht nötig, das Fernrohr beim Überführen desselben aus einem Winkelschenkel in den anderen zu kippen, wie es beim unmittelbaren Anvisieren des oberen und unteren Signals in bedeutendem Maße geschehen muß.

Der künstliche Horizont wird in einer kleinen messingenen Dose, deren Stiel zwischen den Kopfplatten am Arme mittels Holzkeile befestigt werden kann, mit Hilfe von Öl, dem etwas Kienruß beigemengt ist, hergestellt. Der Rand der Dose ist etwas schräg abgeschnitten, weil zur Ab-

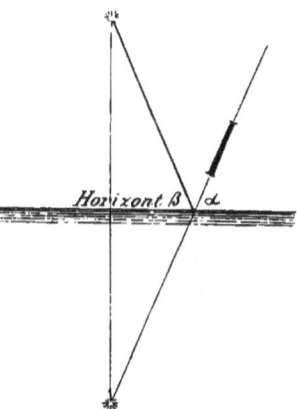

Fig. 166. Der künstliche Horizont.

haltung des Wetterzuges ein reines Glimmerblatt über den Horizont gedeckt und das darin sich zeigende Spiegelbild unschädlich für die Visur gemacht werden muß. Durch das Glimmerblatt findet nach den Beobachtungen von BORCHERS keine Ablenkung des Strahles statt.

Der künstliche Horizont wird bei dem Messen der Horizontal- und Vertikalwinkel benutzt.

Das eigentliche Verfahren wird am besten an der Figur 167 erläutert.

Die Winkelpunkte sind die in den Zentriervorrichtungen sitzenden Signallampen A, B, C. Der Winkel, welchen die Horizontalprojektionen der beiden Schenkel BA und BC miteinander einschließen, und die beiden Längen Bf und lC sollen ermittelt werden.

In jeder Aufstellung des Theodoliten sind außer der eigentlichen Winkelmessung folgende Arbeiten zu erledigen.

Mittels des Höhenkreises sind die Punkte I, II, III u. s. w. in gleicher Höhe mit der Fernrohrdrehachse an dem Schachtstoße zu bestimmen und zu fixieren; ferner ist der Abstand der Fernrohrdrehachse von dem Lichtsignale $iB = ef$ und $oC = kl$ und auch von dem Spiegel des künstlichen Horizontes eg und km zu messen.

Das Messen des Horizontalwinkels erfolgt durch mehrmalige Repetition in beiden Lagen des Fernrohres und daran schließt sich die Messung des Elevations- und Depressionswinkels, ebenfalls in beiden Lagen.

Bei der Messung der Depressionswinkel α und γ visiert man die

Flamme des unteren Signals unmittelbar an, während man behufs Messung des Elevationswinkels das Fadenkreuz auf das Spiegelbild des oberen Signals

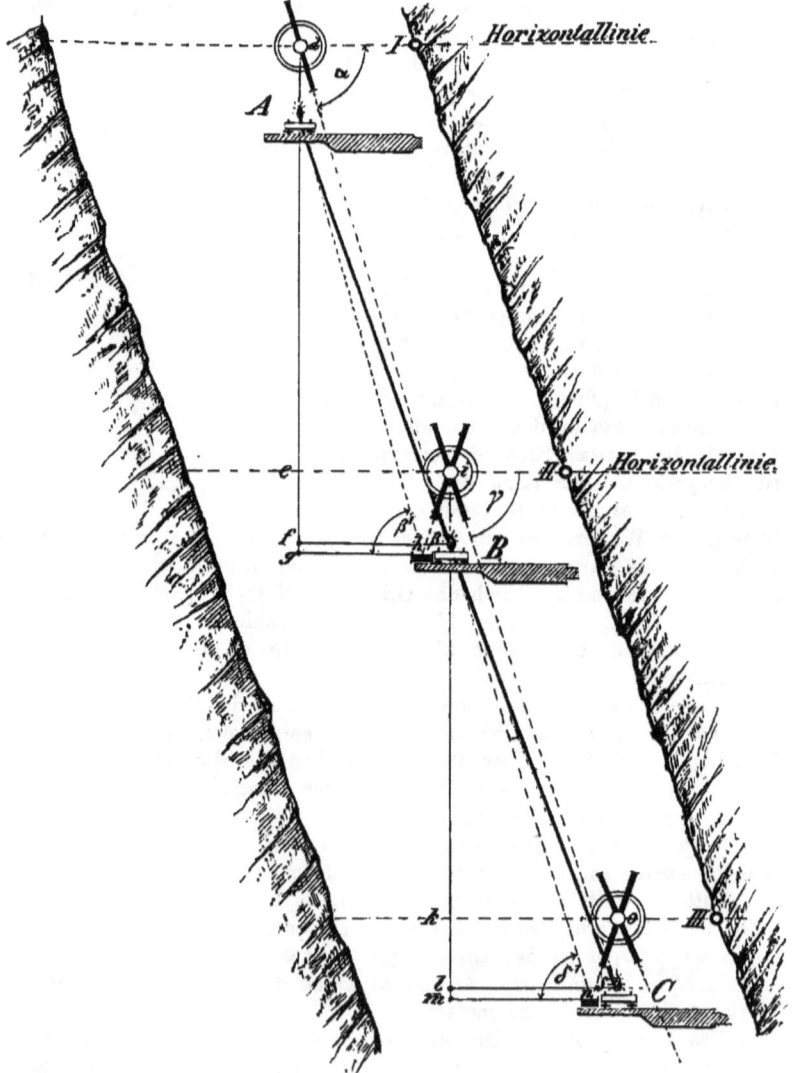

Fig. 167. Theodolitmessungen in tonnlägigen Schächten.

im künstlichen Horizont einstellt und dadurch in den Stellungen des Theodoliten auf B und C die Winkel $\beta = \beta'$, bez. $\delta = \delta'$ mißt.

Am Schluß werden mit Hilfe des Maßgestänges die seigeren Abstände der Punkte I, II, III u. s. w. genau ermittelt, und damit sind alle Unterlagen gegeben, um die Projektionen der Winkelschenkel BA und BC zu berechnen.

Dies geschieht bei jeder einzelnen Projektion auf zwei verschiedenen Wegen. Bf wird einmal aus dem Winkel α und der Kathete df des rechtwinkeligen Dreiecks dfB berechnet, das zweite Mal aus den Stücken gh und hB' (der Punkt B' ist in der Figur weggelassen; er liegt senkrecht um eine Länge gleich fg unter B, in gleicher Höhe mit der Oberfläche des künstlichen Horizontes).

Die Länge gh wird aus der Kathete Ag und dem Winkel β des rechtwinkeligen Dreiecks Agh und hB' aus $iB' = eg$ und dem Winkel β berechnet.

Wird der künstliche Horizont nicht angewandt, Fig. 168, so erfolgt die Berechnung der Projektionen Bf des Winkelschenkels BA einmal aus der Kathete df und dem Winkel α, das andere Mal aus dem Winkel β und der Kathete Ae.

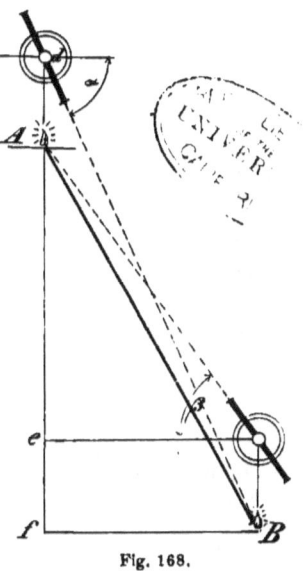

Fig. 168.

Bei dem Messen der Höhenwinkel mittels des exzentrischen Fernrohres ist übrigens das zu berücksichtigen, was hierüber in § 95 gesagt worden ist (vergl. Fig. 140).

Achtes Kapitel.
Die Ausführung von Markscheiderzügen.

Die eigentlichen Markscheiderarbeiten kann man einteilen in solche, welche lediglich die rißliche Darstellung der Grubenräume zum Zweck haben, und in sogenannte Durchschlagszüge. § 113.

Diese letzteren Züge werden ausgeführt zur Angabe wichtiger bergmännischer Anlagen und Betriebseinrichtungen, z. B. behufs Zusammenführung der Gegenörter von Stollen und Strecken, ferner behufs Übertragung eines Tagepunktes in die Grube oder eines Punktes der höheren Sohle in die tiefere und umgekehrt. Die zuletzt genannte Aufgabe hat meistens die Angabe eines Schachtes zum Zweck, der entweder nur von der Tagesoberfläche aus oder in mehreren übereinanderliegenden Sohlen in Angriff genommen werden soll.

Außerdem rechnet man hinzu die Bestimmung solcher Grenzen, welche der Grubenbau nicht überschreiten darf, namentlich die Sicherheitspfeiler an der Feldesgrenze, sowie den zum Schutz von Häusern, Straßen, Eisenbahnen und dergleichen.

Die Aufnahme aller der genannten Gegenstände auf der Tagesoberfläche, sowie überhaupt der baulichen Anlagen, welche der bergmännische Betrieb erheischt, und die Bestimmung ihrer Lage gegen die Grubenbaue gehört ebenfalls zu den Aufgaben des Markscheiders.

In gleicher Weise muß letzterer alle Feldmesser- und Ingenieurarbeiten, z. B. Vermessung von ganzen Gemarkungen, die Projektierung von Straßen, Eisenbahnen, Wasserläufen, Wehr- und Stauanlagen, die Kubizierung von Hohlräumen und Körpern, von Teichen, Halden u. dergl. ausführen können, aber an dieser Stelle werden derartige Aufgaben nicht berücksichtigt werden, da dies Buch nur die Besprechung der eigentlichen Markscheiderarbeiten bezweckt.

§ 114. Vor Beginn einer größeren markscheiderischen Arbeit muß es die erste Sorge des Markscheiders sein, über das Grubenfeld, sobald es eine gewisse Ausdehnung erreicht, ein richtiges, womöglich nach einem bestimmten Meridian orientiertes Dreiecksnetz zu legen und sicher zu versteinen.

Der Nutzen eines solchen Netzes ist nicht bloß ein augenblicklicher, sondern auch ein dauernder.

Mit dem Netze wird nämlich die Lage aller vorhandenen Stollen und Schächte genau bestimmt und dieser Umstand verleiht der daran anschließenden Grubenvermessung um so größere Sicherheit, je mehr solcher Verbindungen vorhanden sind. Sodann gewähren die einmal festgelegten Dreieckspunkte eine große Erleichterung für alle späteren markscheiderischen Angaben, indem die Messungen nur von jenen versteinten Punkten auszugehen brauchen.

Ist ein solches Dreiecksnetz schon für ein einzelnes Grubenfeld wünschenswert, so wird es für einen größeren Grubenkomplex, wo die Innehaltung der Grubenfeldsgrenzen von großer Wichtigkeit ist, zu einer Notwendigkeit.

Die Aufgabe jedoch, über größere Grubenkomplexe ein gutes Dreiecksnetz zu messen und zu berechnen, übersteigt die Kräfte des einzelnen Markscheiders und deshalb ist es mit Freuden zu begrüßen, daß im Königreich Preußen die Triangulation der allgemeinen Landesaufnahme vorzüglich in den Bergbaudistrikten zum Teil infolge von Vorstellungen der Königlichen Bergbehörden beschleunigt und bis zu den Dreiecken IV. Ordnung ausgeführt worden ist.

Die Gegend von Saarbrücken, der Oberharz und, wo es am wichtigsten ist, der große westfälische Bezirk erfreuen sich bereits der Wohlthat eines solchen Dreiecksnetzes und die übrigen Bezirke werden derselben ebenfalls bald teilhaftig werden.

Es ist Sache der Markscheider, den Anschluß an diese ausgezeichneten Grundlagen zu gewinnen. Der Wichtigkeit der Sache würde es sogar entsprechen, wenn bergpolizeiliche Vorschriften und die Geschäftsanweisungen der Markscheider diese Bestrebungen unterstützten.

Die bei diesen Anschlußmessungen erforderlich werdenden Berechnungen, namentlich der Fehlerausgleichungen sind für den praktischen Gebrauch in ganz vorzüglicher und übersichtlicher Weise gegeben in dem Buche: „Die trigonometrischen und polygonometrischen Rechnungen in der Feldmeßkunst. Bearbeitet von F. G. GAUSS. Königl. Preuß. Generalinspektor des Katasters."

Dieses Werk ist bei derartigen trigonometrischen Anschlußarbeiten für den Markscheider unentbehrlich; die sämtlichen darin enthaltenen Formeln sind klar und vollständig, so daß auch ohne große Vorkenntnisse das Buch benutzt werden kann.

Dasselbe ist auch in weiterer Beziehung sehr inhaltsreich. Es berücksichtigt, wie der Titel sagt, alle Operationen und Rechnungen, welche bei trigonometrischen und polygonometrischen Vermessungen vorkommen können, namentlich ist auch eine Anleitung gegeben, die sphärisch rechtwinkeligen Koordinaten zweier Punkte auf der Erdoberfläche, ihre Entfernung, den Erdbogen und dessen Azimut aus den geographischen Positionen und umgekehrt aus ersteren das letztere zu berechnen. Die dazu nötigen Tabellen über die Dimensionen des Erdsphäroids sind in dem Anhange dem Gaußschen Buche beigefügt.

Vermag der Markscheider seine Punktenbestimmung an gegebene Punkte nicht anzuschließen, so ist er genötigt, ein unabhängiges Dreiecksnetz zu bestimmen. Dasselbe wird die Ausdehnung eines Grubenfeldes nicht überschreiten.

Wenn die Oberflächenverhältnisse es gestatten, so überspanne man die ganze zu triangulierende Fläche mit einem einzigen großen möglichst gleichseitigen Dreiecke. An dasselbe schließe man die kleineren Dreiecke an und messe sämtliche Winkel und die Länge zweier Dreiecksseiten genau.

Diese zu messenden Seiten dürfen nicht zu nahe aneinanderliegen, am besten wählt man sie an den entgegengesetzten Seiten des ganzen Dreiecksnetzes aus. Aus diesen gemessenen Seiten und den Winkeln leite man einen vorläufigen mittleren Wert für die Koordinaten der Eckpunkte des Hauptdreiecks ab.

Aus diesen vorläufigen Koordinaten des Hauptdreiecks berechnet man nach den Methoden des „Einschneidens" (siehe GAUSS) die Koordinaten sämtlicher Dreieckspunkte und am Schluß auch die Längen $\mathfrak{S}$ und $\mathfrak{S}_1$, der gemessenen Dreiecksseiten. Sind S und S_1 die durch Messung gefundenen

Längenzahlen derselben, welche etwas von $\mathfrak{S}$ und $\mathfrak{S}_1$ abweichen, so vereinige man die beiden Quotienten $\frac{\mathfrak{S}}{S}$ und $\frac{\mathfrak{S}_1}{S_1}$ zu einem arithmetischen Mittel q und multipliziere hiermit die vorläufigen Koordinaten der sämtlichen Dreieckspunkte.

Bequemer führt man die Berechnungen aus, wenn man nur die Verbesserungen ermittelt, welche den vorläufigen Koordinaten $\mathfrak{x}_1, \mathfrak{x}_2, \mathfrak{x}_3 \ldots \mathfrak{y}_1, \mathfrak{y}_2, \mathfrak{y}_3$ zuzufügen sind, um die definitiven $x_1, x_2, x_3 \ldots y_1, y_2, y_3$ zu erhalten.

Dies geschieht, wenn $q - 1 = \frac{S - \mathfrak{S}}{\mathfrak{S}}$ ist, nach den Formeln:

$$y_1 = \mathfrak{y}_1 + (q-1)\mathfrak{y}_1, \qquad x_1 = \mathfrak{x}_1 + (q-1)\mathfrak{x}_1$$
$$y_2 = \mathfrak{y}_2 + (q-1)\mathfrak{y}_2, \qquad x_2 = \mathfrak{x}_2 + (q-1)\mathfrak{x}_2$$
$$\text{etc.} \qquad\qquad \text{etc.}$$

Ist es nicht ausführbar, das Vermessungsgebiet mit einem einzigen großen Dreiecke zu überspannen, so wird man deren zwei oder mehrere derselben aneinanderreihen. (siehe GAUSS S. 155).

In bergigem Terrain mit tiefen sich krümmenden Thälern kann man auch diese Regeln nicht befolgen und muß das Dreiecksnetz legen so gut es gehen will. Hierbei sind häufig ungünstig geformte Dreiecke mit in den Kauf zu nehmen.

Auch in diesem Falle werden die Längen zweier Dreiecksseiten gemessen und auf Grund dieser beiden Längen und der Winkel die Koordinaten aller Dreieckspunkte berechnet. Bei geringer Differenz der beiden Werte genügt in den meisten Fällen das arithmetische Mittel aus ihnen.

Mit Befolgung dieser einfachen Methode sind von BORCHERS unter den ungünstigsten Terrainverhältnissen doch die genauen Resultate bei den Durchschlagsangaben des Ernst-August-Stollns erzielt worden.

Die Dreieckspunkte sind vor der Messung mit Steinen zu bezeichnen, welche so tief unter die Oberfläche des Erdbodens zu versenken sind, daß sie vor allen Verletzungen und Verschiebungen geschützt sind. Ich habe circa $^1/_2$ m hohe Steine angewendet mit einer behauenen quadratischen Oberfläche von 20 cm Seite, in deren Mitte ein 5 cm tiefes rundes Loch zur Aufnahme der Signalstange gebohrt war.

In sandigem oder weichem Boden wird der Punkt noch dadurch gesichert, daß er auf einer Steinplatte bezeichnet ist, die in zweckmäßiger Tiefe unter dem Lochsteine versenkt liegt.

Wichtige Polygonpunkte werden ebenfalls mit solchen Lochsteinen bezeichnet; weniger wichtige mit $^1/_2$ m langen 10—15 cm starken Pfählen, in deren Mitte nach dem Einschlagen ein Loch gebohrt wird.

§ 115. Die Wahl der Instrumente und Methoden bei den einzelnen markscheiderischen Arbeiten hat der Markscheider nach den jedesmaligen vorliegenden Verhältnissen zu treffen.

Es wäre ein unnützes Bemühen, alle einzelne Fälle an dieser Stelle zu besprechen.

Im allgemeinen kann man den Grundsatz aufstellen, daß **behufs risslicher Darstellung alle Gruben, in denen nur wenig Eisen verwendet wird**, namentlich wenn häufige Verbindungen mit dem Dreiecksnetze über Tage vorhanden sind, **lediglich mit Kompaß und Gradbogen vermessen werden können**, daß dagegen in Gruben von größerer Ausdehnung, in denen eiserne Schienengestänge liegen und zum Grubenbau Eisen verwendet wird, die Hauptstrecken und Querschläge mit dem Theodoliten und dem Luftblasenniveau aufzunehmen sind, während bei der Vermessung der Neben- und Abbaustrecken, sowie solcher Hauptstrecken, die sich in mehreren Punkten an das mittels des Theodoliten festgelegte Polygon anschließen, der Kompaß event. nach einer der im fünften Kapitel beschriebenen Methoden angewendet werden kann.

Bei Durchschlagszügen von einiger Ausdehnung und Wichtigkeit ist dagegen stets der Theodolit mit dem Luftblasenniveau zu verwenden.

§ 116. Nicht die zunehmende Tiefe und Ausdehnung der Gruben haben den Kompaß verdrängt, sondern allein das in der Grube verwendete Eisen. Bei Berücksichtigung der Veränderungen des magnetischen Meridians und bei richtiger Methode des Zulegens vermag für die **rissliche Darstellung der Kompaß** den Wettstreit mit dem Theodoliten aufzunehmen. Mit letzterem ist man zwar im stande, die Brechungswinkel eines Polygons genau zu messen, aber da die zur Berechnung der Koordinaten erforderlichen Azimutalwinkel der einzelnen Seiten durch succesive Summierung der gemessenen Polygonwinkel abgeleitet werden, so wird eine Anhäufung der beim Messen der Winkel gemachten Fehler entstehen, welche auf das Endresultat einen schädlichen mit der Länge des Zuges proportional wachsenden Einfluß ausübt.

Bei dem Messen mit dem Kompaß wird das Streichen einer jeden Linie ganz unabhängig von der vorhergehenden bestimmt und ein darin begangener Fehler pflanzt sich parallel, d. h. ohne zu wachsen, fort.

Die Ablesegrenze des Kompasses ist auf circa fünf Minuten anzunehmen und mit jeder einzelnen Schnur kann ein Fehler bis zu dieser Größe gemacht werden.

Nach den gewonnenen Erfahrungen wiederholen sich diese möglichen Fehler aber nicht in derselben Weise, sondern sie fallen bald auf die eine, bald auf die andere Seite und heben sich dadurch größtenteils gegenseitig auf.

§ 117. Die Ausführung von Zügen behufs risslicher Darstellung der Grubenräume haben ganz unabhängig von den Instrumenten, mit welchen sie ausgeführt wurden, sehr viel Übereinstimmendes.

Die Beschreibung solcher Züge wird deshalb am übersichtlichsten ausfallen, wenn zunächst ein Zug mit dem gewöhnlichen Hängezeuge ausführlich besprochen und am Schluß der einzelnen Abschnitte nur das hervorgehoben wird, worin ein Theodolitzug davon abweicht.

Vor Beginn einer jeden markscheiderischen Arbeit sind die zu gebrauchenden Instrumente in diesem Falle: Hängekompaß, Gradbogen, Meterkette oder die Meßstäbe in der früher angegebenen Weise zu prüfen und zu berichtigen, außerdem sind mitzuführen ein kleiner Meßstab (Schmiege), ein oder mehrere Lote, kleine aus Knochen gefertigte Vorstecker, um Kompaß oder Gradbogen an stark geneigten Schnüren befestigen zu können, einige Reservehaare für den Gradbogen und etwas Wachs.

Im Taschenbuche ist eine entsprechende Anzahl von Seiten nach dem folgenden Formular und zwar so vorzurichten, daß die linke Seite das Formular enthält, die rechte Seite für Skizzen und Bemerkungen frei bleibt

Formular 1.

Nr.	Zeichen		Neigung			Streichen				Flache Länge.	Bemerkungen und Skizzen.
	von	bis	St. F.	Gr.	Min.	O. W.	St.	$1/_8$	$1/_{16}/8$	Meter.	

linke Seite — rechte Seite

Sodann ist stets zuerst das Streichen der Orientierungslinie abzunehmen und im Taschenbuche, nebst der Zeit der Beobachtung, zu notieren.

§ 118. Unter der Orientierungslinie versteht man eine Linie, welche in der Nähe der Grube durch möglichst unverrückbare Gegenstände wie Steine, Kirchtürme und dergl., dauernd fixiert ist und ein Beobachten ihres Streichens mittels des Kompasses im Hängezeuge und als Feldmeßinstrument gestattet.

Es ist wünschenswert, aber nicht absolut notwendig, das Azimut dieser Linie zu kennen.

Ist über das Grubenfeld ein Dreiecksnetz gelegt, so ist womöglich eine Dreiecksseite als Orientierungslinie zu nehmen.

Meistens werden zugleich mehrere solcher Linien, wenn möglich auch eine in den Grubenräumen selbst fixiert, von denen die gegenseitige Neigung bekannt sein muß.

Durch die Beobachtung des Streichens der Orientierungslinie vor jeder

Arbeit ist der Markscheider durch Vergleichung mit den früheren Resultaten auf eine sehr einfache Weise in der Lage, sich von der Veränderung der Deklination zu überzeugen und diese bei seinen Arbeiten zu berücksichtigen.

Außerdem leistet die Orientierungslinie wichtige Dienste, wenn in derselben Grube verschiedene Kompässe benutzt werden.

Thatsächlich wird infolge kleiner Fehler der einzelnen Instrumente das Streichen ein und derselben Linie mit verschiedenen Kompässen, ebenso wie mit demselben Kompaß einmal im Hängezeug, das andere Mal im Feldmeßinstrument häufig verschieden gefunden.

Durch Beobachtung der Orientierungslinie kann die Verschiedenheit der Kompässe in bezug auf die Angabe des Streichens festgestellt und bei vorkommenden Messungen mit diesen verschiedenen Kompässen berücksichtigt werden.

Die Zeit, zu welcher die Beobachtung der Orientierungslinie erfolgt, ist jedesmal zu notieren, weil dadurch ein Mittel gegeben ist, die Einwirkung der täglichen Variation bei normalem Verlauf derselben annähernd beurteilen und event. ausscheiden zu können.

Die Orientierungslinie ist im Vergleich mit anderen nur ein rohes Mittel, die Einwirkungen der Deklination und ihrer Variation, sowie die von Einzelfehlern der Kompässe auszuscheiden, aber bei Benutzung des einfachen Kompasses behufs Aufnahme und Zulage von Grubenrissen ist sie doch von nicht zu unterschätzender Bedeutung.

§ 119. Der eigentlichen Grubenmessung geht bei neu aufgeschlossenen dem Markscheider unbekannten Feldern eine Befahrung der aufzunehmenden Räume voraus. Hat die Messung die Nachtragung der Grube zum Zweck, so wird der Markscheider eine Pause des Risses von den bereits vermessenen Grubenräumen mit sich führen, um eine Wiederholung von Messungen zu vermeiden und um die Anschlußpunkte (Markscheiderzeichen) leicht zu finden.

Jeder markscheiderischen Aufnahme wird ein Netz von Linien zu Grunde gelegt, welche bei der Kompaßmessung durch Meterketten oder hanfene Schnüre gebildet werden.

Eine solche Linie wird, abgesehen von dem Mittel, womit sie hergestellt wurde, eine „Schnur" genannt.

Die Ketten oder Schnüre spannt man mittelst der bekannten Pfriemen oder Schrauben aus, die in die Zimmerung der Stöße oder der Firste befestigt werden.

Die Schnüre nimmt man nicht über zehn Meter lang, sobald aus den Gradbogenbeobachtungen und der flachen Schnur die Seigerteufen mit einiger Genauigkeit berechnet werden sollen. Beabsichtigt man dies nicht zu thun, so können die Schnüre bis zu 30 Meter Länge gespannt werden.

Bei Anwendung der hanfenen Schnur kann man mehrere Schnurlinien hintereinander gleichzeitig spannen, während man bei Anwendung der Meterkette immer auf eine Schnur beschränkt bleibt.

Bei der Legung des Netzes wird man bestrebt sein, möglichst viele geschlossene Figuren zu erhalten, weil hierdurch eine Selbstprüfung der Arbeit geschaffen wird.

Wichtige Endpunkte dieser Schnüre, namentlich Schlußpunkte, die zum Anschluß an spätere Züge dienen sollen, oder solche, von denen mehrere Schnüre ausgehen, werden durch sogenannte Markscheiderzeichen in der Zimmerung oder im festen Gestein kenntlich gemacht.

Auf dem Oberharze sind nachstehende Zeichen im Gebrauch:

Fig. 169. Markscheiderzeichen.

Der gültige Punkt dieser Zeichen ist hier durch einen kleinen Kreis hervorgehoben. In der Grube wird an dieser Stelle ein Nagel oder eine Krampe eingeschlagen.

Sehr zweckmäßig ist es, an diesen Zeichen selbst oder in der Nähe auf eine dauerhafte Weise die Zeit kenntlich zu machen, zu welcher das betreffende Zeichen geschlagen wurde.

Im festen Gestein kann es durch Einhauen der Jahreszahl geschehen.

In einigen Kohlengruben z. B. führt der Markscheider hölzerne Täfelchen mit sich, auf denen die Jahres- und Monatszahlen nebst laufenden Nummern eingebrannt sind, welche in der Nähe der Zeichen an der Zimmerung befestigt werden. Auf einzelnen Erzgruben werden die Markscheiderzeichen durch kurze Bohrlöcher bezeichnet, in welche Pflöcke fest eingetrieben werden. Auf dem Pflock wird eine ebenfalls mit Jahres- und Monatszahl nebst laufender Nummer versehene Zinkblechplatte durch einen nicht vollständig eingeschlagenen Nagel befestigt. Soll das Zeichen bei einer Anschlußmessung benutzt werden, so dreht man das den Pflock bedeckende Zinkblech um den Nagel.

Von jeder einzelnen Schnur wird Länge, Neigung und Richtung bestimmt. Die gefundenen Zahlen werden sorgfältig und leserlich in das Taschenbuch nach dem vorgerichteten Formular eingetragen.

Die Länge wird entweder mit der Meterkette oder an der Hanfschnur mit Stäben auf einfache Weise gemessen, die Neigung mit dem Gradbogen unter Berücksichtigung der im § 18 besprochenen Regeln und die Richtung mit dem Hängekompaß ermittelt. Der letztere muß stets so angehängt werden, daß die Bezeichnung „Nord" in der Zugrichtung vorausgeht.

Beim Ablesen des Streichens hat man, wenn irgend möglich, eine solche Stellung einzunehmen, daß die Sehlinie in die Richtung der Nadel fällt.

Man liest entweder nur an der Nordspitze ab oder an beiden Spitzen und notiert das Mittel aus beiden Winkeln, je nachdem der Zug wieder mit dem Kompaß oder nach berechneten Koordinaten zugelegt werden soll.

Zur Ausscheidung des schädlichen Einflusses der Variation ist es zweckmäßig, in gewissen Zwischenräumen bei den Kompaßstunden die Zeit der Ablesung im Taschenbuche zu vermerken.

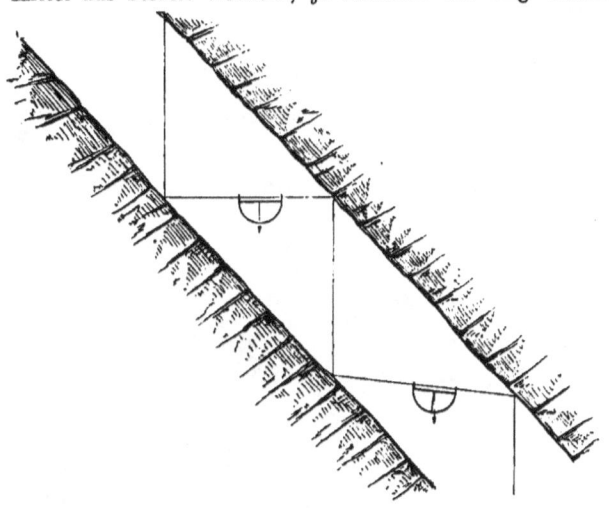

Fig. 170. Ziehen in stark geneigten Strecken.

Bei Besprechung der Instrumente ist schon angedeutet worden, daß stark geneigte Schnüre für Kompaß und Gradbogen zu Fehlerquellen werden können und auch mit anderen Unannehmlichkeiten verbunden sind. In stark geneigten Strecken oder tonnlägigen Schächten wird man deswegen gut thun, senkrechte Schnüre mit nahezu horizontalen abwechseln zu lassen, wie aus Fig. 170 zu ersehen ist.

Durch horizontale und seigere Ordinaten von geeigneten § 120. Punkten der einzelnen Schnüre wird die Gestalt der Grubenräume selbst, sowie alle für die Darstellung wichtigen Aufschlüsse aufgenommen. Dahin gehören: die Grenzen der durchfahrenen Gebirgsschichten, Sprünge und Verwerfungen nebst deren Streichen und Fallen, gestoßene Sohlen- oder Firstenbohrlöcher u. dergl.

Die hierbei zu machenden Notizen werden in die auf der rechten freien Seite des Taschenbuches zu zeichnenden Skizzen eingetragen.

Bei Anfertigung dieser Skizzen sind folgende Regeln zu beobachten:

In Gruben mit unregelmäßigen Räumen, welche viele Nebenmessungen erfordern, ist es zweckmäßig, jede einzelne Schnur für sich darzustellen

(Fig. 171) und zwar, ohne Berücksichtigung des Streichens der einzelnen Schnur, stets so, daß die bei Ausführung des Zuges innegehaltene Richtung im Taschenbuche einer von links nach rechts gezogenen Linie entspricht. Werden von einer Schnur horizontale und seigere Ordinaten gemessen, so sind von dieser Schnur zwei Skizzen anzufertigen und die letztere ist durch die beigesetzten Buchstaben *Pr* (Profil) zu kennzeichnen. Ist der Zug verwickelt, so ist noch eine besondere Skizze anzufertigen, welche sämtliche Schnüre im Zusammenhange in ihrer gegenseitigen Lage darstellt.

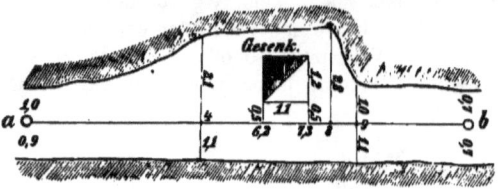

Fig. 171. Aufnahme von Grubenräumen.

In solchen Gruben, deren Strecken immer in gleichen Dimensionen aufgefahren werden, genügt meistens diese zusammenhängende Skizze ohne die Einzeldarstellungen der Schnüre (Fig. 172). Die Winkelpunkte sind ohne Ausnahme mit laufenden Buchstaben oder Zahlen zu versehen, wo nicht Markscheiderzeichen an deren Stelle treten.

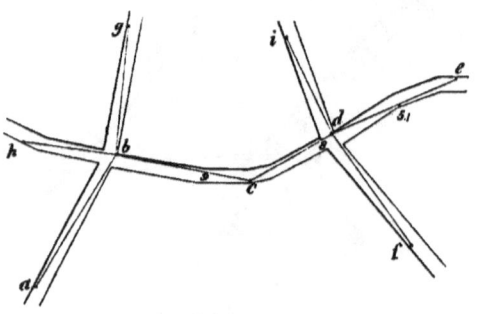

Fig. 172. Skizze von gemessenen Grubenräumen.

§ 121.   Die Aufnahme von dem Streichen und Fallen der Gebirgsschichten oder der Sprünge und Verwerfungen, welches bei den Grubenvermessungen häufig notwendig ist, wird mit dem Hängezeuge oder mit dem Setzkompaß im wesentlichen auf folgende Weise ausgeführt:

Man befestigt in dem einen Streckenstoße auf einer leicht erkennbaren Gebirgsschicht an einem Saalbande des Ganges oder der Kluft u. s. w. die Schnur und sucht auf derselben Schicht im anderen Streckenstoße mittels des an die Schnur gehängten Gradbogens einen Punkt, welcher mit dem ersteren in gleicher Sohle liegt. An diese horizontale Schnur hängt man den Kompaß und erhält mit dem Streichen dieser Schnur zugleich das Streichen der Gebirgsschicht. Spannt man rechtwinkelig zu dieser Schnur eine zweite, welche zwei Punkte der betreffenden Gebirgsschicht in der Sohle und in der Firste verbindet, so erhält man mit Hilfe des angehängten Gradbogens den Fallwinkel.

Die Ausführung von Markscheiderzügen. 173

Ist mit dem Setzkompaß die Arbeit auszuführen, so legt man eine kleine Fläche der zu untersuchenden Schicht frei und bestimmt zuerst die Fallrichtung, indem man den Setzkompaß mit der betreffenden Kante auf diese Fläche oder ein darauf gelegtes Brett aufsetzt und so lange verrückt, bis das Pendel den größten Winkel zeigt.

Dieser Winkel ist der Fallwinkel und eine Linie senkrecht zur gefundenen Fallrichtung das Streichen der Lagerstätte.

Dieses angegebene allgemeine Verfahren muß selbstverständlich in den einzelnen Fällen den vorliegenden Verhältnissen angepasst und durch Benutzung sich meist von selbst ergebender Hilfsmittel entsprechend geändert werden.

§ 122. Außer dem Bestimmen von Streichen und Fallen wird der Markscheider häufig die Richtung von aufzufahrenden Strecken anzugeben haben oder, wie man hierfür kurz sagt: „Die Stunde zu hängen." Ist die Strecke bereits im Betriebe, so wird man den Punkt, von welchem aus die Richtung gegeben werden soll, in der Mitte der Strecke und zwar in der Firste mit einem Senkeleisen (Fig. 173) fixieren und daran eine Schnur befestigen. Das andere Ende dieser etwas schlaff gelassenen, ca. 5 Meter langen Schnur wird an der Streckenfirst so lange verrückt, bis der angehängte Kompaß die verlangte Stunde angiebt. Der so gefundene zweite Punkt wird ebenfalls mit einem solchen Eisen fixiert und an beide werden Lote gehängt. Mit Hilfe dieser Lote kann man auf größere Entfernungen leicht ein Grubenlicht in die „gehängte Stunde" bringen und beim Weitertreiben der Strecke zum Anhalten nehmen.

Fig. 173. Senkeleisen.

Da bei dieser Operation die Grubenlichter benutzt werden, so nennt man die durch die beiden Lote bezeichnete Linie auch die Feuerlinie.

In hohen Grubenräumen lotet man den Abgabepunkt auf eine Spreize herunter, bezeichnet den zweiten Punkt ebenfalls auf einer Spreize und überträgt ihn dann in die Firste.

Sollen aus einer Förderstrecke eine oder mehrere parallele Abbaustrecken getrieben und deren Ansatzpunkt und Richtung angegeben werden (Pranen), so geschieht dies auf dieselbe Weise. Da aber nur die Streckenbreite zum Anbringen der beiden Lote vorhanden ist, so wird man, nachdem die Strecke einige Meter nach der kurzen Pranenlinie getrieben ist, die Stunde mit weiterem Abstande der Lote nochmals hängen.

§ 123. Bei Grubenvermessungen mit dem Theodoliten wird ebenfalls ein Netz von Linien zu Grunde gelegt. Diese Linien sind möglichst lang zu nehmen, erstens weil bei langen Schenkeln das Fernrohr schärfer auf das Signal eingestellt und somit der Winkel genauer gemessen werden kann, zweitens weil von der Anzahl der Winkelpunkte die Zeitdauer und Mühe der Arbeit wesentlich abhängt. Auf das Aufsuchen der zweckmäßigen Winkelpunkte ist deshalb Sorgfalt zu verwenden.

Auf jedem Aufstellungspunkte des Theodoliten werden der Polygonwinkel und sein Ergänzungswinkel zu 360 Grad je nach der Wichtigkeit der Arbeit entweder einfach oder mit Repetition gemessen.

Die Stationslinien werden zunächst einmal nur zur Ermittelung der Länge mit Stäben gemessen, dann noch einmal mit der Meterkette oder dem Meßbande zur Aufnahme der Grubenräume mittels der horizontalen und seigeren Ordinaten.

Eine wichtige Arbeit bei dem Messen mit dem Theodoliten ist das Orientieren dieser Züge gegen das Dreiecksnetz über Tage.

Bei Nachtragungsarbeiten gestaltet sich diese Orientierung sehr einfach, wenn von den früheren Messungen eine oder mehrere lange Stationslinien, womöglich am Ende erhalten sind, da in diesem Falle die neue Messung eine einfache Fortsetzung der alten ist.

Fehlen aber solche Anschlußlinien und sind nur einzelne Punkte von den früheren Messungen übrig geblieben, so ist auf eine der allgemeinen, im zehnten Kapitel besprochenen Orientierungsmethoden zurückzugreifen.

Für das gewöhnliche Nachtragen der Grubenbaue, das mit dem Theodoliten erfolgen muß,

Formular 2.

Bezeichnung des Standpunktes / beob. Gegenst.	Anliegende Seite (st./fl.)	Gradbogen Gr.	Grm. Länge Meter	I. Beobachtung Nonius I (Gr. M. S.)	Nonius II (Gr. M. S.)	Mittel (Gr. M. S.)	II. Beobachtung Nonius I (Gr. M. S.)	Nonius II (Gr. M. S.)	Mittel (Gr. M. S.)	Nr. der Beobachtgn.	nach einzelnen Beobachtungen (Gr. M. S.)	Mittel aus allen Beobachtungen (Gr. M. S.)	Gemessener Höhenwinkel	Bemerkungen u. Skizzen
5	st.	2	15,63	0 0 0	0 59 30	0 59 45	341 4 30	0 0 0	0 59 45	I	701 4 30	175 16 8		
6	f.	4	16,53							II	701 4 —	175 16 6		
	f.	2	12,67								4 15			
4		—	19,62		179 30			59 30	179					
		3	21,78					3 45						
		10												

gilt übrigens die Regel, die Strecken erst eine Zeit lang bis auf eine entsprechende Länge, gewissermaßen verloren, mit dem Kompaß zu vermessen und später durch längere Theodolitzüge diese Nachtragungen zu verbessern. Eine Ausnahme hiervon macht das Nachtragen von Gegenörtern.

Für die Skizzen gelten die bei der Kompaßmessung gegebenen Regeln.

Die Höhenlage der Punkte (Seigerteufen) können mittels des Gradbogens, des Höhenkreises am Theodoliten oder des Nivellierinstrumentes gefunden werden.

Bei ausgedehnten und wichtigen Messungen wird es stets am zweckmäßigsten sein, sich des Nivellierinstrumentes zu bedienen und nur bei kleinen Nachtragungen oder unwichtigen Messungen ist das trigonometrische Nivellement mit dem Höhenkreis des Theodoliten oder mit dem Gradbogen anzuwenden.

In einigen Fällen, z. B. bei Nachtragen von Gegenörtern, ist es von Vorteil, das Fernrohr des Theodoliten zum geometrischen Nivellement benutzen zu können.

Ein bestimmtes Formular vorzuschreiben, in welches in der Grube die gefundenen Resultate der Theodolitmessungen eingetragen werden, ist nicht notwendig.

Sollte dasselbe allen Anforderungen genügen, so müßte es die Einrichtung von Formular 2, also eine so große Anzahl von Spalten besitzen, daß dieselben in der Breite, welche zum Eintragen der Zahlen notwendig ist, auch nicht auf beiden Seiten des Taschenbuches Platz finden würden.

Weit einfacher erscheint dagegen die Eintragung ohne Formular:

$$\text{Standpunkt 4.}$$
$$\text{Von 5 nach 6.}$$
$$175^\circ\ 16'\ —$$
$$\text{I. Lage.}$$

I. 0.0.0. $4) \begin{array}{l} 341^\circ\ 4'\ 30'' \\ 161^\circ\ 4'\ — \end{array}$ $701^\circ\ 4'\ 30''$ $175^\circ\ 16'\ 8''$
II. $179^\circ 59.30'$

$$\text{II. Lage.}$$

I. 0.0.0. $4) \begin{array}{l} 341^\circ\ 4'\ 15'' \\ 161^\circ\ 3'\ 45'' \end{array}$ $701^\circ\ 4'\ 15''$ $175^\circ\ 16'\ 4''$
II. $179^\circ 59.30'$

$$\text{Mittel } 175^\circ\ 16'\ 6''.$$

Die etwa am Höhenkreis gemachten Beobachtungen finden hierunter Platz, während die Längenmessungen mit den Gradbogenbeobachtungen getrennt hiervon notiert werden.

§ 124. Der Markscheider bedient sich bei seiner Arbeit messingener Grubenlampen, welche keine ablenkende Wirkung auf die Magnetnadel haben und mit Öl gespeist werden.

Nach lokalem Gebrauch unterscheiden sie sich in der Form und in der Art und Weise, wie sie getragen werden.

ACHTES KAPITEL.

Abgesehen von den Sicherheitslampen stimmen die besseren Markscheiderlampen darin überein, daß sie eine seitlich etwas hervorstehende Schnauze oder Tülle haben.

Diese Vorrichtung gestattet, die leuchtende Flamme möglichst nahe an die Blenden der abzulesenden Nonien, namentllich aber an die zu beobachtende Nadelspitze des Kompasses heranzubringen.

Fig. 174 zeigt die Form der Mansfelder Lampe (Kreisel), welche mittels des Drahtbügels am Schachthute getragen wird, während die Hände mit dem Instrumente (Horizontalstellen, Zentrieren u. s. w.), oder mit dem Einschreiben der Notizen beschäftigt sind. Beim Ablesen der Winkel am Theodolit oder Kompaß wird sie vom Hute genommen und mit der Hand in die zweckmäßigste Stellung gebracht.

Die eigentliche Lampe L steht in einem ihren unteren Teil umschließenden Gefäße, dem Ölfänger O.

Die in Fig. 175a und b perspektivisch und im Querschnitt dargestellte Lampe ist der Mansfelder Lampe ähnlich. Sie wird aber nicht am Hute, sondern fortwährend an der linken Hand getragen. Zu diesem Zwecke wird der aus einem Blechstreifen bestehende Handgriff T über den Daumen oder über die Wurzelglieder der

Fig. 174. Die Mansfelder Grubenlampe.

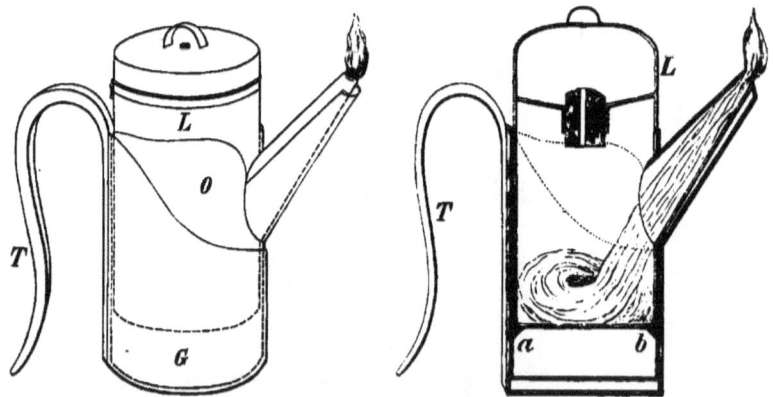

Fig. 175a u. b. Markscheiderlampe.

anderen vier Finger derartig geschoben, daß die Lampe an der äußeren Seite der Finger sich befindet.

Der Handgriff T sitzt an einem Gefäße G, welches den unteren Teil des Ölfängers O umfaßt und eine Drehung des letzteren bis zu 90 Grad zuläßt. Der Ölfänger (im Querschnitt schwarz) hat unterhalb des Ringes ab, auf welchem die Lampe aufsitzt, eine Verlängerung, lediglich zur Aufnahme des Traggefäßes G.

In Freiberg (Königreich Sachsen) stehen die Grubenlampen in hölzernen, mit Messingblech ausgeschlagenen Kästchen (Blenden), welche an einem Bügel in der Hand getragen, oder mit diesem in einen um den Hals gelegten Riemen eingehängt werden.

Die Sicherheitslampen aller Systeme geben ein schwächeres Licht, als die offene Grubenlampe, auch gestattet die Konstruktion derselben nicht, die umschlossene Flamme nahe an die Kompaßteilung und die Nonienblenden heranzubringen.

Der in Nr. 5 der Berg- und Hüttenm. Zeitung, 1884, vom Markscheider PRZYBORSKI gemachte Vorschlag zur Erhöhung des Beleuchtungseffektes erscheint deswegen beachtenswert.

An einer Stütze des Drahtgeflechtes ist, wie Fig. 176 zeigt, eine bikonvexe, stark gekrümmte Sammellinse angebracht, welche mittels des doppelgelenkigen Armes in jede gewünschte Stellung gebracht werden kann.

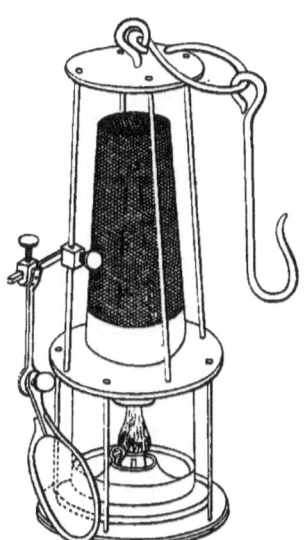

Fig. 176. Sicherheitslampe für Markscheider.

§ 125. Von dem in der Grube geführten Taschen- oder Winkelbuche der Kompaßmessungen ist eine genaue Reinschrift anzufertigen, wozu Formular 3 zu benutzen ist. In dasselbe ist ein kurzer Grubenzug mit vollständiger Berechnung eingetragen, auch einige nach BRAUNSDORFscher Manier gemessene Winkel hinzugefügt (vergl. fünftes Kapitel).

Soll von dem Taschenbuche der Theodolitmessungen eine vollständige Reinschrift gefertigt werden, so wird ein ähnliches Formular, wie das im § 123 angegebene, zu benutzen sein. Meistens wird aber nur ein mehr oder weniger vollständiger Auszug gemacht.

Formular 4, dessen rechte Seite frei bleibt für die Skizzen und Bemerkungen, genügt zur Eintragung aller Originalbeobachtungen bis auf die Winkelmessungen, von denen der Raumersparnis wegen nur der gefundene Mittelwert eingesetzt wird.

Formular 3.

Zeichen		Kompass.			Sohle.	Neigung der Schnur.		Flache Länge der Schnur	Seigerteufe		Abstand von der Normal-horizon-talen.
									steigend	fallend	
von	bis	O/W.	St.	$^1/_8$ $^1/_8/_{16}$	Meter.	st./fl.	Gr. M.	Meter.	Meter.		Meter.

Grube Herzog Wilhelm, Montag, den ᵗᵉⁿ 18											

Grube Herzog Wilhelm, Montag, den ᵗᵉⁿ 18
Nachtragung der Grubenbaue mit dem Hängezeug.
| 4 | 9 | 3 | Streichen der Orientierungslinie.
Angefangen im Zeichen A der nᵗᵉⁿ Strecke 541,0 unter N.-H.

von	bis	O/W	St.	1/8 1/8/16	Meter	st./fl.	Gr.	M.	Meter	steig.	fall.	Abstand
										541,000		
A	a	W	8	4 3	11,250	fl.	4	30	11,285		0,885	
a	b	W	9	2 5	10,400	st.	5	12½	10,443	0,948		540,937
b	c	W	8	3 10	6,430	st.	0	5½	6,430	0,010		
c	d	W	8	7 15	8,820	fl.	6	—	8,869		0,9271	
										540,9370		
b	e	O	3	3 6	11,800	fl.	4	22½	11,834		0,9027	541,840
e	f	W	9	0 0	10,420	st.	3	55	10,444	0,7133		541,127
										541,840		
e	g	O	8	4 8	9,540	st.	4	2½	9,564	0,6741	—	541,166
g	h	O	9	3 13	7,255	fl.	6	25	7,301	—	0,816	541,982
h	i	O	9	5 8	6,650	st.	5	30	6,681	0,6404	—	541,362
i	k	W	4	0 8	10,460	fl.	1	30	10,464	—	0,2739	541,616
k	A					st.	90	—	0,614	0,614		541,002

Fortsetzung nach Braunsdorfscher Manier.

c	d	W	8	7 15	ohne Ablenkung							
		rückw.	8	6 12								
		vorw.	9	4 13			0	0	10,00	—	—	
d	l	W	9	6 —	+ 0.6.1 Differenz bericht. Stunde							
		rückw.	9	6 10								
		vorw.	7	2 4			0	0	10,00	—	—	
l	m	W	7	1 10	— 2.4.6 bericht. Stunde							

Rechte Seite für Bemerkungen und Skizzen.

Linke Seite.

Formular 4.

Stand-punkt.	Signal		Gemess. Längen.	Neigung.			Söhlige Längen.	Gemessene Winkel. Mittel aus allen Beobachtungen			Im Polygon ausgeglichene Winkel.		
	links.	rechts.	Meter.	st./fl.	Gr.	Min.	Meter.	Gr.	M.	Sc.	Gr.	M.	Sc.

Rechte Seite für Bemerkungen u. Skizzen.

Linke Seite.

Diese Reinschriften erhalten eine Überschrift, welche den Namen der Grube, Zweck des Zuges, das angewandte Instrument und den Tag der Ausführung angiebt. Ferner gehört dahin eine Notiz über die Größe der Deklination oder über das Streichen der Orientierungslinie, sowie über den Horizont, auf welchen sich die Seigerteufenabschlüsse beziehen.

Die Skizzen werden auf die rechte freie Seite des Formulares sorgfältig gezeichnet, und wenn auch in der Grube nur die einzelnen Schnüre getrennt skizziert wurden, so sollte man es in der Reinschrift nie versäumen, auch noch eine zusammenhängende Skizze hinzuzufügen, weil dadurch das Winkelbuch ungemein an Übersichtlichkeit gewinnt und eine Benutzung desselben in späteren Zeiten ohne Schwierigkeit möglich gemacht wird.

Nach beendigter und verglichener Reinschrift sind für sämtliche flache Schnüre die Sohlen und Seigerteufen zu berechnen und in die dazu bestimmten Spalten des Formulars einzutragen.

Das Berechnen kann mit Hilfe der Logarithmen oder mittels Tabellen geschehen, von denen es mehrere giebt:

1) Der geschwind und richtig rechnende Markscheider von C. W. Böbert. Leipzig 1842. Zweite Auflage.

In diesen Tafeln sind die Sohlen und Seigerteufen von fünf zu fünf Minuten im Gradmaß und die Streichsinus und Kosinus für die Kompaßstunden bis zu einem Sechszehntelachtel angegeben. Außerdem enthält das Buch eine Tabelle zur Umwandlung der Kompaßstunde in Gradmaß.

2) Die vielfachen Sinus und Kosinus von A. Liebenam von fünf zu fünf Minuten. Eisleben 1873.

3) Tabellen zur Berechnung der Seigerteufen und Sohlen zu Winkeln bis zu 2,5 Minuten im Gradmaß von C. A. Schütze. Quedlinburg 1875.

Die Sinus und Kosinus sind in diesen Tabellen nebeneinandergestellt, so daß beide Zahlen zugleich aufgeschlagen werden.

4) Mathematische Tafeln für Markscheider zu Winkeln bis zu 2,5 Minuten von E. Lüling. Bonn 1881.

Diese Tafeln enthalten außer den Sohlen bezw. Breiten und Seigerteufen bezw. Längen Tabellen zur Umrechnung der verschiedenen Kompaßeinteilungen in Grade und umgekehrt.

Aus den ermittelten Seigerteufen sind sodann die Seigerteufenabschlüsse, wenn auch nicht für alle Punkte, so doch für diejenigen auszurechnen, welche im Seigerriß dargestellt werden sollen.

Bei zusammenhängenden Zügen wird der Seigerteufenabschluß jedes Punktes aus der Differenz von den Summen der fallenden und der steigenden Seigerteufen der vorhergehenden Punkte gefunden. Bei den aus dem Hauptzuge sich abzweigenden Nebenzügen ist der Seigerteufenabschluß des Abgangspunktes vorzutragen (siehe Formular 3 zu § 125).

Diese berechneten seigeren Abstände beziehen sich auf eine Horizontale, welche durch den Anfangspunkt geht. Da es zweckmäßig ist, alle Seigerteufenangaben einer Grube oder eines Grubenkomplexes auf eine Horizontale, die sogenannte Normalhorizontale, abzuschließen, so ist der Abstand des Anfangspunktes von der Normalhorizontalen in der betreffenden Spalte vorzutragen.

Das Zulegen. — Das Auftragen des der markscheiderischen Aufnahme zu grunde liegenden Netzes von Schnüren wird das Zulegen genannt.

Man unterscheidet folgende Verfahren. Mit dem Kompaß in der Zulegeplatte, mit dem Transporteur, mit dem Zirkel, dem Maßstab und dem Lineal nach berechneten Sehnen bez. Tangenten, oder nach berechneten Koordinaten.

Die Zulage mit dem Kompaß. Hierzu ist ein Arbeitsraum erforderlich, welcher Erschütterungen nicht ausgesetzt ist und in welchem ablenkende Einflüsse nicht vorhanden sind. Um sich hiervon zu überzeugen, zieht man mit einem richtigen Lineal eine lange Linie auf den horizontalen Zeichentisch und legt die Zulegeplatte an verschiedenen Stellen dieser Linie an. Giebt die Nadel immer dasselbe Streichen an, so sind in der Nähe dieser Linie keine Störungen der Magnetnadel zu befürchten. Wiederholt man dies Verfahren an Linien, welche zur ersten nahezu senkrecht stehen, so wird man sich bald überzeugen, ob die ganze Tischfläche oder doch ein Teil derselben zum Zulegen mit dem Kompaß geeignet ist.

Soll auf Grund der Vermessungen ein ganz neuer Riß angefertigt werden und ist die Figur der darzustellenden Grubenräume nicht anderweitig bekannt, so ist es zweckmäßig, erst eine flüchtige Zulage in kleinem Maßstabe auszuführen, um ein Urteil über die Größe des zu verwendenden Papiers, über den Maßstab u. s. w. zu erhalten.

Für das Verjüngungsverhältnis, in welchem die Zulagen ausgeführt werden, empfiehlt sich die Befolgung der Vorschrift, wonach dasselbe ein in ganzen Zahlen ausgedrücktes Vielfaches von $\frac{1}{100}$, z. B. $\frac{1}{200}$, $\frac{1}{500}$, $\frac{1}{800}$, $\frac{1}{1000}$ u. s. w. sein soll.

Wenn nicht andere Gründe hindernd entgegenstehen, so wird man die Zulage so zu Papier bringen, daß die Längsrichtung derselben mit der langen Seite des Papiers parallel läuft. Zu dem Zwecke wird man den Zulegekompaß so auf das Papier legen, daß die lange Seite der Zulegeplatte parallel der Papierkante ist und das Papier mit dem darauf stehenden Kompaß so lange drehen, bis die Nadel das aus der vorläufigen Zulage entnommene Streichen der Längenausdehnung des Zuges zeigt. Da aber hierdurch das Papier leicht eine für das Zulegen unbequeme Lage erhält, so ist es zweckmäßiger, das Papier zuerst parallel zur Tischkante zu befestigen, und die Zulegeplatte so aufzustellen, daß die lange Seite ebenfalls der Tischkante parallel ist. Alsdann dreht man die Kompaßbüchse in der unverändert bleibenden Zulegeplatte so lange, bis die Nadel die Längsrichtung der Zulage angiebt und klemmt den Kompaß in dieser Lage fest. Auf die Richtigkeit der Zulage kann die Drehung des Kompasses keinen Einfluß haben, weil sämtliche Streichwinkel, einschließlich der Orientierungslinie, um eine gleiche Größe zu klein oder zu groß aufgetragen werden.

Das Papier ist vor der Benutzung auf ein Reißbrett zu spannen. Zu diesem Zwecke feuchtet man das Papier mit einem reinen Schwamme auf der Rückseite an und klebt es an den Rändern mit Mundleim fest. Schneidet man das völlig trocken gewordene Papier ab, so wird es alle Unebenheiten und eine etwaige Neigung zum Rollen verloren haben und sich glatt auf den Tisch legen.

Sodann ist dasselbe mit einem Quadratnetz zu versehen, dessen Linien je nach dem Maßstabe einen bestimmten Abstand von 10, 20, 30 m u. s. w. haben und parallel der Papierkante laufen, wenn nicht ein bestimmt vorgeschriebenes Koordinatensystem darauf einen ändernden Einfluß hat. Die Netzlinien haben hier nur den Zweck, bei späteren Kopierungen des Risses zum Anhalten zu dienen.

Ist die Zulage auf einen schon erhaltenen Riß zu tragen, so ist derselbe mittels der Orientierungslinie zu orientieren. Das heißt, man legt die Zulegeplatte an diese auf dem Risse aufgezeichneten Linie und dreht den Riß oder besser die Kompaßbüchse in der Zulegeplatte solange, bis die Nadel des vor Beginn des Zuges beobachtete Streichen der Orientierungslinie zeigt.

Dient die Zulage zur Anfertigung eines neuen Risses, so trägt man das Streichen der Orientierungslinie und die zwölfte Stundenlinie auf und beginnt mit der eigentlichen Zulage. Dies geschieht in der Weise, daß man die lange Kante der Zulegeplatte so an den Anfangspunkt legt, daß die Nadel den Streichwinkel der ersten Schnur zeigt. Darauf zieht man an der Kante der Platte eine scharfe Bleilinie in der Zugrichtung von genügender Länge und trägt mittels eines Zirkels, der am besten bis auf die äußersten stählernen Spitzen ganz aus Messing gefertigt ist, im verjüngten Maßstabe die Sohle der ersten Schnur vom Anfangspunkte aus auf die Linie ab. An den dadurch entstandenen zweiten Punkt, den man mit einem kleinen Kreise einschließt, legt man die Zulegeplatte wieder an und verfährt wie vorher.

Hierbei hat man die Zulegeplatte stets so zu handhaben, daß wie beim Ziehen in der Grube Nord voraus genommen wird. War jedoch die Kompaßbüchse in der Platte gedreht, so wird man hierbei eine Schraube der Zulegeplatte zum Anhalten nehmen.

Ist ein Verschieben des Papiers zu befürchten, so hat man sich von Zeit zu Zeit durch Anlegen der Zulegeplatte an die Orientierungslinie oder an die zwölfte Stundenlinie von der unveränderten Lage zu überzeugen.

Da fast jeder Kompaß mit kleinen Fehlern behaftet ist, welche von Einfluß auf die beobachteten Winkel waren, so ist es ratsam, zum Zulegen denselben Kompaß zu benutzen, mit welchem gezogen wurde, weil dadurch die Folgen jener Fehler ausgeschieden werden.

Die in der Grube beobachteten Streichwinkel sind außerdem mit dem Fehler der täglichen Variation behaftet. Da man im allgemeinen annehmen darf, daß der Verlauf der täglichen Variation innnerhalb der Zeit, welche zwischen der Ausführung und der Zulage eines Markscheiderzuges liegt, dieselbe bleibt oder doch die etwaigen Schwankungen die Ablesegrenze auf dem Kompasse nicht erreichen, so ist zur Vermeidung der Fehler der Variation der Zug zu derselben Tageszeit wieder zuzulegen, zu welcher er in der Grube ausgeführt wurde.

Dadurch kann aber das Geschäft des Zulegens zu einem sehr zeitraubenden werden, deshalb ist es besser, die Einwirkung der Variation durch Rechnung auszuscheiden.

Soll diese Rechnung möglichst zuverlässig ausfallen, so müssen während des Grubenzuges gleichzeitig Beobachtungen der Variation an einer anderen Magnetnadel angestellt werden. Andernfalls wird es annähernd dadurch geschehen müssen, daß man einen normalen, der Jahres- und Tageszeit entsprechenden Verlauf der Variation voraussetzt.

Bei sehr ausgedehnten Zügen, deren Zulage viel Zeit erfordert, ist die während der Zulage auftretende Variation auch von Einfluß, welche ebenfalls durch Rechnung ausgeschieden werden kann oder, wenn der Stundenring durch ein Mikrometerwerk beweglich ist, durch Drehung desselben.

§ 128. Die Früchte aller dieser Vorsichtsmaßregeln werden aber beeinträchtigt durch die Fehler, denen man beim Zulegen als Zeichenarbeit ausgesetzt ist. Die Genauigkeit des Maßstabes, die Dicke des Bleifederstriches, das Abgreifen vom Maßstabe, die feinere oder gröbere Spitze des Zirkels, die Festigkeit des Papiers u. s. w., alles ist von Einfluß auf die Richtigkeit einer Zulage. Professor PREDIGER veröffentlicht in der Berg- und Hüttenm. Zeitschr. 1859, Nr. 18, Versuche, aus denen nachgewiesen wird, daß der Zeichenfehler einer Zulage von einem nicht sehr ausgedehnten Zuge sich bis zu 15 Minuten steigern kann.

Zur Ausführung eines solchen Versuches zieht man auf dem Papiere des Zeichentisches eine Linie AB und bestimmt deren Länge nach einem Maßstabe auf das genaueste; sodann wird durch einen der Endpunkte A der magnetische Meridian gezogen und von B ein Perpendikel darauf gefällt. Durch die genau maßstäblich ermittelten Längen AC und BC ist das Streichen der Linien AB gegeben.

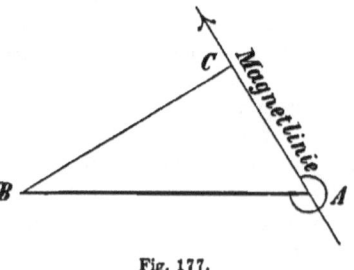

Fig. 177.

Führt man nun eine Zulage zwischen den Endpunkten A und B aus und berechnet die Koordinaten dieses fingierten Zuges, so müssen, wenn keine Fehler beim Zulegen gemacht wurden, die Abscissensummen gleich AC und die Ordinatensummen gleich BC sein. Finden sich jedoch Abweichungen, so sind sie Folgen von Ungenauigkeiten des Zulegens. Diese Abweichungen in den Längen von AC und BC haben Einfluß auf den Streichwinkel von AB, und der Unterschied zwischen den berechneten und aufgetragenen Größen giebt ein Maß für die Genauigkeit der Zulage. Professor PREDIGER hat 13 verschiedene Versuche mit Linien von 16—55 Meter Länge und im Maßstabe 1 : 350 ausgeführt und gefunden, daß bei Zulegen von dieser geringen Ausdehnung ein Fehler im Streichwinkel von $+$ 15 oder $-$ 9 Minuten zu befürchten ist.

§ 129. Einer Erscheinung ist im Anschluß an das Kapitel des Zulegens mit dem Kompaß noch Erwähnung zu thun, nämlich daß bei den Arbeiten mit dem Kompaß, namentlich aber beim Zulegen in sehr trockener Luft durch unwillkürlich streichende Berührung des Glasdeckels sich in demselben Elektrizität anhäufen kann, welche ein Anhaften der Nadel am Glase herbeiführt.

§ 130. **Das Zulegen mit dem Transporteur.** — Der unvollkommenste Apparat dieser Art ist die Stundenscheibe. So nennt man eine kreisrunde, in der Mitte durchbrochene Scheibe aus Messing oder aus Kartonpapier, welche am äußeren Rande die Einteilung des Kompasses, aber rechtsinnig, trägt und deren Mittelpunkt durch zwei feine, in der Richtung des Durchmessers sich kreuzende Fäden bezeichnet ist. Die Zulage geschieht folgendermaßen:

Man zieht durch den Anfangspunkt eine Parallele mit dem magnetischen Meridian und legt die Scheibe so auf das Papier, daß der Mittelpunkt auf den Anfangspunkt und die Nord-Südlinie auf den gezogenen Meridian zu liegen kommt.

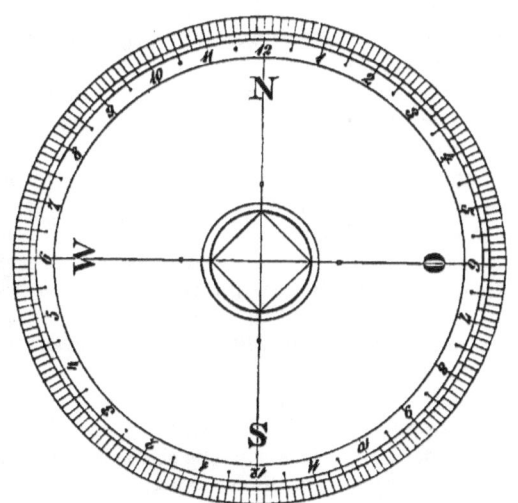

Fig. 178. Stundenscheibe.

Mit einer Nadel oder einem spitzen Bleistifte bezeichnet man den Punkt der Peripherie, welcher dem beobachteten Streichwinkel entspricht und verbindet ihn nach Wegnahme der Stundenscheibe mit dem Anfangspunkte durch eine Bleilinie. Auf diese Linie trägt man die söhlige Länge der ersten Schnur auf, zieht durch den neu entstandenen Punkt wieder eine Parallele zum magnetischen Meridian und verfährt mit der zweiten Schnur in gleicher Weise.

Die brauchbaren Apparate sind entweder Vollkreis- oder Halbkreistransporteure.

Beide haben ein um den Mittelpunkt drehbares Lineal (Regel), an welchem der Nonius zum Einstellen auf die Teilung des Kreises angebracht ist. Der Mittelpunkt, der Noniusnullpunkt und die eine Regelkante liegen in einer geraden Linie.

Der Nonius bewegt sich in einer Vertiefung des Kreises. Die Teilung desselben ist eine doppelte, nach Stunden und nach Graden. Der Vollkreistransporteur gleicht einer vervollkommneten Stundenscheibe. In der Mitte ist derselbe ebenfalls durchbrochen und das Loch unten mit einem Glas- oder feinem Hornblättchen verschlossen, auf welchem zwei sich kreuzende Linien zur Bezeichnung des Mittelpunktes eingerissen sind.

Beim Zulegen gebraucht man den Vollkreistransporteur, wie die Stundenscheibe. Man legt den Mittelpunkt desselben auf den Winkelpunkt und die Kante der auf Null gestellten Regel an den durch den Winkelpunkt gezogenen magnetischen Meridian, bezw. an die Parallele zur Abscissenlinie, dreht sodann die Regel, bis der Nonius das Streichen der nächsten Schnur, bezw. deren Neigungswinkel gegen die Abscissenlinie zeigt und zieht einen Bleistiftstrich längs der Regelkante. Nachdem der Transporteur weggenommen ist, verlängert man die an der Regel entlang gezogene Linie bis zum Winkelpunkt und trägt die Länge der Schnur ab.

Zur Beschleunigung der Arbeit trägt es bei, wenn man in einer Lage des Transporteurs nicht bloß die Richtung der einen folgenden Schnur, sondern von einer Anzahl der Reihe nach aufträgt und dieselben mittels genau gearbeiteter Winkellineale in richtiger Reihenfolge an den jedesmaligen Endpunkt der vorhergehenden Schnur abschiebt.

Zu dem Halbkreistransporteur gehört ein längeres eisernes Lineal, welches beim Gebrauch durch Klemmschrauben längs der Tischkante festgehalten werden muß (Fig. 179). An dem etwas verlängerten Halbkreise des Transporteurs ist ein Ansatz angebracht, mit Hilfe dessen sich derselbe an dem festgeklemmten Lineal entlang verschieben läßt.

Der Gebrauch des Halbkreistransporteurs ist bequemer als der des Vollkreises, da dank seiner Verschiebbarkeit mit ihm die meisten Streichwinkel direkt aufgetragen werden können.

Bei ungünstig streichenden Linien genügt es vielfach schon, die Regel auf einen um 90 Grad verschiedenen Streichwinkel zu stellen und ein rechtwinkeliges Lineal an die Regel zu legen. Erreicht man damit nicht den gewünschten Zweck, so muß man zu dem Verfahren des Abschiebens seine Zuflucht nehmen, wie es bei dem Vollkreistransporteur beschrieben wurde. Der Transporteur wird zum Zulegen sowohl von Messungen mit dem Kompaß als auch solcher mit dem Theodoliten ausgeführt. Bei Kompaßmessungen muß die tägliche Variation aus den beobachteten Streichwinkeln vorher ausgeschieden sein.

Bei der Zulage einer Kompaßmessung mittels des Transporteurs werden die dem benutzten Kompasse anhaftenden kleinen Fehler nicht ausgeglichen und die Zeichenfehler sind dieselben wie bei der Zulage mit der Zulegeplatte. Durch das oft notwendig werdende Einschalten eines rechtwinkeligen Winkellineals können sich diese Fehler sogar noch steigern.

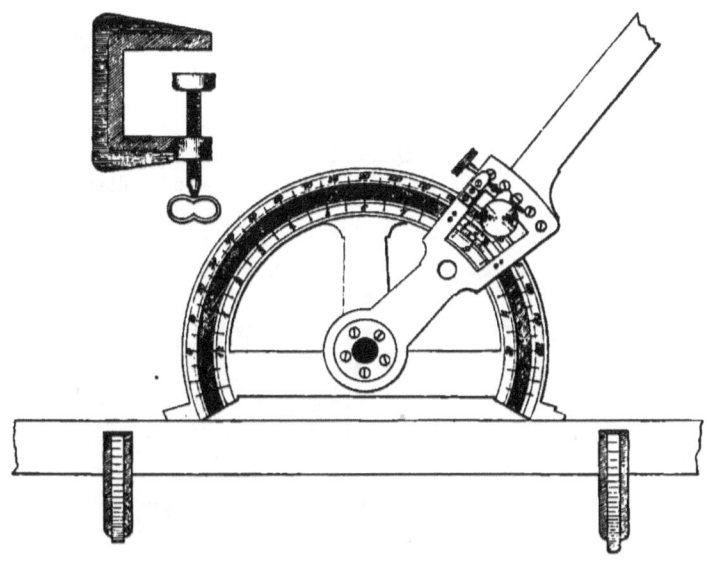

Fig. 179. Der Halbkreistransporteur.

Dagegen arbeitet man mit dem Transporteur schneller als mit dem Kompaß, namentlich wenn viele Schnüre von nahezu gleichem Streichen aufgetragen werden müssen, und man ist von den die Nadel ablenkenden Gegenständen und den Erschütterungen des Fußbodens nicht abhängig.

Zulegen mit Zirkel und Maßstab nach berechneten Tangenten oder Sehnen. — Um einen Winkel W nach dieser Methode, welche übrigens nur als ein Notbehelf zu betrachten ist, aufzutragen, zieht man den einen Schenkel a in bestimmter Länge und berechnet entweder nach der Formel $b = a \, tg W$ das auf dem Endpunkte von a zu errichtende Perpendikel b

§ 131.

oder nach der Formel $s = 2a \sin \frac{1}{2} W$ die Sehne s des Zentriwinkels W für einen Kreis mit dem Radius a (siehe Fig. 180).

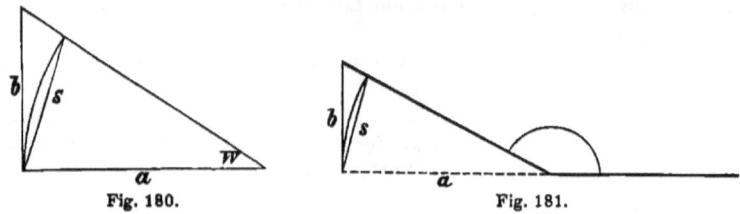

Fig. 180.   Fig. 181.

Ist der aufzutragende Winkel ein stumpfer, so verlängert man den Schenkel a und trägt den spitzen Nebenwinkel auf (Fig. 181).

§ 132. **Das Zulegen nach berechneten Koordinaten** (Längen und Breiten, Streichsinus und Streichcosinus). — Der Beschreibung dieses Zulegens

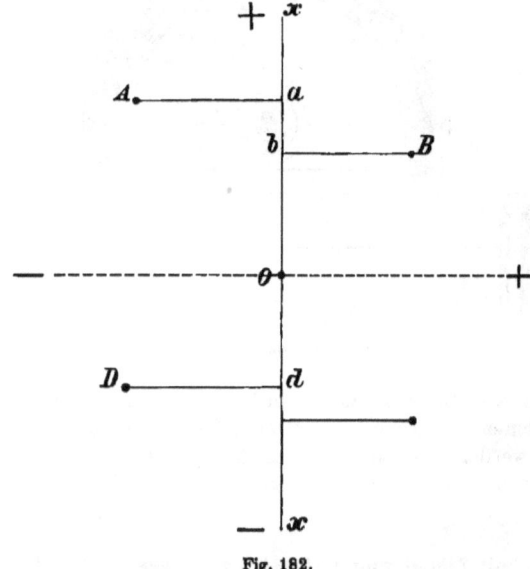

Fig. 182.

mögen einige allgemeine, auf die Koordinaten bezügliche Bemerkungen vorausgehen.

Die gegenseitige Lage von Punkten in einer Ebene durch Zahlen auszudrücken, kann auf verschiedene Art und Weise geschehen.

Erstens durch die Längen der die Punkte verbindenden Linien (Polygonseiten) und durch die von diesen Linien eingeschlossenen Winkel (Polygonwinkel, Brechungswinkel). Diese Linien können in ihrem Zusammenhange eine geschlossene, vielseitige Figur bilden, oder eine zusammenhängende, gebrochene Linie, mit oder ohne Abzweigungen. In beiden Fällen ist der Name Polygon gebräuchlich und man unterscheidet das geschlossene und das offene Polygon. Letzteres nennt man auch wohl Polygonzug.

Zweitens kann die gegenseitige Lage von Punkten durch rechtwinkelige Koordinaten ausgedrückt werden.

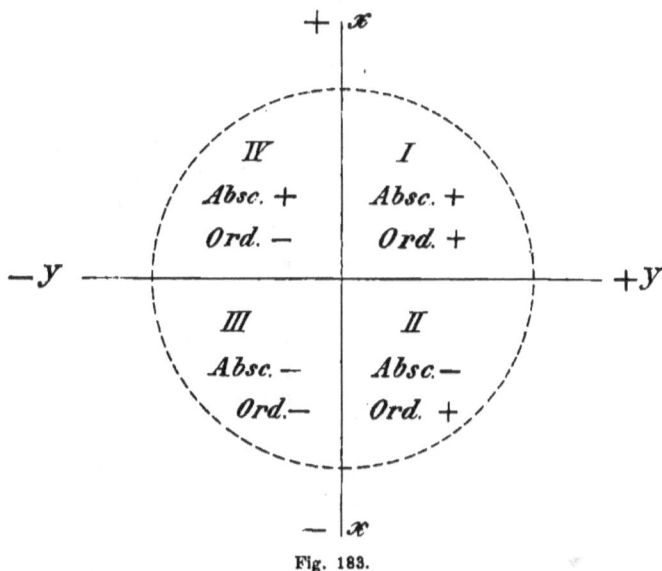

Fig. 183.

Fällt man von den Punkten A, B, C, D in Fig. 182 Perpendikel auf eine Linie xx, die Abscissenlinie, und nimmt man auf derselben einen bestimmten Punkt O, den Anfangspunkt, an, so ist die gegenseitige Lage der Punkte A, B, C, D durch die Längen der Perpendikel (Ordinaten) Aa, Bb, Cc, Dd und durch die Längen der Abschnitte (Abscissen) oa, ob, oc, od genau bestimmt, sobald noch darüber Gewißheit ist, ob die Perpendikel nach rechts oder nach links von der Abscissenlinie xx aus, und ob die Abschnitte nach oben oder unten von dem Punkte O aus abzumessen sind.

Diese Gewißheit wird durch Hinzufügung von Plus- und Minuszeichen derartig herbeigeführt, daß alle vom Anfangspunkte O nach oben gemessenen Abscissen positiv, alle nach unten gemessenen negativ, die nach rechts abzumessenden Ordinaten positiv, die nach der entgegengesetzten Seite negativ angenommen werden.

Errichtet man in dem Nullpunkte der Abscissenachse des Perpendikels yy die Ordinatenachse, so werden hierdurch die vier Quadranten *I, II, III, IV* gebildet, Fig. 183. Die Punkte im ersten Quadranten haben positive Abscissen und Ordinaten, im zweiten Quadranten positive Ordinaten und negative Abscissen, im dritten negative Ordinaten und Abscissen und im vierten positive Abscissen und negative Ordinaten.

Die Abscisse und Ordinate eines Punktes faßt man mit der Bezeichnung Koordinaten zusammen.

Die Koordinaten von Punkten werden berechnet aus der Länge ihrer Verbindungslinien und aus deren Neigungswinkeln gegen die Abscissenachse. Diese Neigungswinkel werden aus der bekannten Neigung einer Polygonseite und aus den Brechungswinkeln der Polygonseiten abgeleitet und von der positiven Seite der Abscissenachse aus nach rechts von 0 bis 360 Grad gezählt.

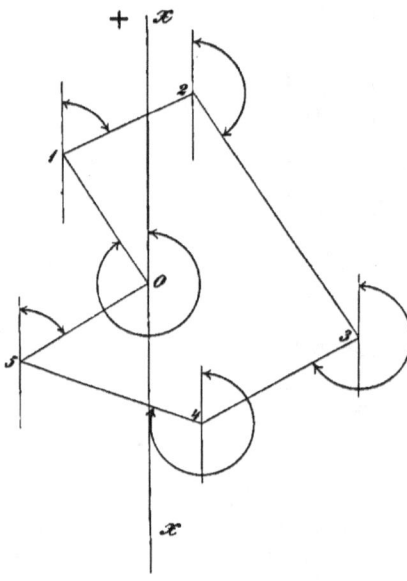

Fig. 184.

Ist z. B. in Fig. 184 xx die Abscissenlinie und sind die durch die Punkte 1, 2, 3, 4, 5 gezogenen Linien Parallelen zu derselben, so sind die durch die kleinen Bogen bezeichneten Winkel die zu berechnenden Neigungswinkel der Seiten gegen die Abscissenachse.

Die Berechnung derselben geschieht nach der Formel:

$$N_n = N_{n-1} + P_n \mp 180°,$$

wenn $P_0, P_1, P_2 \ldots P_{n-1}, P_n$ die aufeinanderfolgenden Polygonwinkel und $N_0, N_1, N_2 \ldots N_{n-1}, N_n$ die Neigungswinkel der aufeinanderfolgenden Polygonseiten bedeuten. Die in Rechnung zu ziehenden Polygonwinkel $P_0, P_1, P_2 \ldots$ müssen die links von der Richtung des ganzen Zuges liegenden sein.

In Worten lautet die Regel: Die Neigung einer (der n^{ten}) Polygonseite gegen die Abscissenachse wird gefunden, wenn man zur Neigung der vorhergehenden (der $n-1^{\text{ten}}$) Seite den (links liegenden) Polygonwinkel zwischen den beiden Polygonseiten hinzuaddiert und von der Summe 180 Grad abzieht, sobald sie größer, oder 180 Grad hinzufügt, sobald die Summe kleiner als 180 Grad ist. Bleibt im ersteren Falle ein größerer Rest als 360 Grad, so ist nur der Überschuß über vier Rechte als Neigungswinkel anzusehen.

In Fig. 185 sei die Neigung der Seite $So = 323°\,40'\,26''$ gegeben, die Berechnung gestaltet sich dann folgendermaßen:

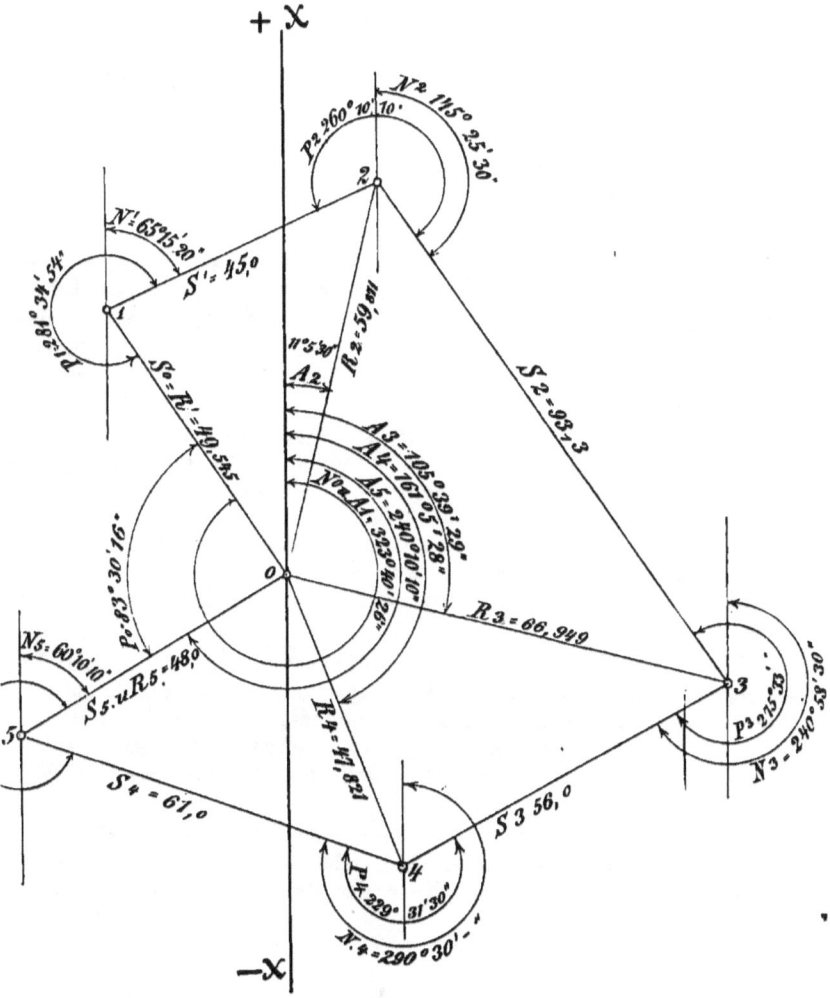

Fig. 185.

$$
\begin{aligned}
N^0 &= 323°\ 40'\ 26'' \\
P1 &= 281°\ 34'\ 54'' \\
&\overline{605°\ 15'\ 20''} \\
&- 180° \\
&\overline{425°\ 15'\ 20''} \\
&- 360° \\
N1 &= \overline{65°\ 15'\ 20''} \\
P2 &= 260°\ 10'\ 10'' \\
&\overline{325°\ 25'\ 30''} \\
&- 180° \\
N2 &= \overline{145°\ 25'\ 30''} \\
P3 &= 275°\ 33'\ - \\
&\overline{420°\ 58'\ 30''} \\
&- 180°
\end{aligned}
\qquad
\begin{aligned}
N3 &= 240°\ 58'\ 30'' \\
P4 &= 229°\ 31'\ 30'' \\
&\overline{470°\ 30'\ -} \\
&- 180° \\
N4 &= \overline{290°\ 30'\ -} \\
P5 &= 309°\ 40'\ 10'' \\
&\overline{600°\ 10'\ 10''} \\
-(180° + 360°) &= -540°\ -\ - \\
N5 &= \overline{60°\ 10'\ 10''} \\
P0 &= 83°\ 30'\ 16'' \\
&\overline{143°\ 40'\ 26''} \\
&+ 180°\ -\ - \\
N^0 &= \overline{323°\ 40'\ 26''}
\end{aligned}
$$

Berechnet man die Neigungswinkel desselben Zuges in umgekehrter Reihenfolge, so müssen die nunmehr links liegenden Ergänzungswinkel zu 360 Grad der Polygonwinkel P_0, P_1, P_2 .... in Rechnung gezogen werden und die auf diesem Wege ermittelten Neigungen derselben Polygonseiten sind um 180 Grad von den nach der ersten Reihenfolge berechneten verschieden.

Aus der Länge der Polygonseiten S_0, S_1, S_2 .... und den Neigungswinkeln N_0, N_1, N_2 .... werden die Koordinaten der einzelnen Punkte P_1, P_2, P_3 .... berechnet und zwar die Abscissen x_1, x_2, x_3 .... nach den Formeln $S_0 \cos N_0$, $S_1 \cos N_1$, $S_2 \cos N_2$ .... und die Ordinaten y_1, y_2, y_3 .... nach den Formeln $S_0 \sin N_0$, $S_1 \sin N_1$, $S_2 \sin N_2$ ...., wobei die richtigen Vorzeichen für die Koordinaten aus den Vorzeichen der Funktionen sinus und cosinus des jedesmaligen Neigungswinkels sich ergeben.

Die so berechneten Koordinaten jedes Punktes beziehen sich zunächst auf den vorhergehenden Punkt als Anfangspunkt und auf die durch denselben gezogene Parallele zur Abscissenlinie, oder, wie man sich kurz ausdrückt, auf den vorhergehenden Punkt als Ursprung. Man nennt sie zur Unterscheidung von den eigentlichen Koordinaten: Teilkoordinaten oder Koordinatenunterschiede.

Um von allen Punkten die Koordinaten auf eine Abscissenlinie und einen Anfangspunkt zu beziehen, addiert man die Teilkoordinaten der Reihe nach mit Berücksichtigung der Vorzeichen, z. B. mit Bezug auf Fig. 185:

Die Ausführung von Markscheiderzügen.

				Ordinaten.	Abscissen.
Koordinaten	des	Punktes	0	0,000	0,000
Teilkoordinaten	„	„	1	— 29,350	+ 39,917
Koordinaten	„	„	1	— 29,350	+ 39,917
Teilkoordinaten	„	„	2	+ 40,868	+ 18,836
Koordinaten	„	„	2	+ 11,518	+ 58,753
Teilkoordinaten	„	„	3	+ 52,946	— 76,822
Koordinaten	„	„	3	+ 64,464	— 18,069
Teilkoordinaten	„	„	4	— 48,967	— 27,171
Koordinaten	„	„	4	+ 15,497	— 45,240
Teilkoordinaten	„	„	5	— 57,137	+ 21,363
Koordinaten	„	„	5	— 41,640	— 23,877
Teilkoordinaten	„	„	0	+ 41,640	+ 23,877
Koordinaten	„	„	0	0,000	0,000

Außer dem rechtwinkeligen Koordinatensysteme giebt es noch schiefwinkelige, deren Achsen unter einem spitzen Winkel sich schneiden. Von ihnen macht der Markscheider keinen Gebrauch.

Dagegen kommt die Aufgabe häufig vor die rechtwinkeligen Koordinaten eines (alten) Systems auf ein anderes (neues) zu berechnen, wenn der Neigungswinkel α der beiden Abscissenachsen und die Koordinaten des Nullpunktes vom alten System a, b in bezug auf die neuen Koordinatenachsen bekannt sind.

Man kann mehrere Fälle unterscheiden nach der gegenseitigen Lage der beiden Koordinatensysteme, zu denen die Umwandlungsformeln aber sämtlich auf eine der nachstehenden ähnliche Weise entwickelt werden.

In Fig. 186 sind $Cf = x'$ und $Ch = y'$ die Koordinaten des Punktes C in bezug auf das alte System OP und QR, es sollen die

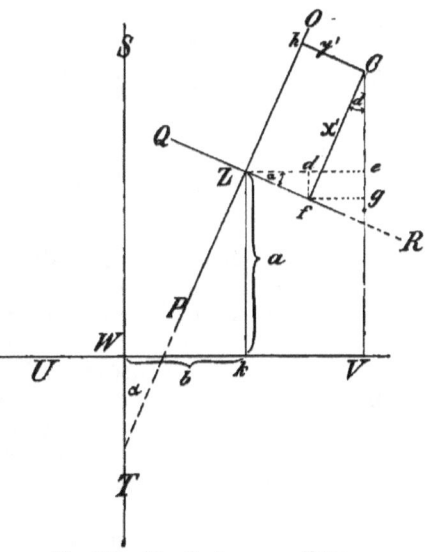

Fig. 186. Koordinatenverwandlung.

Koordinaten dieses Punktes $VC = x$ und $WV = y$ in bezug auf das neue Koordinatensystem ST, UV berechnet werden. Gegeben sind der Winkel α und die Koordinaten des Anfangspunktes $z = a$ und b.

Zieht man ze und $fg \perp VC$ und $fd \perp ze$, so ist $x = VC = Ve + Cg - eg = a + x' \cos \alpha - y' \sin \alpha$ und $y = WV = Wk + kV = Wk + zd + de = b + y' \cos \alpha + x' \sin \alpha$.

Die Lage der rechtwinkeligen Koordinatenachsen kann man beliebig wählen. Bei ausgedehnten markscheiderischen Messungen nimmt man mit Vorliebe einen gut fixierten, möglichst in der Mitte der Vermessungen liegenden Dreieckspunkt als Anfangspunkt und als Abscissenlinie entweder den durch diesen Punkt gelegten Meridian oder eine Linie, welche mit diesem Meridian einen bestimmten Winkel einschließt. Dieser Winkel wird meistens von der Natur der Lagerstätte abhängen, auf welcher die darzustellenden Grubenräume getrieben sind, und so gewählt werden, daß die Abscissenlinie senkrecht auf dem Hauptstreichen der Lagerstätte steht.

Hierdurch erreicht man, daß die größte Längenausdehnung der darzustellenden Grubenräume mit der langen Kante des Papiers parallel läuft, ohne das Quadratnetz gegen dieselbe zu verdrehen.

Die dritte Art und Weise, die gegenseitige Lage von Punkten in Zahlen auszudrücken, ist die mittels der **Polarkoordinaten**.

Berechnet man aus den rechtwinkeligen Koordinaten der Punkte 1, 2, 3, 4 und 5 (Fig. 185) die Entfernungen derselben vom Anfangspunkte, jetzt **Pol** genannt, nämlich die **Strahlen**: $R_1 = O-1$, $R_2 = O-2$, $R_3 = O-3$, $R_4 = O-4$, $R_5 = O-5$ und deren Neigungswinkel gegen die Abscissenachse, jetzt **Polachse** genannt: A^1, A^2, A^3, A^4, A^5, so sind in bezug auf den Pol O die Polarkoordinaten:

vom Punkte 2. $A_2 = 11^\circ\ 5'\ 30''$ und $R_2 = 59{,}871$.
„ „ 3. $A_3 = 105^\circ\ 39'\ 29''$ und $R_3 = 66{,}949$.
„ „ 4. $A_4 = 161^\circ\ 5'\ 28''$ und $R_4 = 47{,}821$.
„ „ 5. $A_5 = 240^\circ\ 10'\ 10''$ und $R_5 = 48{,}000$.
„ „ 1. $A_1 = 323^\circ\ 40'\ 26''$ und $R_1 = 49{,}545$.

§ 133. Bei den Messungen mit dem Kompaß erhält man die Neigungswinkel der Schnüre gegen den magnetischen Meridian, welcher als Abscissenlinie angenommen wird, durch die direkte Ablesung der Streichwinkel und hat nur nötig, dieselben von den Fehlern der Variation zu befreien.

Die Berechnung der Koordinaten (Längen und Breiten) erfolgt mit Hilfe der Logarithmen oder einer der im § 126 genannten Tabellen.

Wenn nicht die Böbertschen Tafeln zur Verfügung stehen, ist es notwendig, die nach der Kompaßteilung in Stunden angegebenen Winkel in Grade und Minuten umzuwandeln.

Dieses zeitraubende Geschäft würde wegfallen, wenn man sich entschließen könnte, nur Kompässe mit Gradteilung oder mit fünfzehnteiligen Stunden anzuwenden.

Bei dieser Umwandlung hat sich ganz ungerechtfertigt unter dem Einfluß der Kompaßeinteilung eine üble Gewohnheit eingebürgert und auch auf Theodolitmessungen sich übertragen, nämlich die Neigungswinkel in östliche und westliche zu unterscheiden und die ersteren von Nord über Ost bis 180°, die anderen von Süd über West ebenfalls von 0 bis 180° zu zählen.

Da in diesem Falle die Neigungswinkel nicht von 0 bis 360 Grad durchgezählt werden, mithin die Vorzeichen der Funktionen sinus und cosinus nicht mehr das richtige Vorzeichen der Koordinaten von selbst ergeben, so ist zu merken, daß die Abscissen positiv sind bei den östlichen Streichwinkeln von 0—90° (Stunde 0—6) und bei den westlichen von (90°—180°) (Stunde 6—12), dagegen negativ bei östlichen Streichwinkeln von (90°—180°) und bei westlichen Streichwinkeln von (0°—90°), ferner daß die östlichen Ordinaten positiv, die westlichen negativ sind.

Vielfach ist man noch weiter gegangen und hat nur die spitzen Winkel angegeben, welche die Schnüre mit der Abscissenlinie einschließen, ganz abgesehen von der Richtung der Schnüre.

In diesem Falle können die richtigen Vorzeichen für die Teilkoordinaten nur unter Zuhilfenahme von Skizzen oder Figuren ermittelt werden, ohne welche auch das Winkelbuch eines solchen Zuges schwer verständlich sein wird.

Es erscheint deshalb ratsam, die Kompaßstunden in Winkel zu verwandeln, welche von 0—360 Grad durchzählen.

Die Berechnung der Züge nach Koordinaten wird in Formulare eingetragen.

Für Kompaßmessungen genügt es, wenn dem Formulare 3 für die Winkelbuchreinschrift noch folgende Spalten hinzugefügt werden.

Formular 5.

Zeichen.	Im Gradmaß verwandelter Stundenwinkel.	Teilordinaten Meter		Teilabscissen Meter		Koordinaten Ordinaten-summe		Abscissen-summe		Zeichen.	
		+	−	+	−	±	Meter	±	Meter		
A	307° 51′ 6″		8,883	6,903		−	8,883	+	6,903	a	
a	319° 20′ 9″		6,777	7,889		−	15,660	+	14,792	b	
b	206° 47′ 49″		5,149	3,852		−	20,809	+	18,644	c	
c	314° 49′ 27″		6,256	6,218		−	27,065	+	24,862	d	
						−	15,660	+	14,792		
d	51° 16′ 10″	9,205		7,383		−	6,455	+	22,175	e	
e	315° 0′ 0″		7,368	7,368		−	13,823	+	29,543	f	
						−	6,455	+	22,175		
f	128° 26′ 15″	7,473			5,931	+	1,018	+	16,244	g	
g	142° 8′ 54″	4,452			5,729	+	5,470	+	10,515	h	
h	145° 22′ 16″	3,779			5,472	+	9,249	+	5,043	i	
i	240° 52′ 44″		9,138		5,090	+	0,111	−	0,047	k	

linke Seite

Für die Messungen mit dem Theodoliten sind verschiedenartige Formulare in Gebrauch. Wenn keine Beobachtungen am Höhenkreise gemacht wurden und eine Reinschrift des Grubentaschenbuches vorliegt, so reicht folgendes einfache Formular aus:

Formular 6.

Zeichen.	Söhlige Länge. Meter.	Azimut.			Teilordinaten.		Teilabscissen.		Koordinaten. Ordinaten- Abscissen- summe.		Zeichen.	Rechte Seite für Bemerkungen u. Skizzen.
		Gr.	M.	S.	+	−	+	−	Meter.	Meter.		
					Meter.		Meter.					

Linke Seite.

Die Spalte „Zeichen" am Schluß hat den beim Zulegen hervortretenden Vorteil, daß die Bezeichnung des Punktes gleich neben seinen Koordinaten steht.

Was übrigens für ein Formular gewählt werden mag, stets ist eine genaue Skizze hinzuzufügen.

Bei Berechnung der Koordinaten geschlossener Polygone müssen die Koordinatensummen gleich Null werden, oder wenn kein geschlossenes Polygon vorhanden war, so müssen die Koordinaten derselben Punkte im Zug und Gegenzug übereinstimmen. Werden diese Forderungen nicht erfüllt, so sind diese Unstimmigkeiten nach einem bestimmten Verfahren auszugleichen, worüber in einem besonderen Kapitel die Rede sein wird.

§ 134. Nachdem die etwa vorhandenen Fehler in den Koordinaten beseitigt worden sind, kann man zur Zulage schreiten.

Zu diesem Zwecke versieht man bei Anfertigung eines neuen Risses das Papier mit einem Quadratnetz und beziffert die einzelnen Linien des Netzes mit Hinzufügung der Vorzeichen, wie aus Fig. 187 zu ersehen ist. Die Bezifferung geht von dem gewählten, oder wenn für die betreffende Grube schon ein Koordinatensystem angenommen war, von dem vorgeschriebenen Nullpunkte aus.

Das Verfahren erläutert sich am einfachsten an einem Beispiele: Der Punkt d, dessen Koordinaten -12 und $+25$ sind, soll aufgetragen werden.

Man sucht zunächst das Quadrat $efgh$ auf, in welches der Punkt d fallen muß. Dasselbe wird von den Netzlinien in der Abscissenachsenrichtung − 10 und − 20 und von den Netzlinien in der Ordinatenachsenrichtung + 20 und + 30 gebildet. Sodann nimmt man die Länge 5 in den Zirkel und trägt dieselbe von der Netzlinie + 20 aus in der positiven Abscissenrichtung auf die beiden von den Netzlinien − 10 und − 20 gebildeten Quadratseiten ab, so daß $ah = be = 5$.

Durch diese beiden auf diese Weise erhaltenen Punkte a und b zieht man eine feine Bleistiftlinie, nimmt die Länge 2 in den Zirkel, trägt diese vom Punkt b, also von der Netzlinie − 10 in der negativen Ordinatenrichtung auf die Linie ba ab und erhält so die Lage des Punktes d.

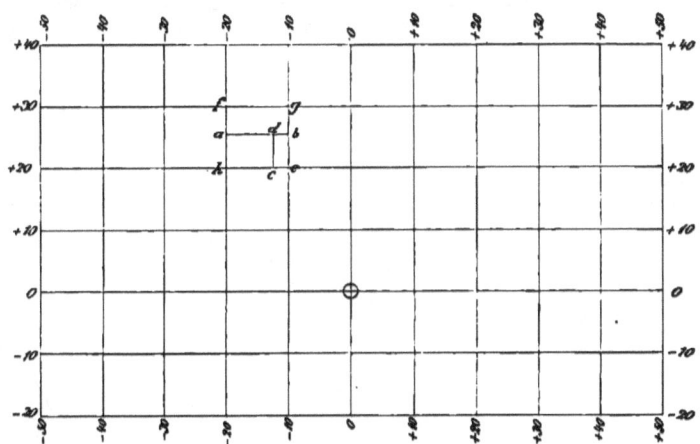

Fig. 187. Zulegen nach berechneten Koordinaten.

Benutzt man zwei Zirkel zugleich, so trägt man erst die Punkte b und c von e aus mit den Längen 5 und 2 auf und schlägt vom Punkte c aus mit dem Radius 5, sowie vom Punkte b mit dem Radius 2 je einen Bogen. Der Schnittpunkt der Bögen ist der gesuchte Punkt d.

Vergleicht man zum Schluß die verschiedenen Methoden des Zulegens untereinander, so ist der nach berechneten Koordinaten entschieden der Vorzug zu geben.

§ 135. Zu den Markscheiderarbeiten, welche die rißliche Darstellung zum Zweck haben, gehört auch die Aufnahme derjenigen Gegenstände der Tagesoberfläche, auf welche der Grubenbau Rücksicht zu nehmen hat, z. B. der Feldesgrenze, der Gebäude, Straßen, Eisenbahnen, Teiche, Wasserläufe und dergl.

Bei größerer Ausdehnung solcher Messungen werden nach den Regeln der Feldmeßkunst Polygone an das Dreiecksnetz des Grubenfeldes und an diese Polygone wieder die Stückvermessungen angeschlossen.

196 ACHTES KAPITEL.

Die Stückvermessung führt der Markscheider fast immer und die Anschlußpolygone bei nicht zu großer Ausdehnung sehr häufig mit dem Kompaß als Feldmeßinstrument aus.

Diesen Vermessungen wird ebenfalls ein Netz von Linien zu grunde gelegt, welches womöglich aus einem Hauptpolygonzuge von einem Dreieckspunkte zum anderen und aus mehreren sich hieran anlehnenden kleinen Nebenzügen besteht. Der Hauptsache nach kommt die Umfangsmethode zur Anwendung, untergeordnet treten auch die anderen Methoden auf. In Fig. 188, welche einen Teil einer solchen Kompaßaufnahme darstellt, ist die um den Punkt c liegende Häusergruppe mittels der Polarmethode, die mit „Garten" bezeichnete Fläche nach der Koordinatenmethode aufgenommen worden.

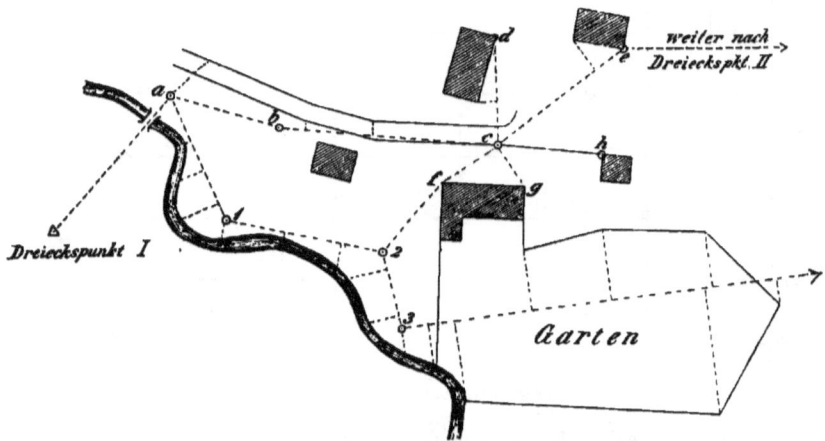

Fig. 188. Skizze einer Situationsaufnahme mit dem Kompaß.

Man sucht möglichst viel geschlossene Figuren zu erhalten. Zu diesem Zwecke ist z. B. die Linie $2 - f$ eingeschaltet worden. Die Eckpunkte des Netzes werden durch kleine Pflöcke bezeichnet, außerdem benutzt man auch Hausecken, Grenzsteine u. s. w. Die Richtungen der Linien werden mit dem Feldmeßinstrument (Kompaß) ermittelt, und zwar wird dasselbe nicht auf jedem einzelnen Punkte, sondern abwechselnd aufgestellt. Z. B. wird in der Aufstellung des Instrumentes über a die Richtung $a - I$, $a - b$ und $a - 1$ abgelesen, sodann wird das Instrument erst in c, bez. in 2 aufgestellt und die Punkte b und 1 werden übersprungen.

Von diesem Verfahren wird man abweichen, wenn die Einwirkung von Eisen auf die Magnetnadel zu befürchten ist.

Unter Umständen kann auch hierbei von den im fünften Kapitel beschriebenen Methoden Gebrauch gemacht werden.

Die Längen mißt man mit dem Meßbande, die senkrechten Abstände

von den Polygonseiten mit Meßstäben. Das Errichten dieser Perpendikel geschieht bei kurzen Ordinaten mit dem bloßen Auge, bei längeren mit Hilfe des Winkelkopfes oder Winkelspiegels.
Zum Eintragen der Beobachtungen genügen wenige Spalten.

Formular 7.

Zeichen		Kompass.				Länge.	Bemer-	Skizzen.
von	bis	O/W.	St.	$^1/_8$	$^1/_8/_{16}$	Meter.	kungen.	
		Linke Seite.					Rechte Seite.	

Die Zulage erfolgt nach denselben Methoden wie die der Grubenzüge.

Durchschlagszüge. — Bisher ist von den Markscheiderarbeiten die Rede gewesen, welche lediglich der rißlichen Darstellung wegen ausgeführt werden.

§ 136.

In der Anordnung wenig verschieden von ihnen sind die sogenannten Durchschlagszüge.

Man unterscheidet zwei Gruppen von solchen Zügen. Die einen haben die Zusammenführung zweier Stolln- oder Streckenörter, die anderen die seigere Übertragung eines Punktes der Tagesoberfläche in die Grube oder umgekehrt zum Zweck. Im ersten Falle ist das Nivellement, im zweiten die Horizontalmessung mittels des Theodoliten von größter Wichtigkeit.

Die Abweichung zweier Gegenörter eines Stollns in den Sohlen kann unter Umständen gar nicht oder doch nur durch Aufwendung großer Kosten beseitigt werden, während eine Abweichung der beiden Durchschlagsrichtungen schon ziemlich weit gehen kann, ehe Betriebshindernisse daraus entstehen.

Bei Punktübertragungen können Abweichungen in horizontaler Richtung sehr unangenehm sein, namentlich wenn hiernach ein Schacht in verschiedenen Sohlen in Angriff genommen worden ist, während die Seigerhöhen selten mit dieser Schärfe bestimmt zu werden brauchen.

Die Durchschlagszüge von einiger Ausdehnung und Wichtigkeit sind stets mit dem Theodoliten auszuführen; bei kleineren unwichtigen Zügen genügt auch der Hängekompaß. Die Durchschlagsrichtung sollte aber in diesem Falle ausschließlich durch Rechnung ermittelt werden. Geschieht es dennoch durch die mechanische Zulage, so sind alle oben erwähnten Vorsichtsmaßregeln zu beachten.

Für alle Durchlagszüge gilt der Hauptgrundsatz, daß dieselben ganz unabhängig von den schon vorhandenen Messungen vollständig neu ausgeführt werden müssen und nur in Ausnahmefällen sich an frühere Messungen oder an rißliche Darstellungen anlehnen oder darauf stützen dürfen.

Diese Ausnahmefälle finden statt: erstens, wenn schon eine verbürgte genaue Messung durch einen Teil der aufzunehmenden Grubenräume geführt war und deren Fixpunkte sich vollständig unversehrt erhalten hatten, und zweitens, wenn verbrochene Strecken u. dergl. die Neumessung für den Durchschlag verhindern und Gefahr im Verzuge ist. Im letzteren Falle ist auf Grund der rißlichen Darstellungen die Angabe zu machen. Der Riß ist aber entstanden aus einer Anzahl zu verschiedenen Zeiten ausgeführter Nachtragsmessungen, deren Richtigkeit, abgesehen von anderen Einflüssen, abhängt von der unversehrten Erhaltung der jedesmaligen Anschlußpunkte und kann deshalb nicht die Sicherheit bieten, wie ein zusammenhängender Durchschlagszug.

Der Wichtigkeit der Sache entsprechend wird bei solchen Durchschlagszügen die Sorgfalt bei dem Aussuchen und Fixieren der Winkelpunkte, sowie bei dem Messen der Winkel und Längen erhöht und der ganze Zug wird mindestens zweimal ausgeführt.

Waren die Winkelpunkte in der Firste fixiert, so werden dieselben beim Gegenzug beibehalten. Dadurch aber, daß der Theodolit von neuem zentriert wird, erhält dieser Gegenzug doch den Wert einer ganz unabhängigen Arbeit.

Mit den Durchschlagszügen ist nur in Ausnahmefällen eine Aufnahme der Grubenräume verbunden, auch werden die Züge meistens nicht zugelegt, sondern nur berechnet, weil zur Angabe der Durchschlagsrichtungen die Koordinaten der letzten Punkte, sowie die Azimute der beiden letzten Polygonseiten vollständig genügen.

In Fig. 189 ist der einfachste Fall eines Durchschlagszuges dargestellt, welcher bezüglich der Berechnung für alle anderen als Muster dienen kann. Derselbe ist vom Punkt I bis zum Punkt VII ausgeführt, und soll sowohl von dem einen als von dem anderen Punkt die Richtung zur Aufeinanderführung der beiden Gegenörter angegeben werden. Die Koordinaten der beiden Endpunkte sind berechnet und zwar

	Ord.	Absc.
für I	+ 45,621	+ 81,583
„ VII	− 3,631	+ 40,235

sowie die Azimute der Linien $VI-VII$ und $I-II$ zu $51° 20' 22''$, bez. $62° 12' 11''$. Aus den Koordinaten der Punkte I und VII findet man wie folgt:

$$+ 45{,}621 \quad\quad + 81{,}583$$
$$\underline{- 3{,}631} \quad\quad \underline{+ 40{,}235}$$
$$40{,}252 \quad\quad 41{,}348$$

die Katheten des rechtwinkeligen Dreiecks $I\,A\,VII$ und daraus den Winkel $A\,VII\,I$ nach der Formel tg $A\,VII\,I = \frac{49{,}252}{41{,}348} = 49^{\circ}\,59'\,9''$, sowie die Hypotenuse $VII{-}I = \frac{49{,}252}{\sin A\,VII\,I} = 64{,}307$.

Aus der Figur ist ohne weiteres zu entnehmen, daß der Abgabewinkel aus VII sich zu $178^{\circ}\,38'\,47''$ und derselbe aus I zu $167^{\circ}\,46'\,58''$ ergiebt.

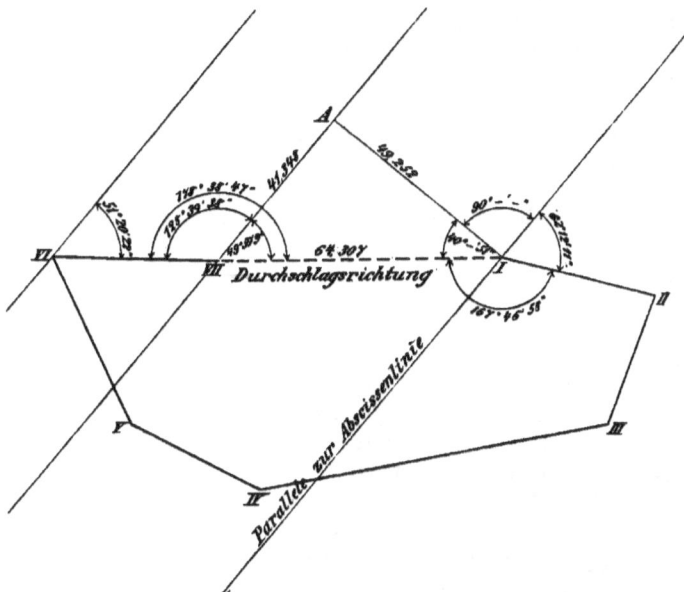

Fig. 189. Durchschlagsbestimmung.

Die beiden Richtungswinkel werden in der Grube auf folgende Weise angegeben: Man stellt den Theodoliten unter dem Punkte I zentrisch und horizontal auf, richtet das Fernrohr mit Null auf Null auf den Punkt II und dreht die Alhidade bei festgeklemmtem Hauptkreis soweit herum, bis die Nonien den Winkel $167^{\circ}\,46'\,58''$ angeben. Das Fernrohr befindet sich nunmehr in der Durchschlagsrichtung, welche auf einer in zweckmäßiger, Entfernung vom Punkt I geschlagenen Spreize durch einen Drahtstift Pfriemen u. dergl. bezeichnet wird.

Dieselbe Messung wiederholt man in der zweiten Lage des Fernrohres und nimmt, wenn die beiden gefundenen Punkte nicht übereinstimmen, das Mittel.

Den so gefundenen Punkt überträgt man sorgfältig in die Firste, und die aus diesem und dem Punkte I herabhängenden Lote bezeichnen die Durchschlagsrichtung. Genau so verfährt man auf dem Punkte VII, wo der Abgabewinkel $= 178^0\ 38'\ 47''$ ist.

Die Punkte I und VII dürfen, um zur genauen Winkelangabe hinreichenden Spielraum zu haben, nicht zu nahe am Ortsstoße angebracht sein.

Das vorher beschriebene Verfahren reicht in den meisten Fällen aus. Will man jedoch mit der größtmöglichsten Schärfe den Winkel angeben, so wird man zunächst wie vorher nur in einer Lage des Fernrohres einen Punkt x in der Durchschlagsrichtung auf der Spreize bezeichnen, sodann mißt man diesen abgesteckten Winkel $II\ I\ x$ so genau wie möglich durch mehrmalige Repetitionen in beiden Lagen des Fernrohrs. Aus dieser Messung ergiebt sich, wie viel der Winkel $II\ I\ x$ von der berechneten Durchschlagsrichtung abweicht, und man kann aus dieser Differenz d und aus der Länge Ix das kurze Stück, um welches der Punkt x rechtwinkelig zur Seite gerückt werden muß, aus der Formel $\operatorname{tg} d . Ix$ berechnen.

Bei dem Betriebe von Stollngegenörtern sind zugleich die Angaben für die Sohlen zu geben.

Dies geschieht am einfachsten, wenn ein Sohlenpunkt nahe an dem Ortsstoß in der Firste angebracht und durch Nivellement bestimmt wird, wie tief die Ortssohle unter demselben angenommen werden soll.

Sind flache Gesenke, Bremsberge und Übersichbrechen, welche zwei Punkte in verschiedenen Sohlen verbinden sollen, anzugeben, so ist der Fallwinkel aus einem rechtwinkeligen Dreieck zu berechnen, dessen eine Kathete gleich dem Seigerteufenunterschied der beiden Sohlenpunkte und dessen andere gleich der horizontalen Entfernung dieser beiden Punkte ist Letztere wird aus der Zulage entnommen oder aus den Koordinaten berechnet

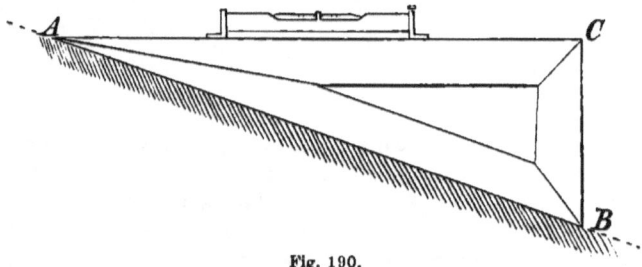

Fig. 190.

Zur Angabe des Fallwinkels ist ein sorgfältig gearbeitetes rechtwinkeliges Dreieck von möglichst großen Dimensionen sehr brauchbar. Der eine spitze Winkel A dieses Dreiecks ABC entspricht dem berechneten Fallwinkel. Beim Gebrauch setzt man die Hypotenuse dieses Dreiecks auf die Sohle der Strecke und eine Setzlibelle oder Setzwage (Fig. 190) auf die oben befindliche Kathete AC. Spielt die Blase der Libelle oder das Lot der Setzwage ein, so ist das Ansteigen der Streckensohle richtig.

Beim Abteufen von Gesenken und tonnlägigen Schächten mit sehr starkem Einfallen ist vorstehender Apparat nicht anwendbar. Man verfährt hier auf folgende Weise:

Von dem Punkte a (Fig. 191) hängt man ein Lot ab. Von den Punkten c, d und e des Lotes, welche um eine bestimmte Länge voneinander abstehen, werden nach dem Hangenden die Abmessungen gc, di und el und nach dem Liegenden die Abmessungen cf, dh und ek beim Betriebe inne gehalten. Der Punkt a sowohl, als auch die Abmessungen vom Lote aus werden im Voraus vom Markscheider berechnet und angegeben. Ist bis zum Punkte b abgeteuft, so ist die Angabe eines neuen Lotpunktes mit den zugehörigen Abständen erforderlich.

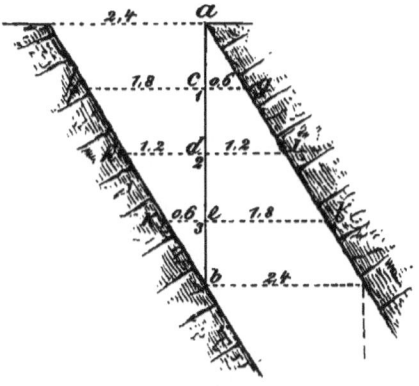

Fig. 191. Abteufen von flachen Schächten.

§ 137 Übertragungen von Seigerpunkten aus der Grube auf die Tagesoberfläche und umgekehrt sind erforderlich:

Zur Bestimmung der Sicherheitspfeiler und zum Schutze von Gegenständen auf der Tagesoberfläche, zur Angabe des Ansatzpunktes eines Schachtes, welcher an eine bestimmte Stelle in der Grube treffen soll, und zur Angabe eines Punktes in der Grube, welchen ein über Tage begonnener Schacht treffen wird. Letzteres kommt bei Unterfahrungen von Schächten vor, die im Abteufen begriffen sind.

Schließlich ist eine wiederholte Übertragung von Seigerpunkten notwendig, wenn ein Schacht in verschiedenen Sohlen zu gleicher Zeit in Angriff genommen werden soll.

Alle derartige Züge bestehen aus Gruben- und Tagezug. Für letztere bildet das entweder schon vorhandene oder zu konstruierende Dreiecksnetz die Grundlage.

Zur Angabe eines Schachtes, der an einer bestimmten Stelle B der Grube eintreffen soll, ist die Übertragung dieses Punktes auf die Tagesoberfläche nötig. Man fixiert ungefähr in der Gegend, wo der Schacht angesetzt werden wird, durch einen Pfahl oder Stein den sogenannten verlorenen Punkt A und verbindet denselben durch Messung sowohl mit dem Dreiecksnetz über Tage, als auch mit dem Polygon in der Grube, welches seinerseits den Punkt B in sich schließt. Fig. 192.

202 ACHTES KAPITEL. DIE AUSFÜHRUNG VON MARKSCHEIDERZÜGEN.

Aus den Koordinaten von A und B und aus dem Azimut der Dreiecks- oder Polygonseite, deren Endpunkt A ist, berechnet man, in welcher Entfernung und Richtung von A ab der Schacht angesetzt werden muß.

Mittels des zentrisch über A aufgestellten Theodoliten wird auf dieselbe Weise wie bei der Richtungsangabe von Gegenörtern der Winkel CAB und mittelst Schnur, Gradbogen und Meßstab die Länge der Linie AB von dem verlorenen Punkte A nach dem Schachtpunkte angegeben.

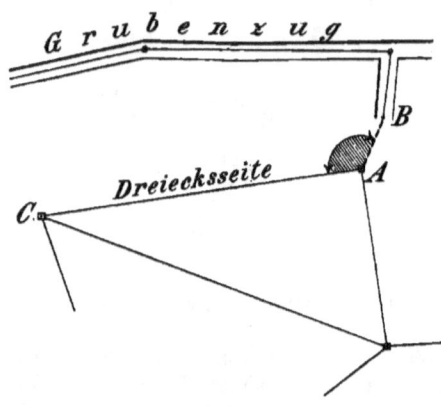

Fig. 192.

Soll umgekehrt ein über Tage begonnener Schacht durch einen Querschlag unterfahren werden, so ist eine gleiche Messung vorzunehmen wie vorher, welche den angefangenen Schacht und diejenigen Grubenräume in sich schließt, in deren Nähe der Schacht eintreffen wird.

Nach Berechnung der Koordinaten ist in der Grube diejenige Stelle des Zuges auszuwählen, von welcher aus die Unterfahrungsstrecke am zweckmäßigsten angesetzt wird. Die Angabe der Richtung geschieht wie bei dem Durchschlagszuge. Nachdem der nötige Raum durch die aufgefahrene Strecke freigelegt ist, kann zur genauen Bestimmung des Schachtpunktes auf bekannte Weise geschritten werden.

Die schwierigste und wichtigste Markscheiderarbeit dieser Gattung ist die Angabe eines Schachtes, welcher gleichzeitig in mehreren Sohlen in Angriff genommen werden soll. Die beiden oben besprochenen Fälle kommen hierbei in Verbindung vor.

Soll der Schacht einen runden Querschnitt erhalten, so genügt selbstverständlich die Angabe des Mittelpunktes, soll der Schacht aber viereckig werden, so ist an jedem Angriffspunkte die Schachtfigur abzustecken.

Die mit vorstehenden Arbeiten stets verbundenen Anschluß- und Orientierungsmessungen zwischen Tage- und Grubenzug werden in einem besonderen Kapitel besprochen werden.

Neuntes Kapitel.
Die Anfertigung von Grubenrissen.

Zur vollständigen Klarstellung der Grubenverhältnisse ist mindestens ein **Grundriß** und ein **Seigerriß** erforderlich.

Der Grundriß ist eine Projektion der Grubenräume auf die Horizontalebene und der Seigerriß eine solche auf eine Seigerebene, welche der Hauptlängsrichtung der Grubenbaue parallel läuft.

Auf **Profilen** oder **Profilrissen** werden nur diejenigen Gegenstände dargestellt, welche von der durch die Grubenbaue gelegten **seigeren Profilebene** geschnitten werden. Müssen zum besseren Verständnis dennoch Gegenstände angegeben werden, welche vor oder hinter der Profilebene liegen, so geschieht dies in punktierten Linien.

Die Ebene der **Querprofile** liegt in der Fallrichtung, die der **Längenprofile** in dem Streichen der Lagerstätte.

Flache Risse nennt man solche, welche auf eine **geneigte** der Lagerstätte parallelen Ebene projiziert sind.

Nach der äußeren Form unterscheidet man **Platten-** und **Rollrisse**. Die letzteren sind aus einem oder mehreren Bogen Zeichenpapier die auf Leinwand geklebt sind, in einer solchen Größe hergestellt, daß die ganze Grube oder doch ein abgeschlossener Teil (Revier) derselben darauf Platz findet.

Ihren Namen haben sie davon, daß sie **gerollt** aufbewahrt werden. Zum Schutz gegen Druck und Bruch sind sie auf der einen kurzen Seite mit einer Rolle, auf der anderen mit einer Leiste versehen. Der Rand der langen Seiten ist mit Band umnäht.

Das zu den Rollrissen nötige Papiermaterial wird mit Nessel unterklebt von Papierfabriken geliefert. Will man aber das Aufkleben des Papiers auf Leinen selbst besorgen, so verfährt man wie folgt:

Man lege ein Stück Leinwand oder Nessel von etwas größeren Dimensionen als sie der Riß erhalten soll, auf einen abgehobelten Tisch, knicke an den Rändern einen zwei Finger breiten Streifen um und bestreiche denselben mit Kleister. Die so bestrichenen Ränder legt man wieder um und drückt dieselben auf den Tisch, indem man zugleich die Leinwand straff zu ziehen versucht. Bei grosser Ausdehnung der Leinwand müssen zwei Personen, und zwar stets an entgegengesetzten Stellen, drücken und ziehen.

Hat die Leinwand scharfe Brüche, so bestreicht man diese Stellen mit einem feuchten Schwamme. Nachdem der Rand nahezu trocken geworden ist, legt man das Papier mit der rechten Seite auf die Leinwand und bestreicht die linke Seite so lange mit Kleister, bis das Papier durch die Feuchtigkeit ganz schlaff geworden ist.

Sodann hebt man dasselbe vorsichtig ab, legt es mit der bestrichenen Seite auf die Leinwand und drückt, von der Mitte ausgehend, nach den Seiten zu das Papier fest auf. Das streichende Aufdrücken führt man mit der bloßen Hand oder mit Tüchern aus, legt aber stets reines Papier unter.

Sind mehrere Bogen Zeichenpapier aneinander zu kleben, so ist es zweckmäßig, den Kanten der Bogen, welche übereinandergreifen, eine kleine Zuschärfung zu geben. Man kann diese durch sorgfältiges Schaben mit einem Messer einfacher durch folgendes Verfahren erreichen.

Man führt parallel und nahe an den übereinander zu klebenden Kanten jedes Papierbogens in gerader Linie einen scharfen Schnitt in das Papier, der aber nur bis zur Mitte desselben eindringen darf, legt sodann das Papier mit der eingeschnittenen Seite auf den Tisch und reißt den halb losgetrennten Streifen vorsichtig ab, indem man ihn parallel der Kante des Bogens abzieht. Da der Streifen in der halben Stärke des Papieres noch anhaftet, so wird beim Abziehen desselben auch vom Bogen etwas Papier mit entfernt und die gewünschte Zuschärfung erreicht.

Auf die gute Beschaffenheit des Kleisters kommt hierbei viel an. Derselbe muß von einer bestimmten Dünnflüssigkeit sein und darf keine Klümpchen enthalten. Zu seiner Bereitung löst man eine kleine Portion guter Stärke in möglichst wenig kaltem Wasser vollständig auf und gießt in diesen dünnen Brei kochendes Wasser unter fortwährendem Umrühren des dabei entstehenden Stärkekleisters.

Die Plattenrisse bestehen aus einzelnen Platten von gleicher Größe und Dicke, welche durch Beschneiden zum unmittelbaren Aneinanderstoßen eingerichtet sind.

Die Größe der Platten richtet sich nach dem Maßstab, meistens nähern sie sich den Dimensionen von 70 und 50 Centimeter.

Die Platten werden am zweckmäßigsten auf folgende Weise angefertigt.

Man klebt ein für die Größe mehrerer Platten ausreichendes Stück Leinwand nach dem oben beschriebenen Verfahren mit den Rändern auf einen glatt gehobelten Tisch und darauf übereinander zwei Lagen von starkem Maschinenpapier und zuletzt das eigentliche Zeichenpapier. Läßt man vor dem Aufkleben des letzteren das Maschinenpapier erst trocken werden, so hat man den Vorteil, daß die Wellungen des vorher nassen Papieres verschwunden sind und das Aufdrücken des mit Kleister bestrichenen Zeichenpapieres müheloser ist. Das ganze, so zusammengeklebte Plattenmaterial muß ca. acht Tage trocknen, bevor es vom Tische abgeschnitten wird, und auch dann bewahrt man die einzelnen Platten noch einige Wochen auf, ehe man sie benutzt.

§ 139.   Nach dem Zweck teilt man die Risse ein in Spezialrisse, Situations- und Hauptgrundrisse, in General- und Übersichtsrisse.

Spezialrisse sind solche Risse, welche nur zur Führung des Grubenbaues dienen. Bei dem Vorhandensein mehrerer Bausohlen oder mehrerer übereinander liegender Lagerstätten wird zur Vermeidung störender Überdeckungen meistens nur jedesmal eine dargestellt.

Sie enthalten nur solche Gegenstände der Tagesoberfläche, auf welche der Grubenbau Rücksicht nehmen muß. Ihr Maßstab ist der des Fundamentalrisses.

Situations- und Hauptgrundrisse werden meistens in einem um die Hälfte kleineren Maßstabe als der der Spezialrisse angefertigt und enthalten neben den Gegenständen der Tagesoberfläche nur die Schächte, Stolln und Hauptgrundstrecken der Grubenbaue.

General- und Übersichtsrisse dienen, wie schon ihr Namen sagt, zur allgemeinen Übersicht ganzer Bezirke und können bei ihrem meist kleinen Maßstabe nur das wichtigste der Grubenräume und der Tagesoberfläche wiedergeben.

Fundamentalrisse. — Alle bisher genannten Risse sollen nach den preußischen Vorschriften aus den **Fundamentalrissen** entstehen. So werden nämlich die Konzeptrisse genannt, auf welche der Markscheider alle Aufnahmen unmittelbar zulegt und welche allen übrigen, noch anzufertigenden Rissen als Grundlage dienen.

§ 140.

Zu diesen Fundamentalrissen soll nur Zeichenpapier (Handpapier) bester Sorte verwendet werden, welches weder gerollt, noch mit Leinen unterklebt werden darf. Jedes Blatt wird mit einem Quadratnetz versehen, dessen Linien dem für die Grube giltigen Koordinatensystem entsprechen.

Die Blätter werden nicht beschnitten, es bleibt also außerhalb des durch die äußersten Netzlinien begrenzten Viereckes noch ein Rand, über welchen hinaus ebenfalls die Zulage und Zeichnung ausgedehnt wird. Auf dem anstoßenden Blatte des Fundamentalrisses werden auf dem Rande dieselben Gegenstände ebenfalls verzeichnet und dadurch ist der Anschluß der beiden angrenzenden Blätter erreicht.

Wird der Grubenbau auf mehreren übereinander liegenden Sohlen oder Lagerstätten geführt, so ist für jede einzelne derselben ein besonderer Fundamentalriß zu fertigen. Von dieser Regel weicht man nur dann ab, wenn Verdunkelungen und störende Überdeckungen nicht zu befürchten sind. Die wichtigsten Strecken der zunächst darüber liegenden Sohle bezw. Lagerstätte sind punktiert auf dem Risse anzugeben.

Der Maßstab der Fundamentalrisse muß so beschaffen sein, daß alle anderen Risse leicht danach angefertigt werden können. Für ausgedehntere, auf Flötzen bauende Gruben hat sich das Verhältnis $1:1000$, für Gangbergbau das Verhältnis $1:500$ bewährt.

Die spezielle zeichnerische Ausführung entspricht mit geringen Abweichungen der der Spezialrisse. Hiervon wird in dem nächsten Paragraphen die Rede sein.

§ 141. Nachdem durch die in § 141 ff. beschriebenen Methoden ein Grundriß des der markscheiderischen Aufnahme zu Grunde liegenden Netzes auf dem Papiere zugelegt worden ist, werden die räumlichen Grubenbaue eingetragen.

Hierzu dienen die auf der rechten Seite des Winkelbuches stehenden Skizzen. Z. B. Man steckt vom Anfangspunkte a die Länge 4 ab und senkrecht darauf die Ordinate 2,1 nach links und 1,1 nach rechts, sodann den Ordinatenfußpunkt bei 6,2 Länge und die Ordinaten 0,5 bis zur Ecke des Gesenkes u. s. w. Die hierdurch erhaltenen Punkte verbindet man nach Anleitung der Skizze und erhält dadurch ein der Wirklichkeit ähnliches Bild in horizontaler Projektion oder im **Grundriß**.

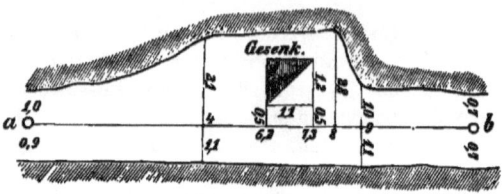

Fig. 193.

Das auf diese Weise entstandene Bild wird darauf mit feinen, schwarzen Tuschlinien ausgezogen und mit Farben und sonstigen, zum Verständnis von der Form der Lagerstätte und deren Abbau erforderlichen Bezeichnungen versehen.

In dieser Beziehung können überall giltige Vorschriften nicht aufgestellt werden, da die örtlichen Gruben- und Lagerungsverhältnisse jedesmal berücksichtigt werden müssen, ferner auch das langjährige Herkommen und die Gewohnheiten sowohl der Markscheider, als auch der Grubenbetriebsbeamten von Einfluß sind.

Das Nachstehende soll auch nur das Wichtigste in dieser Richtung andeuten, ohne die Anwendbarkeit für alle Fälle vorauszusetzen.

Bei der Farbengebung gilt der Hauptgrundsatz, daß alle Räume einer Sohle mit derselben Farbe und die verschiedenen Sohlen mit verschiedenen Farben angelegt werden.

Für benachbarte Sohlen wählt man scharf voneinander abstechende Farben.

Querschläge sind an der äußeren Seite durch eine leichte Verwaschung in grauer Tusche zu kennzeichnen.

Unter bestimmten Verhältnissen kann es auch wünschenswert sein, die ins Liegende getriebenen Querschläge von denen des Hangenden durch Verwaschungen in verschiedenen Farben zu unterscheiden.

Alle Strecken erhalten einen Schatten, bei dessen Konstruktion man annimmt, daß das Licht von links nach rechts unter einem Winkel von 45° einfällt. Der Schatten wird in der Sohlenfarbe oder mit grauer Tusche angegeben, und durch den Wechsel der beiden Farben im Schattenstrich kann man man noch eine Bedeutung verbinden. Z. B. alle Streckenteile, welche in der Lagerstätte getrieben sind, mit farbigem, diejenigen, welche außerhalb derselben liegen, mit grauem Schatten versehen. Letzteres ist nur bei Darstellungen in großem Maßstabe anwendbar.

Alle Einrichtungen in der Grube, wie Ausmauerung, eiserne Zimmerung u. dergl., sind stets gleichförmig nach bestimmten Vorschriften darzustellen.

Die Öffnungen von Schächten, Rolllöchern, Gesenken u. dergl. werden diagonal geteilt und zur Hälfte tiefschwarz, zur anderen Hälfte, wenn der Schacht bis zu Tage ausgeht, weiß gelassen, dagegen bei blinden Schächten, Gesenken u. s. w. grau (mit Tusche) angelegt.

Die Sohle von tonnlägigen Schächten, Gesenken u. s. w. wird dadurch bezeichnet, daß in der Schachtfigur beide sich kreuzende Diagonalen gezogen werden.

Verstürzte Strecken werden mit der Sohlenfarbe schraffiert, abgegangene Schächte, Gesenke u. dergl. ganz schwarz ausgefüllt.

Auf Grundrissen von solchen Grubenbauen, in denen das Niveau der einzelnen Strecken vielfach wechselt, ist es zu empfehlen, die Zahlen der Seigerteufen (die Abschlüsse auf die Normalhorizontale) an die wichtigsten Punkte zu schreiben.

Nicht selten ist es auch von Vorteil, mit Hilfe dieser Höhenzahlen Horizontalkurven in gleichem Höhenabstande auf der Sohle des Flötzes zu konstruieren, da hierdurch die Gestalt einer unregelmäßigen Lagerstätte am besten veranschaulicht wird.

Die grundrißliche Darstellung ganz regelloser höhlenartiger Grubenbaue ist am schwierigsten. Es erscheint ratsam, die Baue in Schichten von gleicher Höhe zu zerlegen und für jede dieser Schichten eine hervorstechende Farbe zu wählen, mit der alle Begrenzungslinien der unregelmäßigen Hohlräume nach innen schmal verwaschen werden. Von diesen Schichten dürfen nur so viel übereinander auf ein Blatt gezeichnet werden, als ohne Beeinträchtigung der Deutlichkeit geschehen kann. Eine klare Vorstellung wird man bei derartigen Lagerstätten durch den Grundriß allein nicht erreichen; es müssen Seigerrisse und zweckmäßig gelegte Profile hinzutreten.

Werden zur Vervollständigung der Aufnahme ältere Risse benutzt und ist mit der neuen Aufnahme nicht eine eingehende Prüfung derselben zu erreichen gewesen, so sind diese kenntlich zu machen, z. B. dadurch, daß sie punktiert ausgezogen werden und keinen Schatten erhalten.

Der Abbau wird beim Gang- und Flötzbergbau meist durch Schraffierung event. mit Farbenuntergrund und zwar für jede Bauabteilung in der Farbe der zugehörigen Sohlenstrecke. Die Zeit des Abbaues ist deutlich mit Zahlen einzutragen.

Wird ein Flötz in zwei oder mehreren Abteilungen abgebaut, ohne daß für jede derselben ein besonderer Riß geführt wird, oder wird in einer Tagebaugrube die Lagerstätte in mehreren Strossen gewonnen, so sind die Abbaue der verschiedenen Abteilungen bez. Strossen durch hellere und dunklere Farben und durch einfache oder sich kreuzende Schraffierung zu bezeichnen.

Die oberste Abteilung erhält die hellste Farbe oder einfachste Schraffur, die unterste wird in Farbe und Schraffur am dunkelsten gehalten.

Beim Gangbergbau ist es wünschenswert, die Gangverhältnisse und namentlich die Erzführung der Gänge ersichtlich zu machen. Die Gänge bezeichnet man durch feine Federstrichelung mit hellgrauer Tusche, die Erzführung mit farbiger Strichelung, die mit etwas trockenem Pinsel ausgeführt wird. Durch kräftigere und schwächere Strichelung kann auch die reichere oder ärmere Erzführung angedeutet werden. Die Farbe ist stets die Sohlenfarbe.

Sprünge und Verwerfungen werden durch scharfe schwarze Linien mit einem feinen Pinselstrich in der Sohlenfarbe dargestellt. Die Fallrichtung und der Fallwinkel werden durch einen Pfeil mit beigeschriebener Gradzahl bezeichnet.

Die einzelnen Winkelpunkte bezeichnet man auf den Fundamentalrissen mit kleinen Kreisen. Auf den Grubenrissen läßt man sie meistens weg. Nie darf dies aber bei den Markscheiderzeichen geschehen, welche ebenso, wie sie in Wirklichkeit gestaltet sind, auf den Rissen vermerkt werden.

§ 142. Seigerrisse und Profile. — Seigerrisse und Profile haben den Zweck, über die Höhenverhältnisse der im Grundrisse verzeichneten Grubenbaue, über Mächtigkeit der Lagerstätte und der sie begleitenden Gebirgsschichten, sowie über Abweichungen in der regelmäßigen Lagerung Auskunft zu erteilen.

Die Anfertigung des Seigerrisses geschieht auf folgende Weise:

Man ziehe unterhalb des Grundrisses eine mit der Hauptstreichungslinie der Lagerstätte parallele Linie, welche entweder die Normalhorizontale selbst oder eine Horizontale in bestimmtem daran zu schreibenden Abstande von jener ist. Sodann ziehe man durch alle Winkelpunkte, welche zur vollständigen Anfertigung des Seigerrisses notwendig sind, senkrechte Linien auf die Horizontale und verlängere sie um die Größe der Seigerteufenabschlüsse. Verbindet man die dadurch entstandenen Punkte, so hat man das Gerippe des Seigerrisses.

In dem Winkelbuche finden sich die Sohlen- und Firstenabstände von den einzelnen Schnüren und Punkten in den Handzeichnungen angegeben, und man hat nur nötig, diese in derselben Weise wie im Grundrisse aufzutragen. Verbindet man die entstandenen Punkte, so entsteht ein der Natur ähnliches Bild der Grubenräume in der Projektion auf die Seigerebene.

Der Entwurf des Seigerrisses wird mit feinen Tuschlinien ausgezogen und mit den aus dem Grundrisse zu entnehmenden Farben angelegt. Hierbei werden die vornliegenden Strecken heller, die weiter hinterliegenden dunkler angelegt. Senkrecht zur Projektionsebene abgehende Strecken werden diagonal geteilt halbschwarz und grau, ferner alle Schächte, Gesenke, Rolllöcher u. s. w. mit grauer Tusche angelegt.

Nicht immer genügt ein Seigerriß zu einem Grundriß. Die Projektionsebene für den zweiten Seigerriß nimmt man senkrecht zu der des ersten an.

Bei dem Gangbergbau dienen besondere Seigerrisse zur Darstellung des Abbaues, und zwar ist hier für jeden einzelnen Gang oder für jedes sich abzweigende Trum ein besonderer Seigerriß erforderlich. Der Abbau wird in derselben Weise wie auf den Grundrissen bezeichnet.

Die Lage der Projektionsebenen für die einzelnen Seigerrisse ist auf dem Grundrisse durch Linien anzudeuten.

Die Profile, welche in ähnlicher Weise wie die Seigerrisse angefertigt werden, dienen meistens zur Darstellung der Lagerstätte mit dem umgebenden Gestein. Hierbei ist als Hauptgrundsatz aufzustellen, daß alle thatsächlichen Aufschlüsse von den mutmaßlichen sich unterscheiden lassen müssen.

Für die Farbengebung der Lagerstätten und der anderen Gebirgsformationen und Schichten ist der örtliche Gebrauch entscheidend.

Über die Ausführung der Situationsrisse und sonstiger topographischer Karten sind in Preußen die Bestimmungen der Zentraldirektion der Vermessungen im preußischen Staate, die Anwendung gleichmäßiger Signaturen betreffend, auch für den Markscheider maßgebend. Diese Bestimmungen sind in einem Hefte bei MARQUARDT & SCHENCK, Berlin, 1880, erschienen.

Das Kopieren von Rissen. — Das Kopieren der Risse sowohl in demselben als auch in einem kleineren oder größeren Maßstabe ist nur in dem Falle mit Sicherheit auszuführen, wenn das Original schon bei seiner Anfertigung mit einem genau konstruierten Quadratnetze überzogen war, dessen einzelne Linien einen bestimmten in Zahlen angegebenen Abstand haben. Das Papier, worauf die Kopie gezeichnet werden soll, wird mit einem gleichen, sorgfältig nach Normalmaßen konstruierten Quadratnetze versehen und der Inhalt jedes einzelnen Quadrates übertragen. § 143.

Dieses Übertragen erfolgt, wenn Original und Kopie gleichen Maßstab erhalten sollen, entweder mit dem Zirkel oder, was weit bequemer und genauer ist, mit Hilfe von Pauspapier.

Man bezieht das zu benutzende Pauspapier mit einem richtigen Quadratnetze und kopiert auf dasselbe vom Original die Zeichnung quadratweise, indem man bei jedem einzelnen Quadrate die Seitenkanten möglichst zur Deckung zu bringen sucht.

In gleicher Weise verfährt man bei der Übertragung der Zeichnung von der Pause auf die Kopie.

Besteht die Zeichnung aus geraden Linien, so sind die Eckpunkte derselben mit einer feinen Kopiernadel zu durchstechen, nachdem die Pause quadratweise aufgelegt worden ist. Die Nadel ist hierbei stets genau senkrecht zu halten.

Herrschen in der zu kopierenden Zeichnung krumme unregelmäßige Linien vor, so schiebt man unter die richtig gelegte Pause ein Stück besonders feines Pauspapier, auf welches Graphit aufgerieben worden ist, und fährt mit einem feinen stählernen Stift mit rund polierter Spitze gelinde drückend über die Linien auf der Pause. Man erhält dadurch auf dem Papiere eine feine Bleistiftkopie des Originals.

Anstatt eines Druckstiftes, welchen man sich aus einer zerbrochenen Strick- oder Stopfnadel, die man in einen Holzstiel treibt, selbst schleifen kann, benutzt man wohl auch harte Bleistifte (Faber Nr. 5) erhält aber mit letzteren bei weitem nicht so scharfe Bilder, wie mit dem stählernen Druckstift.

Das Kopieren durch unmittelbares Durchstechen des Originales giebt, selbst wenn das Papier desselben ganz glatt aufliegt und die Kopiernadel sehr sorgfältig gehandhabt wird, sehr mangelhafte Resultate.

Soll die Kopie in einem größeren oder in einem kleineren Maßstabe angefertigt werden, als das Original, so geschieht dies mit Hilfe des Zirkels oder des Pantographen.

Im ersteren Falle kopiert man ebenfalls quadratweise und hierbei können Reduktionszirkel oder Verhältnismaßstäbe gute Dienste leisten.

Die großen, in guten mechanischen Werkstätten angefertigten Pantographen arbeiten bei sachgemäßer Behandlung mit großer Präzision, namentlich beim Verkleinern von Zeichnungen.

Die Anschaffungskosten sind jedoch nicht unerheblich, so daß ein einzelner Markscheider schwerlich einen solchen Apparat sich erwirbt, namentlich da Reduktionsarbeiten nicht allzu häufig vorkommen.

Man unterscheidet auf Rollen laufende oder schwebende Pantographen.

Der erstere erfordert einen großen quadratischen Tisch von mindestens zwei Meter Seitenlänge, mit dem zweiten läßt sich auf einem weit kleineren Tische arbeiten.

Das Kopieren mittelst des Pantographen erfolgt entweder dadurch, daß mit dem Fahrstift die Linien der Originalzeichnung genau verfolgt werden, während der Zeichenstift (Faber Nr. 4) die ähnliche Figur aufzeichnet, oder man setzt an Stelle des Zeichenstiftes einen Stift mit einer genau zentrischen Nadelspitze, welche in das Papier der Kopie eingedrückt wird, sobald der Fahrstift auf einem zu kopierenden Punkte des Originals eingestellt ist.

Das letztere Verfahren ergiebt genauere Kopien, kann aber nur bei geradlinigen Zeichnungen angewendet werden.

Beim Kopieren mittels des Pantographen kann das Quadratnetz auch zur Ausscheidung der Fehler dienen, welche durch Veränderungen des Papiers von der Originalzeichnung entstehen müssen.

Das Quadratnetz des Originals wird mit der Zeichnung zugleich mittels des Pantographen reduziert. Von diesem Bilde fertigt man eine Pause, bezieht das Papier, auf welches die verkleinerte Kopie gezeichnet werden soll, mit einem richtigen Quadratnetz uud überträgt quadratweise.

Das Kopieren von Zeichnungen mittels Lichtdrucks ist ebenfalls zu einer großen Vollkommenheit entwickelt, hat aber für die eigentliche

Markscheidekunst nur untergeordnete Bedeutung, da die dadurch erhaltenen Kopieen nie genau maßstäblich werden können. Zur Vervielfältigung von Übersichtskarten sind die Apparate mit Vorteil zu benutzen.

Zehntes Kapitel.
Die Fehlerverteilungen bei markscheiderischen Grubenmessungen.

Den Resultaten einer jeden Messung werden stets größere oder kleinere Mängel anhaften, die von den während der Messung gemachten Fehlern herrühren. § 144.

Die Fehler sind zum Teil vermeidliche, zum Teil unvermeidliche.

Die ersteren sind solche, welche durch fehlerhafte Instrumente und durch Unachtsamkeit entstehen, und durch sorgfältiges Justieren der Instrumente, sowie durch gewissenhafte Befolgung aller Vorsichtsmaßregeln während der Arbeit vermieden werden können. Die anderen, die unvermeidlichen Fehler, haben ihre Quelle darin, daß die Meßinstrumente nie ganz vollständig justiert werden können, und auch während des Messens ihren Zustand verändern, ferner in der Unvollkommenheit der menschlichen Sinnesorgane, mit denen die Beobachtungen ausgeführt werden.

Den vermeidlichen Fehlern kann man ausweichen, die unvermeidlichen müssen nach bestimmten Regeln so ausgeglichen werden, daß aus den gewonnenen Resultaten der wahrscheinlichste Wert gefunden wird.

Dies geschieht in vollkommenster Weise durch die Methode der kleinsten Quadrate. Diese Methode ist aber für die Aufgaben der praktischen Markscheidekunst wegen des bedeutenden Zeitaufwandes nicht anwendbar, außerdem würde sie bei den polygonometrischen Rechnungen, mit denen der Markscheider bei Grubenaufnahmen nur allein zu thun hat, nicht einmal immer von zweifellos gutem Erfolge sein, da es sich um eine Verbindung von ungleichartigen Werten — Winkel und Längen — handelt. Dieselbe kann auch entbehrt werden, weil andere zum Teil sehr einfache Methoden der Fehlerverteilung dem Bedürfnis des praktischen Markscheiders genügen.

Diejenigen Bücher, welche diesen Stoff am klarsten und für den Gebrauch am bequemsten behandeln, sind: „Die höhere Markscheidekunst von Professor A. von MILLER-HAUENFELS. Praktisch-theoretische Anleitung, beim Markscheiden die vermeidlichen Fehler zu umgehen, die unvermeidlichen aber in einfacher und streng wissenschaftlicher Weise zu verbessern", und zweitens „Die trigonometrischen und polygonometrischen Rechnungen von F. G. GAUSS".

Das erste dieser Bücher ist ausschließlich für Markscheider mit hauptsächlicher Berücksichtigung des Hängezeuges (Schinnzeuges), das zweite ursprünglich für den praktischen Gebrauch der Landmesser geschrieben.

Wie nützlich das letztere Buch bei Anschlußarbeiten an vorhandene Triangulationen auch dem Markscheider werden kann, ist schon in § 114 gesagt. In gleicher Weise sind die Regeln, welche in diesem Werke über die Ausgleichungen bei Polygonen gegeben sind, für den Markscheider maßgebend, wenn sie auch in erster Linie für Polygone auf der Erdoberfläche gelten.

Es würde den beabsichtigten Umfang dieses Buches überschreiten, wenn die in jenen Werken entwickelten Regeln hier ausführlich besprochen werden sollten; ich beschränke mich vielmehr darauf, das Wichtigste auszugsweise anzudeuten und für das eingehendere Studium dieser Frage auf die genannten Bücher zu verweisen.

Vorher sind jedoch einige Bemerkungen über diejenigen Umstände vorauszuschicken, welche auf die Beurteilung der Fehlerausgleichungen bei Grubenmessungen von Einfluß sind.

Die eigentlichen Markscheiderarbeiten werden, wie schon früher gesagt, geschieden in Durchschlagszüge und in solche, welche behufs rißlicher Darstellung ausgeführt werden. Beide sind Polygonzüge und zwar die ersteren fast ausschließlich **offene**, die letzteren meist **geschlossene**.

Die Durchschlagszüge sind wichtige und zum Teil mit großer Verantwortlichkeit verbundene Arbeiten, bei denen der höchste Grad der Genauigkeit verlangt wird. Der Markscheider muß sich deshalb hinreichende Gewißheit über die Richtigkeit seiner ersten Messung schaffen, und das kann bei offenen Polygonen nicht anders geschehen, als durch ein- oder mehrmalige Wiederholung desselben Zuges. Da bei Zug und Gegenzug mit demselben Instrumente und mit derselben Sorgfalt gearbeitet wird, so ist es wissenschaftlich vollkommen gerechtfertigt, wenn der Markscheider zur Ausgleichung etwa vorhandener Differenzen das **gemeine arithmetische Mittel aus den Schlußresultaten aller dieser gleichartigen Messungen nimmt** und darauf hin seine Durchschlagsangaben macht.

Die anderen Markscheiderarbeiten haben die rißliche Darstellung der Grubenräume zum Zweck.

Man kann annehmen, daß im Durchschnitt auch diese mit guten Instrumenten und mit Sorgfalt ausgeführt werden, aber trotzdem werden die Grubenrisse Fehler enthalten, welche, durch verschiedene ungünstige Verhältnisse unterstützt, sich leicht vermehren und vergrößern. Der Grund hierfür ist im folgenden zu suchen.

Der Grubenriß wird angelegt, sobald die ersten Grubenräume vorhanden sind und die später aufgefahrenen Strecken werden in gewissen Zeiträumen gemessen und auf dem Risse nachgetragen. Bei diesen Nachtragsmessungen muß an die früheren Messungen angeschlossen werden und ihre richtige Auftragung ist wesentlich von der guten, unverrückten Erhaltung der alten Markscheiderzeichen abhängig. Eine etwaige Verschiebung eines solchen Anschlußpunktes wirkt nur in geringem Maße nachteilig, wenn der Nachtragszug mit dem Kompaß ausgeführt werden kann, weil der Zug nur so viel parallel mit sich selbst verschoben wird, als die Lage des Anfangspunktes im horizontalen Sinne sich verändert hat.

Müssen die Nachtragungen aber mit dem Theodoliten ausgeführt werden, so ist die gute Erhaltung der Anschlußpunkte viel wichtiger. Gewöhnlich werden, wenn nicht alle, jedenfalls doch die zwei oder drei letzten Winkelpunkte eines Zuges in der Firste fixiert, mit deren Hilfe der neue Zug sich gewissermaßen als Fortsetzung an die frühere Messung anschließt. Ist eins der Anschlußzeichen aus seiner ursprünglichen Lage gewichen und ist dadurch die Anschlußlinie um einen Winkel geschwenkt, so wird diese Verschwenkung auf den ganzen Nachtragszug übertragen und ein Fehler erzeugt, der proportional der Zuglänge wächst.

In einem solchen Falle, und wenn nur ein einziges Anschlußzeichen vorhanden ist, muß der Theodolitzug mittels des Magneten orientiert werden. Mit den jetzigen Hilfsmitteln können zwar die Magnetorientierungen bis zu großer Winkelgenauigkeit gebracht werden, wenn aber eine größere Anzahl solcher Orientierungen beim Nachtragen erforderlich ist, so nehmen sie bei Anwendung der besten Methoden sehr viel Zeit in Anspruch und verursachen solche Kosten, daß man sich mit einem einfacheren, aber auch weniger genauen Verfahren begnügt. Der durch die Orientierung verursachte Fehler vergrößert sich ebenfalls proportional der Länge des Zuges.

Am sichersten wird ein mit dem Theodoliten ausgeführter Nachtragszug orientiert, wenn seine beiden Endpunkte an zwei möglichst weit von einander entfernte Markscheiderzeichen anschließen. Und dies geschieht auch dann noch, wenn beide Zeichen durch den Druck des Gebirges etwas verschoben sein sollten. Leider sind solche Anschlußzeichen in der gewünschten Lage selten vorhanden.

Aus dem Gesagten geht zur Genüge hervor, daß, wenn nicht besonders günstige Umstände vorliegen, die Grubenrisse durch das nach und nach erfolgende Nachtragen leicht fehlerhaft werden.

Zu den günstigen Umständen gehören:

Festes, wenig druckhaftes Gestein, in welchem die Zeichen unversehrt erhalten bleiben, und häufige Verbindungen der Grubenpolygone durch Schächte und Stölln mit dem Dreiecksnetze auf der Tagesoberfläche. Das feste Gestein wird das Entstehen der Fehler verhindern, während die häufigen Verbindungen leicht zur Entdeckung und Verbesserung der vorhandenen Fehler führen. Ersteres findet sich häufig auf Erzgruben, letztere z. B. auf den großen Braunkohlengruben der Provinz Sachsen.

Sind diese günstigen Umstände nicht vorhanden, wie z. B. in den ausgedehnten Steinkohlengruben Westfalens, welche meistens nur zwei nahe bei einander gelegene Schächte besitzen und wo selbst in den ausgemauerten Querschlägen und Strecken die Markscheiderzeichen nicht immer vor Verschiebungen geschützt sind, da müssen von Zeit zu Zeit große, zusammenhängende Präzisionsmessungen durch die ganzen Grubenräume ausgeführt und mit deren Hilfe die allmählich eingeschlichenen Fehler ausgemerzt werden.

Wir kehren nunmehr zu den Ausgleichungen der Grubenmessungen zurück, und unter Hinweisung auf das oben Gesagte kann man folgende Regel aufstellen, welche in der Praxis auch schon immer von den Markscheidern befolgt worden ist.

Aus den Resultaten von zwei- oder mehreremal in gleicher Weise ausgeführten Polygonzügen (Durchschlagzügen) wird das arithmetische Mittel genommen. Bei dem gewöhnlichen stückweisen Nachtragen der Grubenrisse und bei sonstigen Arbeiten, die diesen gleichzustellen sind, findet die Ausgleichung der Fehler nur in der möglich einfachsten Weise statt. Das arithmetische Mittel bildet die Regel, nur hier und da wird ein Verteilen nach den Längen der Polygonseiten vorgenommen. Bei größeren zusammenhängenden Messungen, welche die Aufnahme ganzer Gruben zum Zweck haben und wobei Abschlüsse jeder Art, namentlich aber in einzelnen oder aneinanderhängenden Polygonen vorkommen, sind die Fehler nach bestimmten bewährten Methoden auszugleichen.

Eine allgemein giltige Regel hierfür läßt sich aber nicht aufstellen, das Verfahren muß vielmehr für jeden einzelnen Fall besonders gewählt werden. Nach meinen in der jüngsten Zeit bei Umarbeitung der Oberharzer Grubenrisse gemachten Erfahrungen haben die einfachsten Methoden sich meistens als ausreichend erwiesen.

§ 145. Kompaßzüge, welche „mechanisch" mit Zulegeplatte oder Transporteur zugelegt worden sind, werden zweckmäßig auch auf mechanischem Wege, d. h. konstruktiv, ausgeglichen.

Bei offenen Polygonen, welche zweimal gemessen sind, legt man Zug und Gegenzug in einem gewissen Abstande parallel nebeneinander zu.

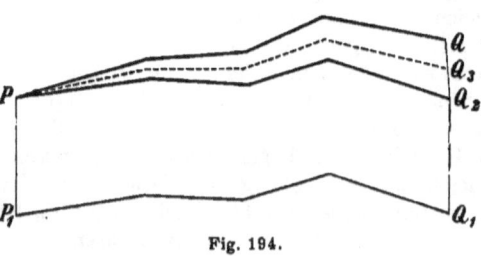

Fig. 194.

Die Länge und Richtung der Linien, welche die Anfangspunkte P und P_1, die Endpunkte Q und Q_1 und die anderen gemeinschaftlichen Punkte beider Züge verbinden, müssen, wenn Zug und Gegenzug genau übereinstimmen, gleich lang sein und gleiche Richtung haben.

Ist dies nicht der Fall, so verschiebt man mit Hilfe guter Winkellineale den Gegenzug parallel mit sich derartig, daß P_1 auf P und der Endpunkt Q_1

nach Q_2 fällt (Fig. 194). Alsdann verbindet man Q mit Q_2, halbiert diese Linie in Q_3 und erhält damit die wahrscheinlichste Lage des Schlußpunktes. Den zwischenliegenden Zug konstruiert man entweder aus freier Hand, oder wenn Zug und Gegenzug mehrere gemeinschaftliche Punkte besitzen, so verfährt man hier wie am Schlußpunkte.

Geschlossene Polygone zerlegt man sich derartig, daß man einen Punkt a aussucht, der womöglich um gleich viel Seiten von den fehlerhaften Schlußpunkten e' und e'' absteht. Sodann zieht man die Linien ae', ae'' und $e'e''$, halbiert $e'e''$ in e und zieht ae.

Hierbei sind drei Fälle zu unterscheiden. Erstens können die Polygonhälften auseinanderklaffen oder übereinandergreifen, oder es fällt die Verbindungslinie der beiden fehlerhaften Schlußpunkte $e'e''$ in die Linien ae.

Die beiden ersten Fälle sind so ähnlich, daß es genügt, den ersten zu besprechen.

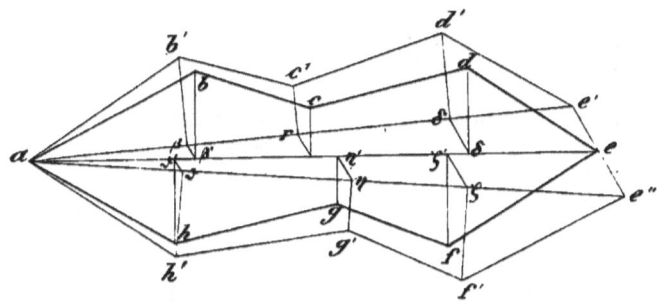

Fig. 195.

In Fig. 195 sind $a\,b'\,c'\,d'\,e'$ und $a\,h'\,g'\,f'\,e''$ die auseinanderklaffenden Polygonhälften. Nachdem die oben genannten Linien gezogen sind, fälle man die Senkrechten $b'\beta$, $c'\gamma$, $d'\delta$, $f'\zeta$ u. s. w. und ziehe durch die Fußpunkte dieser Perpendikel parallel zu $e'e''$ Linien bis zum Schnitt mit der Linie ae, also bis β', γ', δ' u. s. w. In diesen Schnittpunkten errichte man auf der Linie ae die Perpendikel $\beta'b$, $\gamma'c$, $\delta'd$ u. s. w., welche mit den Perpendikeln $\beta b'$, $\gamma c'$, $\delta d'$ u. s. w. gleiche Länge haben. Verbindet man die Endpunkte dieser Perpendikel, so erhält man das schließende Polygon $abcdefgh$.

Im dritten Falle Fig. 196 halbiere man ebenfalls $e''e'$ in e, beschreibe mit ae als Radius um a einen Kreisbogen men, mache $me = en$ und ziehe am und an, sowie $e'm$ und en. Weiter fälle man von den falschen Polygonpunkten, von denen nur zwei, d' und f', in der Figur dargestellt sind, die Perpendikel $d'\delta$, $f'\zeta$ u. s. w. und durch die Fußpunkte dieser Perpendikel Parallelen mit $e'm$, bezw. $e''n$ bis zum Schnitt mit der Hilfslinie am oder an. Durch diese Schnittpunkte konstruiere man wieder Senkrechte auf ae von gleichen Längen, wie $d'\delta$ und $f'\zeta$ u. s. w. Verbindet man die

Köpfe dieser Senkrechten der Reihe nach mit Einschaltung der Punkte a und e, so erhält man ein geschlossenes Polygon.

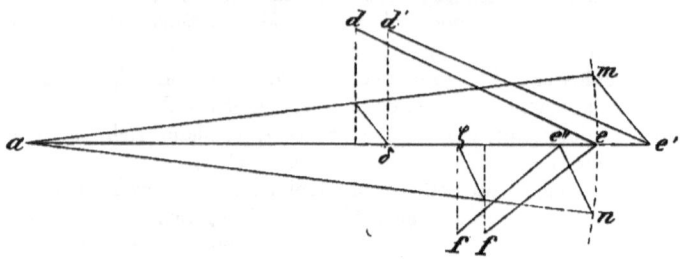

Fig. 196.

Man wird bei umfangreichen Polygonen nicht jeden einzelnen Punkt desselben auf diese Weise verbessern, sondern nur solche, in denen der Zug eine scharfe Wendung macht, oder aus denen Nebenzüge sich abzweigen.

146. Die berechneten Koordinatensummen der Punkte eines geschlossenen Polygons müssen Null geben und die Koordinaten der durch verschiedene Züge bestimmten Polygonpunkte müssen übereinstimmen.

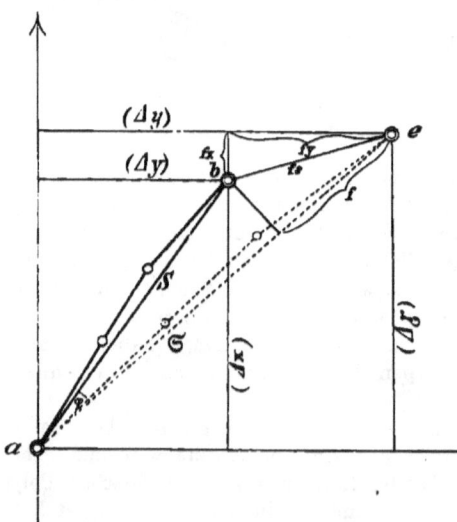

Fig. 197.

Zeigen sich Unstimmigkeiten, so sind dieselben durch Rechnung auszugleichen.

Aus dem Werke von GAUSS werden im nachstehenden auszugsweise die daselbst vorgeschlagenen Verfahren mitgeteilt.

I. **Fehlerausgleichung eines einzelnen Polygons zwischen zwei anderweit festgelegten Punkten (Dreieckspunkten).**

Trägt man die algebraischen Summen der unverbesserten Teilkoordinaten $[\varDelta\mathfrak{y}]$ und $[\varDelta\mathfrak{x}]$, sowie die Summen der verbesserten Teilkoordinaten $[\varDelta y]$ und $[\varDelta x]$ eines Polygons auf (die eckigen Klammern bedeuten das Summenzeichen), so möge in Fig. 197 ab die wirkliche Lage dieses Zuges und ae

diejenige Lage sein, welche man aus den unverbesserten Teilkoordinaten erhalten hat. Zieht man noch $ab = S$ und $ae = \mathfrak{S}$, so ist der Winkelfehler $= \varphi$ und der Fehler in der Längenmessung $\mathfrak{S} - S = f$.

Die Koordinatenfehler fy und fx sind zu verteilen, und zwar sind die Verbesserungen von $\varDelta \mathfrak{y}$ und $\varDelta \mathfrak{x}$ so zu bestimmen, daß der Fehler f vorzugsweise durch die Änderung der Strecken, wie Gauss die Längen der Polygonseiten nennt, und der Fehler φ vorzugsweise durch die Änderung der Polygonwinkel vernichtet wird.

Vor Beginn des Verfahrens ist es unter Umständen von Vorteil, den Fehler f vornweg größtenteils zu vernichten, indem man die Teilkoordinaten $\varDelta \mathfrak{y}$ und $\varDelta \mathfrak{x}$ mit $q = \dfrac{S}{\mathfrak{S}}$ multipliziert, oder die Verbesserungen

(1) $t_1 = (q-1)\varDelta\mathfrak{y}_1$, $u_1 = (q-1)\varDelta\mathfrak{x}_1$
(2) $t_2 = (q-1)\varDelta\mathfrak{y}_2$, $u_2 = (q-1)\varDelta\mathfrak{x}_2$
u. s. w.   u. s. w.

berechnet und zu $\varDelta\mathfrak{y}_1, \varDelta\mathfrak{y}_2 \ldots \varDelta\mathfrak{x}_1, \varDelta\mathfrak{x}_2$ algebraisch addiert.

Beide Wege führen numerisch zu demselben Resultate. Der letztere ist bequemer.

Damit werden aber die Koordinatenfehler fx und fy nicht vollständig beseitigt.

Dies geschieht auf verschiedene Weise.

Erstes Verfahren. Nennt man die Verbesserungen der Teilkoordinaten $v_1, v_2, v_3 \ldots$ die der Teilabscissen $w_1, w_2, w_3, \ldots$, so werden die Koordinatenfehler fy und fx vernichtet, wenn

(3) $v_1 + v_2 + v_3 + \ldots = -fy$
(4) $w_1 + w_2 + w_3 + \ldots = -fx$.

Mit dem Buchstaben e wird die Änderung der Strecken für die Einheit des Längenmaßes bezeichnet, welche dieselben durch die Verbesserungen der Teilkoordinaten erleiden.

Mit dem griechischen Buchstaben ε wird die Änderung der Neigungswinkel $\nu_1\, \nu_2\, \nu_3 \ldots$ bezeichnet, welche vorläufig für alle Neigungswinkel dieselbe sein soll.

Versteht man wie oben unter der eckigen Klammer das Summenzeichen, so ist

(5) $[\varDelta\mathfrak{y}] + [v] = [(s+es)\sin(\nu+\varepsilon)] = [\varDelta y]$
(6) $[\varDelta\mathfrak{x}] + [w] = [(s+es)\cos(\nu+\varepsilon)] = [\varDelta\mathfrak{x}]$

Hierin bedeutet s die Strecke und $s + es$ die verbesserte Strecke.

Formt man $\sin(\nu+\varepsilon)$ und $\cos(\nu+\varepsilon)$ in bekannter Weise um, und bedenkt man, daß ε nur ein kleiner Winkel ist, also $\cos\varepsilon = 1$ und für $\sin\varepsilon$ der Bogen gesetzt werden kann, so wird

(7) $\sin(\nu+\varepsilon) = \sin\nu + \varepsilon\cos\nu$
(8) $\cos(\nu+\varepsilon) = \cos\nu - \varepsilon\sin\nu$.

Setzt man diese Worte in die Gleichungen (5) und (6) ein, so ergiebt sich:

(11) $[v] = [es \sin \nu + \varepsilon s \cos \nu] = e[s \sin \nu] + \varepsilon[s \cos \nu] = -fy$
(12) $[w] = [es \cos \nu - \varepsilon s \sin \nu] = e[s \cos \nu] - \varepsilon[s \sin \nu] = -fx.$

Substituiert man darauf

(9) $[\varDelta \mathfrak{y}] = [s . \sin \nu]$
(10) $[\varDelta \mathfrak{x}] = [s . \cos \nu]$, so erhält man durch Auflösung der Gleichungen nach e und ε die Ausdrücke

(13) $e = \dfrac{-fy[\varDelta \mathfrak{y}] - fx[\varDelta \mathfrak{x}]}{[\varDelta \mathfrak{y}]_2 + [\varDelta \mathfrak{x}]_2}$, (14) $\varepsilon = \dfrac{-fy[\varDelta \mathfrak{x}] + fx[\varDelta \mathfrak{y}]}{[\varDelta \mathfrak{y}]^2 + [\varDelta \mathfrak{x}]^2}.$

Mit den Werten e und ε werden die einzelnen Verbesserungen leicht erhalten, nämlich

$v_1 = e \varDelta \mathfrak{y}_1 + \varepsilon \varDelta \mathfrak{x}_1, \quad w_1 = e \varDelta \mathfrak{x}_1 - \varepsilon \varDelta \mathfrak{y}_1$
$v_2 = e \varDelta \mathfrak{y}_2 + \varepsilon \varDelta \mathfrak{x}_2, \quad w_2 = e \varDelta \mathfrak{x}_2 - \varepsilon \varDelta \mathfrak{y}_2$
u. s. w. $\qquad$ u. s. w.

§ 147. Vorstehendes Verfahren ist jedoch nur dann korrekt, wenn die Neigungswinkel unmittelbar, etwa mit der Bussole, gemessen werden. Werden aber die Polygonwinkel mit dem Theodoliten gemessen und durch successive Summierung derselben erst die Neigungswinkel gefunden, so werden sich in letzteren folgerichtig alle beim Messen der Polygonwinkel gemachten Fehler anhäufen, und es wird nötig, die Neigungswinkel verschieden und zwar so zu ändern, daß außer dem Anschluß- und Abschlußwinkel an die Dreiecksseiten auch die übrigen Polygonwinkel geändert werden.

Zweites Verfahren. Die Neigungswinkel kann man auf verschiedene Weise ändern.

Zunächst läßt man die Neigungswinkel der vorhandenen $n-1$ Strecken sich abwechselnd um ε und 2ε ändern und somit übergehen in

$v_1 + \varepsilon, \ v_2 + 2\varepsilon, \ v_3 + \varepsilon, \ v_4 + 2\varepsilon \ldots, \ v_{n-3} + \varepsilon, \ v_{n-2} + 2\varepsilon, \ v_{n-1} + \varepsilon,$

wodurch die Polygonwinkel geändert werden in

$+\varepsilon \quad +\varepsilon \quad -\varepsilon \quad +\varepsilon \quad\quad -\varepsilon \quad +\varepsilon \quad -\varepsilon, \ -\varepsilon.$

Ist $n-1$ eine gerade Zahl, so muß man die abwechselnde Änderung der Neigungswinkel um ε und 2ε an irgend einer Stelle unterbrechen und entweder die Änderung ε oder 2ε zweimal aufeinander folgen lassen, um zu vermeiden, daß der letzte Neigungswinkel und dadurch der letzte Abschlußwinkel die doppelte Änderung 2ε erhält.

Führt man die so umgestalteten Neigungswinkel in die Formelentwickelung des vorigen Paragraphen ein und setzt die darin auftretenden Summenglieder:

(15) $\varDelta \mathfrak{y}_1 + 2 \varDelta \mathfrak{y}_2 + \varDelta \mathfrak{y}_3 + 2 \varDelta \mathfrak{y}_4 + \ldots$
$\quad 2 \varDelta \mathfrak{y}_{n-4} + \varDelta \mathfrak{y}_{n-3} + 2 \varDelta \mathfrak{y}_{n-2} + \varDelta \mathfrak{y}_{n-1} = \mathfrak{Y},$
(16) $\varDelta \mathfrak{x}_1 + 2 \varDelta \mathfrak{x}_2 + \varDelta \mathfrak{x}_3 + 2 \varDelta \mathfrak{x}_4 + \ldots$
$\quad 2 \varDelta \mathfrak{x}_{n-4} + \varDelta \mathfrak{x}_{n-3} + 2 \varDelta \mathfrak{x}_{n-2} + \varDelta \mathfrak{x}_{n-1} = \mathfrak{X},$

so erhält man aus den Schlußgleichungen die Werte:

(17) $e = \dfrac{-fy\mathfrak{Y} - fx \cdot \mathfrak{X}}{\mathfrak{Y}[\Delta\mathfrak{y}] + \mathfrak{X}[\Delta\mathfrak{x}]}$, (18) $\varepsilon = \dfrac{-fy[\Delta\mathfrak{x}] + fx[\Delta\mathfrak{y}]}{\mathfrak{Y}[\Delta\mathfrak{y}] + \mathfrak{X}[\Delta\mathfrak{x}]}$.

In der darauf folgenden Berechnung der einzelnen Verbesserungen v und w sind die mit ε als Faktor behafteten Glieder auch einfach oder doppelt zu nehmen, je nachdem die Neigungswinkel der Strecken, aus denen die bezüglichen Teilkoordinaten berechnet sind, um ε oder 2ε geändert waren, wie folgt:

$$v_1 = e\,\Delta\mathfrak{y}_1 + \varepsilon\,\Delta\mathfrak{x}_1, \quad w_1 = e\,\Delta\mathfrak{x}_1 - \varepsilon\,\Delta\mathfrak{y}_1$$
$$v_2 = e\,\Delta\mathfrak{y}_2 + \varepsilon\,2\,\Delta\mathfrak{x}_2, \quad w_2 = e\,\Delta\mathfrak{x}_2 - \varepsilon\,2\,\Delta\mathfrak{y}_2$$
$$v_3 = e\,\Delta\mathfrak{y}_3 + \varepsilon\,\Delta\mathfrak{x}_3, \quad w_3 = e\,\Delta\mathfrak{x}_3 - \varepsilon\,\Delta\mathfrak{y}_3$$
u. s. w. \quad\quad\quad u. s. w.

Drittes Verfahren. Aus der Betrachtung der letzten Ausdrücke für e und ε ersieht man ohne weiteres, daß ε um so kleiner ausfallen wird, je größer $\mathfrak{Y}$ und $\mathfrak{X}$ in ihrem absoluten Zahlenwerte werden. Dies erreicht man, wenn man die Neigungswinkel nicht streng abwechselnd in $\nu + \varepsilon$ und $\nu + 2\varepsilon$ übergehen läßt, sondern die doppelte Änderung auf diejenigen Strecken legt, welche vorzugsweise eine Vergrößerung von $\mathfrak{Y}$ und $\mathfrak{X}$ bewirken. Hierbei können zwei oder mehr aufeinander folgende Neigungswinkel gleichmäßig geändert werden, nur dürfen sich die Änderungen zweier aufeinander folgender Neigungswinkel nicht um mehr als einmal ε unterscheiden, diejenigen der Neigungswinkel der ersten und letzten Strecke des Zuges aber überhaupt einmal ε nicht übersteigen.

Das übrige Verfahren ist dem vorigen analog.

Viertes Verfahren. Im allgemeinen wird man für $\mathfrak{Y}$ und $\mathfrak{X}$ noch größere und demnach für ε noch kleinere Werte erhalten, wenn man die Änderung der Neigungswinkel vom Anfange bis zur Mitte des Zuges regelmäßig um ein ε steigen und dann bis zum Zugende wieder um ein ε fallen läßt, so daß die Neigungswinkel in

$$\nu_1 + \varepsilon,\ \nu_2 + 2\varepsilon,\ \nu_4 + 3\varepsilon \ldots \nu_{n-3} + 3\varepsilon,\ \nu_{n-2} + 2\varepsilon,\ \nu_{n-1} + \varepsilon$$

übergehen und damit die Polygonwinkel um

$$+\varepsilon,\quad +\varepsilon,\quad +\varepsilon \quad\quad -\varepsilon,\quad\quad -\varepsilon,\quad\quad -\varepsilon,\ -\varepsilon$$

geändert werden.

Das Verfahren ist dem vorigen ähnlich, nur hat man bei Bildung der Summenwerte $\mathfrak{Y}$ und $\mathfrak{X}$ und ebenso der mit ε behafteten Glieder der Ausdrücke für v und w die Teilkoordinaten $\Delta\mathfrak{y}$ und $\Delta\mathfrak{x}$ mit derselben Zahl zu multiplizieren, mit welcher für die Änderung der bezüglichen Neigungswinkel ε multipliziert werden soll, also auch mit 0, wenn gar keine Änderung beabsichtigt wurde.

Fünftes Verfahren. Weicht der Zug sehr erheblich von der gestreckten Form ab, so sind aus nahe liegenden Gründen die bisherigen Arten der Fehlerverteilung nicht anzuwenden. § 148.

Den zwischen den Dreieckspunkten a und b ausgeführten Polygonzug (Fig. 198) denkt man sich in dem Hauptwendepunkte w in zwei Teile zerlegt und leitet aus den unverbesserten Teilkoordinaten, einmal von a, das andere Mal von b ausgehend, die Koordinaten von w ab. Man wird verschiedene Werte erhalten, zwischen denen, so lange nicht andere Bestimmungen hinzutreten, die wahrscheinlichen Koordinatenwerte für den Punkt w angenommen werden müssen. Sollen die Teilkoordinaten dementsprechend verbessert werden, so ist im allgemeinen vorauszusetzen, daß eine Vergrößerung der Strecken und der Neigungswinkel in dem einen Zugteile eine Verkleinerung beider Stücke, in dem anderen bedingt und umgekehrt. In dieser Voraussetzung wird man dahin gelangen, daß e und ε in beiden Zugteilen bezüglich ihres absoluten Wertes gleich groß, bezüglich ihres Vorzeichens aber verschieden sein werden.

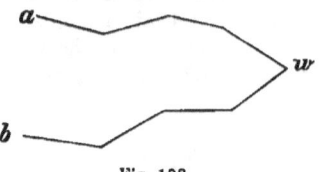

Fig. 198.

Sind die Neigungswinkel mit dem Kompaß gemessen, so sind die Formeln zur Berechnung von e und ε folgende:

$$(19)\quad e = \frac{-fy([\Delta\mathfrak{y}]_1 - [\Delta\mathfrak{y}]_2) - fx([\Delta\mathfrak{x}]_1 - [\Delta\mathfrak{x}]_2)}{([\Delta\mathfrak{y}]_1 + [\Delta\mathfrak{y}]_2)^2 + ([\Delta\mathfrak{x}]_1 - [\Delta\mathfrak{x}]_2)^2}$$

$$(20)\quad \varepsilon = \frac{-fy([\Delta\mathfrak{x}]_1 - [\Delta\mathfrak{x}]_2) + fx([\Delta\mathfrak{y}]_1 - [\Delta\mathfrak{y}]_2)}{([\Delta\mathfrak{y}]_1 + [\Delta\mathfrak{y}]_2)^2 + ([\Delta\mathfrak{x}]_1 - [\Delta\mathfrak{x}]_2)^2}.$$

Sechstes Verfahren. Ist die Winkelmessung dagegen mit dem Theodoliten ausgeführt, so gestalten sich dieselben unter Anwendung ähnlicher Bezeichnungsweisen wie in den Formeln (17) und (18) folgendermaßen:

$$(21)\quad e = \frac{-fy(\mathfrak{Y}_1 - \mathfrak{Y}_2) - fx(\mathfrak{X}_1 - \mathfrak{X}_2)}{(\mathfrak{Y}_1 - \mathfrak{Y}_2)([\Delta\mathfrak{y}]_1 - [\Delta\mathfrak{y}]_2) + (\mathfrak{X}_1 - \mathfrak{X}_2)([\Delta\mathfrak{x}]_1 - [\Delta\mathfrak{x}]_2)}$$

$$(22)\quad \varepsilon = \frac{-fy([\Delta\mathfrak{x}]_1 - [\Delta\mathfrak{x}]_2 + fx([\Delta\mathfrak{y}]_1 - [\Delta\mathfrak{y}]_2)}{(\mathfrak{Y}_1 - \mathfrak{Y}_2)([\Delta\mathfrak{y}]_1 - [\Delta\mathfrak{y}]_2) + (\mathfrak{X}_1 - \mathfrak{X}_2)([\Delta\mathfrak{x}]_1 - [\Delta\mathfrak{x}]_2)}.$$

In den vorstehenden Formeln sind $[\Delta\mathfrak{y}]_1$ und $[\Delta\mathfrak{x}]_1$ die algebraischen Summen der unverbesserten Teilkoordinaten des ersten Zugteils, $[\Delta\mathfrak{y}]_2$ und $[\Delta\mathfrak{x}]_2$ dieselben Summen für den zweiten Zugteil.

$$[\Delta\mathfrak{y}]_1 + [\Delta\mathfrak{y}]_2 = [\Delta\mathfrak{y}] \text{ und } [\Delta\mathfrak{x}]_1 + [\Delta\mathfrak{x}]_2 = [\Delta\mathfrak{x}].$$

$\mathfrak{Y}_1$ und $\mathfrak{X}_1$ gehören zum ersten, $\mathfrak{Y}_2$ und $\mathfrak{X}_2$ zum zweiten Zugteil.

Die Änderung der Neigungswinkel, welche auf die Bildung der Größen $\mathfrak{Y}$ und $\mathfrak{X}$ von Einfluß sind, wird für jeden Zugteil für sich vorgenommen. Ist ε nicht sehr klein, so ist der Neigungswinkel einer der beiden Polygonseiten, welche den Winkel am Wendepunkte von der Änderung ganz auszuschließen.

Die aus obigen Formeln berechneten Werte von e und ε gelten für beide Zugteile, nur erhalten die zum zweiten Zugteile gehörigen Werte umgekehrte Vorzeichen.

Häufig besitzt ein gebogener Zug keinen scharf hervortretenden Wendepunkt, und man hat die Wahl zwischen mehreren, dann wird man sich den Punkt w so wählen, daß die Nenner in den Ausdrücken (19), (20), (21), (22) möglichst groß und die Werte für e und ε möglichst klein werden.

Außerdem ist es ratsam zu untersuchen, ob für einen derartig gebogenen Zug mit den Formeln (17) und (18) nicht kleinere Werte für e, namentlich aber für ε erreicht werden, als mit (21) und (22).

Die Größen e und ε bieten einen unmittelbaren Anhalt zur Beurteilung der Genauigkeit der Strecken- und Winkelmessung.

Einem Streckenfehler von $\frac{1}{1000}$ bez. $\frac{1}{500}$ der Gesamtlänge entsprechen die Werte $e = 0{,}001$ bez. $0{,}002$. Der Wert von ε soll nach GAUSS für die Polygonmessungen über Tage unter mittleren Verhältnissen $0{,}00015$, unter ungünstigen $0{,}00030$ sein. Dies würde Winkelwerten von

$0{,}00015 \times 206265 = 31$ Sekunden

und $0{,}00030 \times 206265 = 62$ Sekunden entsprechen.

Im allgemeinen preußischen Markscheiderreglement gilt als äußerste Fehlergrenze bezüglich der Längenmessung $\frac{1}{800}$ und für die seitliche Abweichung als Folge der fehlerhaften Winkelmessung $\frac{1}{500}$ bez. $\frac{1}{1000}$ der Gesamtlänge des Zuges, je nachdem der Kompaß oder der Theodolit als Winkelmeßinstrument gebraucht wurde. Dies würde einem Werte von $e = 0{,}00125$ und einem von $\varepsilon = 0{,}00062$ entsprechen. Bei Durchschlagszügen darf e die Größe von $0{,}0006$ und ε von $0{,}00031$ nicht überschreiten.

Die äußersten Fehlergrenzen sind also in dem jetzt gültigen Reglement ziemlich weit gesteckt und könnten für Präzisionsmessungen bedeutend eingeengt werden.

Fällt e und ε größer aus als vorstehend angenommen, so liegen grobe Fehler vor und die Messung ist zu wiederholen.

§ 149. Häufig handelt es sich bei den Ausgleichungen innerhalb eines Polygonzuges um geringfügige Fehler, welche ohne Schaden für die Rechnungsergebnisse in wesentlich einfacherer Weise verteilt werden können. Solche einfache Arten der Verteilung bestehen in dem

Siebenten Verfahren: Verteilung nach Verhältnis der absoluten Längen der berechneten Teilkoordinaten ($\Delta \mathfrak{y}$ bez. $\Delta \mathfrak{x}$),
in dem

Achten Verfahren: Verteilung nach Verhältnis der Strecken (Längen der Polygonseiten),
und in dem

Neunten Verfahren: Verteilung nach Verhältnis der Summen aus Strecken und Teilordinaten bez. Teilabscissen ($s + \Delta \mathfrak{y}$ bez. $s + \Delta \mathfrak{x}$); $\Delta \mathfrak{y}$ und $\Delta \mathfrak{x}$ ebenfalls absolut genommen, d. h. ohne Berücksichtigung des Vorzeichens.

Nennt man die Summe der absoluten Zahlenwerte von den Teilkoordinaten $S\mathfrak{y}$ bez. $S\mathfrak{x}$, so erhält man $v = \dfrac{-\mathfrak{f}y}{S\mathfrak{y}}$, $w = \dfrac{-\mathfrak{f}x}{S\mathfrak{x}}$. Mit v multipliziert man der Reihe nach die einzelnen Teilordinaten, mit w die Teilabscissen.

Dies Verfahren vernichtet die Fehler mehr durch eine Änderung der Polygonseiten als der Winkel, führt aber unter Umständen zu unbrauchbaren Resultaten, wenn z. B. der Polygonzug der Hauptsache nach der Abscissenachse parallel läuft und wenige, aber kurze Polygonseiten vorhanden sind, deren Neigungswinkel einem oder drei Rechten nahezu gleichkommt. Der Ordinatenfehler fy wird dann nur auf die diesen kurzen Polygonseiten angehörigen Teilordinaten geworfen, welche dann in unzulässiger Weise verändert werden.

Das achte Verfahren, wobei $v = \frac{-fy}{[s]}$ und $w = \frac{-fx}{[s]}$, wird am häufigsten gebraucht.

Es bedingt zwar im allgemeinen eine größere Änderung der Winkel, vermeidet aber die fehlerhafte Anhäufung des siebenten Verfahrens.

Das neunte Verfahren vereinigt alle Vorzüge des siebenten und achten Verfahrens, ist aber nicht so einfach, da die Verbesserungen nach den Formeln $v = \frac{-fy}{S\eta + [s]}$, $w = \frac{-fx}{S\xi + [s]}$ berechnet werden müssen.

Die drei letzten Verfahrungsarten geben bei gestreckten Zügen gleiche Resultate. Je mehr aber der Zug sich von dieser Form entfernt, um so verschiedener werden die Änderungen der einzelnen Streckenlängen und Winkel ausfallen, und um so weniger wird sich die Wirkung von v und w übersehen lassen.

Gerade darin, daß aus den Werten für e und ε auf den ersten Blick die Änderungen ersichtlich werden, liegt ein nicht zu unterschätzender Vorteil der sechs ersten, gegenüber den drei letzten Verfahrungsarten.

§ 150. II. **Das einzelne geschlossene Polygon.** Die bisher besprochenen Verfahren beziehen sich zunächst auf offene Polygonzüge, deren Anfangs- und Endpunkte anderweitig festgelegt sind, sie lassen sich aber auch auf geschlossene Polygone ausdehnen.

Vor Berechnung der Neigungswinkel der einzelnen Seiten sind die Winkel eines geschlossenen Polygons darauf zu prüfen, ob die Summe derselben gleich $2nR - 4R$ ist. Zeigt sich eine Differenz und sind alle Winkel mit derselben Genauigkeit gemessen, so ist der Fehler gleichmäßig auf alle Polygonwinkel zu verteilen.

Die über Tage zu messenden Polygone wird man meistens so konstruieren können, daß alle Winkel mit gleichmäßiger Schärfe gemessen werden können, aber in der Grube wird man dies nicht immer erreichen, da in den engen und unregelmäßigen Räumen Winkel mit kurzen oder ungleich langen oder auch mit steilen, verschieden gerichteten Schenkeln nicht zu vermeiden sind.

Enthält ein geschlossenes Polygon mehrere solcher Winkel, so ist eine

Die Fehlerverteilungen bei Markscheider. Grubenmessungen. 223

gleichmäßige Verteilung der Winkelfehler nicht ratsam. Es bleiben dann nur zwei Wege übrig: Entweder berechnet man ohne vorherige Ausgleichung der Winkel im Polygon mit den ursprünglich gemessenen Winkeln und den Längen die Koordinaten und gleicht die hier sich zeigenden Fehler aus, oder man verteilt vor der Berechnung den Winkelfehler auf die Polygonwinkel nach dem umgekehrten Verhältnis ihrer Schenkellängen. Dieses Verhältnis wird man jedoch nicht ängstlich genau berechnen, sondern sich mit dem Abschätzen begnügen.

Das Ausgleichen der Winkel im Polygon hat aber noch nicht zur Folge, daß die algebraische Summe der Teilkoordinaten gleich Null wird. Der Schlußfehler fy in den Ordinaten und fx in den Abscissen muß noch ausgeglichen werden, wie an nachstehendem Beispiele gezeigt werden wird.

ihlige änge recke) [eter	Neigungs- winkel Gr. M. S.	Teil- Ordinaten $\Delta\mathfrak{y}$ +		Teil- Abscissen $\Delta\mathfrak{x}$ +		Koordinaten. y	x	$\mathfrak{Y}$ +		$\mathfrak{X}$ +	
2,670	22 10 20		−16 12,329		−10 30,254	+12,313	+30,244	1	12	30	
8,456	78 57 33		−22 37,745	+28 7,361		+50,036	+37,628	2	75	15	
9,578	97 53 34		−9 29,298	+33 4,062		+79,325	+33,599	3	b8		12
1,623	72 5 49		−7 11,060	+6 3,573		+90,378	+37,178	2	22	7	
7,856	88 52 8		−9 17,852	+6 0,352		+108,221	+37,536	1	18	0	
0,703	137 41 16		−7 13,936	+8 15,310		+122,150	+22,234	0	0	·	0
0,886 '[s]₁			122,220	41,540 19,372	19,372			+215 = $\mathfrak{Y}_1$	52 12	12	
		$[\Delta\mathfrak{y}]_1 = +122,220$		$+22,168 = [\Delta\mathfrak{x}]_1$						+40 = $\mathfrak{X}_1$	
1,653	203 32 26		−15 12,642		−9 29,019	+109,493	−6,794	1	13		29
2,680	252 55 56		−21 31,241	+16 9,592		+78,231	−16,370	2	62		19
9,659	270 40 42		−14 29,657	+20 0,351		+48,560	−15,999	2	59	1	
3,907	250 27 58		−10 17,819	+3 6,322		+30,731	−22,318	1	18		6
7,962	305 59 26		−15 30,716	+10 22,308		0,000	0,000	0	0	0	
0,861 '[s]₂			$[\Delta y]_2 = −122,075$	22,659	44,933 22,659			$\mathfrak{Y}_2 = −152$		$\mathfrak{X}_2 −53$	
		$fy = +0,145$		$[\Delta\mathfrak{x}]_2 = −22,274$ $fx = −0,106$							

Nachdem in dem elfseitigen Polygon, Fig. 199, die Winkel auf 1620 Grad abgeglichen und die Neigungswinkel aus der gegebenen Neigung 22° 10′ 20″ der Seite 1—2 abgeleitet sind, ergiebt die algebraische Summe der Teil-

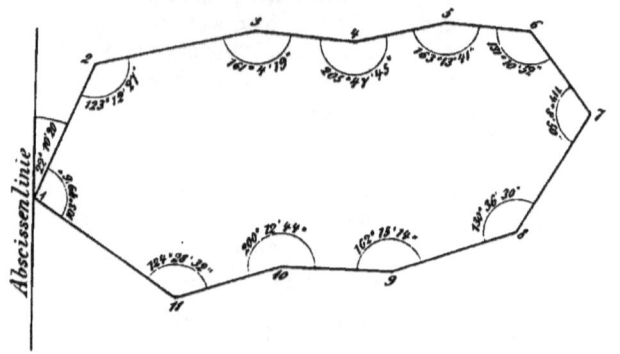

Fig. 199.

koordinaten einen Fehler in den Ordinaten $fy = +0.145$ und in den Abscissen -0.106.

Bei geschlossenen Polygonen erscheint das sechste Verfahren nach GAUSS das zweckmäßigste.

Man zerlegt das Polygon in zwei Zugteile, in den von 1 über 5 bis 6, und in den von 6 über 11 bis 1 und ermittelt die Größen $[\Delta \mathfrak{y}]_1 = +122,220$, $[\Delta \mathfrak{x}]_1 = +22,168$, $[\Delta \mathfrak{y}]_2 = -122,075$, $[\Delta \mathfrak{x}]_2 = -22,274$, ferner $\mathfrak{Y}_1 = +215$, $\mathfrak{X}_1 = +40$, $\mathfrak{Y}_2 = -152$, $\mathfrak{X}_2 = -53$.

Nach den Formeln (19) und (20) berechnen sich für den ersten Zugteil die Größen e und ε und zwar:

$$e = \frac{-43}{93684} = -0{,}00046, \quad \varepsilon = \frac{-32}{93684} = -0{,}00034.$$

Für den zweiten Zugteil ist:

$$e = +0{,}00046, \quad \varepsilon = +0{,}00034.$$

Hieraus berechnet man die Verbesserungen v und w nach den Formeln:

$$v_1 = e\Delta\mathfrak{y}_1 + \varepsilon\Delta\mathfrak{x}_1 \qquad w_1 = e\Delta\mathfrak{x}_1 - \varepsilon\Delta\mathfrak{y}$$
$$v_2 = e\Delta\mathfrak{y}_2 + \varepsilon 2\Delta\mathfrak{x}_2 \qquad w_2 = e\Delta\mathfrak{x}_2 - \varepsilon 2\Delta\mathfrak{y}_2$$
$$v_3 = e\Delta\mathfrak{y}_3 + \varepsilon 3\Delta\mathfrak{x}_4 \qquad w_3 = e\Delta\mathfrak{x}_3 - \varepsilon 3\Delta\mathfrak{y}_3$$
u. s. w. . u. s. w.

oder allgemein

$$v = e\Delta\mathfrak{y} + \varepsilon z \Delta\mathfrak{x} \qquad w = e\Delta\mathfrak{x} - \varepsilon z \Delta\mathfrak{y},$$

wenn z diejenige Zahl bedeutet, wie oft ε zu dem Neigungswinkel hinzugefügt worden ist.

Die algebraische Summe der berechneten Verbesserungen $[v]$ muß gleich sein $-fy = -0{,}0145$ und $[w] = +fx = +0{,}106$. Die Verbesserungen sind mit dem richtigen Vorzeichen versehen über die zugehörigen Teilkoordinaten im obigen Beispiel gesetzt.

DIE FEHLERVERTEILUNGEN BEI MARKSCHEIDER. GRUBENMESSUNGEN. 225

Aus den Teilkoordinaten leitet man die Koordinaten der einzelnen Punkte ab und erhält am Schluß ein allseitig stimmendes Resultat.

Man hätte sich übrigens auch darauf beschränken können, die Gesamtverbesserungen für die beiden Polygonteile nämlich:

$$[v]_1 = e[\varDelta \mathfrak{y}]_1 + \varepsilon \mathfrak{X}_1 = -0{,}070 \qquad [w]_1 = e[\varDelta \mathfrak{x}]_1 - \varepsilon \mathfrak{Y}_1 = +0{,}064$$
$$[v]_2 = e[\varDelta \mathfrak{y}]_2 - \varepsilon \mathfrak{X}_1 = -0{,}075 \qquad [w]_2 = e[\varDelta \mathfrak{x}]_2 + \varepsilon \mathfrak{Y}_2 = +0{,}042$$
$$\overline{ -0{,}145} \qquad\qquad \overline{ +0{,}106}$$

zu berechnen, und nach dem achten Verfahren zu verteilen. Die dadurch erhaltenen Koordinaten der einzelnen Punkte sind in der Zusammenstellung auf Seite 227 mit B bezeichnet.

Professor v. MILLER-HAUENFELS verteilt die Fehler nach dem Verhältnis der Quadrate der Seitenlängen. Um dieses Verfahren anzuwenden, berechnet man die Koordinaten beider Polygonteile im Beispiel des vorigen Paragraphen jedesmal vom Punkte 1 aus, und zwar die des ersten Zugteiles von 1 bis 7 und die des zweiten Zugteiles von 1 über 10 wieder bis 7.

§ 151.

Von	Söhlige Länge. Meter.	Quadrat der Längen.	Teilordinaten $\varDelta \mathfrak{y}$. + Meter.	Teilordinaten $\varDelta \mathfrak{y}$. − Meter.	Teilabscissen $\varDelta \mathfrak{x}$. Meter.	Teilabscissen $\varDelta \mathfrak{x}$. Meter.	Nicht verbesserte Koordinaten. Meter.	Nicht verbesserte Koordinaten. Meter.	Verbesserte Koordinaten. Meter.	Verbesserte Koordinaten. Meter.	Bis
1	32,670	1063		−0,017 12,329	+13 30,254		+12,329	+30,254	+12,312	+30,267	2
2	38,456	1475		−24 37,745	+18 7,361		+50,074	+37,615	+50,033	+37,646	3
3	29,578	876		−14 29,298		+10 4,062	+79,372	+33,553	+79,317	+33,594	4
4	11,623	134		−2 11,060		+1 3,573	+90,432	+37,126	+90,375	+37,168	5
5	17,856	317		−5 17,852		+4 0,352	+108,284	+37,478	+108,222	+37,524	6
6	20,703	428		−7 13,936		+5 15,310	+122,220	+22,168	+122,151	+22,219	7
	150,886	4293									
1	37,962	1444	+23 30,716			−16 22,308	+30,716	−22,308	+30,739	−22,324	11
11	18,907	357	+6 17,819			−4 6,322	+48,535	−15,986	+48,564	−16,006	10
10	29,659	876	+14 29,657			−10 0,351	+78,192	−16,337	+78,235	−16,367	9
9	32,680	1063	+17 31,241			−13 9,592	+109,433	−6,745	+109,493	−6,788	8
8	31,653	1000	+16 12,642			−12 29,019	+122,075	+22,274	+122,151	+22,219	7
	150,861	4740									

BRATHUHN, Markscheidekunst. 15

Im ersten Falle erhält man für den Punkt 7:
die Koordinaten   + 122,220   + 22,168
im zweiten Falle   + 122,075   + 22,274
Differenz   =   0,145   0,106

Zwischen den beiden Werten liegen die wahrscheinlichen Koordinaten des Punktes 7.

Man bilde nun die Quadrate der Seitenlängen und summiere die Quadrate des ersten und des zweiten Zugteiles. Nach dem Verhältnis dieser Quadratsummen wird die Differenz der Abscissen und Ordinaten des Punktes 7 verteilt.

$$(4293 + 4740) : 0,145 = \begin{cases} 4293 : x, & x = 0,069 \\ 4740 : y, & y = 0,076 \end{cases}$$

$$(4293 + 4740) : 0,106 = \begin{cases} 4293 : x_1, & x_1 = 0,051 \\ 4740 : y_1, & y = 0,055 \end{cases}$$

122,220 − 0,069 = 122,151   22,168 + 0,051 = 22,219
122,075 + 0,076 = 122,151   22,274 − 0,055 = 22,219

Die wahrscheinlichen Koordinaten des Punktes 7 sind:
+ 122,151   + 22,219.

Die Koordinaten der Zwischenpunkte verbessert man wie folgt:

Auf die Ordinaten des ersten Zugteils ist die Differenz 122,151−122,220 = − 0,069 zu verteilen und zwar geschieht dies ebenfalls nach Verhältnis der Längenquadrate:

$4293 : -0,069 = 1063 : v_1, \quad v_1 = -0,017$
$4293 : -0,069 = 1475 : v_2, \quad v_2 = -0,024$
u. s. w.

In dem zweiten Zugteil ist auf die Ordinaten die Differenz 122,151−122,075 = + 0,106 zu verteilen und zwar mit Hilfe der Ansätze:

$4740 : +0,106 = 1444 : v_1, \quad v_1 = +0,023$
$4740 : +0,106 = 357 : v_2, \quad v_2 = +0,006$
u. s. w.

In gleicher Weise verteilt man die Differenzen der Abscissen und addiert die partiellen Verbesserungen − 0,017, − 0,024 u. s. w. zu den betreffenden Teilkoordinaten.

Die algebraischen Summen der letzteren ergeben in beiden Zugteilen für den Punkt 7 die Koordinaten
+ 122,151   + 22,219.

Setzt man in dem letzten Verfahren statt der Quadrate der Längen, diese Längen selbst ein, wendet man also das achte Verfahren in dieser Anordnung des Zuges an, so erhält man ganz ähnliche Resultate.

In der nachstehenden Tabelle sind die nach vier verschiedenen Verfahrungsweisen verbesserten Koordinaten desselben Beispiels nebeneinandergestellt und zwar unter A nach dem sechsten Verfahren von Gauss, unter B nach einem aus dem sechsten und achten kombinierten Verfahren,

DIE FEHLERVERTEILUNGEN BEI MARKSCHEIDER. GRUBENMESSUNGEN. 227

unter C nach dem von Professor v. MILLER-HAUENFELS vorgeschlagenen und unter D nach dem achten Verfahren von GAUSS. Der besseren Übersicht wegen sind die Ordinaten und Abscissen für sich nebeneinandergestellt.

	Ordinaten.					Abscissen.			
Nicht verbesserte.	A.	B.	C.	D.	Nicht verbesserte.	A.	B.	C.	D.
12,329	12,313	12,314	12,312	12,314	30,254	30,244	30,268	30,267	30,266
50,074	50,036	50,041	50,033	50,040	37,615	37,628	37,645	37,646	37,641
79,372	79,325	79,325	79,317	79,324	33,558	33,599	33,595	33,594	33,589
90,432	90,378	90,379	90,375	90,378	37,126	37,178	37,173	37,168	37,162
108,284	108,221	108,224	108,222	108,221	37,478	37,536	37,533	37,524	37,524
122,220	122,150	122,150	122,151	122,147	22,168	22,234	22,232	22,219	22,221
109,578	109,493	109,492	109,493	109,490	6,851	6,794	6,778	6,788	6,787
78,337	78,231	78,235	78,235	78,233	16,443	16,370	16,361	16,367	16,367
48,680	48,560	48,563	48,564	48,562	16,092	15,999	16,002	16,006	16,006
30,861	30,731	30,734	30,739	30,734	22,414	22,318	22,319	22,324	22,321
0,145	0,0	0,0	0,0	0,0	0,106	0,0	0,0	0,0	0,0

Die verbesserten Koordinaten weichen wenig voneinander ab, so daß in diesem Falle das einfachste Verfahren, nämlich die Ausgleichung nach dem Verhältnis der Seitenlängen vollständig genügt haben würde. Dies hat seinen Grund darin, daß beide Polygonhälften sich der gestreckten Form nähern.

§ 152.

Besteht eine Grubenmessung aus mehreren geschlossenen sich aneinanderreihenden Polygonen, so gilt als Hauptregel, daß man wenige, wo möglich nur eins oder zwei, Hauptpolygone auswählt, welche den größten Teil der Grube umfassen und die übrigen Polygone in sich einschließen, diese mit Sorgfalt (erforderlichenfalls zweimal) mißt und im Zusammenhange bezüglich der Winkel und Koordinaten ausgleicht. Die übrigen Zugteile werden sodann als offene Polygonzüge behandelt, deren Endpunkte bereits festgelegt sind.

Liegen die Verhältnisse für Befolgung dieser Regel nicht günstig und erhält der Markscheider eine größere Anzahl gleichwertiger Polygone, so hat er diese im Zusammenhange auszugleichen.

Das hierbei einzuschlagende Verfahren ändert sich nach der Zahl und nach der gegenseitigen Lage der Polygone, wie in dem GAUSSschen Werke an zahlreichen Beispielen ausgeführt ist.

Da hier nur der Zweck verfolgt wird, den Markscheider auf den praktischen Nutzen des GAUSSschen Buches aufmerksam zu machen und der einfache Fall zugleich der häufigere ist, so genügt es, die Ausgleichung zwei zusammenhängender Polygone nach § 45 des genannten Werkes auszugsweise mitzuteilen, für die anderen Fälle auf das Buch selbst zu verweisen.

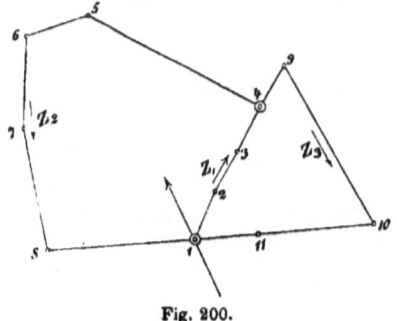

Fig. 200.

Gegeben sind die beiden Polygone a und b mit den Eckpunkten 1 bis 11 (Fig. 200). Der Zugteil Z_1 von Punkt 1 bis 4 ist beiden Polygonen gemeinschaftlich, der zweite Zugteil Z_2 vom Punkte 4 über 6 bis 1 gehört dem Polygon a und der dritte Zugteil Z_3 vom Punkt 4 über 9 bis 1 ausschließlich dem Polygon b an. Die Pfeile geben die Richtung an, in welcher die einzelnen Zugteile berechnet werden.

Die Winkel der Polygone sind wie folgt ermittelt:

	Im Polygon a.	Verbesserung.		Im Polygon b.	Verbesserung.
1	113° 54′ 36″	+ 28,83″	1	66° 6′ 24″	— 14,195″
2	192 6 30	+ 21,51	2	167 53 30	— 21,51
3	176 47 12	+ 21,51	3	183 12 48	— 21,51
4	88 30 54	+ 28,83	4	182 3 48	— 14,195
5	133 20 42	+ 28,83	9	56 7 —	— 14,195
6	112 2 42	+ 28,83	10	66 5 36	— 14,195
7	166 15 36	+ 28,83	11	178 32 48	— 14,195
8	96 58 12	+ 28,83		900° 1′ 54″	— 114,0″
	1079° 56′ 24″	+ 216,0″		900	
	1080			Differenz = 1′ 55′	= 1′ 54″
	Differenz — 3′ 36″	= + 3′ 36″			

Der Gesamtwinkelfehler des Polygons a sei A, die Verbesserung V_a für einen Winkel des Polygons a von n_a (= 8) Seiten ist bei gleichmäßiger Verteilung $V_a = -\dfrac{A}{n_a}$ oder $n_a V_a + A = 0$.

Ist B der Gesamtwinkelfehler im Polygon b, so erhält man für die Verbesserung jedes Winkels im Polygon b die Gleichung

$$V_b = -\frac{B}{n_b} \quad \text{oder} \quad n_b V_b + B = 0.$$

Die Summe der beiden Winkel bei den Punkten 2 und 3 ist bei der Messung schon auf 4 R abgeglichen. Dieser Summenwert darf durch die Verbesserung nicht geändert werden und die aufzustellenden Gleichungen müssen diesen Bedingungen entsprechen.

Nennt man die Verbesserung für die Winkel bei 2 und 3 = (2), bez. (3), so muß, wenn die Summenwerte der Winkel bei den Punkten 2 und und 3 = 360° bleiben sollen, immer (2) = (3) sein.

Bezeichnet man diesen Wert von (2) = (3) mit (*s*), so erhält man für beide Punkte nur die eine Horizontgleichung

$$2(s) + V_a + V_b = 0.$$

Die Polygongleichungen erhalten folgende Gestalt:

$$n_a V_a + n_1 (s) + A = 0$$
$$n_b V_b + n_1 (s) + B = 0,$$

wenn n_1 die Anzahl der Punkte bedeutet, für welche die Horizontbedingungen zu erfüllen sind. Der Index 1 bezieht sich auf den zugehörigen Zugteil Z_1.

Aus obigen drei Gleichungen sind die drei Unbekannten V_a, V_b und (*s*) zu entwickeln und zwar ist:

$$V_a = \frac{(2n_b - n_1) A + n_1 B}{N}, \quad V_b = \frac{(2n_a - n_1) B + n_1 A}{N}, \quad (s) = \frac{-n_b A - n_a B}{N},$$

wenn $N = n_1 (n_a + n_b) - 2 n_a n_b$ ist.

Im gewählten Beispiele ist $n_a = 8$, $n_b = 7$, $n_1 = 2$ $s = 2$, $A = -216''$, $B = +114''$, und setzt man diese Werte in die Gleichungen ein, so wird $V_a = +28{,}83''$, $V_b = -14{,}195..''$, $s = -7{,}32''$.

Die hieraus sich ergebenden Verbesserungen sind auf Seite 228 hinter die einzelnen Winkel der Polygone a und b gesetzt.

Werden mit den so verbesserten Polygonwinkeln die Neigungswinkel abgeleitet, so muß dies immer zu stimmenden Resultaten führen.

Die mit diesen Neigungswinkeln und mit den zugehörigen durch Messung gefundenen Längen ausgeführte Berechnung der Teilkoordinaten, wird aber wieder Fehler hervortreten lassen, welche in dem Polygon a sich anders als in dem Polygon b gestalten werden.

Nennt man die Summen der Teilordinaten und der Teilabscissen der Züge Z_1, Z_2 und $Z_3 = [\Delta\mathfrak{y}]_1$, $[\Delta\mathfrak{y}]_2$, $[\Delta\mathfrak{y}]_3$ und $[\Delta\mathfrak{x}]_1$, $[\Delta\mathfrak{x}]_2$ und $[\Delta\mathfrak{x}]_3$, so würden in der Voraussetzung, daß die Koordinaten in der durch Pfeile angedeuteten Richtung berechnet sind,

(1) $[\Delta\mathfrak{y}]_1 + [\Delta\mathfrak{y}]_2 = 0$ (3) $[\Delta\mathfrak{x}]_1 + [\Delta\mathfrak{x}]_2 = 0$
(2) $[\Delta\mathfrak{y}]_1 + [\Delta\mathfrak{y}]_3 = 0$ (4) $[\Delta\mathfrak{x}]_1 + [\Delta\mathfrak{x}]_3 = 0$

sein müssen, wenn Fehler nicht vorhanden wären. Ist dies aber der Fall, so müssen die Größen $[\Delta\mathfrak{y}]_1$, $[\Delta\mathfrak{y}]_2$, $[\Delta\mathfrak{y}]_3$ und $[\Delta\mathfrak{x}]_1$, $[\Delta\mathfrak{x}]_2$, $[\Delta\mathfrak{x}]_3$ in obigen Gleichungen noch die Verbesserungen v_1, v_2, v_3 und w_1, w_2, w_3 als Addenten erhalten.

Nennen wir nun Ay, Ax die Summe der Fehler der Teilordinaten und Teilabscissen im Polygon a, ferner By, Bx die gleichen Fehler im Polygon b, so ist

(5) $v_1 + v_2 + Ay = 0$ (7) $w_1 + w_2 + Ax = 0$
(6) $v_1 + v_3 + By = 0$ (8) $w_1 + w_3 + Bx = 0$,

Die Bestimmung der Verbesserungen v und w geschieht derartig, daß die zugweisen Summen sowohl der Teilordinaten als auch der Teilabscissen nach Verhältnis der Summen der Seitenlängen an den Fehlern Ay, Ax, By, Bx Teil zu nehmen haben.

Es bezeichnen αy, αx denjenigen Teil der Fehler Ay, Ax, welcher auf die Maßeinheit im Polygon a, ferner βy, βx denjenigen Teil der Fehler By, Bx, welcher auf die Maßeinheit im Polygon b kommt. Die Summe der Längen der drei Zugteile seien L_1, L_2, L_3.

Dann wird, da der Zug Z_1 an den Fehlern beider Polygone der Zug Z_2 unmittelbar nur an den Fehlern des Polygons a und Z_3 unmittelbar nur an den Fehlern des Polygons b beteiligt ist, sein

$$v_1 = L_1\big((\alpha y) + (\beta y)\big) \qquad w_1 = L_1\big((\alpha x) + (\beta x)\big)$$
$$v_2 = L_2(\alpha y) \qquad w_2 = L_2(\alpha x)$$
$$v_3 = L_3(\beta y) \qquad w_3 = L_3(\beta x).$$

Setzt man diese Werte von v und w in die Gleichungen (5) bis (8) und führt noch die Größen $L_1 + L_2 = La$ (Umfang des Polygons a)
$$L_1 + L_3 = Lb \text{ (Umfang des Polygons } b\text{)}$$
ein, so erhält man vier Gleichungen zur Berechnung der Unbekannten (αy), (βy), (αx), (βx) und aus ihnen die Ausdrücke:

$$(\alpha y) = \frac{-Lb\,Ay + L_1 By}{N}, \qquad (\alpha x) = \frac{-Lb\,Ax + L_1 Bx}{N}$$
$$(\beta y) = \frac{+L_1 Ay - La\,By}{N}, \qquad (\beta x) = \frac{+L_1 Ax - La\,Bx}{N}$$

worin $N = L_1 L_2 + L_3 La = La\,Lb - L_1 L_1$ ist.

(Siehe nebenstehende Tabelle.)

In dem gewählten Beispiele sind aus den verbesserten Polygonwinkeln und dem gegebenen Azimut der Seite $1-2 = 45°3'-''$ die Neigungswinkel der übrigen Seiten abgeleitet und die Teilkoordinaten berechnet worden. Hieraus ergiebt sich:

$$[\Delta \mathfrak{y}]_1 = +\,61{,}591 \qquad [\Delta \mathfrak{x}]_1 = +\,48{,}307$$
$$\underline{[\Delta \mathfrak{y}]_2 = -\,61{,}766} \qquad \underline{[\Delta \mathfrak{x}]_2 = -\,48{,}232}$$
$$Ay = -\,0{,}175 \qquad Ax = +\,0{,}055$$

$$[\Delta \mathfrak{y}]_1 = +\,61{,}591 \qquad [\Delta \mathfrak{x}]_1 = +\,48{,}307$$
$$\underline{[\Delta \mathfrak{y}]_3 = -\,61{,}498} \qquad \underline{[\Delta \mathfrak{x}]_3 = -\,48{,}325}$$
$$By = +\,0{,}093 \qquad Bx = -\,0{,}018$$

$L_1 = 78$, $L_2 = 325$, $L_3 = 214$, $La = 403$, $Lb = 292$.

$$\alpha y = \frac{292 \cdot 0{,}175 + 78 \cdot 0{,}093}{78 \cdot 325 + 214 \cdot 403} = +\,0{,}000523$$
$$\beta y = \frac{-\,78 \cdot 0{,}175 - 403 \cdot 0{,}093}{111592} = -\,0{,}000458$$
$$\alpha x = \frac{-\,292 \cdot 0{,}055 - 78 \cdot 0{,}018}{111592} = -\,0{,}000156$$
$$\beta x = \frac{78 \cdot 0{,}055 + 403 \cdot 0{,}018}{111592} = +\,0{,}0001$$

Koordinatenberechnung.

Zeichen.	Länge. Meter.	Azimut. Gr.	M.	S.	Teilordinaten. Meter +	−	Teilabscissen. Meter +	−	Summen der Ordinaten Meter.	Abscissen Meter.
Zugteil Nr. I.										
1—2	27,121	45	3	—	+2 19,194			−2 19,161	+19,196	+ 19,159
2—3	24,640	57	9	52	+1 20,703			−1 13,361	+39,900	+ 32,518
3—4	26,830	53	57	26	+2 21,694			−1 15,786	+61,596	+ 48,303
	78,581				$[\Delta \mathfrak{y}]_1 = +61,591$ $v_1 = + 0,005$		$[\Delta \mathfrak{x}]_1$ 48,307 $w_1 -$ 0,004			
					$[\Delta y]_1 = +61,596$		$[\Delta x]_1 = +48,303$			
Zugteil Nr. II.										
4—5	103,135	322	28	49		+60 62,813		−6 81,801	− 1,157	+130,098
5—6	32,450	275	49	59		+13 32,282		−1 3,298	−33,426	+133,395
6—7	46,793	207	53	10		+9 21,886		−24 41,359	−55,303	+ 92,012
7—8	66,392	194	9	15		+48 16,235		−39 64,376	−71,490	+ 27,597
8—1	76,600	111	7	55	+40 71,450		+19 27,616		0,0	0,0
	325,370				71,450 71,450	133,216	85,099 85,099	133,351		
					$[\Delta \mathfrak{y}]_2 = −61,766$ $v_2 = + 0,170$		$[\Delta \mathfrak{x}]_2 = −48,252$ $w_2 = − 0,051$			
					$[\Delta y]_2 = −61,596$		$[\Delta x]_2 = −48,303$		+61,596	+ 48,303
Zugteil Nr. III.										
4—9	24,390	51	53	52		−11 19,193	+3 15,050		+80,778	+ 63,356
9—10	95,915	175	47	6		−44 7,050	+10 95,656		+87,784	− 32,290
10—11	61,208	289	41	44		−28 57,627	+6 20,629		+30,129	− 11,655
11—1	32,290	291	9	10		−15 80,114	+3 11,652		0,0	0,0
	213,803				26,243 26,243	87,741	47,331 47,331	95,656		
					$[\Delta \mathfrak{y}]_3 = −61,498$ $v_3 = − 0,098$		$[\Delta \mathfrak{x}]_3 = −48,325$			
					$[\Delta y]_3 = −61,596$					

$$v_1 = L_1 \left((\alpha y) + (\beta y)\right) = \; +0{,}005, \quad w_1 = L_1 \left((\alpha x) + (\beta x)\right) = \; -0{,}004$$
$$v_2 = L_2 \;(\alpha y) = \qquad\qquad +0{,}170, \quad w_2 = L_2 \;(\alpha x) = \qquad\qquad -0{,}051$$
$$v_3 = L_3 \;(\beta y) = \qquad\qquad -0{,}098, \quad w_3 = L_3 \;(\beta x) = \qquad\qquad +0{,}022$$

Diese Verbesserungen zu den Summen der Teilordinaten bez. Teilabscissen hinzugefügt ergeben überall stimmende Resultate.

Es erübrigt nunmehr noch die Teilkoordinaten der Zwischenpunkte zu verbessern.

Da der Zugteil Nr. I eine gestreckte Form besitzt, so werden, wie auch geschehen, die Verbesserungen am einfachsten nach dem achten Verfahren verteilt.

Die Verbesserungen des zweiten und dritten Zugteils müßten wegen ihrer Form nach dem sechsten Verfahren behandelt werden, aber man wird diese immerhin etwas umständliche Berechnung nur dann anwenden, wenn aus Punkten des Zugteiles andere wichtige Züge sich abzweigen, in allen anderen Fällen aber zu dem achten Verfahren übergehen.

z	$\mathfrak{Y}$		$\mathfrak{X}$	
	+	−	+	−
1		63	82	
0		0	0	
1		22		41
2		32		129
1	71			28

In dem vorliegenden Beispiele ist der Zugteil Nr. III nach dem achten, der Zugteil Nr. II nach dem sechsten Verfahren behandelt worden.

Hierbei ist $fy = -0{,}170 \quad e = \mp 0{,}000389$
$fx = +0{,}051 \quad \varepsilon = \pm 0{,}000428$

Wie aus nebenstehender Tabelle hervorgeht, ist
$\mathfrak{Y}_1 = -63 \quad \mathfrak{Y}_2 = +17$
$\mathfrak{X}_1 = +82 \quad \mathfrak{X}_2 = -198$

Die Verbesserungen sind nach den bekannten Formeln:
$$v = e\varDelta\mathfrak{y} + \varepsilon z \varDelta\mathfrak{x}$$
$$w = e\varDelta\mathfrak{x} - \varepsilon z \varDelta\mathfrak{y} \text{ berechnet,}$$
und mit den zugehörigen Vorzeichen über die Teilkoordinaten gesetzt. Hieraus ergeben sich allseitig stimmende Koordinaten.

§ 153. Die vom Professor v. MILLER-HAUENFELS aufgestellte Regel zur Ausgleichung der Fehler in Grubenmessungen soll an einem möglichst einfachen Beispiele erläutert werden.

Fig. 201 stellt einen mit dem Theodoliten ohne Benutzung des Höhenkreises ausgeführten Grubenzug im Grundriß dar. Die Winkelpunkte sind mit Zahlen bezeichnet und zwar die Schlußpunkte mit römischen, die anderen mit arabischen Zahlen. Die Winkel sind vorher im Polygon nicht ausgeglichen worden.

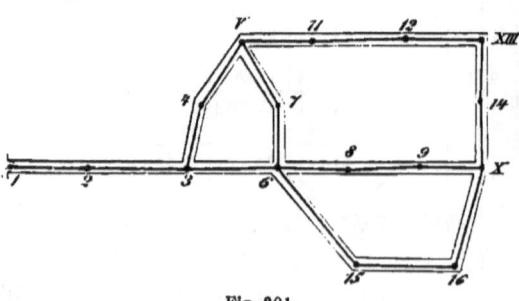

Fig. 201.

Aus der nachstehenden Berechnung ist zu ersehen, daß für die Koordinaten der Schlußpunkte sich verschiedene Werte ergeben, welche durch die angehängten Indexe 1 und 2 bezeichnet sind.

Die Fehlerverteilungen bei Markscheider. Grubenmessungen.

Nr. der Punkte.	Seitenlängen. Meter.	Quadrate der Seitenlängen.	Neigungswinkel. Gr. M. S.	Teilordinaten + Meter.	Teilordinaten − Meter.	Teilabscissen + Meter.	Teilabscissen − Meter.	Nicht verbesserte Koordinaten Ord.	Nicht verbesserte Koordinaten Absc.	Verbesserte Koordinaten Ord.	Verbesserte Koordinaten Absc.
1—2	29,643	878,71	89 — 20		−11 29,638		−11 0,514	+29,638	+0,514	+29,627	+0,503
2—3	28,421	807,75	88 14 10		−10 28,408		−11 0,875	+58,046	+1,389	+58,025	+1,367
3—4	30,283	917,04	10 20 20		−11 5,435		−12 29,791	+63,481	+31,180	+63,449	+31,146
4—V₁	27,633	763,58	40 21 30		−9 17,894		−10 21,057	+81,375	+52,237	+81,334	+52,193
5—6	40,827	1666,9	75 33 10	+56 39,536		+59 10,186		+97,582	+11,575	+58,025 +97,617	+1,367 +11,612
6—7	23,288	542,3	1 2 10	+18 0,421		+19 23,284		+98,003	+34,859	+98,056	+34,915
7—V₂	24,044	578,1	315 52 4			+20 16,742	+21 17,257	+81,261	+52,116	+81,334	+52,193
V₂—11	28,620	819,1	88 15 30		−6 28,606		−13 0,870	+109,867	+52,986	+109,934	+53,050
11—12	21,210	449,8	87 19 20		−3 21,187		−7 0,991	+131,054	+53,977	+131,118	+54,034
12—XIII₂	15,021	225,6	89 — 10		−2 15,019		−3 0,261	+146,073	+54,238	+146,135	+54,292
6—8	27,822	774,0	75 12 —		−46 26,899		−44 7,107	+124,481	+18,682	+97,617 +124,470	+11,612 +18,675
8—9	25,123	631,1	81 10 10		−38 24,825		−35 3,857	+149,306	+22,539	+149,257	+22,497
9—X₁	14,456	208,9	76 12 30		−13 14,039		−12 3,447	+163,345	+25,986	+163,283	+25,932
X₁—14	18,224	332,1	8 40 40		−1 2,750		−1 18,015	+166,095	+44,001	+163,082	+43,946
14—XIII₁	22,425	502,8	297 28 38			−1 19,896	−1 10,347	+146,199	+54,348	+146,135	+54,292
6—15	48,263	2324,0	125 12 10	+11 39,436		+7 27,823		+137,018	−16,248	+97,617 +137,064	+11,612 −16,204
15—16	20,213	796,0	88 52 50	+4 28,209		+2 0,551		+165,226	−15,697	+165,276	−15,651
16—X₁	41,617	1732,0	357 14 46	+7 2,000		+4 41,579		+163,226	+25,882	+163,283	+25,932

Die Ausgleichung der Differenzen in den Koordinatensummen der Schlußpunkte geschieht nun auf folgende Weise.

Man entwirft eine Skizze von dem Grundriß, die nur ein ungefähres Bild der Aufnahme zu geben braucht und die Unstimmigkeiten in den Schlußpunkten andeutet (Fig. 202).

In dieser Skizze werden die Streckenpartieen 1 bis 3, 3 bis V_1, V bis XIII u. s. w. als Einheiten zusammengefaßt.

Auf der angefertigten Skizze führt man sodann mit dem Bleistifte vom Anfangspunkte 1 im Stollnmundloche ausgehend an den Linien entlang, bis man zu einem nicht stimmenden Schlußpunkt gelangt und versieht jede durchfahrene Streckenpartie mit einem Querstrich. Z. B.: Auf dem einen Wege von 1—V werden die Partieen 1—3, 3—V durchfahren. Jede

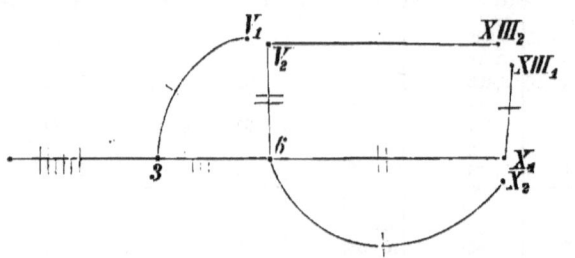

Fig. 202. Fehlerausgleichung nach von Miller-Hauenfels.

erhält einen Querstrich. Auf dem anderen Wege zwischen 1 und V werden die Streckenpartieen 1—3, 3—6, 6—V durchfahren. Jede derselben erhält ebenfalls einen Querstrich, die Partie 1—3 hat also schon deren zwei. Wieder von 1 beginnend werden auf verschiedenen Wegen bis zum Punkte XIII die Streckenpartieen 1—3, 3—6 zweimal, die Partieen 6—V, V—XIII, 6—X, X—XIII je einmal durchfahren und erhalten dementsprechend zwei bez. einen Querstrich. Auf diese Weise erhalten die einzelnen Streckenpartieen die aus der Skizze ersichtliche Anzahl von Querstrichen.

Alsdann bildet man die Produkte aus den Quadratsummen der Schnurlängen und den zugehörigen Querstrichzahlen:

Für die Partie

$1—3 = (878{,}71 + 807{,}75) \times 6 = 10118.$
$3—V_1 = (917{,}04 + 763{,}58) \times 1 = 1681.$
$3—6 = 1666{,}9 \times 5 = 8334.$
$6—V_2 = (542{,}3 + 578{,}1) \times 2 = 2241.$
$V_2—XIII_2 = (819{,}1 + 449{,}8 + 225{,}6) \times 1 = 1495.$
$6—X_1 = (774{,}0 + 631{,}1 + 208{,}9) \times 2 = 3228.$
$X_1—XIII_1 = (332{,}1 + 502{,}8) \times 1 = 835.$
$6—X_2 = (2324 + 796 + 1732) \times 1 = 4852.$

Nunmehr schreitet man zur Bildung der Produktensummen für alle Schlußpunkte, indem man die Produkte für alle jene Streckenpartieen der Reihe nach entnimmt, welche zwischen Anfangs- und dem in Frage kommenden Schlußpunkt liegen, und sie als Summanden nebeneinander setzt.

Auf diese Weise ergeben sich als Produktensummen:

Für den Punkt V_1 = 10118 + 1681 = 11799.
„   „   „ V_2 = 10118 + 8334 + 2241 = 20693.
„   „   „ XIII_1 = 10118 + 8334 + 3228 + 835 = 22515.

DIE FEHLERVERTEILUNGEN BEI MARKSCHEIDER. GRUBENMESSUNGEN.

Für den Punkt $XIII_2 = 10118 + 8334 + 2241 + 1495 = 22188$.
„   „   „ $X_1 = 10118 + 8334 + 4852 = 23304$.
„   „   „ $X_2 = 10118 + 8334 + 3228 = 21680$.

Die Differenz in den Abscissensummen des Punktes V ist gleich $0{,}121 = d$, nennt man nun die für jeden einzelnen Punkt sich später ergebenden Verbesserungen d_1 und d_2, so ist $d = d_1 + d_2$. Die Verbesserungen d_1 und d_2 werden nun nach dem Verhältnis ihrer zugehörigen Produktensummen berechnet.

$d_1 : d_2 = 11799 : 20693$ oder annähernd.
$d_1 : d_2 = 328 \quad : 575$.
daraus $\underline{d_1 + d_2} : (328 + 575) = d_1 : 328,\ d_1 = 0{,}044$.
$0{,}121 \qquad\qquad d_2 : 575,\ d_2 = 0{,}077$.
$d = \overline{0{,}121}$.

Die berichtigte Abscissensumme des Punktes V ist demnach
$52{,}237 - 0{,}044 = 52{,}193$
$52{,}116 + 0{,}077 = 52{,}193$

Auf gleiche Weise erhalten wir den ausgeglichenen Wert der Ordinaten des Punktes $V = 81{,}334$. Mit Benutzung der zugehörigen Produktensummen erhält man die Koordinaten des Punktes $XIII + 146{,}135 + 54{,}292$
$X + 163{,}283 + 25{,}932$

Hierauf beginnt die Verbesserung der Teilkoordinaten der Zwischenpunkte. Als Beispiel mag hierfür die nachfolgende Berechnung der Verbesserungen für die Punkte zwischen V und XIII dienen.

Die Koordinaten des fehlerhaften Punktes $\quad V_2 = +\ 81{,}261\ +52{,}116$
„   „   „   „   „ $XIII_1 = +\ 146{,}073\ +54{,}238$
Differenz $=\ +\ 64{,}812\ +\ 2{,}122$

Die Koordinaten des wahrscheinlichen Punktes $V = +\ 81{,}334\ +52{,}193$
„   „   „   „   „ $XIII = +\ 146{,}135\ +54{,}292$
Differenz $+\ 64{,}801\ +\ 2{,}099$

Der algebraische Unterschied der Differenzen
$\quad 64{,}801 \qquad\qquad 2{,}099$
$\quad 64{,}812 \qquad\qquad 2{,}122$
$-\overline{\ 0{,}011} \qquad\quad -\overline{\ 0{,}023}$

sind die Verbesserungen, welche nach dem Versältnis der Quadrate der Längen verteilt werden müssen.

Für die Schnur $V-11$ ist $-0{,}023 : d = 1495 : 819,\ d = -0{,}0126$
„   „   „ $11-12$ „ $-0{,}023 : d = 1495 : 450,\ d = -0{,}0070$
„   „   „ $12-XIII$ „ $-0{,}023 : d = 1495 : 226,\ d = -0{,}0034$
$\phantom{„   „   „   12-XIII „ -0{,}023 : d = 1495 : 226,\ d = -}\overline{0{,}023}$

Ferner:
Für die Schnur $X-11$ ist $-0{,}011 : d = 1495 : 819,\ d = -0{,}006$
„   „   „ $12-11$ „ $-0{,}011 : d = 1495 : 450,\ d = -0{,}003$
„   „   „ $12-XIII$ „ $-0{,}011 : d = 1495 : 226,\ d = -0{,}002$
$\phantom{„   „   „   12-XIII „ -0{,}011 : d = 1495 : 226,\ d = -}\overline{0{,}011}$

Das gewählte Beispiel bezieht sich auf den einfachsten, aber auch am häufigsten vorkommenden Fall, da die wichtigeren Züge meist durchweg mit demselben Instrument und mit Anwendung desselben Verfahrens ausgeführt werden.

Wenn mehrere Anfangspunkte der Messung vorhanden sind, z. B. Stollnmundlöcher oder Schächte, deren Lage durch Triangulation bestimmt war, so wird die Konstruktion der Querstriche von verschiedenen Anfangspunkten aus, sonst in der angegebenen Weise ausgeführt.

Die Seigerteufenabschlüsse, welche aus Beobachtungen am Gradbogen und an dem Höhenkreis des Theodoliten abgeleitet worden sind, werden ebenfalls nach dem Verhältnis der Produktensummen abgeglichen.

Werden verschiedene Instrumente und Methoden bei einer zusammenhängenden Aufnahme angewendet und sollen die etwaigen Differenzen im Zusammenhange abgeglichen werden, so geschieht die Verteilung der Fehler nach dem Verhältnis von Zahlen, die entstehen durch Summanden von Produkten aus den Querstrichen und den quadrierten mittleren Endfehler der einzelnen Streckenpartieen.

Die Art und Weise, wie die mittleren Endfehler für die verschiedenen Instrumente und Methoden zu finden sind, ist in dem v. Millerschen Buche ausführlich entwickelt, worauf hier lediglich verwiesen werden kann, um so mehr, da die zusammenhängende Ausgleichung eines mit verschiedenen Instrumenten ausgeführten Zuges nicht zu häufig vorkommen wird.

Elftes Kapitel.
Die Anschluß- und Orientierungsmessungen.

§ 154. In der bisherigen Literatur sind die Anschluß- und Orientierungsmessungen besprochen:

1) In der neuen Markscheidekunst von Weissbach, II. Abteilung, 3. Kapitel.

2) In der praktischen Markscheidekunst von Borchers, Seite 141 bis 186.

3) In einem Artikel des verstorbenen Professor Viertel im Zivilingenieur, 1878, Seite 586—619.

Ferner finden sich Beiträge zu diesem wichtigen Teile der Markscheidekunst: In der Berg- und Hüttenmännischen Zeitung. Jahrgang 1874. Nr. 42. Hausse, Übertragung der Orientierung durch seigere Schächte: im Zivilingenieur, 1878, Seite 620—663. Lotungen und Lotungsapparate von Professor A. Nagel; in dem Jahrbuche für das Berg- und Hüttenwesen des Königreichs Sachsen auf das Jahr 1882: Das Problem der Schachtlotung und seine Lösung mit schwingenden Loten, von Professor Dr. Schmidt in Freiberg.

Der zuletzt genannte Artikel ist auszugsweise abgedruckt in der Österreich. Zeitschrift für Berg- und Hüttenwesen, 1882, Nr. 10.

§ 155. Die Messungen, welche ausgeführt werden, um einen Gruben- und Tagezug, oder zwei Grubenzüge in verschiedenen Sohlen zu verbinden, nennt man **Anschlußmessungen**; diejenigen, welche den Zweck haben, die gegenseitige Lage der beiden Züge zu ermitteln, oder, was dasselbe ist, beide auf ein gemeinschaftliches Koordinatensystem beziehen zu können, **Orientierungsmessungen**.

In den meisten Fällen werden mit derselben Messung beide Zwecke zugleich verfolgt.

Dies Verfahren richtet sich nach Art und Zahl der Verbindungswege zwischen Tage- und Grubenzug, und man kann hiernach folgende Fälle unterscheiden:

Die Verbindung kann stattfinden:
1) durch einen Stolln,
2) durch zwei Schächte,
3) durch einen Schacht,

oder es können zwei oder mehrere der vorher angeführten Fälle zusammentreffen.

Der Gleichmäßigkeit wegen soll angenommen werden, daß der Tagezug aus einem Dreiecksnetz besteht und die Grubenmessungen ausschließlich mit dem Theodoliten ausgeführt sind.

Erster Fall. Bildet ein Stolln oder eine flache Tagesstrecke die Verbindung zwischen Gruben- und Tageszug, so ist die Anschluß- und Orientierungsmessung einfach, da das in der Grube aufgenommene Polygon nur durch den Stolln, bez. durch die flache Strecke bis zur nächsten Dreiecksseite fortzusetzen ist.

§ 156. **Zweiter Fall.** Es sind zwei Schächte vorhanden.

Diese können beide seiger und tonnlägig sein, oder einer ist seiger, der andere tonnlägig.

Sind die beiden Schächte seiger, so wird der Anschluß von Gruben- und Tagemessung durch zwei Lote geschaffen, von denen in jedem Schachte eins gehängt wird.

Die Lotpunkte in beiden Schächten werden mit dem Dreiecksnetze über Tage durch eine genaue Messung verbunden und daraus wird die Länge und das Azimut der Verbindungslinie beider Lote ermittelt.

Alsdann führt man in der Grube von dem einen Lote bis zu dem anderen einen Polygonzug aus und berechnet denselben auf ein Koordinatensystem, dessen Nullpunkt ein Lotpunkt und dessen Abscissenachse am zweckmäßigsten die erste vom Nullpunkte ausgehende Polygonseite ist.

238 Elftes Kapitel.

Aus den so gewonnenen Koordinaten des Grubenzuges läßt sich nochmals die Länge der Verbindungslinie beider Lotpunkte, sowie deren Neigung gegen die erste Polygonseite berechnen. Das Azimut der genannten Verbindungslinie war aus der Tagestriangulation bekannt, folglich läßt sich das Azimut der ersten Polygonseite des Grubenzuges ebenfalls bestimmen, woraus die Azimute der übrigen Polygonseiten leicht abgeleitet werden können.

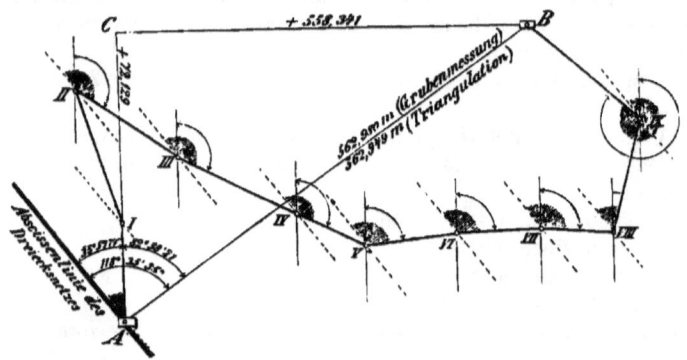

Fig. 203. Orientierung eines Grubenzuges durch zwei Schächte.

Beispiel.

In zwei seigeren Schächten sind die Lote in den Punkten A und B gehängt. Aus der Tagestriangulation ergiebt sich die Länge der Linie AB zu 562,949 m und ihr Azimut zu 118° 35′ 35″.

In der Grube ist ein Polygonzug ausgeführt, dessen Koordinatenberechnung auf die Linie AI als Abscissenlinie und auf A als Anfangspunkt folgendermaßen sich gestaltet:

Zeichen		Länge.	Polygonwinkel			Neigungswinkel			Koordinaten.	
									Ordinaten Meter.	Abscissen. Meter.
von	bis		Gr.	M.	S.	Gr.	M.	S.		
A	I	17,632	—	—	—	0	0	0	0,0	+ 17,632
I	II	42,363	177	32	57	357	32	57	− 1,812	+ 59,956
II	III	129,991	284	57	24	102	30	21	+ 125,095	+ 31,808
III	IV	167,510	177	55	38	100	25	59	+ 289,835	+ 1,474
IV	V	92,963	160	52	30	101	18	29	+ 380,993	− 16,755
V	VI	82,810	158	33	27	79	51	56	+ 462,511	− 2,184
VI	VII	37,453	184	52	25	84	44	21	+ 499,806	+ 1,250
VII	VIII	63,160	184	25	31	89	9	52	+ 562,959	+ 2,171
VIII	IX	61,220	93	53	21	3	3	13	+ 566,220	+ 63,304
IX	B	11,830	135	11	21	318	14	34	+ 558,341	+ 72,129

Aus den Koordinaten $+ 558{,}341$ und $+ 72{,}129$, welche die Katheten des rechtwinkeligen Dreiecks ABC sind, berechnet man die Neigung und die Länge der Linie, wie folgt:

$$\log 558{,}341 = 2{,}7468995$$
$$\log \ \ 72{,}129 = 1{,}8581099$$
$$\log \operatorname{tg} BAC = \overline{0{,}8387896} \quad \sphericalangle BAC = 82^0\ 38'\ 20''$$
$$\log 558{,}341 = 2{,}7468995$$
$$\log \sin BAC = 9{,}9964059 - 10$$
$$\log AB = \overline{2{,}7504936} \qquad AB = 562{,}980.$$

Aus dem Winkel BAC, d. i. dem Neigungswinkel der Linie AB gegen die Polygonseite AI, und aus dem bekannten Azimute der Linie $AB = 118^0\ 35'\ 35''$ erhält man das Azimut der ersten Polygonseite AI und zwar in diesem Falle durch Subtraktion $118^0\ 35'\ 35'' - 82^0\ 38'\ 20'' = 35^0\ 57'\ 15''$.

Hieraus lassen sich die Azimute der übrigen Polygonseiten ableiten, was in unserem Beispiele am einfachsten dadurch geschieht, daß man die Neigungswinkel der obigen Koordinatenberechnung um $35^0\ 57'\ 15''$ vergrößert.

In der Fig. 203 sind die Neigungswinkel gegen die Polygonseite AI als Abscissenachse mit einem Bogen versehen, die wahren Azimute schraffiert.

Mit Hilfe dieser Azimute werden die Koordinaten der Polygonpunkte in der Grube definitiv berechnet, und die geringen Unstimmigkeiten nach dem achten Verfahren (Gauss) an den Teilkoordinaten abgeglichen.

Schachtlotungen. Bei Ausführung der vorstehenden Orientierungsmessung sind Lote in den Schacht zu hängen und diese mit dem Theodoliten anzuvisieren. Das hierbei zu beobachtende Verfahren bedarf noch einiger Erläuterungen. § 157.

Zum Aufhängen der Lotkörper bedient man sich eines Drahtes von 0,4 mm Stärke aus Eisen oder Messing.

Hanfschnüre sind hierzu ganz untauglich. Geglühter Messingdraht ist dem eisernen vorzuziehen, weil der erstere die erforderlichen Eigenschaften des Lotdrahtes in erhöhtem Maße besitzt. Diese Eigenschaften sind geringe Steifigkeit, so daß der Draht sich leicht auf eine Rolle wickeln und auch wieder straff ziehen läßt, und wenig Neigung zum Oxydieren.

Die Gewichte der Lote betragen für solche Drähte fünf bis acht Pfund. Diese werden aber nicht gleich beim Einlassen des Drahtes angehängt, sondern kleinere Gewichte oder leichte Gefäße, die mit Sand oder Wasser gefüllt sind, damit bei dem etwaigen Reißen des Drahtes während des Einlassens durch das schwere Gewicht kein Schaden herbeigeführt wird. Auf der Schachtsohle lassen sich die Gewichte leicht umwechseln.

Die Lote müssen vollständig freihängen und dürfen nirgends anliegen.

Sind Bedenken in dieser Richtung vorhanden, so muß der Markscheider den Schacht befahren und vom Fahrschacht aus den Lotdraht von der Hängebank bis zur Schachtsohle beobachten.

Bei reiner Schachtluft und mäßiger Teufe beobachtet man ein Grubenlicht, welches auf der Schachtsohle rings um den Lotkörper herumgeführt wird. Sieht das über dem Lotpunkte befindliche Auge stets das Licht, so hängt das Lot frei.

Am bequemsten kommt man zum Resultate, wenn man aus der Länge des Lotdrahtes die Schwingungsdauer des Lotkörpers berechnet und mit der beobachteten vergleicht. Aus einer Unstimmigkeit wird man auf ein Anliegen des Lotfadens schließen

Die Berechnung erfolgt nach der bekannten Formel $t = \pi \sqrt{\frac{l}{g}}$, worin t die Schwingungsdauer, $\pi = 3,141\ldots$, l die Pendellänge, g die beschleunigende Kraft der Schwere $= 9,809$ m ist.

Das Anvisieren der Lote ist bei den Messungen über Tage ohne Schwierigkeiten auszuführen, da das oberste Stück des Drahtes unbeweglich ist.

In der Grube dagegen muß man die Lotdrähte an dem untersten Ende anvisieren, welches fortwährend Pendelschwingungen ausführt. Man kann diese Bewegungen verlangsamen und verringern, indem man die Lotkörper in untergestellte Wassergefäße eintauchen läßt und den Wetterzug sowie die Spritzwasser im Schachte möglichst vom Lotdrahte fernhält; aber ganz aufheben kann man dieselben nicht.

Für das Anvisieren solcher Lote giebt BORCHERS folgendes Verfahren an:

Man geht von dem festen Schenkel des zu messenden Winkels aus und richtet dann das Fernrohr durch Drehung der Alhidade auf das schwingende Lot. Mit Hilfe der Feinstellung verfolgt man dasselbe bis zu dem einen äußersten Stande und hat dann, ehe das Lot den Schwingungsbogen bis zum anderen äußersten Stande durchläuft, Zeit genug, an einem Nonius abzulesen und auch noch das Fadenkreuz bei diesem Stande des Lotes auf dasselbe zu richten.

Dieses Verfahren wiederholt man mehrere Mal, nimmt das arithmetische Mittel aus allen Werten und stellt den zum Ablesen der Winkel benutzten Nonius I auf diesen Mittelwert ein, um die Ablesung von Nonius II zu erhalten. Dasselbe geschieht ebenso in der zweiten Lage des Fernrohrs.

Bei sehr kleinen Schwingungsbögen kann die Mitte abgeschätzt und das Fadenkreuz unmittelbar darauf eingestellt werden.

Die Lotdrähte werden durch dahinter gehaltene erleuchtete Blätter von Ölpapier oder Milchglasscheiben sichtbar gemacht und wenn, wie es bei einem später zu besprechenden Verfahren notwendig ist, der Theodolit in die Verlängerung der Verbindungslinie zweier eingehängten Lotdrähte aufgestellt wird, so ist einer derselben durch einen angebundenen Faden kenntlich zu machen.

Dieses Verfahren ist sehr anstrengend und hat seine nicht zu verkennenden Schwierigkeiten. Es erfordert große Gewandtheit in der verhältnismäßig kurzen Zeit, in welcher das Lot einen Schwingungsbogen vollendet, die Ablesung an einem Nonius auszuführen und das Fernrohr auf den nächsten äußersten Stand zu richten.

Außerdem ist das genaue Messen der Linie vom Aufstellungspunkte des Theodoliten bis zum Lote nicht leicht, da dasselbe selten beim Schwingen sich in einer Ebene bewegt.

§ 158. Professor SCHMIDT in Freiberg beseitigt die Schwierigkeiten durch folgendes bequeme Verfahren.

Die Lote werden an stärkeren Drähten (1 mm Durchmesser) aufgehängt und deren Gewichte schwerer genommen (bis zu 25 Kilo).

Dieselben werden nicht in Wasser eingetaucht, sondern sie schwingen frei.

Nahe über der Schachtsohle wird in entsprechender Höhe hinter dem Lotdrahte eine horizontale Millimeterskala senkrecht zur Visirachse des Fernrohrs angebracht, die durch mehrgliedrige Aufstellungsarme festgehalten wird.

Mit dem Fernrohre des Theodoliten werden sodann die schwingenden Lotdrähte beobachtet, die aufeinander folgenden äußersten Grenzstellungen abgelesen und notiert. Man dirigiert hierbei absichtlich die Schwingungen des Lotes parallel mit der Skalenfläche.

Die Beleuchtung der Skala erfolgt mit einem gewöhnlichen Grubenlichte. Aus einer oder mehreren Reihen solcher Doppelbeobachtungen wird die mittlere Ruhelage des Lotes an der Skala berechnet und das Fadenkreuz des Fernrohres behuf Ausführung der Winkelmessung genau auf diesen berechneten Punkt eingestellt.

Die Berechnung der Ruhelage ist eine sehr genaue. Professor SCHMIDT findet aus zwei Versuchen, von denen der eine in einer Teufe von 170 m unter günstigen Verhältnissen, der andere in 525 m Teufe unter ungünstigen Verhältnissen ausgeführt wurde, den mittleren Fehler einer Beobachtungsreihe $= \pm 0{,}32$ mm und den mittleren Fehler des Resultats einer Doppelreihe $= \pm 0{,}21$, für ungünstige Verhältnisse denselben Fehler auf $\pm 0{,}44$ mm bez. $\pm 0{,}31$ mm.

Die Benutzung der Skala kann auch die Ausführung der Längenmessung vom Theodolitstandpunkte bis zu dem Lote sehr erleichtern. Zu diesem Zwecke stellt man entweder die Skala in die Richtung der zu messenden Linie, ermittelt durch mehrere Beobachtungsreihen den Punkt an der Skala für die mittlere Ruhelage des Lotes und mißt von diesem Punkte der Skala bis zur Theodolitenachse, oder man fixiert den Lotpunkt auf folgende

Weise: dasselbe schwingende Lot wird von zwei Punkten aus beobachtet, so daß die beiden Visierlinien sich unter einem für Festlegung des Schnittpunktes günstigen Winkel kreuzen.

Wird in der Richtung der einen Visierlinie ein feiner Draht ausgespannt und an diesem der Kreuzungspunkt der zweiten Visierrichtung durch einen feinen angeschliffenen Faden bezeichnet, so ist der Lotpunkt mit hinreichender Schärfe festgelegt, um die Längenmessung mit Sicherheit ausführen zu können.

Mittels eines einfachen Zentrierapparates von Professor SCHMIDT (Berg- und Hüttenmännische Zeitung. 1884, Nr. 21) lassen sich die Lotdrähte selbst fixieren.

Auf einem in der Mitte durchlochten gußeisernen Teller T (Fig. 204 a und b) läßt sich ein prismatisches Mittelstück M durch vier Zentrierschrauben S in zwei zu einander rechtwinkeligen Richtungen verschieben. Über den Zentrierschrauben werden auf dem Tellerrand zwei 100 mm lange um die Aufsteckzapfen drehbare Skalen D angebracht.

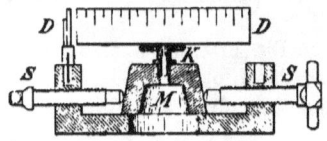

Das abnehmbare Mittelstück M ist längs seiner Achse durchbohrt und oben mit einem Schraubengewinde versehen, in welches eine über den Lotdraht zu schiebende Kopfschraube K paßt.

Bei der Ausführung der Lotung werden die Zentrierteller T ohne das Mittelstück M mit Schrauben auf einer durchlochten Pfoste derartig befestigt, daß dieselben horizontal sind, daß der beschwerte Lotdraht möglichst zentrisch in der Öffnung des Tellers hängt und kleine Schwingungen vollkommen frei ausführen kann und endlich, daß das eine Paar der Zentrierschrauben in der Richtung des Theodolitfernrohrs, das andere Paar in der eines zweiten kleinen Be-

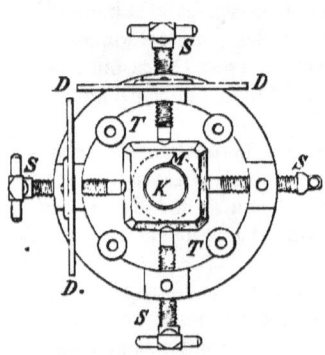

Fig. 204a u. b. Zentrierapparat für Schachtlotungen von SCHMIDT.

obachtungsfernrohrs mit kurzer Sehweite sich befinden. Mit diesem kleinen Fernrohre und dem des Theodoliten beobachtet man auf bekannte Weise die Schwingungen des Lotes auf den dahinterstehenden scharf beleuchteten Skalen und berechnet für beide Richtungen die Ruhelage des Lotes.

Hierauf wird das Lotgewicht abgehängt, über den Lotdraht die Kopfschraube K geschoben und nachdem das Gewicht wieder am Draht befestigt worden ist, die Schraube K in das Gewinde des eingelegten Mittelstückes eingeschraubt.

Mittels der beiden Fernröhre und der Zentrierschrauben S kann nun das Mittelstück in eine solche Lage gebracht werden, daß der Lotdraht in der berechneten Ruhelage sich befindet.

Das Fixieren des Lotdrahtes selbst erscheint nur in dem Falle von Vorteil, wenn der Anschluß in mehreren übereinanderliegenden Sohlen zugleich bewirkt werden soll, sonst dürfte es genügen, wenn auf dem Mittelstücke M ein feiner Stift senkrecht befestigt und derselbe auf gleiche Weise in die berechnete Ruhelage des Lotes geschoben würde.

§. 159. Sind die beiden Schächte, welche die Verbindung zwischen dem Dreiecksnetze über Tage und der Grubenmessung herstellen, tonnlägig, so ist das Verfahren dasselbe, nur wird der Anschluß nicht durch Lote, sondern durch Polygonzüge vermittelt, welche durch die tonnlägigen Schächte geführt werden müssen.

Diese Polygonzüge durch die Schächte übertragen die Orientierung zwar ebenfalls von der Tagesoberfläche in die Grube hinein, aber die Züge enthalten fast ausschließlich Winkel, welche unter den denkbar ungünstigsten Verhältnissen gemessen werden mußten, so daß kein gutes Resultat der Orientierung erwartet werden kann.

BORCHERS führt in seiner Markscheidekunst Seite 158 ein Beispiel an. Hiernach zeigen zwei in einem tonnlägigen Schachte ausgeführte Messungen mit je achtmaliger Aufstellung des Theodoliten eine Orientierungsdifferenz von $2'24''$ und das Mittel aus beiden Werten weicht um $3'13''$ von der aus beiden Anschlußpunkten berechneten Orientierung ab.

Noch ungenauere Resultate erhält man, wenn man gezwungen wird, die Schachtmessung derartig zu unterbrechen, daß die Aufstellungsarme des Theodoliten herausgeschraubt werden müssen.

Da nämlich die dadurch erforderlich werdende Fixierung des Winkelpunktes senkrecht über dem Theodoliten und die nachherige zentrische Aufstellung desselben unter diesem Punkte nur mit Hilfe meistens sehr langer Lote erfolgen kann, welche in dem Wetterzuge des Schachtes schwer zur Ruhe kommen, so sind die beiden für die Richtigkeit des Endresultates maßgebenden Operationen nicht mit Sicherheit auszuführen.

Auf die Koordinatenbestimmung der beiden Anschlußpunkte in der Grube hat dagegen die Unsicherheit in den Schachtwinkeln, bei den kurzen söhligen Entfernungen zwischen den einzelnen Winkelpunkten, einen verhältnismäßig geringen Einfluß. Derselbe ist namentlich auf die Richtung der Verbindungslinie beider Anschlußpunkte fast verschwindend.

§ 160. Haben die zu messenden Schächte eine geringe Tonnlage und ist in denselben nicht zu viel Eisen vorhanden, so wird die Messung sehr zweckmäßig mit dem Hängekompaß statt mit dem Theodoliten ausgeführt.

Es kommt ja nur darauf an, die gegenseitige Lage zweier Punkte oben bez. unten am Schachte zu bestimmen und unter den obigen Voraussetzungen wird dies mit dem Kompaß mindestens ebenso genau, wie mit dem Theodoliten erreicht.

Bei dem großen Fallwinkel des Schachtes, kann man denselben in großen Stücken abseigern und es ist das Streichen von nur wenigen kurzen Schnüren abzunehmen, welche an den Absetzpunkten die Lote mit einander verbinden. Die Absetzpunkte ergeben sich von selbst da, wo aus irgend einem Grunde nicht weiter gelotet werden kann. Sollte an einer solchen Stelle zu viel Eisen in der Nähe sein, so ist an einem günstigeren, höher gelegenen Punkte abzusetzen. Selbstverständlich muß mit dem benutzten Hängekompaß das Streichen einer Dreiecksseite über Tage als Orientierungslinie abgenommen werden.

§ 161. **Dritter Fall.** Die Verbindung zwischen Tage- und Grubenzug findet nur durch einen Schacht statt.

Ist der Schacht **seiger** und das Gebirge in der Grube nicht magnetisch, so sind zwei verschiedene Orientierungsmethoden anwendbar.

Die eine erfolgt mit Hilfe des **Magneten**, welche später ausführlich besprochen werden wird, die zweite durch **Übertragung einer kurzen Linie von der Tagesoberfläche in die Grube mittels zweier in den Schacht gehängter Lote.**

Letztere Methode ist bei magnetischem Gebirge nur allein anwendbar.

Das Azimut und die Länge dieser kurzen Linie kann mit der erforderlichen Schärfe über Tage bestimmt werden, indem man diese Linie mit dem Dreiecksnetz in genaue Verbindung bringt.

Schließt man die Polygonmessung in der Grube ebenfalls an die Linie AB an, welche durch die in den Punkten A und B herabhängenden seigeren Lotdrähte auch auf der Schlachtsohle dargestellt wird, so kann man mit Hilfe des bekannten Azimutes der Linie AB den Grubenzug orientieren.

Die Anschlußmessung an die durch die beiden Lote dargestellten Linie geschieht über Tage und in der Grube auf dieselbe Weise, nämlich durch ein **Anschlußdreieck** ABC (Fig. 205a und b).

Ein Aufstellen und Zentrieren des Theodoliten auf den Punkten A und B ist über Tage wohl möglich, aber in der Grube selbst nicht mit dem vom Prof. Junge in der Berg- und Hüttenm. Zeitung 1863, Nr. 32 vorgeschlagenen Zentrierapparate in der erforderlichen Schärfe ausführbar.

In den nachfolgenden Betrachtungen sind A und B die beiden Lotpunkte, C der Standpunkt des Theodoliten und a, b, c die den gleichnamigen Winkeln gegenüberstehenden Seiten.

Die Genauigkeit der Orientierung ist in erster Linie von der richtigen Ermittelung der Winkel A und B in dem Dreieck ABC abhängig.

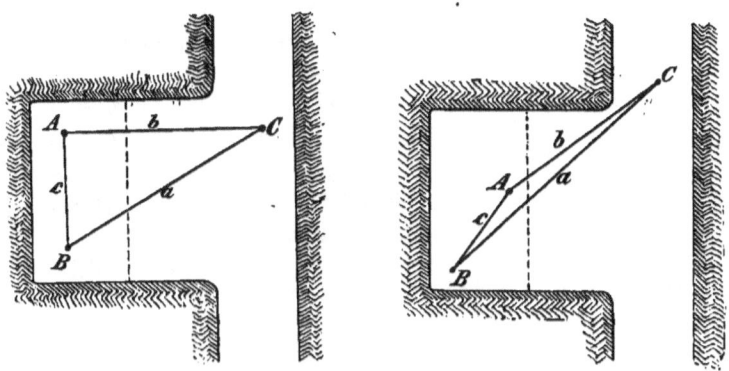

Fig. 205a u. b.

Diese Winkel sind aus der bekannten Länge c und aus den in der Grube gemessenen Seiten a und b, sowie aus dem Winkel C zu berechnen.

Dies kann geschehen durch den Sinussatz.

$$\sin A = \frac{\sin C \cdot a}{c}, \quad \sin B = \frac{\sin C \cdot b}{c}.$$

In der Formel $\sin A = \frac{\sin C \cdot a}{c}$ ist $\sin A$ abhängig von den drei Größen C, c und a.

Die Länge c kann über Tage mit hinreichender Genauigkeit gemessen werden und ebenso der Winkel C in der Grube, wenn das SCHMIDTsche Verfahren angewendet wird, dagegen wird die genaue Messung der Länge a die meisten Schwierigkeiten darbieten.

Die Einwirkung eines Fehlers in der Länge a auf den Winkel A ist nun sehr verschieden, je nach der Form des Dreiecks. Sie ist groß, wenn die Seiten a und b nahezu gleich lang sind, wenn also das Dreieck ABC sich einem gleichschenkeligen nähert, am kleinsten bei einer sehr spitzwinkeligen Form des Dreiecks.

Die Sinus der Winkel nahe bei 0^0 oder 180^0 nehmen, wie ein Blick in die Logarithmentafeln lehrt, bei geringer Vergrößerung oder Verkleinerung des Winkels unverhältnismäßig zu, bez. ab, umgekehrt hat eine geringe Veränderung des Sinus einen verschwindenden Einfluß auf den zugehörigen Winkel.

Ein geringer Fehler in der Länge a hat deshalb keinen Einfluß auf die Ermittelung des Winkels A, wenn das Dreieck spitzwinkelig ist.

Z. B. In dem spitzwinkeligen Dreiecke ABC sei

$AB = c = 2$ m, $BC = a = 4{,}284$ m, $\angle C = 0^0\ 1'\ 10''$,

dann berechnet sich der Winkel A auf $179^0\ 57'\ 30{,}2''$.

Vermindert man die Seite um ein Millimeter, so daß ihre Länge = 4,283 m wird, so ist der Einfluß dieser Änderung noch nicht in den Zehntelsekunden des Winkels A zu spüren.

Um diesen Winkel circa zwei Sekunden verschieden zu erhalten, müßte die Seite a um circa 80 mm falsch gemessen werden.

Man wird nicht blos den einen Winkel A, sondern auch B nach der Formel $\sin B = \dfrac{\sin C \cdot b}{c}$ berechnen. Zeigt sich dann bei dem Addieren der Dreieckswinkel A, B und C eine geringe Differenz gegen 180 Grad, so ist dieselbe auf die berechneten Winkel A und B zu verteilen.

Dagegen sei in einem anderen Dreiecke ABC, $c = 2{,}000$ m, $b = 5{,}114$, $a = 5{,}262$ $\not{\angle} C = 22^0\ 10'\ 2{,}9''$ $\not{\angle} B = 74^0\ 45'\ 6{,}5''$ $\not{\angle} A = 83^0\ 4'\ 50{,}6''$. Wenn hier die Seite a in 5,263 übergeht, sich also nur um ein Millimeter ändert, so berechnet sich der Winkel A nach dem Sinussatze zu $83^0\ 10'\ 14''$, d. h. um $5'\ 23''$ gegen den ersten Wert verschieden.

Man wird hiernach für den vorliegenden Zweck von der sonst günstigen Form der Dreiecke abgehen und die möglichst spitzwinkelige nehmen, also den Theodolit nahezu in der Verlängerung der Linie AB aufstellen.

Auch wenn die Örtlichkeiten um den Schacht derartig sind, daß die spitzwinkelige Form des Dreiecks nur dadurch ermöglicht wird, daß die Verbindungslinie beider Lote verkürzt wird, so ist es immer für das Resultat günstiger auf eine im übrigen sehr wünschenswerte größere Länge von AB, als auf die spitzwinkelige Form des Anschlußdreiecks zu verzichten.

Nötigen lokale Verhältnisse dazu, die in diesem Falle ungünstige Form des Anschlußdreiecks zu wählen, so wird man zur Berechnung der Winkel A und B nicht den Sinussatz, sondern den sogenannten Cosinussatz

$$\cos A = \frac{b^2 + c^2 - a^2}{2bc} \quad \text{oder ungeformt} \quad \operatorname{tg} \frac{A}{2} = \sqrt{\frac{\left(\frac{s}{2} - b\right)\left(\frac{s}{2} - c\right)}{\frac{s}{2} \cdot \left(\frac{s}{2} - a\right)}}$$

wählen, weil etwaige Fehler im Messen der Längen nicht so großen Einfluß auf die Winkel A und B ausüben, als bei Anwendung des Sinussatzes, namentlich wenn einer der beiden Winkel A und B sich einem Rechten nähert.

Es ist dabei nicht gleichgültig, ob die beiden Seiten im gleichen Sinne falsch, also entweder beide zu kurz oder zu lang gemessen werden, oder ob die eine zu lang, die andere dagegen zu kurz gemessen wird, da naturgemäß im letzteren Falle der schädliche Einfluß auf die zu berechnenden Winkel A und B größer sein muß, als im ersteren.

In dem nachfolgenden fingierten Zahlenbeispiel sind die Längenmeßfehler zum besseren Hervortreten des Einflusses etwas groß angenommen worden. Unter I sind die richtigen Seiten und Winkel eines Dreieckes ABC aufgeführt. Unter II sind die Seiten a und b in gleichem Sinne falsch um je ein Millimeter, unter III ist eine Seite unverändert gelassen, die andere um ein Millimeter falsch angenommen, und unter IV sind wieder beide Seiten a und b falsch, und zwar die eine um ein Millimeter zu kurz, die andere um ebenso viel zu lang gemacht. Darunter stehen die aus den veränderten Seiten berechneten Winkel A und B, ohne Abgleichung auf 180 Grad.

	I	II	III	IV
$a =$	5,262	5,263	5,263	5,263
$b =$	5,114	5,115	5,114	5,113
$c =$	2,000	2,000	2,000	2,000
$A =$	83° 4′ 51″	83° 4′ 59″	83° 6′ 38″	83° 8′ 17″
$B =$	74° 45′ 7″	74° 45′ 14″	74° 43′ 30″	74° 41′ 45″
$C =$	22° 10′ 3″.			

Berechnet man den Winkel A mit den unter *III* gegebenen Seiten nach dem Sinussatze, so erhält man $\measuredangle A = 83° 10′ 16″$, also eine noch größere Differenz als im Falle *IV*.

§ 162. Nach alledem erscheint es ratsam, das Anschluß- und Orientierungsverfahren so zu gestalten, daß hierbei hauptsächlich Winkelmessungen vorzunehmen sind und die Längenmessungen wo möglich ganz ausgeschieden werden.

Dies wird erreicht nach Analogie der bekannten geodätischen Aufgabe von der unzugänglichen Distanz, worauf der Markscheider HAUSSE in der Berg- und Hüttenm. Zeitung. 1874, Nr. 42 zuerst aufmerksam gemacht hat.

Stellt man nämlich den Theodoliten nicht bloß in C, sondern noch in D auf und mißt die Winkel α, β, γ und δ, sowie die Länge CD, so lassen sich die Winkel ψ und φ und die Anschlußlinien AC und BD berechnen.

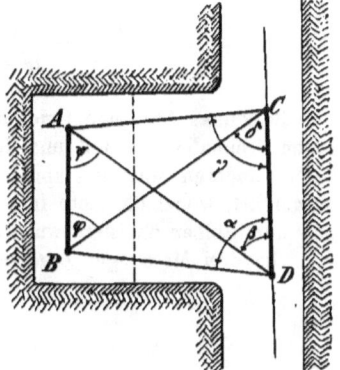

Fig. 206. Anschluß durch zwei Dreiecke.

$$\frac{\psi + \varphi}{2} = \frac{\beta + \delta}{2}$$

(1) $\quad \dfrac{CD}{BD} = \dfrac{\sin(\alpha + \delta)}{\sin \delta} \quad$ daraus $BD = \dfrac{CD \sin \delta}{\sin(\alpha + \delta)}$

(2) $\quad \dfrac{BD}{AB} = \dfrac{\sin \psi}{\sin(\alpha - \beta)} \quad$ daraus $BD = \dfrac{AB \sin \psi}{\sin(\alpha - \beta)}$

Aus (1) und (2) folgt (3) $\quad \dfrac{CD}{AB} = \dfrac{\sin \psi \sin(\alpha + \delta)}{\sin \delta \sin(\alpha - \beta)}$

(4) $\quad \dfrac{CD}{AC} = \dfrac{\sin(\gamma + \beta)}{\sin \beta} \quad$ daraus $AC = \dfrac{CD \sin \beta}{\sin(\gamma + \beta)}$

(5) $\quad \dfrac{AC}{AB} = \dfrac{\sin \varphi}{\sin (\gamma - \delta)}\quad$ daraus $AC = \dfrac{AB \sin \varphi}{\sin (\gamma - \delta)}$

Aus (4) und (5) folgt (6) $\dfrac{CD}{AB} = \dfrac{\sin \varphi \sin (\gamma + \beta)}{\sin \beta \sin (\gamma - \delta)}$

Die Werte aus (3) und (6) gleichgesetzt und nach den Unbekannten entwickelt giebt:

(7) $\quad \dfrac{\sin \psi}{\sin \varphi} = \dfrac{\sin (\gamma + \beta) \sin (\alpha - \beta) \sin \delta}{\sin (\alpha + \delta) \sin (\gamma - \delta) \sin \beta}$

Setzt man die rechte Seite der Gleichung (7) gleich der Tangente eines Hilfswinkels v, so ist $\operatorname{tg} v = \dfrac{\sin \psi}{\sin \varphi} = \dfrac{\sin (\gamma + \beta) \sin (\alpha - \beta) \sin \delta}{\sin (\alpha + \delta) \sin (\gamma - \delta) \sin \beta}$ (8)

Daraus kann man bilden:

(9) $\quad\quad\quad\quad 1 + \operatorname{tg} v = 1 + \dfrac{\sin \psi}{\sin \varphi},$

(10) $\quad\quad\quad\quad 1 - \operatorname{tg} v = 1 - \dfrac{\sin \psi}{\sin \varphi},$

$\dfrac{(9)}{(10)} = \dfrac{1 + \operatorname{tg} v}{1 - \operatorname{tg} v} = \dfrac{\sin \varphi + \sin \psi}{\sin \varphi - \sin \psi} = \dfrac{2 \sin \dfrac{\varphi + \psi}{2} \cos \dfrac{\varphi - \psi}{2}}{2 \cos \dfrac{\varphi + \psi}{2} \sin \dfrac{\varphi - \psi}{2}}$

(12) $\quad \operatorname{tg}(45° + v) = \dfrac{\operatorname{tg} \dfrac{\varphi + \psi}{2}}{\operatorname{tg} \dfrac{\varphi + \psi}{2}}$

(13) $\quad \operatorname{tg} \dfrac{\varphi + \psi}{2} = \dfrac{\operatorname{tg} \dfrac{\varphi + \psi}{2}}{\operatorname{tg}(45° + v)}$

§ 163. Borchers hat eine Orientierungsmessung mit ca. 270 Meter langen Loten dreimal wiederholt und dieselbe das erste Mal mit ungünstiger, die beiden anderen Male mit spitzwinkliger, also günstiger Form des Dreiecks ausgeführt, wobei die Lote in ein mit Wasser gefülltes Gefäß eingetaucht, und unmittelbar anvisiert wurden.

Die drei Messungen ergaben das Azimut der Anschlußlinie zu

$$22°\ 51'\ 28''$$
$$22°\ 54'\ 16''$$
$$\text{und } 22°\ 47'\ 12''$$
$$\text{im Mittel } 22°\ 50'\ 53''.$$

Dasselbe wurde später nach erfolgtem Durchschlag genau bestimmt $= 22°\ 48'\ 35''$.

Die Methode des Professor Schmidt mit frei schwingenden Loten läßt günstigere Resultate hoffen.

Der Orientierungsfehler der Anschlußlinie bei zwei Meter Lotabstand ergiebt sich nach dem mittleren aus den Beobachtungsreihen berechneten Lotungsfehler eines Punktes, bei ungünstiger für eine doppelte Beobachtungsreihe $= \pm 45''$.

Der Markscheider SCHURIG in Potschappel hat eine Schachtlotung im dortigen 400 Meter tiefen Glückaufschachte unter ungünstigen Verhältnissen (sehr starker Wetterzug) ausgeführt und die dadurch erhaltene Orientierung sehr genau prüfen können, weil noch ein zweiter seigerer Schacht zur Verfügung stand.

Die Orientierungsdifferenz betrug nur 28 Sekunden.

Auf den hiesigen Werken ist die Orientierung eines und desselben Grubenpolygons erst mittels zweier Lote nach dem SCHMIDTschen Verfahren, das zweite Mal mit dem Magnetometer, § 172, ausgeführt worden. Beide Resultate wichen 45 Sekunden voneinander ab. Zwischen der Anschlußlinie im Schachte und dem Aufstellungspunkte des Magnetometers lagen fünf Winkelpunkte.

Außer dem Lote giebt es noch zwei andere Mittel, einen Punkt senkrecht in die Teufe zu fällen, nämlich die Oberfläche einer in Ruhe befindlichen Flüssigkeit und die Libelle.

Die beiden letzten Hilfsmittel geben unmittelbar nur eine horizontale Ebene oder Richtung an, sie sind also mit solchen Vorrichtungen zu verbinden, daß mit ihrer Hilfe auf der dargestellten Ebene ein Perpendikel errichtet werden kann.

Professor VIERTEL hat zuerst den Vorschlag gemacht,

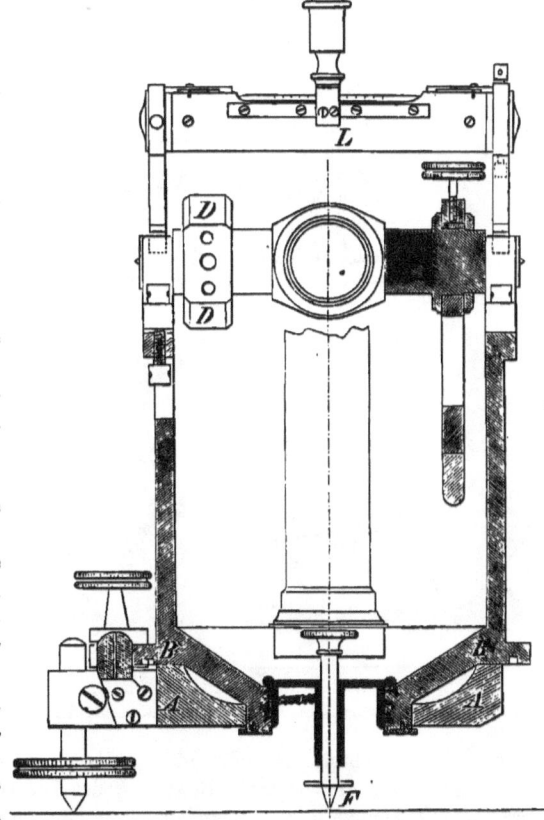

Fig. 207. Lotinstrument von NAGEL. Querschnitt.

das Fernrohr eines exzentrischen Theodoliten wie ein Passagerohr unter Anwendung eines künstlichen Horizontes senkrecht zu stellen und durch eine Visur den Lotpunkt auf der Schachtsohle zu bestimmen.

250   ELFTES KAPITEL.

Der Theodolit ist aber für diese Operation zu leicht gebaut und außerdem ist es schwierig, das Fernrohr zu zentrieren.

Professor A. NAGEL in Dresden hat ein Instrument konstruiert, welches die Anwendung sowohl des einen, als auch des anderen Hilfsmittels gestattet und mit großer Schärfe über dem Schachte zentriert werden kann.

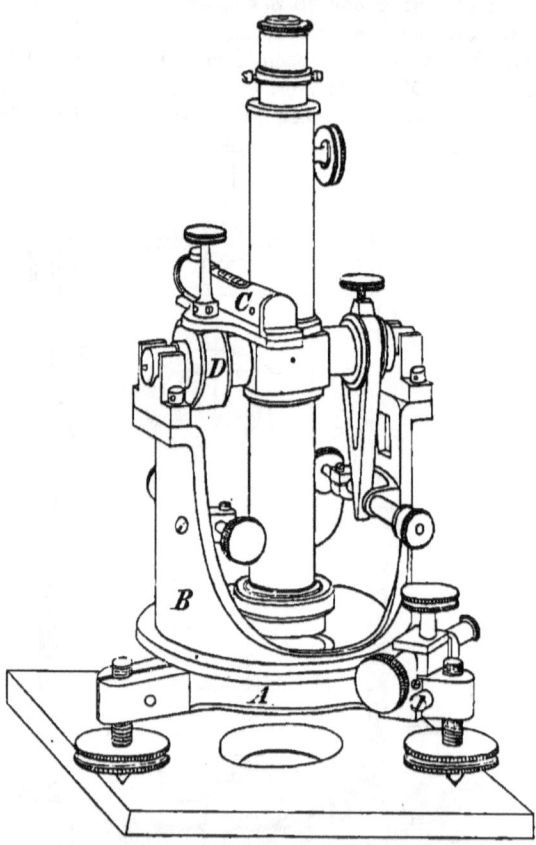

Fig. 208. Lotinstrument von NAGEL. Perspektivische Ansicht.

Dasselbe ist ein kleines, transportables Passageinstrument, von welchem Fig. 207 eine geometrische Querschnittzeichnung und Fig. 208 eine perspektivische Ansicht giebt.

Der mit Horizontalschrauben versehene Fuß besteht aus dem Körper A, welcher in der Mitte eine cylinderische Durchbohrung hat. In dem Fuße dreht sich um eine senkrechte Achse der obere Teil B, welcher unten vollständig cylinderisch ist, nach oben aber in zwei Fernrohrträger sich verjüngt, so daß freier Raum zum Kippen des Fernrohres in einer Seigerebene vorhanden ist. Eines der Fernrohrlager ist auf bekannte Weise zum Justieren eingerichtet, und für die horizontale Drehung des Mittelstückes, sowie für die vertikale Bewegung des Fernrohres ist eine Klemmschraube mit Feinstellung verbunden. Zur Horizontierung der Fernrohrachse dient eine zum Abnehmen eingerichtete Reiterlibelle L, Fig. 207, von 6″ Empfindlichkeit, eine zweite Libelle C von 7″ Empfindlichkeit, Fig. 208 welche bei senkrechtem Stande des Rohres auf eine oben abgeplattete Verstärkung D der Fernrohrachse aufgeschraubt und mittels zweier Führungsstifte so gerichtet wird, daß die Libellenachse senkrecht zur vertikalen Fernrohrachse steht.

Zur genauen Zentrierung des Apparates dient der Zentrierstift F, dessen Führung in einem Hohlcylinder besteht, welcher, wie aus der Fig. 207 zu ersehen, in die zentrale Bohrung des Fußstückes A eingesetzt und nach erfolgter Zentrierung wieder herausgenommen werden kann.

Die Prüfung und Berichtigung des Instrumentes ist im wesentlichen dieselbe, wie die des Theodoliten.

Um aber alle zurückgebliebenen Fehler unschädlich zu machen, werden symmetrische Beobachtungen ausgeführt.

Nachdem das berichtigte Instrument mit Hilfe des Zentrierstiftes zentrisch über dem Schachte aufgestellt ist, wird das Fernrohr mittels der Libelle C senkrecht gestellt und der Zielpunkt auf der Schachtsohle fixiert, sodann das Mittelstück mit dem Fernrohr um 180 Grad gedreht und eine zweite Visur ausgeführt.

Zwei solche Visuren werden außerdem noch in der Ebene gemacht, welche gegen die erstere um 90 Grad gedreht ist.

Bei jeder der vier Fernrohrlagen darf aber nicht der Kreuzpunkt des Fadenkreuzes projiziert, sondern es muß die Projektion des rechtwinkelig zur Libelle befindlichen Fadens durch zwei Punkte markiert werden. Der Schnittpunkt der Mittellinien, welche zwischen jedes Paar der erhaltenen Parallellinien gezogen werden können, ist der Lotpunkt.

Diese Operation wird erleichtert durch einen Schiebeapparat (Fig. 209), mit Hilfe dessen eine kleine weiße Platte mit eingerissenem schwarzen Kreuz sich in zwei aufeinander senkrecht stehenden Richtungen verschieben läßt. Die Platte ist an zwei Kanten mit einem Nonius versehen, von denen jeder an einer Skala entlang geschoben werden kann und jede Verschiebung bis auf $1/10$ mm angiebt. Außerdem ist das starke weiß lackierte Blech, auf welchem der Schiebeapparat befestigt ist, mit zwei Randmarken 1, 2, und 3, 4, versehen, welche die beiden rechtwinkelig aufeinanderstehenden Bewegungsrichtungen bezeichnen.

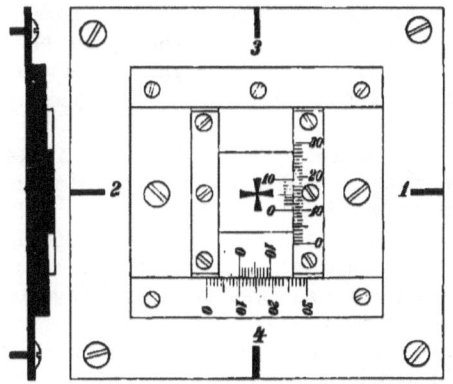

Fig. 209. Schiebeapparat, zum Lotinstrument von NAGEL gehörig.

Das Fernrohr des zentrierten Lotungsapparates wird bei einspielender Libelle so auf diese Schiebevorrichtung gerichtet und soweit um die vertikale Achse gedreht, daß der rechtwinkelig zur Libelle stehende Kreuzfaden (der andere wird, wie beim Nivellieren, wenig beachtet) auf zwei gegenüberstehende Randmarken, z. B. 1, 2 einsteht oder mit ihrer Verbindungslinie parallel ist.

Nachdem nochmals die Libelle genau eingestellt worden ist, wird das Mittelstück des Schiebeapparates mit dem Kreuz so lange in der Richtung 3, 4 verschoben, bis dasselbe von dem zur Libellenachse rechtwinkeligen Kreuzfaden gedeckt wird. Alsdann erfolgt die Ablesung an der Skala in der Richtung, in welcher die Verschiebung stattfand. Nach einer darauf vorgenommenen Drehung des Instrumentes um 180 Grad liegt derselbe Faden wieder parallel zu 1, 2 und es wird das Kreuz abermals in der Richtung 3, 4 eingestellt und diese Stellung an der Skala abgelesen. Das arithmetische Mittel aus beiden Ablesungen giebt diejenige Stellung des Schiebers an der Skala, für welche der Mittelpunkt des Kreuzes in einer zu 1, 2 parallelen Vertikalebene durch den Mittelpunkt des Lotinstrumentes geht.

Sodann dreht man das Instrument um 90 Grad, so daß der betreffende Kreuzfaden mit der Markenlinie 3, 4 parallel wird und bringt in dieser Stellung, sowie nach einer Drehung des Mittelstückes um 180 Grad das Kreuz zur Deckung mit dem mehrfach genannten Faden. Durch das Mittel aus beiden Ablesungen erhält man die Stellung des Schiebers, für welche der Kreuzpunkt sich in einer Vertikalebene befindet, die durch das Zentrum des Lotapparates geht und parallel mit der Markenlinie 3, 4 ist.

Die Platte der Schiebevorrichtung läßt sich nun so stellen, daß beide Skalen gleichzeitig die gefundenen mittleren Ablesungen geben, und in dieser Lage befindet sich der Kreuzpunkt vertikal unter dem Mittelpunkte des Instrumentes.

Die Beleuchtung des Schiebeapparates muß eine sehr kräftige sein und wird durch eine Glaslinse bewirkt, in deren Brennpunkte sich eine Lampe befindet.

Die senkrechte Stellung der optischen Achse des Fernrohrs kann auch mit Hilfe eines künstlichen Horizontes erreicht werden.

Schiebt man unter das senkrecht gestellte Fernrohr eine Schale mit Quecksilber, so erblickt man bei gehöriger Beleuchtung des Fadenkreuzes außer diesem selbst auch das im künstlichen Horizont erzeugte Spiegelbild desselben.

Bringt man beide Fadenkreuzbilder zur Deckung, so ist die optische Achse des Fernrohrs genau senkrecht gerichtet und man kann nach Wegnahme des Horizontes durch eine einzige Visur den Lotpunkt bestimmen. Um aber die Fehler zu vermeiden, welche durch die Exzentrizität des Fernrohrs entstehen, wird man eine zweite Visur ausführen, nachdem das Mittelstück des Instrumentes um 180 Grad gedreht worden ist. Die Mitte zwischen beiden gefundenen Punkten ist dann der richtige Seigerpunkt.

Professor NAGEL empfiehlt indes die Anwendung des künstlichen

Horizontes nicht, da er die ganze Operation nicht allein umständlicher, unbequemer und aufhältlicher, sondern auch unsicherer gefunden hat als mit der Libelle.

Mit seinem Instrumente bei alleiniger Benutzung der Libelle hat NAGEL in einem 132 m tiefen Schachte Versuche angestellt und daraus den mittleren Fehler des Lotpunktes zu $\pm$ 0,6 mm für eine Doppelbeobachtung, und zu $\pm$ 0,27 mm für den Mittelwert einer aus fünf Doppelbeobachtungen bestehenden Reihe gefunden. Letzterer Wert würde einem Richtungsfehler bei einer 2 m langen Anschlußlinie von 40 Sekunden ergeben.

Ein anderweitiger, von dem Professor SCHMIDT mitgeteilter Versuch des Herrn SUSKI in Kladnow wurde in einem 520 m tiefen Schachte und zwar einmal in zwei Absätzen, das zweite Mal in der ganzen Tiefe ausgeführt. Das benutzte Instrument war dem NAGEL'schen gleich, nur die Libelle besaß eine Empfindlichkeit von einer Sekunde.

Der mittlere Fehler aus fünf Beobachtungsreihen ergiebt sich für beide SUSKIsche Lotungen gleichmäßig auf 0,557 mm.

Der Lotungsfehler wächst bei dem NAGELschen Verfahren proportional der Lotungstiefe und da derselbe fast allein von der Libelle und der davon gemachten Ablesung abhängt, so muß die Empfindlichkeit derselben mit der Lottiefe wachsen, d. h. für tiefere Schächte ist eine Libelle mit größerem Krümmungsradius zu verwenden.

Das größte Hindernis für die Anwendung der Methode wird die mit der Schachttiefe abnehmende Durchsichtigkeit der Luft sein, wozu bei ausziehenden Schächten die mitgeführten Rauch- und Staubteile hauptsächlich beitragen.

Die wenigen bisher gemachten Versuche haben zwar sehr befriedigende Resultate ergeben, aber trotzdem ist zu bezweifeln, daß das Lotungsinstrument sich allgemein bei den Markscheidern einbürgern wird, da dasselbe kostspielig (500 M.) und seine Anwendung mit Schwierigkeiten verknüpft ist.

Das Verfahren des Professors SCHMIDT nach schwingenden Loten den Lotpunkt zu fixieren hat den entschiedenen Vorzug der leichteren Ausführung, der billigen Hilfsapparate und mindestens der gleichen Sicherheit.

§ 165. Die zweite Methode der Orientierung eines Grubenzuges, der nur durch einen seigeren Schacht mit der Tagesoberfläche in Verbindung steht, **beruht bei nicht magnetischem Gebirge auf der Anwendung eines Magneten.**

Der Anschluß erfolgt hierbei durch ein Lot, woran der zu orientierende Grubenzug in bekannter Weise angeschlossen wird. Dieselbe Methode ist auch maßgebend, wenn der eine Verbindungsschacht tonnlägig ist, nur der Anschluß wird in diesem Falle nicht durch ein Lot, sondern durch einen Polygonzug im Schachte herbeigeführt.

ELFTES KAPITEL.

Das Verfahren der Orientierung mittels des Magneten ist in seinen Hauptzügen folgendes: Man ermittelt sowohl den Winkel, welchen eine Dreiecksseite über Tage, als auch den, welchen eine Polygonseite des Grubenzuges mit der Richtung ein und derselben Magnetnadel einschließt und leitet aus dem bekannten Azimut der Dreiecksseite das der Grubenpolygonseite ab.

Die Ableitung geschieht am übersichtlichsten, wenn man sich eine Skizze entwirft, wie sie Fig. 210 zeigt.

Das Streichen der Polygonseite in der Grube sei $= 75^0\ 2'\ 10''$, das der Dreiecksseite $= 140^0\ 20'\ 10''$ gefunden worden.

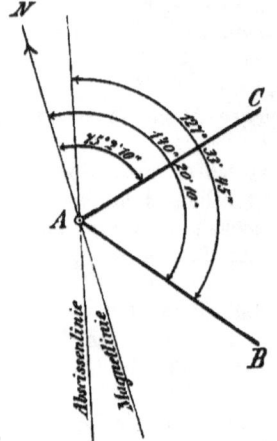

Fig. 210.

Von dem Punkte A der Magnetlinie zieht man zwei Linien, von denen AB das Streichen der Dreiecksseite, AC das der Polygonseite hat, sodann zieht man durch den Punkt A die Abscissenlinie, welche mit der Dreiecksseite den bekannten Neigungswinkel $= 127^0\ 33'\ 45''$ macht.

Aus der Figur geht ohne weiteres hervor, daß der Neigungswinkel der Grubenpolygonseite AC gegen die Abscissenlinie ist $= 127^0\ 33'\ 45'' - (140^0\ 20'\ 10'' - 75^0\ 2'\ 10'') = 62^0\ 15'\ 45''$.

Bei dem in den Grundzügen angedeuteten Verfahren ist im einzelnen folgendes zu beachten.

1) Die Beobachtungspunkte der Orientierungslinien über Tage und in der Grube, deren Streichen ermittelt werden soll, dürfen in horizontaler Richtung nicht zu weit voneinander entfernt sein, weil sonst die Magnetlinie an den betreffenden Punkten nicht mehr parallel angenommen werden kann.

Die Orientierungslinien selbst dürfen nicht zu kurz gewählt werden.

2) Zur Ermittelung des Streichens einer solchen Linie muß das Beobachtungsinstrument stets auf zwei Punkten derselben und, wenn sich Unstimmigkeiten ergeben, auf einem dritten Punkte aufgestellt werden.

3) Das Beobachtungsinstrument muß das Messen der Streichwinkel in hinreichender Schärfe gestatten.

4) Da die Ermittelung der Streichwinkel mit demselben Instrumente, also der Zeit nach hintereinander erfolgen muß und unterdessen der magnetische Meridian sich fortwährend ändert, so müssen gleichzeitige Beobachtungen über die Größe dieser Änderungen angestellt werden, damit die daraus entspringenden Fehler durch Rechnung ausgeschieden werden können.

DIE ANSCHLUSS- UND ORIENTIERUNGSMESSUNGEN.

Die Vorrichtung zur Beobachtung der Veränderungen des magnetischen **§ 166.**
Meridians nennt man ein **Deklinatorium, Magnetometer** oder **magnetisches Observatorium**.

In den vollkommneren Deklinatorien werden Ermittelungen der **absoluten Deklination**, der **täglichen Variation**, der **Inklination** und der **Intensität** vorgenommen.

Für markscheiderische Zwecke genügt ein Deklinatorium, wenn dasselbe die Veränderungen der Deklination, namentlich aber den Gang der täglichen Variation möglichst genau zu beobachten gestattet. Die anderen genannten Untersuchungen sind entbehrlich, selbst die Kenntnis der **absoluten Deklination** ist nicht unumgänglich notwendig.

Die erforderliche Genauigkeit in der Ablesung der Variation gewähren nur Magnetstäbe, welche an einem entsprechend langen dünnen Kokonfaden oder, bei hinreichender Schwere, an einem feinen Draht aufgehängt und mit solchen Vorrichtungen versehen sind, daß ihre Schwingungen mittels eines Fernrohres beobachtet werden können.

Magnetnadeln, welche durch Stifte unterstützt sind, wie die des Kompasses und der Bussole, sind zu den genannten Beobachtungen **untauglich**.

Die Schwingungen des Magnetstabes werden in den Deklinatorien mit Hilfe zweier Vorrichtungen beobachtet. Die eine ist die mit **Skala und Linse** (Kollimatorablesung), die andere mit **Spiegel und Skala**.

Die Konstruktion der Deklinatorien ist äußerst mannigfaltig. Im Nachstehenden sind nur diejenigen angeführt, welche ich persönlich benutzt habe.

Magnetstab mit Skala und Linse (Kollimatorvorrichtung). — Ein **§ 167.**
cylindrischer Magnetstab von ca. 3 mm Dicke und 125 mm Länge Fig. 211

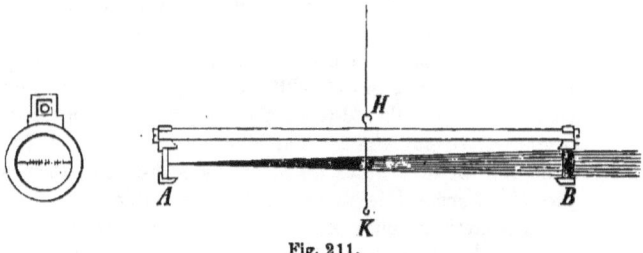

Fig. 211.

trägt an seinen beiden Enden ringförmige Messingfassungen A und B, von denen A eine geschliffene Glasplatte, B eine kleine achromatische Linse enthält. Die Mitte der Glasplatte befindet sich in dem Brennpunkte der Linse und auf ihr ist eine feine Skala eingeritzt (4 Millimeter oder 2 Millimeter in 40 Teile geteilt). Die Skala ist stets am **Nordende** des Stabes, die Linse am **Südende** angebracht.

In der Mitte des Stäbchens ist ein Haken H eingeschraubt, woran dasselbe mittels eines Kokonfadens aufgehängt ist.

Wird vor der Linse des frei schwingenden Magnetstabes ein Fernrohr aufgestellt und die Glasplatte von hinten beleuchtet, so tritt das in der Richtung des Magnetstabes auf die Linse fallende Licht aus derselben in parallelen Strahlen heraus und in der Ebene des Fadenkreuzes erscheint ein Bild der Skala. Das Okular des Fernrohres muß für Objekte in unendlicher Entfernung eingestellt sein.

Diejenige Linie, welche den mittleren Strich der Skala auf der Glasplatte A mit dem Mittelpunkte der Linse B verbindet, ist die Normallinie oder Kollimationsachse des Magnetstäbchens. Deckt der mittlere Strich der Skala den senkrechten Kreuzfaden im Beobachtungsfernrohr, so fällt die Normallinie des Magnetstabes mit der optischen Achse des Fernrohres zusammen.

Die Normallinie des Magnetstabes ist nicht zugleich die magnetische Achse desselben. Beide Linien fallen fast nie zusammen und schließen bisweilen einen nicht unbedeutenden Winkel ein (siehe Bestimmung der absoluten Deklination). Die Normallinien zweier solcher Magnetstäbe dürfen nicht parallel angenommen werden.

Zur Herstellung eines Deklinatoriums müssen Fernrohr und der Magnetstab in zweckmäßiger Weise aufgestellt werden.

Von einem festen Punkte A in einem geschützten eisenfreien Raume aus, wird eine Linie AB, deren Azimut bekannt ist, durch einen Stein B fixiert, desgleichen die Richtung des magnetischen Meridians durch ein Zeichen C. (In der Figur 212 ist AB der astronomische Meridian selbst).

Der Winkel BAC wird mit Hilfe eines Theodoliten möglichst genau gemessen.

Das Beobachtungsfernrohr wird mittels eines gewöhnlichen Dreifußes zentrisch über dem Punkte A so aufgestellt und dann die optische Achse in die Richtung AC gebracht. Vor dem Objektiv des horizontal gerichteten Fernrohres wird das Magnetstäbchen, vor Erschütterungen geschützt, so aufgehängt, daß der Kokonfaden sich in der Linie AC befindet und die optische Achse des Fernrohrs und die Normallinie nahezu zusammenfallen.

Beobachtet man nun durch das Fernrohr die von hinten beleuchtete Skala des Magnetenstabes, so wird der Mittelstrich der Skala den senkrechten Kreuzfaden entweder decken oder nicht. Im ersteren Falle befindet sich die Normallinie des Magnetstabes genau in der Linie AC, im anderen Falle wird die Größe der Abweichung in Skalenteilen unmittelbar abgelesen und, da der Winkelwert eines Skalenintervalls vorher bekannt sein muß, in Bogensekunden ausgedrückt.

Fig. 212. Kleines Deklinatorium.

Dieser Winkel giebt an, um wie viel die beobachtete Richtung des Magnetstabes von der Richtung der Linie AC abweicht, und sobald noch feststeht, in welchem Sinne die Abweichung erfolgte, kann man jederzeit auf die Größe der Deklination des Magnetstabes im Punkte A schließen.

Statt der Skala kann auch auf der Glasplatte des Magnetstäbchens ein einzelner feiner Strich in senkrechter Richtung aufgetragen sein. In diesem Falle ist es zweckmäßig, wenn in dem Fernrohre an Stelle des Fadenkreuzes ein Glasplättchen mit einer feinen Skala eingesetzt ist.

Das Beobachtungsverfahren mit dieser Einrichtung des Magneten und des Fernrohres ist im wesentlichen dieselbe, wie die vorher beschriebene, nur wird die Abweichung des Indexstriches von dem Mittelstriche der Skala im entgegengesetzten Sinne aufzufassen sein, da hier die Skala feststeht und dort dieselbe mit dem Stabe schwingt.

Den Winkelwert eines Skalenteils kann man durch unmittelbare Beobachtung bestimmen, indem man den Magnetstab samt der Linse und der Skala festlegt, das Fernrohr eines Theodoliten, wie bei jeder Winkelmessung, erst auf den einen, dann auf den nächsten Skalenteil richtet und an den Nonien abliest. Bei der Wiederholung wird man den Wert mehrerer Skalenteile messen und das Resultat durch die Anzahl der gemessenen Skalenteile teilen.

Einfacher findet man denselben aus der Formel $\frac{1}{L} \cdot 206265$, wenn L gleich dem Abstande der Skala vom Mittelpunkte der kleinen Linse in Skalenteilen ist.

An den von mir benutzten Stäbchen ist $L = 120$ mm und ein Skalenteil an dem einen $= 0,1$, an dem anderen $= 0,05$ mm. Durch Rechnung und Beobachtung ergiebt sich der Winkelwert eines Skalenteiles zu 172, bezw. 86 Sekunden.

Da man bei der größeren Einteilung Zehntel eines Skalenteiles und bei der kleineren Fünftel noch genau abschätzen kann, so wird man eine Genauigkeit der Ablesung von 17 Sekunden erreichen.

Der Magnetstab ist nie vollständig ruhig, sondern er führt stets größere oder kleinere horizontale Schwingungen aus. Es genügt daher zur Bestimmung seines jedesmaligen Standes eine Ablesung nicht, sondern man muß von einem Schwingungsbogen die beiden äußersten Stellungen des senkrechten Kreuzfadens notieren und daraus das Mittel nehmen. Nur wenn die Schwingungen sehr klein sind, so wird man mit hinreichender Sicherheit das Mittel abschätzen.

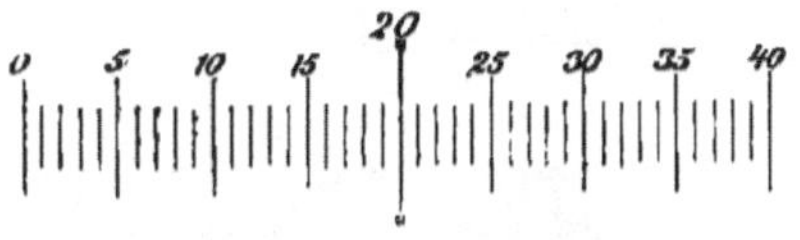

Die kleine Skala des Magnetstabes ist nicht mit Zahlen versehen, man kann dieselbe aber entweder von rechts nach links oder,

Fig. 213. Vergrößerte Skala.

wie bei den später aufgeführten Beispielen geschehen ist, von links nach rechts von 0 bis 40 sich beziffert denken, wie in der stark vergrößert gezeichneten Fig. 213. Die Bezeichnungen links und rechts beziehen sich auf das Bild der Skala, wie es im Fernrohr gesehen wird. Der Skalenteil 20 ist somit der Nullpunkt. Hat man die beiden äußersten Stellungen des senkrechten Kreuzfadens auf die Skala (ein Teil = 172″) zu 15,4 und 27,2 beobachtet, so ist die Ruhelage des Stabes für diesen Moment $= \frac{15{,}4 + 27{,}2}{2}$ = 21,3. Die Magnetlinie weicht also um 1,3 Scalenteile = 396 Sekunden von der Richtung AC Fig. 212 ab. Ist für einen bestimmten Zeitpunkt die Ruhelage des Magneten zu ermitteln, so hat man die Ausschläge desjenigen Schwingungsbogens zu notieren, in dessen Dauer der gewählte Zeitpunkt fällt.

Die Schwingungsdauer der von mir benutzten kleinen Magnetstäbe ist zehn Sekunden.

Will man sich hierbei nicht mit der Beobachtung nur eines Schwingungsbogens begnügen, so ist das Verfahren genau so, wie es bei dem GAUSSschen Magnetometer beschrieben ist. (Seite 262.)

§ 168.   Zum Schutze vor dem Luftzuge ist der Magnetstab, sowie der ihn tragende Kokonfaden mit einem Gehäuse umgeben.

Mit dem Deckel eines Kästchens (Fig. 214), dessen lange Seitenwände herausnehmbare Glasplatten sind und dessen Giebelseiten kreisförmige, einander gegenüberstehende Durchbrechungen haben, ist ein ca. 25 Centimeter langes Glasrohr verbunden. An dem oberen Ende dieses Rohres sitzt eine Messinghülse r fest, auf welcher sich eine zweite Hülse s auf- und abschieben läßt und hierbei durch Schlitz- und Führstift in senkrechter Richtung gehalten wird. Um den oberen Teil der letzteren sitzt eine dritte Hülse t, welche sich um die Rohrachse drehen und durch eine Klemmschraube in jeder Stellung festhalten läßt. Der Deckel der Hülse t hat eine feine Durchbohrung, durch welche der Kokonfaden gezogen und mittels einer kleinen Schraube v festgehalten wird.

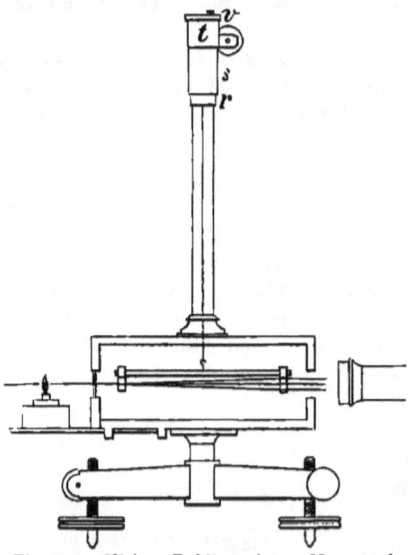

Fig. 214. Kleines Deklinatorium. Magnetstab mit Skala und Linse.

Der den Magnetstab tragende Kokonfaden muß frei von Torsion sein, d. h. er darf den regelmäßigen Schwingungen des Magnetstabes keinen Widerstand entgegensetzen.

Zur Beseitigung dieses Fehlers hängt man an den Faden statt des Magnetstabes ein kleines Gewicht, dessen Form Fig. 215 zeigt, und läßt dasselbe vollständig zur Ruhe kommen. Darauf dreht man den oberen Hülsenteil t so lange, bis das kleine Stäbchen des Torsionsgewichtes sich ungefähr in der Richtung des magnetischen Meridians befindet und hängt an die Stelle des Gewichtes wieder den Magnetstab. Bei diesem Ab- und Anhängen muß der Kokonfaden mit einer Pinzette festgehalten werden.

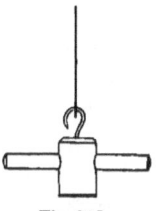

Fig. 215.
Torsionsgewicht.

Mittels dieses kleinen Magnetometers läßt sich auch die absolute Deklination bestimmen, wenn dasselbe in einem vollständig eisenfreien Raume aufgestellt ist. Zu diesem Zwecke ist in den Magnetstab ein zweiter Haken K (Fig. 211) einzuschrauben, welcher die entgegengesetzte Richtung des ersteren, H, und eine solche Länge hat, daß die Normallinie der Linse in derselben Lage bleibt. Durch die Beobachtungen des Magneten in beiden Aufhängungen findet man durch Halbieren der gefundenen Winkelwerte den Winkel, um welchen die magnetische Achse des Stäbchens von der optischen Achse der kleinen Linse abweicht. Durch Addition, bezw. Subtraktion dieses konstanten Winkels zu, bezw. von den beobachteten Werten erhält man die absolute Deklination. Selbstverständlich müssen, um die inzwischen einwirkende Variation unschädlich zu machen, Kontrolbeobachtungen an einem zweiten Magnetometer ausgeführt werden.

Die Kenntnis der absoluten Deklination ist übrigens, wie schon früher gesagt wurde, nicht notwendig, namentlich wenn das Magnetometer nur zu den bei den Orientierungsmessungen unentbehrlichen, genauen Variationsbeobachtungen dienen soll. Daraus folgt auch, daß das Azimut der fixierten Linie AB in Fig. 216 nicht bekannt zu sein und ferner, daß die Aufstellung des Deklinatoriums nicht in vollkommen eisenfreiem Raume zu geschehen braucht, wenn nur die ablenkenden Gegenstände immer auf derselben Stelle bleiben.

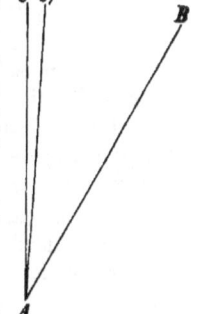

Fig. 216.

Im Laufe der Zeit wird die Deklination abnehmen und der magnetische Meridian immer mehr von der Linie AC Fig. 216 abweichen.

Man muß deswegen in gewissen Zeitabschnitten den Aufhängepunkt des Magneten verschieben. Zu diesem Zwecke fixiert man von neuem eine Linie AC', welche dem mittleren magnetischen Meridian durch den Punkt A entspricht, mißt den Winkel $C'AB$ und hängt den Magneten in der Linie AC' vor dem Fernrohre auf, dessen optische Achse ebenfalls auf C' gerichtet wird.

169. Die Ablesung mittels Spiegel und Skala ist von Gauss in dem von ihm Anfang der dreißiger Jahre konstruierten Magnetometer zur Anwendung gebracht worden. Dasselbe ist ausführlich beschrieben und abgebildet in den Resultaten des magnetischen Vereins im Jahre 1836 von C. F. Gauss und W. Weber, ferner hat Borchers in seiner „praktischen Markscheidekunst" das nach dem Gaussschen Prinzipe in Klausthal erbaute magnetische Observatorium beschrieben.

Der astronomische Meridian und die zur Zeit giltige Magnetlinie sind hier ebenfalls von einem festen Punkte A aus durch die Linien AB und AC fixiert und der Winkel BAC ist genau gemessen (Fig. 217). Über dem Punkte A ist auf einem gut fundamentierten steinernen Pfeiler innerhalb eines vollständig eisenfreien Häuschens das Beobachtungsfernrohr zentrisch und so aufgestellt, daß seine optische Achse in der Vertikalebene der Linie AC sich befindet. Unter dem Objektiv desselben und senkrecht zur Linie AC ist die Skala an dem steinernen Pfeiler befestigt. Der Skalenpunkt O, welcher der optischen Achse des Fernrohres entspricht, wird gefunden, indem man vor der Mitte des Objektivs ein feines Lot herabläßt. Dasselbe wird im Spiegel vor dem Punkte O gesehen.

Im Punkte g, in der Mitte zwischen der Skala und dem an der Wand des Häuschens angebrachten Zeichen C ist ein feiner Messingdraht befestigt, welcher unten das sogenannte Schiffchen mit Torsionskreis trägt. Das Schiffchen dient zur Aufnahme des Magnetstabes.

Der Draht legt sich in die Gänge einer Hebeschraube, durch welche derselbe aufgewunden werden kann, ohne aus der ursprünglichen Lage g zu weichen. Derselbe muß frei von Torsion sein.

Die Beseitigung derselben erfolgt in schon genannter Weise dadurch, daß man den Magnetstab aus dem Schiffchen herausnimmt, dafür einen Messingstab von gleicher Form und gleichem Gewicht einlegt und denselben bis zu seiner vollständigen Beruhigung hängen läßt. Mit Hilfe des an dem Schiffchen befindlichen Torsionskreises bringt man alsdann den Hilfsstab und somit auch das Schiffchen, ohne den Draht zu drehen, in die Richtung des magnetischen Meridians und legt statt des Messingstabes den Magnetstab wieder in das Schiffchen ein.

An dem ca. 50 cm langen Magnetstabe ist dem Fernrohre zugekehrt und rechtwinkelig zur magnetischen Achse des Stabes ein Planspiegel hk angebracht, in welchem das Bild der Skala mittelst des Beobachtungsfernrohres gesehen werden kann.

Befindet sich der Magnetstab genau in der Linie AC, so wird das Fadenkreuz des Fernrohres auf den Punkt O des Skalenbildes im Spiegel gerichtet sein.

Weicht der Stab aus der Richtung der Linie AC, so kann man diese Abweichung unmittelbar in Skalenteilen ablesen und, wenn der Wert des Skalenteiles bekannt ist, in Bogensekunden ausdrücken.

In Fig. 217 liegt bei der absichtlich sehr weit verdreht gezeichneten Stellung des Magnetstabes der Punkt l des Spiegels in der optischen Achse des Fernrohrs. Errichtet man auf der Ebene des Spiegels im Punkte l das Perpendikel lm, so möge mo gleich einem Skalenteile sein. Der Winkelwert w desselben wird berechnet aus $tg \measuredangle olm = \frac{1}{lo}$, oder da olm ein sehr kleiner Winkel ist, so kann man setzen $w = \frac{1}{lo} 206\,265$ Sekunden.

Nach den Gesetzen der Reflexion sieht man aber im Fernrohr nicht den Punkt m, sondern den Punkt n, man liest also, da $mn = no$ angenommen werden kann, nicht einen, sondern zwei Skalenteile ab. Vor der Verwandlung in Sekunden, d. h. vor der Multiplikation mit w, müssen die abgelesenen Skalenteile durch 2 dividiert werden, oder, was viel einfacher ist, man nimmt den Wert eines Skalenteiles halb so groß an, wie oben berechnet, nämlich $w'' = \frac{1}{2 \times lo} \cdot 206\,265$ Sekunden, und multipliziert hiermit die abgelesenen Skalenteile.

In dem Klausthaler Deklinatorium ist jetzt die Entfernung $lo = 3808$ Skalenteilen, mithin $w = \frac{206\,265}{2 \times 3808}$ = 27,08 Sekunden. Da mit großer Schärfe noch Zehntel des Skalenteiles abgeschätzt werden können, so wird man die Abweichung des Magnetstabes aus der Linie AC bis auf 2,7 Sekunden ablesen.

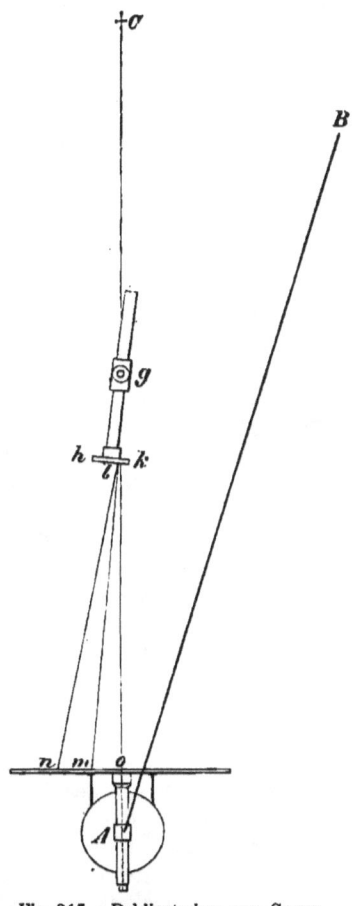

Fig. 217. Deklinatorium von GAUSS.

Bei der Messung dieser Abweichung ist folgendes zu beachten:

Da bekanntlich der Magnetstab in beständiger Bewegung ist, so genügt eine Ablesung zur Bestimmung des Ruhestandes nicht, sondern es müssen deren wenigstens zwei gemacht werden, und zwar an den aufeinanderfolgenden Enden eines Schwingungsbogens. Gewöhnlich werden auf diese Weise 3 bis 5 Schwingungen beobachtet. Aus je zwei aufeinander fallenden Ablesungen wird das Mittel und aus diesen Werten wieder das Mittel genommen.

Soll für einen bestimmten Zeitpunkt die Ruhelage aus den Beobachtungen von 5 Schwingungen abgeleitet werden und ist die Schwingungsdauer des Magnetstabes 18 Sekunden, so muß die erste Ablesung 45 Sekunden vor dem bestimmten Zeitpunkte, die letzte 45 Sekunden danach erfolgen. Z. B.

Beobachtungszeit.	Abgelesene Skalenteile.	Mittel aus je zwei Ablesungen.	Hauptmittel für die Zeit.
9 Uhr 29' 15''	485,0	478,00	9 Uhr 30'
,, ,, 29' 33''	471,0	477,90	
,, ,, 29' 51''	484,8	477,90	477,84.
,, ,, 30' 9''	471,4	477,70	
,, ,, 30' 27''	484,4	477,70	
,, ,, 30' 45''	471,0		

Dem Nullpunkte der Skala entspricht der Skalenteil 500, der Winkel $BAC = 12° 29' 33''$, und da im Klausthaler Magnetometer die Abnahme der Skalenteile eine Zunahme der Deklination bedeutet, so würde die Deklination des Magnetstabes in A und für den obigen Zeitpunkt sein
$= 12° 29' 33'' + (500 - 477,84) 27,08 = 12° 39' 33''.$

Zur Bestimmung der absoluten Deklination muß der Winkel ermittelt werden, welchen die Normale auf dem Spiegel mit der magnetischen Achse des Stabes einschließt. Dies geschieht durch Umlegen des Stabes und durch Beobachtung der Deklination in beiden Lagen (vergleiche das hierüber im vorigen Paragraphen gesagte).

Das Magnetometer wird am besten in einem möglichst isoliert liegenden eisenfreien Häuschen aufgestellt und um den Magnetstab außerdem vor Zugluft zu schützen, ist er mit einem hölzernen Gehäuse umgeben.

Dicht unter dem Stabe sind mit Sammt belegte Leisten angebracht, damit bei etwaigem Reißen des Drahtes der Stab und der Spiegel nicht beschädigt werden.

Ein solches GAUSSsches Magnetometer ist unstreitig das beste Hilfsmittel zur Beobachtung der Deklinationsvariation, aber die Kosten desselben übersteigen die Kräfte des einzelnen Markscheiders.

Man kann übrigens ein ähnliches kleineres Magnetometer sich leicht aus vorhandenen Instrumenten zusammenstellen, wie sich BORCHERS auf Seite 186 seiner Markscheidekunst ausspricht. Mit einem zweiten Theodoliten, einem Nivellierinstrumente oder auch einer gehörig befestigten Kippregel können die Ablesungen gemacht werden und eine Skala kann man leicht selbst anfertigen. Es bedarf nur noch eines mit einem Spiegel versehenen Magnetstabes und des zum Einlegen desselben erforderlichen Schiffchens. Das letztere, sowie die Vorrichtung zur Beseitigung der Torsion können sehr einfach sein, ferner ist es nicht notwendig, den Spiegel senkrecht zur magnetischen Achse des Stabes anzubringen. Derselbe kann an einer beliebigen Stelle des Stabes befestigt werden, welche dem Aufstellungspunkte des Fernrohres entspricht.

Nachdem die Vorrichtungen besprochen sind, mit deren Hilfe die §1
Variationen der Magnetnadel beobachtet und gemessen werden, gehen wir
zu denjenigen Instrumenten über, mit denen die eigentlichen Orientierungsmessungen ausgeführt, d. h. die Streichwinkel der Dreiecksseite über Tage
und der Polygonseite in der Grube gemessen werden.

Das einzige hierzu brauchbare Instrument ist der Theodolit. Derselbe wird mit einer Magnetnadel verbunden, welche dazu dient, das Fernrohr in die Richtung des magnetischen Meridians zu bringen.

Am häufigsten findet man jetzt noch Theodoliten im Gebrauch, welche mit einer Bussole verbunden sind, die sich mittelst gabelförmiger Füße auf die horizontale Drehachse des Fernrohres derartig setzen läßt, daß der Durchmesser 0—180° in der Richtung des Fernrohrs liegt. Ein vollständiges Zusammenfallen der optischen Achse des Fernrohres mit dem genannten Durchmesser ist nicht erforderlich. Ebensowenig ist eine Bussole mit vollständiger Kreisteilung notwendig, es genügt ein schmales längliches,

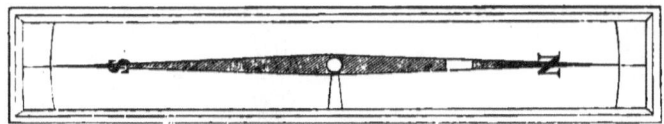

Fig. 218. Orientierungsbussole.

mit einem Indexstriche versehenes Kästchen (Fig. 218). Die Magnetnadel ist möglichst leicht zu konstruieren, mit schlanker Endspitze zu versehen und der Schwerpunkt ist nicht zu tief unter den Aufhängepunkt zu legen. Spitze und Hütchen müssen aus gutem Material und tadellos angefertigt sein, namentlich muß erstere den erforderlichen Härtegrad besitzen.

Das Kästchen ist mit Lupen zum genauen Einstellen der Nadel auf die Indexlinie zu versehen und schließlich muß die Arretierung so beschaffen sein, daß die Nadel möglichst sanft auf den Stift aufgesetzt werden kann.

Das Verfahren beim Messen des Streichens einer Linie ist bei allen §1
derartigen Instrumenten im Prinzipe sowohl über Tage als in der Grube gleich.

Man stellt den Theodoliten horizontal und zentrisch im Punkte A der Linie AB auf (Fig. 219), bringt den Nonius I auf Null, löst die Nadel und dreht den Hauptkreis zuletzt mit Hilfe der Feinstellung so lange, bis die Nadel genau auf die Indexlinie der Orientierungsbussole einspielt.

Die optische Achse des Fernrohrs mag dadurch in die Linie AC gekommen und das Objektiv des Fernrohrs nach Norden gerichtet sein.[1]

---

[1] Die Messung ist übrigens genau dieselbe, wenn das Objektiv eine umgekehrte Richtung hat, man erhält nur nicht den wahren Streichwinkel der Linie, sondern einen um 180 Grad verschiedenen.

Alsdann arretiert man die Nadel, wenn die Orientierungsbussole keinen vollständigen Kreis hat, löst die Alhidadenschraube, visiert den Punkt B an und liest am Nonius den Winkel CAB ab. Zur Repetition des Winkels führt man das Fernrohr durch Drehung des Hauptkreises wieder in die Richtung des magnetischen Meridians und läßt die Nadel auf den Indexstrich einspielen. Inzwischen möge sich die Deklination um die Winkelgröße DAC (in der Figur absichtlich sehr groß gezeichnet) vergrößert haben und das Fernrohr bei der zweiten Einstellung der Nadel die Richtung AD erhalten. Visiert man darauf wieder das Objekt B an, so wird man am Nonius einen Winkel ablesen $= 2\,CAB + DAC$. Hat zur Zeit der dritten Einstellung die Deklination sich so verändert, daß die Nadel bei der Richtung des Fernrohres AE einspielt, so wird man nach Einvisierung des Objektes B am Nonius einen Winkel $= 3\,CAB + DAC - CAE$ ablesen.

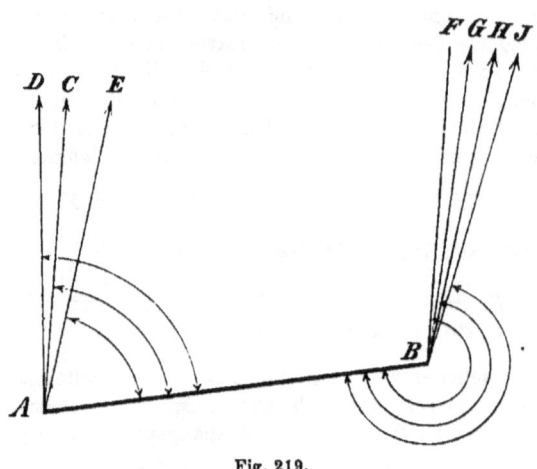

Fig. 219.

Die Größe der Deklinationsvariationen DAC und CAE sind an einem Kontrolmagnetometer gemessen und zwar sind diese Beobachtungen genau zu derselben vorher verabredeten Zeit, in welcher die Nadel der Orientierungsbussole eingestellt wurde, ausgeführt worden. Am zweckmäßigsten geschieht dies in Zeitintervallen von fünf zu fünf Minuten. Bekanntlich sind die gleichzeitigen Variationen zweier Magnete bei den hier in Betracht kommenden Entfernungen in söhliger und seigerer Richtung vollständig übereinstimmend (vergl. § 9 Seite 18).

Durch die Beobachtungen am Kontrolmagnetometer werden die Größen der Winkel DAC und CAE erhalten, und um die Messung des Streichwinkels auf die erste Richtung AC des Fernrohres zu beziehen, addiert man die Deklinations-Variationen mit umgekehrtem Vorzeichen zu dem nach der dritten Repetition abgelesenen Werte: $W^1 = 3\,CAB + DAC - CAE$, der gesuchte Winkelwert $W = \dfrac{W^1 - DAC + CAE}{3}$. Die Messung desselben Winkels wiederholt man in der zweiten Lage des Fernrohrs.

Alsdann stellt man den Theodoliten auf den anderen Endpunkt B der

Linie AB und bei einspielender Nadel mag die optische Achse des Fernrohres in der Linie BG stehen. Die Linie BF ist parallel der Linie AC der ersten Stellung des Magneten, auf welche die Messung des Streichens der Linie AB reduziert werden muß. Die Deklination hat inzwischen abgenommen um den Winkel FBG und es wird demzufolge nach Einstellung des Fernrohrs auf das Objekt A am Nonius ein um FBG zu kleiner Winkel abgelesen. Bei der zweiten Repetition habe das Fernrohr bei einspielender Nadel die Richtung BH, da die Deklination wieder um den Winkel GBH abgenommen hat. Man wird also nach Einvisierung am Nonius einen um $FBG + FBH$ zu kleinen Winkel ablesen. Nach der dritten Repetition, wo das Fernrohr bei einspielender Nadel die Richtunk BI hatte, wird man am Nonius einen Winkel ablesen:

$$W^2 = 3\,FBA - FBG - FBH - FBI.$$

Die Werte der Winkel FBG, FBH und FBI, welche aus den gleichzeitigen Beobachtungen am Kontrolmagnetometer bekannt sind, werden mit entgegengesetztem Vorzeichen (also hier mit +) zu dem am Schluß der dritten Repetition am Nonius abgelesenen Winkel addiert und die Summe durch 3 dividiert. $W + 180 = \dfrac{W^2 + FBG + FBH + FBE}{3}$

Auch diese Messung wiederholt man mit durchgeschlagenem Fernrohr.

Die auf den beiden Endpunkten A und B gemessenen Streichwinkel von AB müssen um 180 Grad verschieden sein. Bei geringen Abweichungen nimmt man aus beiden Werten das Mittel. Überschreitet jedoch die Abweichung ein gewisses Maß, so ist — eine sorgfältige Ausführung der Messung vorausgesetzt — der Grund in ablenkenden Einflüssen auf die Magnetnadel zu suchen. Es bleibt dann nichts weiter übrig, als auf einem dritten Punkte C das Streichen einer zweiten Linie CB zu ermitteln, welche durch Winkelmessung mit der ersten Linie AB verbunden ist.

Fig. 220.

War dieser dritte Punkt C eisenfrei, so wird man sich durch Ableitung leicht überzeugen können, ob die Messung auf dem Punkte A oder B richtig war. Häufig ist das Aufstellen auf den beiden Endpunkten einer Linie nicht möglich, dann wird man die Kontrolmessung sogleich auf einem geeigneten dritten Punkte ausführen.

Niemals darf aber die Kontrolmessung unterbleiben.

Bei sehr langen Grubenpolygonzügen empfiehlt es sich, namentlich wenn unsicher gemessene Polygonwinkel vorhanden sind, das Streichen von zwei oder drei weit auseinander liegenden Linien ganz unabhängig voneinander durch doppelte Messung zu bestimmen.

Hierdurch werden die in den Azimuten sich anhäufenden Fehler der Winkelmessung unschädlich gemacht.

Bei der vorstehend beschriebenen Messung des Streichwinkels ist das Fernrohr immer zuerst in die Richtung der Magnetlinie gebracht worden und dann in die fixierte Linie AB. Man kann auch umgekehrt verfahren und erhält dann nicht den Streichwinkel der Linie AB, sondern dessen Ergänzungswinkel zu 360°. Die während der Messung auftretenden Variationen der Magnetnadel haben aber dann einen dem vorherigen **entgegengesetzten Einfluß**.

Im ersten Falle sind nämlich die Zunahmen der Deklination[1] von dem nach vollendeter Repetition abgelesenen Schlußwerte **abzuziehen, und die Abnahmen hinzuzuzählen**, während man im anderen Falle gerade umgekehrt verfahren muß.

Zur Vermeidung von Irrungen erscheint es **ratsam**, das Fernrohr immer zuerst in die Magnetlinie zu bringen.

Ein besonderes Zahlenbeispiel für die Messungen mit dem Magnettheodoliten ist nicht angeführt, weil es sich nicht von dem Beispiele unterscheiden würde, welches zu den Messungen mit dem Borchersschen transportablen Magnetometer gegeben ist. (Seite 269.)

Der vorstehend beschriebene Apparat, gewöhnlich Magnettheodolit genannt, hat den Nachteil, welchen die Aufhängung der Nadel mit Hütchen und Spitze immer mit sich führt, daß nämlich leicht eine vermehrte Reibung eintritt und dadurch die Nadel an Empfindlichkeit verliert.

Außerdem entspricht die Einstellung der Nadel auf den Indexstrich selbst mit Anwendung stark vergrößernder Lupen nicht der Genauigkeit, welche mit dem Fernrohr beim Einstellen des Fadenkreuzes auf ein festes Objekt erreicht wird.

Zu den zahlreichen Orientierungsarbeiten, welche in neuerer Zeit bei der Umarbeitung der Oberharzer Grubenrisse vorgenommen werden mußten, wurden anfänglich auf Punkten untergeordneter Bedeutung Theodoliten mit Orientierungsbussole benutzt. Von den vier vorhandenen Instrumenten solcher Art gab nur eins brauchbare Resultate. Es wurde deswegen ausschließlich nur der im nächsten Paragraphen beschriebene Apparat benutzt.

§ 172. Der um die Vervollkommnung der Markscheidekunst hoch verdiente Bergrat Borchers hat zuerst den fruchtbringenden Gedanken gehabt, den Markscheidertheodoliten in ein transportables Magnetometer zu verwandeln, und dadurch den Weg gezeigt, den Streichwinkel von Linien behufs der Orientierung aufs schärfste zu bestimmen.

Das in Fig. 214 abgebildete Kästchen mit daraufsitzendem Glasrohr, in welchem ein mit Skala und Linse versehener Magnetstab aufgehängt ist, hat an Stelle des Dreifußes einen hölzernen Stab c, welcher in einen sich etwas verjüngenden Zapfen b ausläuft.

---

[1] Dies gilt nur von der jetzt in Europa allgemeinen **westlichen** Deklination.

An einem Arme des Theodolitdreifußes läßt sich mittels zweier Stellstifte und einer Schraube ein messingener Arm a befestigen, welcher in der Mitte mit einem Gelenk und vorn mit einer viereckigen Öffnung versehen ist, in welche der Zapfen b paßt. Derselbe kann mit einer Schraube von unten angezogen und mit dem Arme a fest verbunden werden.

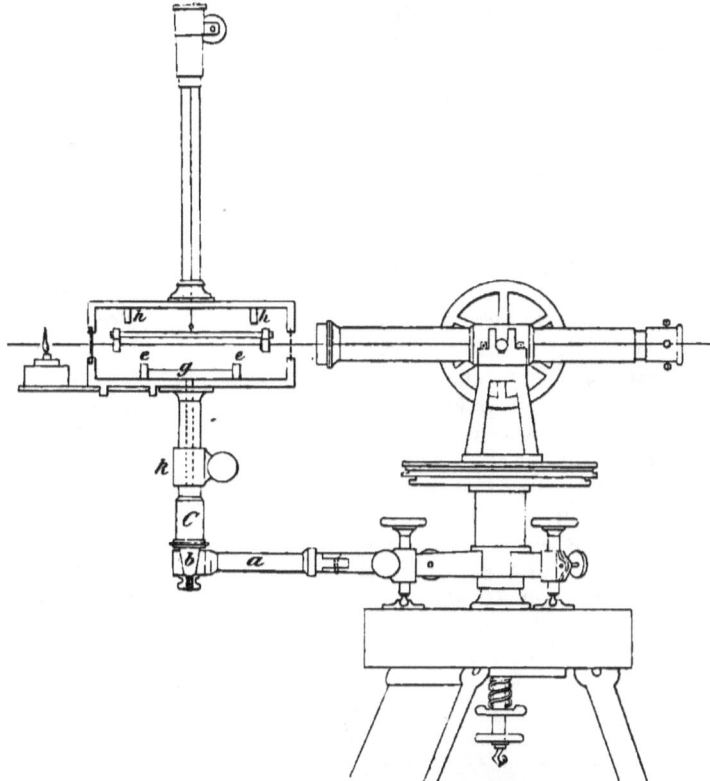

Fig. 221. Transportables Magnetometer nach BORCHERS.

Der Stab c hat eine solche Länge, daß die beiden gegenüberliegenden Öffnungen des Kästchens und die Drehachse des Fernrohres bei horizontalem Stande des Theodoliten in gleicher Höhe sich befinden und ein Einstellen der optischen Achse des Fernrohres in die Normallinie des Magnetstabes möglich ist.

Der Magnetstab muß während des Transportes arretiert sein und dies geschieht dadurch, daß beim Emporschieben des kleinen Brettchens g die an demselben sitzenden ausgekerbten Ansätze ee den Magnetstab aufnehmen und gegen die Polster hh drücken. Damit der Stab bei dem Andrücken nicht gedreht wird, greift ein kleiner an dem Magnetstabe sitzender Messingstift in eine Vertiefung des untertretenden Ansatzes.

Die Bewegung des Brettchens g erfolgt durch ein daran befestigtes Stäbchen, welches in einer Aushöhlung des Stabes c durch den Klemmring k auf und ab geschoben werden kann.

An der Unterseite des Kästchens ist ein kleines ausziehbares Bret angebracht, welches zur Aufnahme einer kleinen Lampe oder eines um zwei Achsen beweglichen Reflexionsspiegels dient. Die Lampe wird in der Grube, der Spiegel über Tage gebraucht. Werden die Orientierungen in Gruben mit schlagenden Wettern ausgeführt, so wird man am zweckmäßigsten das Licht der Sicherheitslampe durch den Spiegel auf die Skala reflektieren.

Die Aufstellung des transportablen Magnetometers behufs Messung des Streichwinkels einer Linie geschieht am zweckmäßigsten folgendermaßen:

Man schraubt den Arm des Magnetstabkästchens an den Dreifuß des Theodoliten und stellt den letzteren so auf die Stativplatte, daß der Arm ungefähr im magnetischen Meridiane sich befindet und zwar nach Norden gerichtet ist. Die Linse befindet sich bekanntlich am Südende des Magnetstabes.

Am vorderen Ende des Armes befestigt man eine Schnur, welche durch einen Gehilfen gespannt, gehalten und mittels eines angehängten Kompasses genau in den magnetischen Meridian gebracht wird. Der Markscheider dreht den Theodoliten so, daß der Arm die Richtung der Schnur einnimmt und der Theodolit zugleich die richtige zentrische und horizontale Stellung erhält.

Nunmehr steckt man den Stab c in die Öffnung des Armes a und läßt den Magnetstab schwingen.

Derselbe wird sich meistens in der erwünschten Lage befinden oder der Theodolit wird doch nur sehr wenig gedreht werden müssen.

Die stets auftretenden horizontalen Schwingungen des Magnetstabes werden durch ein magnetisches oder auch eisernes Stiftchen leicht vermindert, wenn man dasselbe wiederholt in richtiger Weise und im richtigen Zeitpunkte dem einen Ende des Stabes nähert und wieder entfernt.

Die Schwingungen in der Vertikalebene lassen sich durch Berühren des Kästchens aufheben.

Die Beruhigung des Magnetstabes nimmt bei einiger Übung kaum fünf Minuten in Anspruch.

Zur Abhaltung des Windes ist bei Tagemessungen das Instrument mit einer zeltartigen Schutzwand zu umgeben.

§ 173. Nunmehr beginnt das eigentliche Messen des Streichwinkels. Dasselbe kann nach zwei verschiedenen Methoden geschehen.

Die erste unterscheidet sich nicht von der Seite 264 beschriebenen mit dem Magnettheodoliten, nur allein die Einstellung des Fernrohrs in die Magnetlinie ist eine andere und genauere.

Ohne daß die Schwingungen des Magnetstabes auf das Minimum zurückgedrängt sind, kann man doch das Fadenkreuz auf den mittleren Teilstrich der Skala einstellen, wenn man das Fernrohr so lange mittels der Feinstellung dreht, bis der Mittelstrich der Skala gleichweit zu beiden Seiten des vertikalen Kreuzfadens auschlägt. Nach der früher schon angegebenen Einteilung der Skala und der Länge des Magnetstabes kann man bis auf 17 Sekunden genau die optische Achse des Fernrohrs in die Magnetlinie einstellen.

Nach erfolgter Einstellung des Fernrohrs wird dasselbe auf das rechts liegende Objekt gerichtet. Dieser Winkel wird mehrere Mal repetiert. Wenn vor der wiederholten Einstellung der optischen Achse in die Kollimationslinie des Magnetstabes die Deklination sich verändert, z. B. vergrößert hat, so daß der Magnetstab aus der Lage CMD in die Lage EMF übergegangen ist (Fig. 222), so muß das Objektiv im Sinne des Pfeiles P gedreht werden, und man wird den Streichwinkel der Linie ebenfalls um die Vergrößerung der Deklination zu groß erhalten.

Die Ausscheidung der mitgemessenen Deklinationsveränderungen erfolgt genau auf dieselbe Weise, wie sie oben bei dem Magnettheodoliten beschrieben wurde (Seite 264).

Zahlenbeispiel einer vollständigen Orientierungsmessung.

Die Zunahme der Deklination ist durch +, die Abnahme durch — bezeichnet. Die Deklinationsveränderungen beziehen sich auf den Stand des Magnetstabes um 3 Uhr 20 Min. eines bestimmten Tages, zu welcher Zeit im GAUSSschen Kontrolmagnetometer 454,93 Skalenteile abgelesen wurden. Ein Skalenteil derselben = 27,08 Sekunden.

Standpunkt B auf der Dreiecksseite AB.

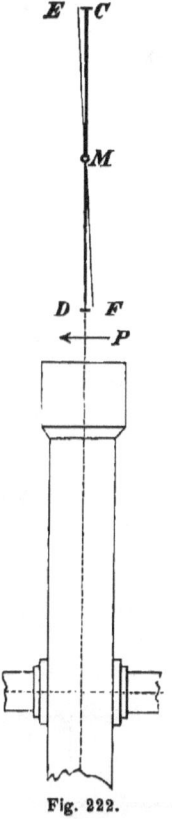

Fig. 222.

Beobachtungen am Kontrolmagnetometer für die erste Lage des Fernrohrs.

Zeit.	Abgelesene Skalenteile.	Berechnung der Deklinationsveränderungen.
$3^h\,20'$	454,93	—
$3^h\,25'$	455,44	$(454{,}93 - 455{,}44)\,27{,}08 = -14''$
$3^h\,30'$	455,62	$(454{,}93 - 455{,}62)\,27{,}08 = -18''$
$3^h\,35'$	455,84	$(454{,}93 - 455{,}84)\,27{,}08 = -25''$
$3^h\,40'$	456,12	$(454{,}93 - 456{,}12)\,27{,}08 = -32''$

Beobachtungsinstrument. Erste Lage des Fernrohrs.

Zeit.	Anzahl der Repetition.	Mittel aus beiden Nonien und Berechnung des Streichens.	
$3^h\,20'$	1	$288°\,21'\,30''$	$= 288°\,21'\,30''$
$3^h\,25'$	2	$\dfrac{576°\,43'\,22'' + 14''}{2}$	$= 288°\,21'\,48''$
$3^h\,30'$	3	$\dfrac{865°\,5'\,7'' + 14'' + 18''}{3}$	$= 288°\,21'\,53''$
$3^h\,35'$	4	$\dfrac{1153°\,26'\,22'' + 14'' + 18'' + 25''}{4}$	$= 288°\,21'\,50''$
$3^h\,40'$	5	$\dfrac{1441°\,47'\,35'' + 14'' + 18'' + 25'' + 32''}{5}$	$= 288°\,21'\,49''$

Beobachtungen am Kontrolmagnetometer für die zweite Lage des Fernrohrs.

Zeit.	Abgelesene Skalenteile.	Berechnung der Deklinationsveränderungen.	Summen der Veränderge.
$3^h\,50'$	456,52	$(454,93 - 456,52)\,27,08 = -43''$	$-43''$
$3^h\,55'$	456,61	$(454,93 - 456,61)\,27,08 = -45''$	$-88''$
4^h	456,43	$(454,93 - 456,43)\,27,08 = -41''$	$-129''$
$4^h\,5'$	456,54	$(454,93 - 456,54)\,27,08 = -44''$	$-173''$
$4^h\,10'$	456,54	$(454,93 - 456,54)\,27,08 = -44''$	$-217''$

Beobachtungsinstrument. Zweite Lage des Fernrohrs.
Standpunkt B.

Zeit.	Anzahl der Repetitionen.	Mittel aus beiden Nonien und Berechnung des Streichens.	
$3^h\,50'$	1	$288°\,21'\,37'' + 43''$	$= 288°\,22'\,20''$
$3^h\,55'$	2	$\dfrac{576°\,42'\,37'' + 88''}{2}$	$= 288°\,22'\,1''$
4^h	3	$\dfrac{865°\,3'\,37'' + 129''}{3}$	$= 288°\,21'\,57''$
$4^h\,5'$	4	$\dfrac{1153°\,25'\,0'' + 173''}{4}$	$= 288°\,21'\,58''$
$4^h\,10'$	5	$\dfrac{1441°\,46'\,27'' + 217''}{5}$	$= 288°\,22'\,1''$

Mittel aus beiden Lagen des Fernrohrs $= \dfrac{288°\,21'\,49'' + 288°\,22'\,1''}{2}$
$= 288°\,21'\,55''$.

Die darauf folgende Kontrolmessung des Streichens der Linie AB auf dem Punkte A ergab eine so bedeutende Differenz, daß ein dritter Aufstellungspunkt C gewählt und das Streichen der Linie CA gemessen werden mußte.

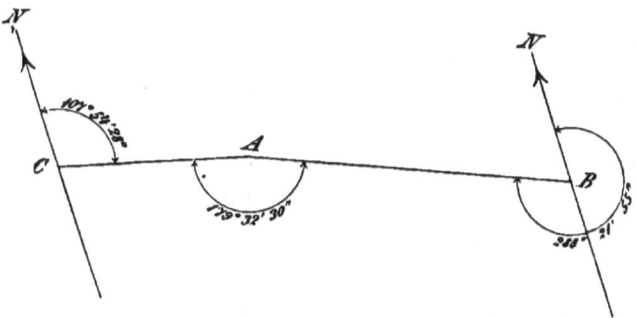

Fig. 223.

Der Winkel BAC wurde genau ermittelt $= 179^{\circ}\ 32'\ 30''$, siehe Fig. 223.

Die oben angegebene Berechnung der Streichwinkel nach jeder einzelnen Repetition ist interessant, weil die allmähliche Näherung der Werte zu erkennen ist, aber nicht notwendig.

Die Messungen auf dem Punkte C sind kürzer dargestellt:

Beobachtungen am Kontrolmagnetometer für die erste Lage.

Zeit.	5ʰ 25'	5ʰ 30'	5ʰ 35'	5ʰ 40'	5ʰ 45'
Normalstand	454,93	454,93	454,93	454,93	454,93
Abgelesene Skalenteile	459,58	459,58	459,36	459,35	459,80
Deklinationsveränderungen	— 4,65	— 4,65	— 4,43	— 4,42	— 4,87

Summe der Deklinationsveränderungen $= -23{,}02$ Skalenteile oder gleich $-23{,}02 \cdot 27{,}08 = -623$ Sekunden.

Beobachtungsinstrument. Erste Lage des Fernrohrs.

Nach fünfmaliger Repetition, wobei von fünf zu fünf Minuten das Fernrohr in die Magnetlinie gestellt wurde, ergab sich das Mittel aus beiden Nonien $= 539^{\circ}\ 21'\ 40''$.

Mit Berücksichtigung der Deklinationsveränderung ist der Streichwinkel der Linie $CA = \dfrac{539^{\circ}\ 21'\ 40'' + 623''}{5} = 107^{\circ}\ 54'\ 24''$.

Beobachtungen am Kontrolmagnetometer für die zweite Lage.

Zeit.	5ʰ 55'	6ʰ	6ʰ 5'	6ʰ 10'	6ʰ 15'
Normalstand	454,93	454,93	454,93	454,93	454,93
Abgelesene Skalenteile	459,00	458,95	458,87	459,00	459,00
Deklinationsveränderungen	— 4,07	— 4,02	— 3,94	— 4,07	— 4,07

Summe der Deklinationsveränderungen = — 20,17 Skalenteile = — 546 Sekunden.

Beobachtungsinstrument:
$$\frac{539^0\ 23'\ 35'' + 546''}{5} = 107^0\ 54'\ 32''.$$

Mittel aus beiden Lagen des Fernrohrs = $\frac{107^0\ 54'\ 24'' + 107^0\ 54'\ 32''}{2}$ = $107^0\ 54'\ 28''$.

Leitet man aus dem Streichen von BA das Streichen von CA ab, so erhält man

$$\begin{array}{r} 288^0\ 21'\ 55'' \\ 179^0\ 32'\ 30'' \\ \hline 467^0\ 54'\ 25'' \\ 180^0\ —\ — \\ \hline = 107^0\ 54'\ 25'', \end{array}$$

mithin nur eine Differenz von 3 Sekunden.

Messung des Streichwinkels der Grubenpolygonseite XI—X.

Beobachtungen am Kontrolmagnetometer für die erste Lage.

10ʰ 35'	10ʰ 40'	10ʰ 45'	10ʰ 50'	10ʰ 55''
454,93	454,93	454,93	454,93	454,93
453,80	454,80	454,77	454,30	453,08
+ 1,13	+ 0,13	+ 0,16	+ 0,63	+ 1,85

Summe der Deklinationsveränderungen = + 3,9 Skalenteile = + 106'' Sekunden.

Beobachtungsinstrument. Standpunkt X. Richtung X—IX erste Lage. Nach fünfmaliger Repetition:
$$\frac{1623^0\ 43'\ 5'' - 106''}{5} = 324^0\ 44'\ 16''.$$

Beobachtungen am Kontrolmagnetometer für die zweite Lage.

11ʰ —'	11ʰ 5'	11ʰ 15'	11ʰ 20'	11ʰ 25'
454,93	454,93	454,93	454,93	454,93
453,46	455,16	455,34	455,68	455,17
+ 1,47	— 0,23	— 0,41	— 0,75	— 0,24

Summe = — 0,16 Skalenteile = — 4 Sekunden.

Beobachtungsfernrohr zweite Lage:
$$\frac{1623^0\ 42'\ 55'' + 4''}{5} = 324^0\ 44'\ 36''.$$

Mittel aus beiden Lagen des Fernrohrs:
$$\frac{324^0\ 44'\ 16'' + 324^0\ 44'\ 36''}{2} = 324^0\ 44'\ 26''.$$

Beobachtungen am Kontrolmagnetometer für die erste Lage.

$2^h\ 5'$	$2^h\ 10'$	$2^h\ 15'$	$2^h\ 20'$	$2^h\ 25'$
454,93	454,93	454,93	454,93	454,93.
448,88	449,67	449,91	449,39	449,10.
+6,05	+5,26	+5,02	+5,54	+5,83.

Summa = + 27,7 Skalenteile = + 750 Sekunden.

Beobachtungsinstrument auf Standpunkt IX, Richtung IX — X.
Erste Lage des Fernrohrs:
$$\frac{723^0\ 51'\ 40'' - 12'\ 30''}{5} = 144^0\ 43'\ 50''$$

Beobachtungen am Kontrolmagnetometer für die zweite Lage des Fernrohrs.

$2^h\ 40'$	$2^h\ 45'$	$2^h\ 55'$	$3^h\ -'$	$3^h\ 5'$
454,93	454,93	454,93	454,93	454,93
451,17	451,72	453,24	453,73	454,08.
+3,76	+3,21	+1,69	+1,20	+0,85.

Summa = + 10,71 Skalenteile = + 290 Sekunden.

Beobachtungsinstrument. Zweite Lage.
$$\frac{723^0\ 49'\ 50'' - 4'\ 50''}{5} = 144^0\ 45'\ -$$

Mittel aus beiden Lagen des Fernrohrs =
$$\frac{144^0\ 43'\ 50'' + 144^0\ 45'\ -''}{2} = 144^0\ 44'\ 25''$$

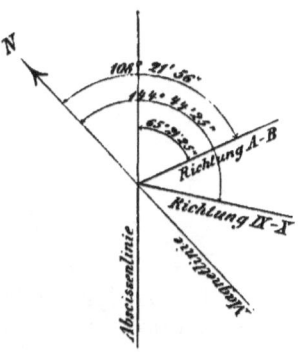

Fig. 224.

Die Messung auf Standpunkt X ergab = $324^0\ 44'\ 26''$, mithin stimmen beide Resultate fast genau überein.

Der Neigungswinkel der Linie AB gegen die Abscissenachse ist bekannt = $65^0\ 21'\ 25''$.

Aus der üblichen Zusammenstellung (Fig. 224) ergiebt sich der Neigungswinkel der Seite $IX-X = 65^0\ 21'\ 25'' + (144^0\ 44'\ 25'' - 108^0\ 21'\ 56'') = 101^0\ 43'\ 54''$.

BRATHUHN, Markscheidekunst.

Außerdem mögen noch einige Resultate von solchen Orientierungsmessungen mit dem transportablen Magnetometer folgen, bei denen der Streichwinkel der Linie auf beiden Endpunkten unmittelbar gemessen wurde.

$$
\begin{array}{lll}
1)\ 153^0\,31'\,49'' & 2)\ 145^0\,30'\,-'' & 3)\ 321^0\,50'\,-'' \\
153^0\,31'\,36'' & 145^0\,29'\,17'' & 321^0\,50'\,40'' \\
\hline
\text{Differenz} = 13'' & \text{Diff.} = 43'' & \text{Diff.} = 40''
\end{array}
$$

$$
\begin{array}{ll}
4)\ 95^0\,20'\,40'' & 5)\ 232^0\,46'\,35'' \\
95^0\,20'\,25'' & 232^0\,46'\,24'' \\
\hline
\text{Diff.} = 15'' & \text{Diff.} = 11''
\end{array}
$$

Die Resultate fallen nicht immer so genau aus, wenn die Kontrolmessung auf zwei verschiedenen Linien erfolgen muß, zwischen denen mehrere Brechpunkte des Polygonzuges liegen, weil die Fehler der dazwischen liegenden Polygonwinkel einwirken.

Schließlich darf nicht unerwähnt bleiben, daß der empfindliche Apparat schon durch die Gegenwart geringer Quantitäten von Eisen beeinflußt wird. Da Nägel, Bohrer und sonstige Eisenstücke sich in der Grube leicht dem Auge entziehen, so wird manche Orientierungsmessung vergeblich ausgeführt.

§ 174. **Zweite Methode des Messens eines Streichwinkels mittels des transportablen Magnetometers.** — Behufs Anwendung dieser Methode wird das Magnetometer in derselben Weise wie bei der ersten Methode auf dem Endpunkt der Linie AB aufgestellt.

Nachdem man sich überzeugt hat, daß die Normallinie des Magnetstabes sich nahezu in der optischen Achse des Fernrohres befindet, arretiert man den Stab und dreht das Kästchen mittels des Gelenkes im Arme a (Fig. 221) aus dem Gesichtsfelde.

In der Verlängerung der optischen Achse des unverändert gebliebenen Fernrohrs fixiert man ein scharf anzuvisierendes Signal C in entsprechender Entfernung und dreht das Magnetkästchen wieder in die Gebrauchslage zurück. Alsdann löst man die Arretierung, beruhigt den Magnetstab und beginnt mit den Beobachtungen. Diese werden in bekannter Weise ausgeführt.

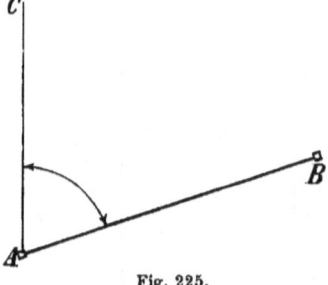

Fig. 225.

Man notiert die beiden äußersten Ausschläge von ein oder mehreren auf einanderfolgenden Schwingungen, welche der Mittelstrich der Skala nach rechts und links ausführt und kann daraus seine mittlere Ruhelage für diejenigen Zeitpunkte berechnen, an welchen nach Verabredung an einem zweiten Magnetometer die Kontrolbeobachtungen gemacht werden.

DIE ANSCHLUSS- UND ORIENTIERUNGSMESSUNGEN. 275

Hat man mehre Male, etwa 8—10 mal in Zwischenräumen von 5 zu 5 Minuten beobachtet, so dreht man das Magnetkästchen wieder zur Seite, überzeugt sich, daß das Fernrohr noch genau auf das Signal C gerichtet ist und mißt nach Wegnahme des Magneten den Winkel CAB (Fig. 225) möglichst genau.

Jede einzelne Berechnung der Ruhelage des Magnetstabes giebt den Winkel, um den die Kollimationslinie des Magnetstabes von der Linie AC abweicht, für eine bestimmte Zeit und in der Schärfe an, welche die Ablesung der Skala zuläßt.

Man wird nun die Ruhelage eines solchen Zeitpunktes für maßgebend auswählen, wo nach Ausweis der beiden Magnetometer die Schwingungen der Magnetstäbe sehr gleichmäßigen Verlauf zeigen.

Haben jedoch die Beobachtungen am Kontrolmagnetometer einen höheren Genauigkeitsgrad, so wird man aus allen Werten des Beobachtungsinstrumentes unter Berücksichtigung der am Kontrolmagnetometer gefundenen Deklinationsveränderungen einen Mittelwert herausziehen.

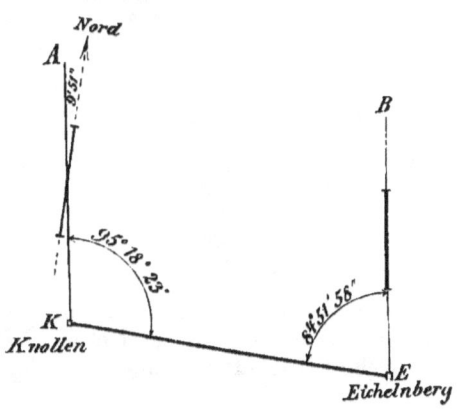

Fig. 226.

Zahlenbeispiel.
Hierzu Fig. 226.

Das Streichen der Dreiecksseite KE (Knollen-Eichelnberg) bei Grund wurde am 22. Februar 1884 mit einem transportablen Magnetometer bestimmt, dessen Skalenteil einen Wert von 86 Sekunden hat. Die Ablesung an der 40 teiligen Skala erfolgte von links nach rechts (in dem Sinne, wie die Skala dem Auge im Fernrohr erscheint) die Schwingungsdauer des Stabes = 10 Sekunden.

Standpunkt E. Richtung des Fernrohrs auf B.

Zeit.	Beobachtungsinstrument.		Gauss sches Kontrolmagnetometer.	
	Abgelesene Skalenteile.	Deklinationsvariation in Sekunden berechnet auf den Stand $10^h\,30'$	Abgelesene Skalenteile.	Deklinationsvariation in Sekunden berechnet auf den Stand $10^h\,30'$
10^h	20,700	— 58″	480,03	— 67″
$10^h\,5'$	20,670	— 56″	479,44	— 51″
$10^h\,10'$	20,180	— 14″	478,42	— 23″
$10^h\,15'$	20,300	— 24″	478,43	— 24″
$10^h\,20'$	20,085	— 6″	478,08	— 14″
$10^h\,25'$	20,030	— 1″	477,95	— 11″
$10^h\,30'$	20,020	— 0″	477,55	— 0″

18*

Die Beobachtungen an beiden Magnetometern zeigen einen sehr gleichmäßigen Verlauf der Variationen, man konnte also einen beliebigen Stand der Magnetnadel auswählen, namentlich da in dem vorliegenden Falle die Orientierungen ganz von neuem begannen.

Es wurde die Stellung um $10^h 30'$ gewählt, zu welcher Zeit die Richtung der Normallinie des Magnetstabes nur 0,02 Skalenteile, also um einen verschwindend kleinen Winkel von der optischen Achse des Fernrohrs abwich.

Der gemessene Winkel KEB konnte also beibehalten werden $= 84^0 51' 58''$, das Streichen der Linie KE auf E ist demnach $= 275^0 8' 2''$.

Standpunkt K, Richtung des Fernrohrs auf A.

Nr.	Zeit.	Beobachtungsinstrument.		GAUSSsches Kontrolmagnetometer.	
		Abgelesene Skalenteile.	Östliche Abweichung des Magnetstabes aus der Linie KA in Sekunden.	Abgelesene Skalenteile.	Zunahme der Deklination seit $10^h 30'$ in Sekunden.
1	$11^h 50'$	22,615	225	464,71	348
2	$11^h 55'$	22,760	237	464,44	355
3	12^h	22,490	214	463,70	375
4	$12^h 5'$	22,340	201	463,43	383
5	$12^h 10'$	22,050	176	463,25	388
6	$12^h 15'$	22,170	187	462,52	407
7	$12^h 20'$	21,985	171	462,10	429
8	$12^h 25'$	21,925	166	462,00	421

Zur Ermittelung des Streichens der Linie KE aus vorstehenden Beobachtungen ist der gemessene Winkel $AKE = 95^0 18' 23''$ zu vermindern um die abgelesene östliche Abweichung des Magnetstabes aus der Linie KA und um die inzwischen stattgefundene Zunahme der Deklination.

Aus jeder einzelnen Beobachtung läßt sich das Streichen berechnen, wie folgt:

1. $95^0 18' 23'' - (225 + 348)'' = 95^0 18' 23'' - 573'' = 95^0 8' 50''$
2. „ „ „ $- (237 + 355)'' =$ „ „ „ $- 592'' =$ „ „ $31''$
3. „ „ „ $- (214 + 375)'' =$ „ „ „ $- 589'' =$ „ „ $34''$
4. „ „ „ $- (201 + 383)'' =$ „ „ „ $- 584'' =$ „ „ $39''$
5. „ „ „ $- (176 + 388)'' =$ „ „ „ $- 564'' =$ „ „ $59''$
6. „ „ „ $- (187 + 407)'' =$ „ „ „ $- 594'' =$ „ „ $29''$
7. „ „ „ $- (171 + 429)'' =$ „ „ „ $- 600'' =$ „ „ $23''$
8. „ „ „ $- (166 + 421)'' =$ „ „ „ $- 587'' =$ „ „ $36''$

Läßt man die erste und fünfte Beobachtung, welche bei sehr unruhigem Stabe gemacht wurden, aus, so erhält man im Mittel $95^0 18' 23'' - 9' 51'' = 95^0 8' 32''$.

Das Streichen von EK auf dem Punkte $E = 275^0 8' 2''$
„   „   „ KE „   „   „ $K = 95^0 8' 32''$
Differenz $= 30''$.

Die abgeglichenen Winkel sind 275° 8′ 17″
und   95° 8′ 17″.

Für diese Methode ist immer eine bestimmte Bezifferung der Skala anzunehmen, z. B. wie hier geschehen, von links nach rechts (die Bedeutung links und rechts auf das im Fernrohr gesehene Bild der Skala angewandt). In diesem Falle entspricht die Abnahme der Skalenteile einer Zunahme der Deklination. Ferner ist die Ruhelage des Magnetstabes bei einer Ablesung von 20 Skalenteilen genau mit der optischen Achse des Fernrohres übereinstimmend, bei einer Ablesung von mehr als 20 Skalenteilen weicht die Richtung des Magnetstabes nach Osten (Fig. 226), bei einer geringeren Ablesung als 20 nach Westen ab. Es ist ratsam, sich stets durch eine Figur klar zu machen, wie die jedesmalige Stellung des Magnetstabes und die Zu- oder Abnahme der Deklination auf die Größe des gemessenen Winkels einwirkt.

Die letztere Methode ist müheloser und auch genauer, als die erste; sie wird sich über Tage immer, in der Grube aber nur da mit Vorteil anwenden lassen, wo die Magnetlinie in die Richtung der Strecke fällt. Wenn dagegen dieselbe hiervon erheblich abweicht, so würde der Punkt C in nächster Nähe des Theodoliten an dem Streckenstoße bezeichnet werden und die Messung des Winkels CAB (Fig. 225) sehr ungenau ausfallen müssen.

Will man aber auch in dem Falle, daß die Magnetlinie in die Richtung der Grubenstrecke fällt und das Magnetstabkästchen die Visur in der Linie AB deckt, die erste Methode anwenden, so ist, so oft das Signal B anvisiert werden soll, das vordere Stück des Armes a mit dem Magnetstäbchen zur Seite zu drehen. Bei jeder einzelnen Repetition muß also das Magnetstäbchen arretiert, wieder gelöst und von neuem beruhigt werden.

§ 175. Der Magnetstab mit der Kollimatorablesung im transportablen Magnetometer ist vorsichtig zu behandeln, namentlich sind die Fassungen der Linse vor allen Stößen und Verdrehungen zu hüten, weil eine Veränderung derselben eine solche der Kollimationsachse mit sich bringt.

Es ist deswegen ratsam, wenn viele Grubenorientierungen sich auf eine Linie über Tage stützen, den Streichwinkel dieser Linie von Zeit zu Zeit wieder zu messen, damit man sich von der unveränderten Kollimationsachse des Magnetstabes überzeugt. Wendet man hierbei das zweite Verfahren an, so sind die wenigen Beobachtungen mit dem geringsten Zeitaufwande auszuführen.

Bei richtiger Behandlung überragt das transportable Magnetometer alle derartigen Instrumente an Leistungsfähigkeit und man muß sich wundern, daß dasselbe noch so wenig Eingang bei den Markscheidern gefunden hat.

Der Apparat ist für 100—120 Mark einschließlich des Armes herzustellen und die Behandlung desselben ist schnell zu erlernen.

278 ELFTES KAPITEL. DIE ANSCHLUSS- UND ORIENTIERUGSMESSUNGEN.

Ich darf nach den Erfahrungen, welche ich an den unter meiner Leitung arbeitenden Markscheidern gemacht habe, den Satz aussprechen: Derjenige Markscheider, welcher einmal die Benutzung dieses Magnetometers kennen gelernt hat, wird von der Anwendung anderer derartiger Apparate für immer absehen.

§ 176. Die Beobachtungspunkte, auf denen die Orientierungsmessungen ausgeführt werden, dürfen in horizontaler Richtung nicht zu weit voneinander entfernt sein, weil sonst die Magnetlinien an den betreffenden Punkten nicht mehr parallel angenommen werden können.

Bestimmte Regeln über die Größe der zulässigen Entfernung lassen sich nicht geben, man braucht aber nach den von mir gemachten Versuchen nicht zu ängstlich zu sein.

Ich habe mit demselben transportablen Magnetometer mit Berechnung auf einen Normalstand des GAUSSschen Magnetometers an vier verschiedenen Punkten $ABCD$ das Streichen von Seiten des Dreiecksnetzes, welches über den Bergwerksdistrikt des Oberharzes gelegt ist, genau und doppelt gemessen und daraus das Streichen der Abscissenlinie auf den vier Punkten abgeleitet.

Die Punkte ABC liegen fast genau in der Ost-Westlinie; die gegenseitigen Entfernungen dieser drei Punkte, sowie die Lage des Punktes D sind aus der Fig. 227 zu ersehen, zugleich sind auch die gefundenen Streichwinkel der Abscissenlinie beigeschrieben.

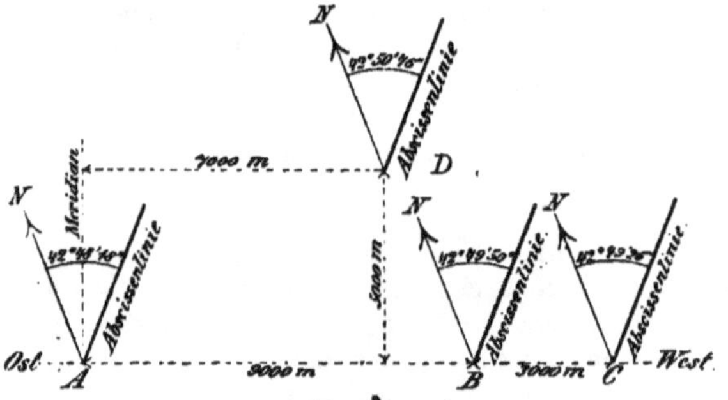

Fig. 227.

Diese Beobachtungen entsprechen übrigens im ganzen und großen dem bekannten Satze, daß die Deklinationen nach Westen und Osten abnehmen.

Die Punkte A und C sind 12 000 Meter voneinander entfernt (Fig. 228). Die Abscissenlinie ist gegen den wahren Meridian des Punktes A geneigt um 30°, die Deklination der Magnetlinie beträgt also im Punkte $A = 12°\,48'\,18''$. Zieht man durch den Punkt C eine Parallele zum Meridian von A, so macht die Magnetlinie mit dieser Parallele nach der ausgeführten Messung einen Winkel von $12°\,49'\,26''$.

Der Meridian des Punktes C konvergiert aber gegen den des Punktes $A = 0°\,8'\,13''$. Die Deklination auf dem Punkte C beträgt mithin

$12^0\ 49'\ 26'' - 8'\ 13'' = 12^0\ 41'\ 13'$ und ist, wie zu erwarten war, kleiner als in dem 12 000 Meter weiter westlich liegenden Punkte A.

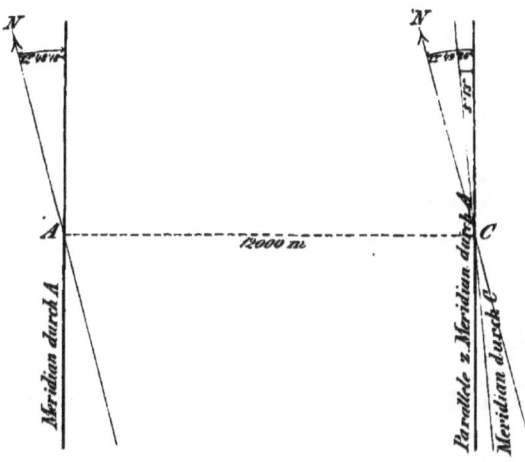

Fig. 228.

Zuletzt ist noch der eine Fall des Orientierungsverfahrens zu erwähnen, §1 wenn der Anschluß von Gruben und Tagezug nur durch einen tonnlägigen Schacht stattfinden kann, und das Gebirge ablenkend auf die Magnetnadel wirkt.

In diesem Falle bleibt nichts weiter übrig, als die Orientierung mittels der durch den Schacht ausgeführten Polygonmessung in die Tiefe zu übertragen.

Die Schachtmessung ist event. mehrere Mal zu wiederholen und die Winkel sind in ununterbrochener Reihenfolge zu messen, ohne daß ein Arm, welcher den Winkelpunkt bezeichnet, vor vollständig beendeter Winkelmessung herausgenommen wird. Vergleiche übrigens §. 159.

Zwölftes Kapitel.

Anwendung eines kräftigen Magneten zur Ermittelung der Durchschlagsrichtung zweier Gegenörter.

Das Verfahren mittels eines kräftigen Magneten die Durchschlags- §1 richtung zweier zusammenzuführenden Gegenörter zu bestimmen, sofern dieselben sich bis auf eine Entfernung von mindestens 18 Meter bereits genähert haben, hat BORCHERS vor ca. 36 Jahren zuerst angewandt.

Dieser, sowie ein sich daran schließendes Verfahren unter Anwendung desselben Hilfsmittels die Stärke des festen Mittels und den Sohlenstand der beiden Örter zu prüfen, ist ausführlich beschrieben in dem Anhang zu BORCHERS praktischer Markscheidekunst.

Indem ich ausdrücklich auf dieses Werk verweise, werde ich daraus das Wesentlichste und zwar nur dasjenige, was die Ermittelung der Durchschlagsrichtung betrifft, hier folgen lassen.

Die zu dem Verfahren nötigen Apparate sind der Hauptmagnet, die dazu gehörige Stundenscheibe, der Kompaß mit einer Vorrichtung, die Nadel an einem Kokonfaden aufzuhängen, und ein kleiner Hilfsmagnet.

Der Hauptmagnet besteht aus sechs magnetisierten Stahlstäben von 125 cm Länge, 8 cm Breite und 2 cm Dicke, welche in zwei hölzernen Kasten eingeschlossen sind. Der eine Kasten enthält nur einen Stab, der andere die übrigen Stäbe. Diese letzteren liegen nicht unmittelbar aufeinander, sondern sind in der Mitte und an den Enden durch dazwischengelegte Pappstücke getrennt.

Der größere Kasten ist in der Mitte der oberen Seite mit einem Zapfen versehen, welcher in ein Loch des kleinen Kastens paßt. Um diesen Zapfen kann der kleine Kasten gedreht und dadurch den Polen des darin befindlichen Magnetstabes eine umgekehrte Lage gegen die der Stäbe im großen Kasten gegeben werden. Dadurch wird ein Teil der magnetischen Kraft der letzteren aufgehoben.

Im Laufe des Verfahrens muß der Hauptmagnet in verschiedene bestimmte Richtungen gestellt werden können, ohne daß die Lage seines

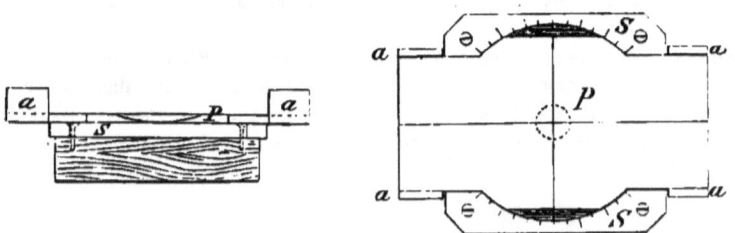

Fig. 229 a u. b. Stundenscheibe für den großen Magneten.

Mittelpunktes sich verändert. Hierzu dient eine messingene Stundenscheibe S, welche mittelst versenkter Schrauben auf einem starken Brette befestigt werden kann. Um den Mittelpunkt der Stundenscheibe läßt sich eine messingene Platte P drehen, zwischen deren Ansätze a, a, a, a der Hauptmagnet eingelegt werden kann. Rechtwinkelig zur Längenachse des eingelegten Magneten ist die Indexlinie eingeschnitten.

Bis zu Entfernungen von 6 m kann ein gewöhnlicher Zulegekompaß mit empfindlicher Nadel benutzt werden, für größere Entfernungen ist ein Kompaß erforderlich, dessen Nadel an einem feinen Kokonfaden aufgehängt ist.

Der stählerne Stift ist aus der Bodenplatte des Kompasses herauszuschrauben und auf den Ring der Zulegeplatte ein Gehäuse zu schieben, dessen Einrichtung aus Fig. 230 vollständig zu ersehen ist.

Die Seiten des Gestelles sind zur Abhaltung der Zugluft mit Spiegelglas zu versetzen und das obere Ende des Glasrohres ist mit einer verschiebbaren Hülse und mit einer kleinen Schlittenvorrichtung zur Zentrierung der Nadel zu versehen. Die Nadel, welche etwas länger ist als der Durchmesser des Stundenringes, braucht übrigens nicht genau zentrisch zu hängen, wenn an beiden Spitzen abgelesen wird.

Der Hilfsmagnet ist ein kleiner 25—43 cm langer Magnetstab.

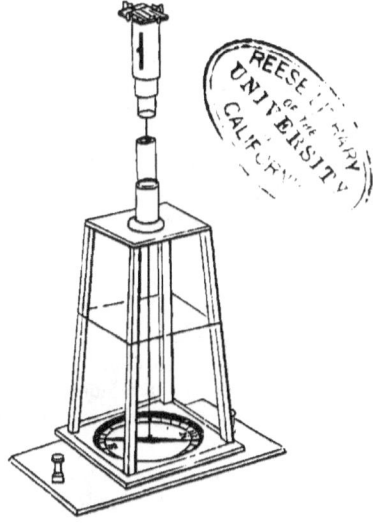

Fig. 230.

Das Verfahren ist folgendes: In dem einen Gegenort wird auf einer starken Unterlage die Stundenscheibe (Fig. 229) so befestigt, daß die 12. Stundenlinie im magnetischen Meridian sich befindet, in dem anderen Gegenorte wird auf einer Unterlage in möglichst gleicher Höhe mit der Stundenscheibe der Kompaß so aufgesetzt, daß die Nadel auf Stunde 12 einspielt.

§ 179

Die Nadel des Kompasses muß sodann in einen möglichst astatischen Zustand versetzt werden. Zu diesem Zwecke legt man den Hilfsmagneten mit umgekehrten Polen in die Richtung der 12. Stundenlinie auf die vom Hauptmagneten abgewandten Seite des Kompasses und schiebt ihn solange vor- und rückwärts, bis die richtende Kraft der Nadel aufgehoben ist.

Nachdem diese Vorbereitungen beendet sind, wird der Hauptmagnet (der kleine Kasten oben aufliegend) auf die drehbare Platte P der Stundenscheibe gelegt und schätzungsweise in die Durchschlagsrichtung gebracht. Der große Magnet wirkt auf die astatische Nadel des Kompasses und stellt sie nach einer von Gauss aufgestellten Regel in eine bestimmte Richtung.

Da aber die Kompaßnadel nicht für alle Stellungen vollkommen astatisch ist, so muß der letzte Rest der richtenden Kraft wieder für die unter der Einwirkung des Hauptmagneten angenommene Stellung aufgehoben werden.

Dies geschieht auf folgende Weise: Man dreht den oberen kleinen Kasten des Hauptmagneten, welcher nur einen Magnetstab enthält, um den Zapfen in die umgekehrte Lage und schwächt dadurch, wie oben angedeutet, die Wirkung des großen Magneten. War in der Kompaßnadel noch etwas von der eigenen richtenden Kraft vorhanden, war dieselbe also nicht vollkommen astatisch, so wird ihre Stellung sich ändern, je nachdem der Hauptmagnet mit voller oder geschwächter Kraft wirkt.

Ist während der Einwirkung des geschwächten Hauptmagneten eine Veränderung der Nadel erkennbar, so wird man durch eine ganz geringe Verschiebung des Hilfsmagneten zu erreichen suchen, daß die Nadel sich dem Stande nähert, welchen sie einnimmt, wenn der Hauptmagnet mit voller Kraft wirkt.

Alsdann dreht man den oberen Stab des Hauptmagneten wieder in die erste Lage, so daß die volle Kraft wieder hergestellt ist und überzeugt sich ob die Kompaßnadel ihre Stellung verändert, und ob die Verschiebung des Hilfsmagneten hinreichend gewesen ist. Wenn sich noch eine Veränderung der Nadel zeigt, so wiederholt man das Verfahren solange, bis die Kompaßnadel bei voller und bei geschwächter Kraft des Hauptmagneten dieselbe Stunde zeigt.

Aus dieser am Kompaß abgelesenen Stunde und aus der Richtung des Hauptmagneten läßt sich nach einer von Gauss aufgestellten Regel die Durchschlagsrichtung bestimmen.

Ist in Figur 231 ABC ein bei C rechtwinkeliges Dreick und befindet sich in A der Mittelpunkt des Hauptmagneten und seine Längsachse in der Richtung der Hypotenuse AB, ferner befindet sich die astatische Nadel in C, so wird dieselbe unter dem Einfluß der richtenden Kraft des großen Magneten ihre Stellung in der Linie CD einnehmen. Die Richtung dieser Linie ist dadurch bestimmt, daß $AD = \frac{1}{3} AB$.

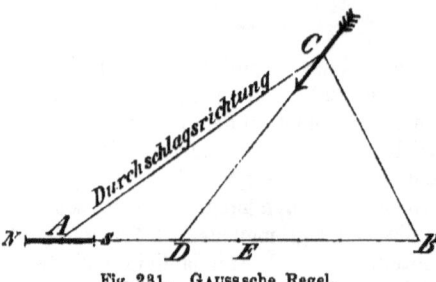

Fig. 231. Gausssche Regel.

Streng genommen soll der Magnet NS sehr klein sein, jedoch läßt sich der Satz für den vorliegenden Zweck ohne erhebliche Fehler in Anwendung bringen.

Die Durchschlagsrichtung AC läßt sich nun wie folgt berechnen.

In Fig. 232, welche dieselbe Lage des Hauptmagneten und des Kompasses, wie die vorige Figur zeigt, sind Ax und Cy die Richtungen der zwölften Stundenlinie, durch C ist FG parallel mit AB, d. h. mit der Richtung des großen Magneten und von C, außer der schon vorhandenen Linie CD, noch die Linie CE derartig gezogen, daß $AE = EB$ ist.

Der Magnet NS ist um den Winkel NAx gegen die zwölfte Stundenlinie gedreht und die astatische Nadel um den Winkel yCD. Da $\not\leqslant yCF = \angle xAN$, so ist $\angle FCD = \angle yCD - xAN = \angle CDE$.
Der letztere Winkel ist aber als Außenwinkel $= \alpha + \beta$.
Um den Winkel α weicht die Durchschlagsrichtung von der Richtung des großen Magneten und um den Winkel β von der Richtung der Kompaßnadel ab.

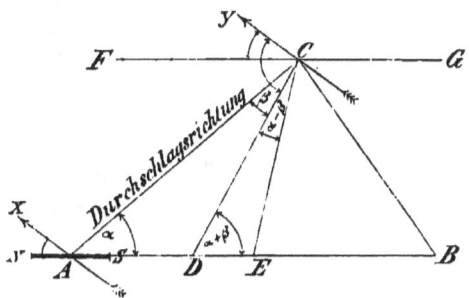

Fig. 232.

Die Winkel α und β sind zu berechnen.

In dem Dreiecke CDE ist, da das Dreieck AEC gleichschenkelig ist, der Winkel $DCE = \alpha - \beta$, ferner ist die Seite $DE = \frac{1}{3} AE = \frac{1}{3} CE$. Nach dem Sinussatze verhält sich
$\sin(\alpha + \beta) : \sin(\alpha - \beta) = 3 : 1$, $\sin(\alpha - \beta) = \frac{1}{3} \sin(\alpha + \beta)$.

Wäre z. B. an der Stundenscheibe des großen Magneten 3^h (45^0) abgelesen und am Kompaß $5^h\ 6$ A. ($86^0\ 15'$), so ist die Differenz $= 2^h\ 6$ A. ($41^0\ 15'$) $= \alpha + \beta$, $\sin 2^h\ 6$ A. ($41^0\ 15'$) $= 0{,}6593$, $\frac{0{,}6593}{3} = 0{,}2198$ dazu gehört der Streichwinkel $0^h\ 6,\ 12{,}3$ ($12^0\ 41'\ 50''$)

$$\alpha + \beta = 2^h\ 6 \quad\quad \text{oder}\ 41^0\ 15' -$$
$$\alpha - \beta = 0^h\ 6\ 12{,}3 \quad\quad 12^0\ 41'\ 50''$$
$$\alpha = 1^h\ 6\ 6{,}1 \quad\quad 26^0\ 58'\ 25''$$
$$\beta = 0^h\ 7\ 10 \quad\quad 14^0\ 16'\ 35''$$

Die Durchschlagsrichtung ist
$3^h + 1^h\ 6\ 6, = 4.\ 6.\ 6, -$
und $5^h\ 6 - 0^h\ 7\ 10, = 4.\ 6.\ 6. -$

Dies aus der Berechnung hervorgegangene Streichen ist von zwölf Stunden abzuziehen, da die Nord-Südlinie des Kompasses während des ganzen Verfahrens stets in derselben Lage bleibt und die Nadel gleichsam wie eine Alhidade gedreht wird. Die mit dem Hängezeug abzugebende Stunde würde demnach sein:
$$12^h - 4^h\ 6.\ 6. = h\ 7.\ 1.\ 10.$$

Man wird sich mit einer einmaligen Bestimmung der Durchschlagsrichtung aber nicht begnügen. Denn nur in dem Falle, wenn diese Richtung durch einen Theodolitzug hinreichend genau ermittelt und der große Magnet in dieselbe gelegt worden war, wird man bei der einmaligen Bestimmung des Durchschlages ein brauchbares Resultat erwarten können.

Je mehr die Richtung des großen Magneten von der des Durchschlages abweicht, um so unsicherer fällt die einmalige Durchschlagsbestimmung aus.

Man verfährt deshalb folgendermaßen:

Nachdem in Fig. 233 die Richtung der Kompaßnadel $n_1 - s_1$ gefunden ist, welche nur allein von der Stellung des Hauptmagneten $N_1 - S_1$ bedingt

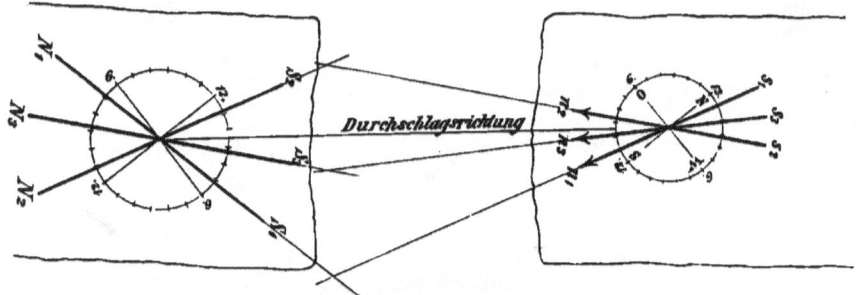

Fig. 233. Durchschlagsbestimmung mittels eines kräftigen Magneten.

wird, bringt man den Hauptmagneten mit Hilfe der Stundenscheibe in eine der Richtung $n_1 - s_1$ parallele Lage $= N_2 - S_2$. Dadurch wird die Kompaßnadel eine neue Stellung $n_2 - s_2$ einnehmen. Giebt man dem Hauptmagneten danach die Lage $N_3 - S_3$ parallel zur Nadelstellung $n_2 - s_2$, so resultiert die neue Nadelrichtung $n_3 - s_3$ u. s. w.

Aus der Fig. 233 ist ersichtlich, daß die Stellungen des großen Magneten und der Kompaßnadel sich immer mehr der Durchschlagsrichtung nähern und zuletzt bei Fortsetzung dieser Methode in dieselbe hineinfallen müssen.

181. Ist der gegenseitige Stand der Örter gänzlich unbekannt, so ist noch eine Unsicherheit in der gegenseitigen Lage des Hauptmagneten und des Kompasses vorhanden.

Wiederholt man nämlich die Konstruktion der Fig. 131 und schlägt mit dem Radius EA einen Kreis um E, verlängert AB über A hinaus bis E', so daß $AE = AE'$ wird, und schlägt ebenfalls mit AE' einen Kreis, so entsteht, wenn man noch der Reihe nach die geraden Linien CDC', $C'AC''$, CAC''', $AE'B'$, $C'''B'$ und $C'B$ zieht, die Fig. 234. In jedem der vier Punkte C, C', C'', C''' kann bei derselben Lage des Hauptmagneten sich der Kompaß befinden, da für jeden derselben die GAUSSsche Konstruktion paßt.

Wendet man jedoch das oben beschriebene Näherungsverfahren an, so reduziert sich die Anzahl der möglichen Standpunkte des Kompasses auf zwei, nämlich auf C und C''' oder auf C' und C''.

Dieser Zweifel läßt sich heben, wenn man den Hauptmagneten auf einem zweiten Punkte in möglichst rechtwinkeligen Abstande von der zuerst gefundenen Durchschlagsrichtung aufstellt und von neuem diese Richtung bestimmt, welche gegen die zuerst gefundenen konvergieren wird.

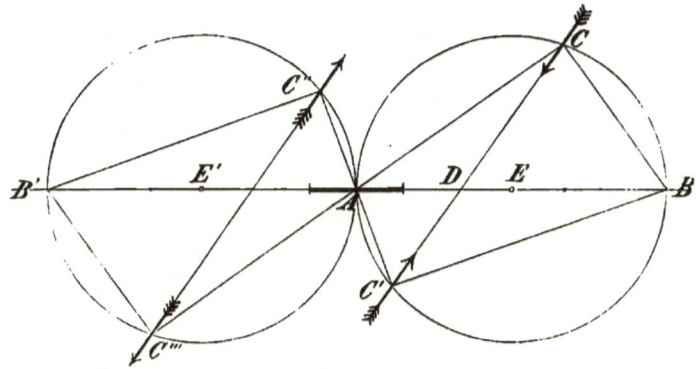

Fig. 234.

Die gewünschten Operationen am großen Magneten werden auf vorher genau verabredete Signale ausgeführt, welche der Beobachter am Kompasse durch Klopfen geben läßt.

Die Stäbe des großen Magneten sind zur besseren Erhaltung der magnetischen Kraft in einer solchen Lage aufzubewahren, daß die ungleichnamigen Pole nebeneinander liegen. Erst kurz vor dem Gebrauche sind die Stäbe so umzulegen, daß ihre Pole gleichgerichtet sind.

Sachregister.

Abbaubezeichnung auf Rissen 207.
Ablesung am Kompaß 41.
Abscissenlinie 187.
Abwägestäbe 108.
Alhidade 106.
AITA, Nivellierinstr. 104.
Astatische Nadel 281.
Angabe des Nonius 132.
Anschlußdreieck 245. 247.
Anschlußmessungen 236.
Arretierung der Magnetnadel 40.
Aufnahme von Grubenräumen 171.
Aufspannen des Zeichenpapiers 181. 203.
Aufsteigung, gerade, eines Sternes 4.
Aufstellungsarm von BORCHERS 99.
Aufstellungsarm von OTTO 150.
Aufstellung der Nivellierinstr. 98.
— des Theodoliten über Tage 137.
— des Theodoliten in der Grube 140. 149.
— Freiberger 147. 150.
Azimut u. Höhe eines Sternes 4.
Azimut einer Linie 13.
Azimutalwinkel, Ableitung desselben 188.

Basismessung 27.
Blase der Libelle 82.
BORCHERS, Zielvorrichtung 91.
— Aufstellungsarm und Signal 99. 154.
— Hängeniveau 35.
— Maßgestänge 112.
— Magnetometer 267.
BRAUNSDORF, Hängezeug 64.
Breite, geographische 5. 6.
— eines Sternes 8.

Deklination eines Sternes 4.
— der Magnetlinie 17.
— absolute 255. 259.
Deklinatorium 255.
— von GAUSS 261.
Deklinationskreis 4.
Deklinationskarte 19.
Doppelnonius 133.
Doppelhängezeug von KRAFT und SCHNEIDER 70.
Dosenlibelle 58.
Dreiecksnetz 164.
Dreifuß 76.
Durchschlagszüge 197.
Durchschlagsangabe 199.
— mittels eines kräft. Magneten 279 ff.

Eisenfreie Schnüre 62. 71.
Ekliptik 8.
Elektrizität im Deckelglase des Kompasses 183.
Empfindlichkeit der Röhrenlibelle 83.
— der Kompaßnadel 44.
Entfernung, sphärische 7.
Erde, Gestalt, Dimensionen 5. 6.
Erdkrümmung, Einfluß derselben 94.
Exzentrischer Theodolit 136. 161.
Exzentrizitätsfehler am Kompaß 42.

Fadenkreuz 81. 118.
Fallen, Fallwinkel 20. 172.
Farben auf den Grundrissen 206.
Fehlerverteilung 211.
— mechanische 214.
— im offenen Polygon 216.
— im geschloss. Polygon 222. 228.
— nach v. MILLER 225. 233.
Federhaken 76.

Feldmeßinstrument 56.
Fernrohr des Theodoliten 116.
— des Nivellierinstr. 79.
Fernrohrträger 118.
Feuerlinie 173.
Fixieren der Winkelpunkte 140.
— der Schachtlote 242.
Flache Linie 19.
Flache Strecken u. Schächte, Abteufen derselben 200.
Formulare für Nivellements 96.
— für Kompaßmessungen 168. 178. 197.
— für Theodolitmessungen 174. 178.
Freiberger Aufstellung 150.
Frühlingspunkt 9.
FUHRMANNS Hängezeug 69.
Fundamentalrisse 205.
Fußschrauben am Theodolit 116.

GAUSS, Deklinatorium 261.
— trig. und polygonom. Rechnungen 165. 212.
Gegenzug 20. 212. 214.
Geometrisches Nivellement 73.
— Genauigkeit derselben 100.
Gnomon 11.
Gradbogen 29. 30.
— Aufhängepunkt am 31. 33.
— von KÄSTNER 34.
— von SCHNEIDER 35.
— von BORCHERS 35.
GRÄFE, Schachtmessung 111.
Grubenaufnahme 172.
Grubenrisse 203.
Grundriß 206.

Haken am Gradbogen 31.
Hängebogen von SCHNEIDER 35.
Hängebügel 45.
Hängebussole von PLAMINECK 55.
Hängekompaß von PENKERT 67.

Sachregister. 287

Hängelampe von WEISBACH 153.
Hängelibelle 108.
Hängeniveau von BORCHERS 35.
Hängezeug, Prüfung desselben 45 ff.
— von OSTERLAND 53.
— von BRAUNSDORF 65.
— von FUHRMANN 69.
Hängezeug von KRAFT und SCHNEIDER 70.
Heliotrop 139.
Herbstpunkt 9.
Himmelsäquator 3.
Höhe und Azimut eines Sternes 4.
Höhen- oder Vertikalkreis 4.
Höhenkreis am Theodoliten 120. 129.
— mit Alhidade 120.
Horizont, wahrer und scheinbarer 2.
— Depression desselben 57.
— künstlicher 128. 161.
Horizontalwinkel, Messen desselben 133.
— mit exzentr. Fernrohr 136.
Horizontalstellung der Nivellierinstrumente 77.
— der Theodoliten 135.
HUYGHENSsches Fernrohr 80.

Illuminatoren des Fadenkreuzes 102.
Indexfehler des Höhenkreises 129.
JUNGE, Goniometer, Signal 147. 148.
Justierung der Nivellierinstr. 84 ff.
— des Theodoliten 123 ff.

KAWERAUsche Spreize 99.
KELLNERS orthoskopisches Okular 80.
Kleister zum Aufkleben der Risse 204.
Kokonfaden 255.
Körner, Körnerpunkte 144.
Kollimatorablesung 255.
Kollimationsachse 256.
Kollimationsfehler am Höhenkreis 129.
Kompaß 36.
— verglichen mit dem Theodolit 167.
— Fehler am, 42.
Kompaßbüchse 39.
Kompaßnadel 39.
— Arretierung derselben 40.
Kompaßeinteilung 40. 41.
Kompaß im Hängezeuge 45 ff.

Kompaßring 46.
— stäbchen von LEHMANN u. REICHELT 66.
Koordinaten 186 ff.
Koordinatenverwandlung 191.
Kopieren von Rissen 209.
Kreuzhängezeug von RÖSSLER 38.
Kreuzschnüre 63.
Kugelgelenk 78. 146.
Kugelaufhängung für Nivellierinstr. 78.
Kulmination 3.

Lage, erste und zweite des Fernrohrs 134.
Lattenprobe des Hängezeuges 50.
Latten zum Nivellieren 87.
Länge, geographische 5.
Länge eines Sternes 8.
Legebrett 83.
LEHMANNs Kompaßstäbchen 66.
Limbus, Limbusachse 116. 126.
Lochsteine 166.
Lotinstrument von NAGEL 249.
Luftblasenniveau 74 ff.
Lupen an den Nonien 117.

Magnetlinie 16.
Magnetometer mit Skala und Linse 255.
— mit Spiegel und Skala 261.
— transportables v. BORCHERS 267.
Magnetisieren der Kompaßnadel 44.
Markscheiderbock 26.
Markscheidertheodolit 115.
Markscheiderlampen 176.
Markscheiderzeichen 170.
Markscheiderzüge 168.
Maßgestänge von BORCHERS 112.
Maßstab der Risse 180. 205.
Meridian 3.
Meridianbestimmung 12—15.
Meridiankonvergenz 16.
Meßband aus Stahl 24. 111.
Meßstäbe 22.
Messen von Längen 22 ff.
Messen von Horizontal- und Vertikalwinkeln 133.
Messen von Schachttiefen 109.
Meßstäbe aus Holz und Eisen 22.
Meterkette 21.
Multiplikation der Winkel 134.

Nadel im Kompaß 39.
Nadir 2.

Nachtbogen der Gestirne 3.
Nivellieren 73.
Nivellement, einfaches 92.
— zusammengesetztes 95.
— aus der Mitte 92.
— aus den Endpunkten 94.
— geometrisches 130. 131.
Nivellementsformulare 96.
Nivellierinstrumente 74.
— Prüfung und Berichtig. derselben 84 ff.
Nivellierinstrument von AITA 104.
Nivellierlatten 87.
— für die Grube 90.
Nonien 117. 132.
Nonienblenden 118.
Normalhorizontale 98.
Normalstunde 71.
Nutation 11.

Objektivlinse 80.
Okular 80.
— Geradführung desselben 125.
Okularprisma 119.
Optische Achse des Fernrohrs 84. 124.
Orientieren eines Risses 180.
Orientierungslinie 168.
Orientierungsbussole 263.
Orientierungsmessungen 236.
— durch zwei Schächte 238.
— durch einen Schacht (Lotverfahren) 244 ff.
— durch einen Schacht (mittels des Magneten) 254 ff.
OSTERLANDsches Hängezeug 53.

Pantograph 210.
Parallelität der Magnetlinien 278.
PENKERTS zentrierbarer Hängekompaß 67.
Phototrop von CHOULANT 155.
Pfriemen 21.
PLAMINECKS Hängebussole 54.
Plattenrisse 204.
Polarkoordinaten 192.
Polarstern 3. 14.
Polhöhe, Bestimmung derselben 3. 7.
Polygon, offenes u. geschlossenes 187.
Präzession des Frühlingspunktes 10.
PREDIGER, Fehler beim Zulegen 182.
— Prüfung des Okulars 125.

Quadratnetz 181. 195. 210.
Quecksilberhorizont 252.

Sachregister

Ramsdensches Okular 80.
Refraktion 94.
Reichelts Kompaßstäbchen 65.
Rektaszension eines Sternes 4.
Repetitionstheodolit 117.
Repetieren der Winkel 134.
Reversionslibelle am Nivellierinstrument 87.
— am Theodolit 131.
Rollrisse 203.

Schachtmessungen am Draht 109.
— mittels Meßrades 110.
— Kette und Meßbandes 111.
— Maßgestänges 112.
Schachtangabe 202.
Schachtlotungen 239.
Schiefe der Ekliptik 8.
Schmidts Lotverfahren 241.
Seigerlinie und Punkt 19.
Seigerteufe und Sohle 20.
Setzniveau und Latte 105.
Setzkompaß 37.
Skala, Skalenteil 257.
Signale für Theodolit über Tage 138.
— in der Grube 152.
Signal von Borchers 154.
— Choulant 155.
— Viertel 156.
Signale, Beurteilung derselben 159.
Sohle, söhlige Linie 20.
Solstitialpunkte 8.
Spiegel, an der Röhrenlibelle 77.
— an dem Magnetstab 255. 261.
Spreizenschraube 147. 149.
Standplatte der Zentriervorrichtungen 142. 144. 149.

Steigerhängezeug 56.
Sternentag 9.
Streichen einer Linie 20.
— Bestimmen derselben 71. 172.
Streichsinus und -cosinus 20.
Stunde, Streichen in 20.
Stunde hängen 173.
Stundenkreis 4.
Stundenwinkel eines Kreises 4.
Stundenring 52.
Stundenscheibe 183. 280.
Stückvermessung mit dem Kompaß 196.

Tagebogen der Gestirne 3.
Taschenkompaß 56.
Taschentheodolit von Breithaupt 122.
Telleruntersatz von Weisbach 145.
Teilkoordinaten 190.
Theodolit 114 ff.
Theodolitfernrohr 119. 130. 131.
Tonnlage 20.
Tonnlägige Schächte 113. 160.
Transporteur 185.

Übertragung von Seigerpunkten 197. 201.
Untersätze für Theodoliten 145.

Variation der Magnetnadel 17. 255 ff.
Verlorener Punkt, Pfahl 202.
Verschärftes Beobachten der Streichwinkel 71.
Vertikalwinkel 129. 137.
Vertikal- oder Höhenkreis 4.

Viertel, Signal 156.
Visierkompaß 57.

Währzug 10.
Weisbach, Setzniveau 105.
— Hängelampe 153.
Weltachse 2.
Weltgegend am Kompaß 40.
Widersinnige Bezifferung 40.
Winkeltrommel 59.
Winkelspiegel 60.
Winkelwert eines Skalenteils 257. 261.

Zapfensignale 146.
Zeitbestimmung 10.
Zeiteinteilung 7.
Zenith 2.
Zenithdistanz 4.
Zentralschraube 76. 138.
Zentrierbrett 143.
Zentrierlot 140.
Zentrierspitze oder -Stift 116. 143. 251.
Zentrieren der Theodoliten 137.
Zentriervorrichtung von Chrismar 142.
— von Borchers 144.
Zielscheiben an Nivellierlatten 89.
Zielvorrichtung von Borchers 91.
Zirkumpolarsterne 3. 14.
Zug oder Markscheiderz. 20.
Zulegeplatte 55.
Zulegen mit dem Kompaß 180 bis 182.
— mit der Stundenscheibe 183.
— mit dem Transporteur 185.
— nach Koordinaten 195.

Berichtigungen.

Seite 62. In Fig. 70 fehlt an der Linie bc die Stunde 4. 3. 4.
„ 82. In Fig. 97 sind die Buchstaben r und s zu vertauschen.
„ 186. In Fig. 182 fehlt der Buchstabe C.
„ 215. In Fig. 195 fehlt der Buchstabe γ.

Berichtigungen.

Seite 7 Abs. 4 Zeile 3. Hinter dem Worte „beiden" ist einzufügen: „mit Berücksichtigung der astronomischen Refraktion ermittelten".
„ 10 Zeile 1 v. o. Hinter „Gang" einzufügen „und Stand".
„ 12 Zeile 8 v. u. Statt dFc = bFa lies dFc, bFa.
„ 13 Zeile 4 v. o. Hinter dem Worte „dann" ist einzufügen: „den Winkel C A Nord und aus 360°—C A Nord findet man".
„ 16 §. 9 Zeile 2 v. o. Statt der Worte: „Eine — Magnetnadel" lies „Eine frei schwingende Magnetnadel, deren Schwerpunkt unterstützt ist".
„ 17 Abs. 2 Zeile 2 v. o. Statt „es" lies „dieselbe".
„ 20 Abs. 1. Hinzuzufügen: „Unter der Tonnlage von Schächten versteht man den Winkel, welchen die Mittellinie des Schachtes mit der Vertikalen einschliesst."
„ 24 Zeile 6 v. u. und Seite 25 Zeile 5 v. o. Statt „dehnen" lies „strecken".
„ 27 Zeile 2 v. u. Statt „bringt" lies „weist".
„ 39 §. 21 Zeile 11 v. o. Die Worte: „und mit einem Querstrich versehen" sind zu streichen.
„ 49 §. 25. Der hier besprochene Fehler vergrössert sich stets mit der Neigung der Schnur, abgesehen von ihrer Richtung. Er verschwindet nicht bei Schnüren, welche in Stunde 12 streichen und das in §. 25 darauf bezüglich Gesagte muss wegfallen.
„ 52 Zeile 7 v. o. Statt „Zähler" lies „Nenner".
„ 62 In Fig. 70 fehlt an der Linie bc die Stunde 4. 3. 4.
„ 73 §. 42 Zeile 3 v. o. Statt „Horizontalebene" lies „Niveaufläche".
„ 74 Zeile 5 v. o. Statt „Veränderlichkeit" lies „Aenderung".
„ 79 Zeile 5 und 10 v. u., sowie §. 81 Zeile 5. Statt „im Brennpunkte" lies „innerhalb der Brennweite".
„ 82 In Fig. 97 sind die Buchstaben r und s zu vertauschen.
„ 86 Die Zeilen 3 und 4 v. u. sind zu streichen.
„ 91 Abs. 2 Zeile 3. Statt „ein Nonius" lies „eine Millimeterteilung".
„ 128 Die Prüfungsmethode am Schlusse des §. 86 gehört unter §. 81 und die Korrektion muss am Fadenkreuz bewirkt werden.
„ 160 Zeile 11 v. u. Statt „unbequem" lies „bequem".
„ 169 Zeile 2 v. u. Das Wort „einiger" ist zu streichen.
„ 171 Zeile 7 v. o. Statt „dem" lies „demselben" und hinter den Worten „Kompass oder" ist einzufügen „mit einem Transporteur, mit einem anderen Kompass oder auch".
„ 186 In Fig. 182 fehlt der Buchstabe C.
„ 188 Zeile 15 v. o. Statt „Brechungswinkeln der Polygonseiten" lies „Polygonwinkeln".
„ 215 In Fig. 195 fehlt der Buchstabe γ.
„ 255 Zeile 1 v. o. Statt „des magnetischen Meridians" lies „der Richtung der Magnetlinie".
„ 256 Zeile 8 v. o. Die Worte „Normallinie oder" sind zu streichen.
„ 258 Zeile 3 v. o. Statt „die" lies „der".
„ 259 Zeile 2 v. o. Hinter den Worten „ein kleines Gewicht" sind die Worte einzufügen „welches genau so schwer ist, wie der Magnetstab und". Abs. 2 Zeile 6. Statt „Lage" lies „Höhe".
„ 274 §. 174 Zeile 4. Statt „Normallinie" lies „Collimationsachse".
„ 278 Zeile 9 v. u. Statt „nach Westen und Osten" lies „von Westen nach Osten".
„ 280 Zeile 8 v. o. Statt „dieser" lies „dieses".

www.ingramcontent.com/pod-product-compliance
Lightning Source LLC
Chambersburg PA
CBHW032046230426
43672CB00009B/1491